国家出版基金项目
NATIONAL PUBLICATION FOUNDATION

焦润明　主编

近代辽宁全史

经济卷

郑　毅◎著

JINDAI
LIAONING
QUANSHI

东北大学出版社
Northeastern University Press

ⓒ 郑　毅　2024

图书在版编目（CIP）数据

近代辽宁全史. 经济卷 / 郑毅著. － 沈阳：东北
大学出版社，2024.1
ISBN 978-7-5517-3200-0

Ⅰ. ①近… Ⅱ. ①郑… Ⅲ. ①辽宁－地方史－近代②
经济史－辽宁－近代 Ⅳ. ①K293.1

中国版本图书馆 CIP 数据核字（2022）第 252826 号

出 版 者：东北大学出版社
　　　　　地址：沈阳市和平区文化路三号巷 11 号
　　　　　邮编：110819
　　　　　电话：024－83683655（总编室）　83687331（营销部）
　　　　　传真：024－83687332（总编室）　83680180（营销部）
　　　　　网址：http://www.neupress.com
　　　　　E-mail：neuph@neupress.com
印 刷 者：辽宁新华印务有限公司
发 行 者：东北大学出版社
幅面尺寸：170mm×240mm
印 　 张：25
字 　 数：446 千字
出版时间：2024 年 1 月第 1 版
印刷时间：2024 年 1 月第 1 次印刷
策划编辑：郭爱民
责任编辑：汪彤彤　牛连功　郭爱民
责任校对：孙德海
装帧设计：潘正一　初　茗

ISBN　978-7-5517-3200-0　　　　　　　　　　定 　 价：98.00 元

总　序

焦润明

　　近代辽宁史，是中国近代史的重要组成部分。因辽宁地处东北地区的政治、经济、文化中心地带，故其近代史在中国近代史的演进发展中占有重要地位，具有独特的文化品格和象征意义。从世界史角度看，近代社会实质上就是资本主义产生、发展并确立的社会；从中国史角度看，中国步入近代社会是在西方列强坚船利炮的胁迫下加速进入的，在一系列不平等条约的束缚下，形成了半殖民地半封建社会。近代辽宁史是一部转型史、变迁史、进步史，即从封闭的传统社会向近代社会的转型，从农业社会向工业社会的变迁，从落后、封闭的社会向开放社会的进步，反映了近代辽宁地区历史演进的基本趋势。作为东北政治、经济、文化中心地带的近代辽宁地区，其城市化、工业化最为显著，即使在近代中国城市化、工业化的变迁史中也占有独特的地位。同时，在世界列强对中国东北的侵夺中辽宁罹祸最深，其殖民化程度深重，其所遭受的资源被掠夺、人民被奴役的状况，在近代中国都是最典型的。

　　19 世纪末 20 世纪初，随着中国通商口岸的开放，东北地区也被迅速卷入世界资本主义的冲击中，辽宁首当其冲。一方面，中日甲午战争、日俄战争都曾在辽宁境内发生，而辽宁的大连地区更有被俄日两国长时间殖民的历史，辽宁人民有着遭受十四年日本殖民统治的痛苦经历，辽宁地区有多处类似租界的"满铁"附属地，比中国其他地区更具殖民地化色彩。另一方面，辽宁人民也是英雄的人民，从九一八事变那天起就开始了长达十四年的抗日斗争。在十四年艰苦卓绝抗战期间，这里既有东北军北大营突围战，也有中共满洲省委发表的抗日宣言书；既有最早举起义旗的抗日义勇军，也有长期奋战在辽东、辽北山地密林中的东北抗日联军；既有"特殊工人"的抗日斗争，也有民族资本家的抗争，还有爱国知识分子的地下抗战。中国人民十四年抗日战争从辽宁开始，这里有太多可歌可泣的抗战故事，这里有关押和改造战犯的抚顺日本战犯管理所，还有 1956 年审判日本战犯的军事法庭。抗日战争的最后胜利，也是在这里画上了一个圆满的句号。

近代以来中华民族在辽宁区域的融合与发展，特别是满族、锡伯族等少数民族文化在近代辽宁文化中的融合与发展，在中国多民族文化中具有典型性及象征性。近代辽宁也是清末实施"新政"的重点地区，清末"辽宁新政"及"立宪运动"在东北乃至全国的立宪运动中都有举足轻重的作用。辽宁还是奉系军阀长期重点经营之处，近代辽宁的城市与工业发展备受全国瞩目。日俄在辽宁的殖民渗透与扩张，辽宁民族资本与外国资本的竞争与抗争，奉系军阀在辽宁的经营，九一八事变后东北军旧部、东北抗日义勇军在辽宁的抗战，中共领导的东北抗日联军的抗战，都是近代辽宁史所包含的丰富内容。

近代辽宁史具有四大地域历史文化标志：一是工业文化。晚清时期的盛京将军府和奉天省政府，民国时期的奉系军阀，都对辽宁工业建设和发展做过不少努力。中国的民族资本家也致力于发展辽宁地区工商业。外来的日本、沙俄及其他如英、美等列强也在此办工厂、开矿山，掠夺中国的自然资源和财富。这里除了殖民性特征外，辽宁工业文化也吸收了外来先进技术、移植了国外先进经验，在一定程度上树立了产品竞争意识、品牌意识，逐渐形成了工匠精神和爱国精神等优良传统。二是抗战文化。中国十四年抗战的第一枪首先在辽宁打响。东北抗日义勇军、东北抗日联军的抗战，主要集中于辽宁地区。抗战文化集中反映了辽宁人民不惧牺牲、保家卫国的爱国主义精神。三是红色文化。辽宁的抗战文化是与红色文化相交织的。九一八事变第二天，中共满洲省委发出了《中共满洲省委为日本帝国主义武装占领满洲宣言》（即《九一九宣言》）批评国民党政府及东北地方军政当局的不抵抗主义，明确指出日本帝国主义发动九一八事变，是企图独占东北为其殖民地，号召全国民众一致抗战，显示出中国共产党领导东北人民抗战的决心，是中国共产党和东北人民共同抗日的明证。九一八事变后，中共从关内向东北派出了大批干部组建抗日部队，组织抗日游击队、人民军，直至组织建立东北抗日联军。在这期间涌现出一大批东北抗日民族英雄。此外，中共地下党组织在东北沦陷时期还从事地下统一战线工作，为光复东北做了大量工作。日本投降、东北光复后，东北地区更是成为中共的大后方。中共中央派出数万名干部赴东北建立根据地，为争取解放战争胜利、夺取全国政权发挥了重要作用。四是中外各种文化碰撞交融后形成的文化。随着近代关内移民的大量涌入，以及日本人、俄国人、朝鲜人、欧美人等的大量进入，近代辽宁呈现出多元并存的文化特征，留下了大量历史遗存。

近代辽宁历史文化资源极为丰富，因为它是近代东北历史巨变的中心舞台，要讲近代东北史则必以近代辽宁史为中心，近代辽宁历史文化中的工业文化、抗战文化、移民文化都极具特点。近代辽宁工业文化中的进取精神、契约精神、工匠精神、民族意识和爱国精神，抗战文化中的民族不屈精神、保卫家园的勇敢精神、不惧牺牲的民族精神，移民文化中的坚忍不拔精神、奋斗精神、落地生根精神，都值得很好地挖掘、系统地开发。《近代辽宁全史》即本着这一宗旨，从政治、经济、军事、思想文化、社会风俗等不同角度对近代辽宁历史文化进行系统阐述，形成政治卷、经济卷、军事卷、思想文化卷、社会风俗卷等五卷，全面展现近代辽宁地区政治、经济、军事、文化和社会风俗演变的全貌，是一部全景式论述 1840—1949 年间辽宁区域发展变迁史的系列丛书，是对近代辽宁历史文化一次较为完整的学术总结，也是对辽宁历史文化发展演变的一次重要的阶段性的学术呈现。更重要的是，近代辽宁历史所包含的工业文化、抗战文化具有全国性，它是中国近代工业文化及十四年中华民族抗战精神最重要的组成部分。这方面历史内容的开发和传承，对于中华优秀传统文化完整建构具有极其重要的历史价值。

《近代辽宁全史》（以下简称《全史》）具有重要的历史文化价值。

一是它的学术继承价值。从学术继承性维度看,《全史》是对20世纪30年代王树楠、金毓黻等主编的通史类著作《奉天通志》、东北文化社年鉴编印处编纂的《东北年鉴》的学术继承。《全史》对相关史实内容都作了认真的学术梳理,有价值的内容均已融入《全史》的著述之中。同时,也总结吸收了近年来出版的各种史志,进行融汇贯通,按专题吸收到《全史》的相关分卷之中。

二是它的学术创新价值。《全史》所涉内容丰富、问题复杂,许多学术问题都需要面对并给予回答,例如辽宁地域文化与中华主体文化的融合问题,工业化与殖民化的理论阐释问题,民族资本与外来资本的抗争与合作问题,十四年抗战在辽宁问题,沦陷时期日伪统治与辽宁民众中国意识的坚守问题等。这些问题意识是《全史》撰写的灵魂,并因此而提升了它的学术创新性。

三是它的史料价值。《全史》注重材料搜集,爬梳了大量的有关近代辽宁的历史文献资料,同时注重文献与考古、传说、口述资料的结合,采用了大量地方档案史料,吸收了地方文史资料中的精华部分,并对相关资料进行了考证,保存了新的地方史料,在充分占有大量历史资料的基础上进行学术撰述工作,开展开创性的近代辽宁史研究。

四是它的文化精神价值。《全史》对近代辽宁历史文化的论述中,重点围绕着近代辽宁的工业精神、抗战精神、文化包容精神等进行架构及阐释,从而具有传承中华优秀传统文化的重要历史文化价值。

《全史》作为辽宁地方史著作,重点在于捍卫历史文化主权,戍卫文化边疆,同时力图讲好近代辽宁故事、提升辽宁文化自信、助力辽宁文化振兴,重点要讲好近代以来辽宁历史文化发展的故事,宣传辽宁自近代以来演变发展的辉煌历史,了解先辈在建设民族工业、反抗外来侵略、构建地区文化等方面的奋斗足迹,把近代辽宁在政治、经济、文化、军事和社会风俗等方面的故事讲清楚,为辽宁老工业基地全面振兴、全方位振兴提供文化资源,这也是《全史》的重要使命。其作为填补空白、惠及当代、普惠后世的学术工作,有助于扩大辽宁社会文化影响力和文化品牌效应,增强辽宁文化软实力,提升辽宁人民对本乡本土的认同意识和家乡文化的自豪感,有助于弘扬辽宁文化的先进元素,为辽宁经济腾飞、社会发展、文化繁荣提供有益的借鉴。

前言

　　一部辽宁近代史，浓缩了中华民族的百年苦难、百年奋斗历程。这是因为，辽宁乃至东北地区是近代以降承受列强侵略最频繁、遭受苦难最深重的地区。原本一片苍茫的关东大地，因其富饶的国土、丰富的矿产而成为列强觊觎的"肥肉"，激起他们激烈的争夺与掠夺。《瑷珲条约》和《北京条约》的签订，使外东北百万领土沦为异域。其后的日俄战争、九一八事变这样影响世界的帝国主义发动的战争接连在关东大地上演。日本长达14年的殖民统治，更是将辽宁带入更加黑暗的历史时期。

　　日本对辽宁的最初经济侵略，始于南满洲铁道株式会社（以下简称"满铁"）成立。"满铁"是日本政府在日俄战争后推行大陆政策的殖民侵略机构。从1907年开始营业到1931年九一八事变爆发的25年中，"满铁"以南满铁路为核心，盘踞辽宁，成为拥有4.4亿日元雄厚资本、1100千米铁路、3.48万名职工的庞大机构，为日本关东军发动武装占领东北创造了相当雄厚的经济条件。

　　在煤炭领域，"满铁"对抚顺煤矿进行大规模掠夺，在东北煤的销售量中，"满铁"抚顺煤矿占比86%～92%，一直处于垄断地位。在发电领域，"满铁"经营的鞍山制铁所，发电设备能力为6000千瓦。1931年，日本在辽宁经营的发电厂（所）的装机容量为154962.6千瓦，占辽宁装机总容量的84.8%。在冶金领域，1915 年 11 月，"满铁"总裁中村雄次郎提出投资 2000 万日元建立鞍山制铁所。从 1917 年开始，鞍山制铁所先后实施"第一期建设计划"和"扩建计划"。1920—1932 年的 13 年间共生产生铁 202.04 万吨，其中 163.73 万吨被运往日本本土，占总产量的 81.04%，充分说明了鞍山制铁所的殖民掠夺性生产本质。

在大型制造业领域，1907 年"满铁"投资 631 万日元在大连创建"大连铁道工厂"（也称沙河口铁道工厂）。沙河口铁道工厂是当时东北的头号大工厂，在亚洲也是屈指可数的大工厂之一。日本号称它是第一个用德国机器装备起来的东洋大铁道工厂，这是东北地区有大型机械工业企业的开始。日本在辽宁建立的造船企业有大连船渠铁工株式会社、大连西森造船厂、安东鸭绿江造船厂和高见造船厂等。在这些造船企业中，规模最大、生产能力最强的是大连船渠铁工株式会社。这些工矿企业是日本帝国主义残酷掠夺辽宁资源的工具。

因不满于帝国主义侵略扩张，晚清政府和其后的奉系军阀也开始了在辽宁的大规模垦荒建设。短短五十年，辽宁便由清末的封禁之地一跃蜕变为工厂、商埠林立，铁路交通纵横交错的地区，在全国举足轻重的经济地位由此形成。这种地位的形成，既是日本帝国主义对辽宁地区大规模劫掠开发的历史见证，又体现了辽宁地方当局和辽宁人民生生不息、反抗经济掠夺，在逆境中艰难创办民族企业，争取民族自由和独立的曲折历程。

面对"满铁"的经济掠夺，辽宁民族资本和官僚资本没有坐以待毙，而是奋起反击，顽强发展，逐渐壮大实力，在很多领域超过日资企业，成为日本殖民者挥之不去的障碍。日本发动九一八事变，企图将辽宁民族企业扼杀在摇篮里。

第一次世界大战期间，辽宁的工矿业有了快速的发展，出现了一个短暂的黄金时代，涌现了一批规模较大、能与外资抗衡的民族工业企业。1922 年创办的惠临火柴公司，由于经营得法，短短两年获利甚丰。1924 年，收购倒闭的日资奉天磷寸会社，并与东北地区各火柴厂组成同业会，占领整个东北火柴市场，挤掉了称霸世界的瑞典火柴公司。同年成立的八王寺汽水啤酒有限公司，是辽宁第一家啤酒厂。1922 年，民族实业家杜重远从日本工业学校制陶专业学成回国，决心振兴民族窑业。1923 年 3 月，杜重远在各方支持下筹资 6000 元，在沈阳大北门外创办肇新窑业公司，当年生产青砖 300 万块。经过三年的发展，肇新窑业公司度过了艰难的初创时期，三年共获利 7 万余元，股东十分满意，杜重远一时声誉雀起。1927年，杜重远任奉天总商会副会长。1928 年，他领导了反抗复加警捐的斗争，深得工商界的信赖和赞誉。

1924 年，杨宇霆创办的大亨铁工厂，以制造铁路车辆、铁桥、暖气、锅炉、起重机及各种机械设备而驰名于省内外。1926 年，张学良建成的东北大学工厂面向社会，从事各种客货车辆制造、修配以及铸造等，是奉天最早生产机床的厂家。1927 年，刘凯平创办的同昌行牙粉工厂，生产的"火车头牌"牙粉，物美价廉，强于日货，驰名省内外。

同时，辽宁地方政府建立了一批具有影响、在全国居于领先地位的近代官办和民办军工、民用企业。这些奉系官僚以官办、官商合办形式成立的工矿企业，其建设速度和企业规模均为全国所罕见，奠定了近代辽宁以军事重工业为基础的产业格局。

民国时期，奉系集团为了同日本控制的"满铁"抚顺矿业展开竞争，收回利权，集中力量在东北建设了几个具备先进技术水平的大型煤矿，八道壕煤矿是其中的代表。

皇姑屯机车车辆厂是新中国成立后沈阳机车车辆厂的前身，既是京奉铁路附设的机车车辆厂，又是东北地方当局和张学良投资扩建的大型重工业工厂。

奉系军阀统治东北时期，为适应军阀战争的需要，大力发展军事工业。这方面突出的表现就是在沈阳扩建了两个较大型的兵工厂：一个是在奉天军械厂的基础上扩建的东三省兵工厂，另一个是在修械司的基础上扩建的奉天迫击炮厂。

1923 年王永江创办东北大学时，开始筹办东北模范工厂的计划。从 1924 年开始，从德国购买大量先进的机器设备，投资建设东北大学工厂。东大工厂的铁工部的实力居东北各铁工厂之首。1929 年，张学良整顿东北兵工厂，为保存优秀的军工技术设备，同时把部分军工生产能力转为民用生产，下令增建和改建了东三省兵工厂附设的机车车辆厂。1929 年 5 月，根据张学良整顿东北军工生产的部署，辽宁迫击炮厂计划将三分之二的军品生产能力转为民品。在张学良将军的支持下，辽宁迫击炮厂开办民生工厂，研制生产汽车。1931 年 6 月，设计制造了第一辆民生牌轻型载货汽车，开创了中国人自己制造汽车的先河。

近代辽宁民族工业的发展，具有抵制外资、收回利权、维护民族利益的一面。尤其是奉天军事工业的迅速发展，虽然具有为军阀军事服务的直接目的，但具有鲜明的保卫国家安全、维护国家主权的性质，并且间接培养了科技人才，提高了当时的军事科技水平，同时带动了相关民用科技的发展。

尤为值得一提的是，张学良将军在奉系执政后期，大力发展民族产业，推动东北自营自建铁路兴建和葫芦岛港口建设，更是沉重地打击了日本在东北的经济势力。奉系军阀在发展民族工业的道路上越来越鲜明地表现出爱国的民族情怀，这一点是值得肯定的。

新中国成立后，这些遗留的日资企业和民族企业，一跃而成为国家发展的基础工业能力。朝鲜战争结束后，伴随着苏联大规模援华建设项目的实施，辽宁各地区良好的工业基础和一大批产业工人成为共和国工业奠基地起步阶段的发展原动力。我们既要看到日本帝国主义给辽宁人民造成的深重苦难，也要看到辽宁人民为争取民族独立和人民解放所付出的辛劳和汗水。这就是辽宁成为共和国工业奠基地的历史背景。

本书在写作过程中，参阅了许多前辈师长关于辽宁和东北经济的论著，同时查阅了大量的志书（包括省志、市志、县志、厂志）、报刊、档案。与此同时，也积极吸收本领域最新研究成果，力求做到全面、准确、详实地反映辽宁近代百年经济变迁，为地方政府制定相关政策提供相应的历史依据，为新时代辽宁乃至东北全面振兴作出贡献。

郑　毅

2023 年 7 月

目　录

第五章　日本对辽宁的经济殖民

第六章　解放战争时期的辽宁经济

第
一
章

古代辽宁社会概览

第一节

自然概况

辽宁位于中国东北地区的南部，分别与吉林省、内蒙古自治区和河北省接壤，南濒黄海和渤海，辽东半岛斜插入两海之间，与山东半岛隔海相望，是东北地区唯一既沿海又沿边的省份，也是东北地区对外开放的门户。辽宁省东南部以鸭绿江为界河与朝鲜半岛为邻，并与日本隔海相望。全省面积145 740平方千米，约占全国陆地面积的1.5%。[①]

辽宁省的地理概貌可以用"山海环绕，平原居中"来形容。各地形之间大致比例为"六山一水三分田"。地势东、西部高，中部低，东北—西南走向的山地分列东西两翼，约占全省总面积的三分之二，海拔500米左右。东部隶属于长白山系千山山脉，海拔500~800米，最高山峰海拔1 300米以上，为省内最高点。辽东地区主要山脉还有：凤城凤凰山，鞍山千朵莲花山，本溪摩天岭、龙岗山，清原摩离红山，桓仁老秃子山、花脖子山，宽甸四方顶子山，旅顺老铁山等。西部山脉海拔500米左右，主要有努鲁儿虎山、松岭和医巫闾山，紧接渤海岸的辽西走廊，是辽宁西部的门户。在这两大山系之间，就是广阔、肥沃的辽河平原。

辽宁地区河流广布，成为辽宁优越地理环境的又一个表现。"辽宁省有大小河流360多条，流域面积在1 000平方千米以上的有45条。"[②] 5 000平方千米以上的有10条，1 000~5 000平方千米的有45条。辽河是我国六大水系之一，是辽宁省内

---

① 辽宁省地方志编纂委员会办公室主编《辽宁省志·地理志》，辽宁民族出版社，1993，第5页。

② 辽宁省地方志编纂委员会办公室主编《辽宁省志·农业志》，辽宁民族出版社，2003，第16页。

第一大河流，全长 1390 千米，在辽宁境内河道长约 480 千米，流域面积 6.92 万平方千米。大部分河流自东、西、北三个方向往中南部汇集注入海洋。其次是鸭绿江、浑河、太子河、绕阳河、大凌河、小凌河、碧流河等河流。因此，河运交通十分便利。

辽宁还拥有漫长的海岸线，是中国纬度最高、水温最低的海域。海域（大陆架）面积 15 万平方千米，陆地海岸线全长 2 292.4 千米，占全国海岸线长的 12%，居全国第 5 位。辽宁省海洋岛屿 266 个，面积 191.5 平方千米，主要岛屿有外长山列岛、里长山列岛、石城列岛、大鹿岛、菊花岛、长兴岛等。辽阔的浅海区是天然的海鱼繁育场，盛产海参、对虾、海带。

辽宁是矿产资源大省，矿业产值、产量、利润均位于全国前列。迄今为止已发现各类矿产 110 多种，其中已获得探明储量的有 60 余种（不含石油、天然气、煤层气、放射性矿产、地下水和矿泉水），有矿产地近 700 处。对国民经济有重大影响的 45 种主要矿产中，辽宁省有 36 种 620 处矿产地。

辽宁的菱镁矿是世界上具有优势的矿种，质地优良、埋藏浅，储量 25.6 亿吨，分别占全国和世界的 85.6% 和 25% 左右。此外，在全国具有优势的矿产还有硼、铁、金刚石、滑石、玉石、石油等 6 种，其中硼矿、铁矿和金刚石居全国首位，滑石和玉石居全国第二位，石油居全国第四位。以上这些优越的地理条件，都为近代辽宁经济的迅速崛起奠定了坚实的基础。

第二节

政区沿革

一、战国至南北朝时期辽宁地区行政建置

　　春秋战国时期，为了加强中央集权和强化对地方的控制，郡县制行政体制开始在列国流行，辽宁地区的郡县制起源于战国末期的燕国。为了防止当时我国北方少数民族东胡、匈奴的侵扰，燕国在辽宁北部"筑长城以据胡"，并在辽宁东部设立"辽东郡"，在西部设"辽西郡"和"右北平郡"一部，从而开创了辽宁地区行政建置历史先河。

　　公元前222年，秦国灭燕后，承袭燕国设置，保留了辽东郡、辽西郡、右北平郡设置，辽东、辽西二郡属县29个。西汉建国后，继续承袭秦制，实行郡、县两级制，"涉及辽宁的有4郡、32县"[1]，详见表1-1。

表1-1　西汉时期辽宁地区行政建置

所属郡	辽宁地区所属县
辽西郡	阳乐县、且虑县、柳城县、宾徒县、交黎县、狐苏县、徒河县、文成县、临渝县
辽东郡	襄平县、新昌县、无虑县、望平县、房县、候城县、辽队县、辽阳县、险渎县、居就县、高显县、安市县、武次县、平郭县、西安平县、文县、沓氏县

---

① 　辽宁省地方志编纂委员会办公室主编《辽宁省志·地理志》，辽宁民族出版社，1993，第196页。

表1-1（续）

所属郡	辽宁地区所属县
右北平郡	平刚县、石城县、字县、白狼县、广成县
玄菟郡	高句骊县

东汉时期（25—220），地方行政建置继续沿袭西汉。在辽宁境内的有3郡、1属国、24县，"包括辽西郡、辽东郡、辽东属国的全部或部分县"[①]。

三国两晋南北朝时期，是古代中国历史上混乱分裂时期，辽宁地区行政建置也随着各政权的更迭，屡次更迭。

二、隋唐时期辽宁地区行政建置

隋代与辽宁有关的行政建置有三郡、四县、一镇，包括柳城郡、辽西郡（下辖辽西县、泸河县、怀远县）、辽东郡。

唐代初年，地方行政区划仍然实行隋代的州、县两级制。贞观年间将全国分为10道。开元年间又改为15道，实行道、州、县虚三级行政制度。辽宁地区归河北道管理。另设羁縻府州，管理少数民族地区[②]。详见表1-2。

表1-2 唐代辽宁地区行政建置

所属府	下辖州
营州上都督府	营州、辽州、燕州、顺州、崇州、师州、慎州、宾夷州
松漠都督府	峭落、无逢、羽陵、白莲、徒河、万丹、匹黎、赤山
安东都护府	辽城州都督府、新城州都督府、建安州都督府、盖牟州、安市州、延津州、南苏州、木底州、积利州、磨米州、仓岩州

---

① 辽宁省地方志编纂委员会办公室主编《辽宁省志·地理志》，辽宁民族出版社，1993，第201页。

② 同上书，第210页。

三、辽金元明时期辽宁地区行政建置

公元916年，契丹建国。辽朝统一东北后，继承了唐朝在东北的版图，设5京6府156州209县。在辽宁境内设有东京道、上京道、中京道。[1] 详见表1-3。

表1-3 辽代辽宁地区行政建置

所属道	下辖州县
上京道	徽州、成州、懿州、渭州、壕州、原州、福州、横州、遂州、顺州、间州
中京道	大定府（富庶县、神水县、金源县、利州、榆州、潭州、惠州、成州）；兴中府〔安德州、黔州、宜州（弘正县、闻义县）、锦州（永乐县、安昌县）、川州（咸康县、弘理县、宜民县）、建州（永霸县、永康县）、来州（来宾县）、隰州（海滨县）〕、兴中县、营丘县、象雷县、间山县
东京道	辽阳府〔辽阳县、仙乡县、鹤野县、析木县、紫蒙县、兴辽县、肃慎县、归仁县、顺化县）、开州（开远县、盐州、穆州、贺州）、辰州（建安县）、卢州（熊岳县）、铁州（汤池县）、兴州（长安县）、汤州、崇州、海州（临冥县、耀州、嫔州）、显州（奉显县、山东县、归义县、嘉州、辽西州、康州）、乾州（奉陵县、延昌县、灵山县、司农县、海北州、开义县）、贵德州（贵德县、奉德县）、沈州（乐郊县、灵源县、岩州）、集州（奉集县）、广州（昌义县）、辽州（辽滨县、安定县、祺州）、遂州（山河县）、韩州（柳河县）、双州（双城县）、银州（新兴县、延津县、永平县）、同州（东平县、永昌县）、咸州（咸平县）、铜州（析木县）、宁州（新安县）、衍州（宜丰县）、归州（归胜县）、苏州（来苏县、怀化县）、复州（永宁县、德胜县）、肃州（清安县）、安州（归仁县）、荣州〕、定理府、镇海府（平南县）、龙原府

公元1125年，金朝灭辽。金朝统治东北采用辽宋制度，设立4路7府19州，州下设县。辽宁地区大部分地方归东京路统辖，小部分属咸平路、上京路、北京

---

[1] 辽宁省地方志编纂委员会办公室《辽宁省志·地理志》，辽宁民族出版社，1993，第214-215页。

路。

1206 年，蒙古族领袖成吉思汗建立蒙古汗国。1271 年，忽必烈定国号为元。元朝在辽宁境内设一个行省、5 路、1 府、1 司、9 州、13 县。[①] 详见表 1-4。

表 1-4 元代辽宁地区行政建置

所属省	下辖路	下辖府、州、县
辽阳行省	辽阳路	辽阳县、盖州、懿州、婆娑巡检司[②]
	沈阳路	沈州
	开元路	平郭县、新兴县、庆云县、清安县、归仁县
	广宁路	闾阳县、望平县
	大宁路（中央直辖）	义州、兴中府、瑞州、锦州、利州、川州、建州、龙山县、富庶县、和众县、金源县、惠和县

明朝（1368—1644）建国后，在东北设置都司、卫、所等军事和行政合一的机构，实行军事统治。在辽宁地区设辽都指挥使司，后改称辽东都指挥使司，作为省一级的最高军事机构。都司下设卫、所、州。辽东都指挥使司先后设置了 30 余个卫（后调整为 25 卫）和 3 个藩王府。[③] 治所设在辽阳城（今辽阳市老城），管辖东至鸭绿江，西至锦州、山海关一带，南至旅顺口，北至开原地区。

新宾、怀仁等地区隶属东北另一个都指挥使司——奴儿干都指挥使司。辽宁凌源、朝阳、阜新、彰武、康平一带则被蒙古各部占领。在辽东山区，明居民主要是女真人一部——建州女真。明政府设置了建州三卫。

---

① 辽宁省地方志编纂委员会办公室主编《辽宁省志·地理志》，辽宁民族出版社，1993，第 223 页。

② 婆娑巡检司，金代为婆娑府，无初级婆娑路。至元十七年（1280）降为府，属辽阳路。后又废府改司。

③ 同上书，第 225 页。

四、清代辽宁地区行政建置

1644 年 5 月 1 日，清军进入北京。9 月，把国都从盛京迁到北京。清朝统一全国后，在内地设 18 个行省。但在东北不设省，而作为特别行政区进行管理，"实行一地两制的汉、旗分治政策"，委派将军镇守八旗驻防，同时设立州县管理汉人。为实行军事管制，设奉天将军和奉天府尹。乾隆十二年（1747）又改称"镇守盛京等处将军"。详见表 1-5。

表 1-5　驻防八旗行政区划

	驻防城
奉天副都统	兴京、辽阳、牛庄、开原、铁岭、抚顺
熊岳副都统	盖平城、复州城、宁海城（金县）、旅顺城、岫岩城、凤凰城
锦州副都统	广宁城（北镇）、义州城（义县）、宁远城（兴城）、中前所城（绥中）、中后所城、小凌河城、巨流河城、白旗堡城、小黑山城、闾阳驿城
兴京副都统	兴京城

为了加强对居住在辽宁的不入八旗的汉族民户的统治，顺治十年（1653），清廷在辽宁设置奉天府尹，管辖 1 府、4 州、4 厅、8 县。即辽阳府、复州、承德县、海城县、盖平县、宁海县、开原县、铁岭县、新民厅、岫岩厅、昌图厅、兴京厅、锦州、宁远州、义州、锦县、广宁县。奉天府尹所辖州县，分布在奉天将军辖区内的各主要城镇，与奉天将军八旗驻防城机构有机结合起来，对清代辽宁地区政治、经济、文化发展起到了极其重要的作用。这种特别行政建置一直延续到光绪三十三年（1907），改为奉天行省为止。

道光二十年（1840）后，随着大量关内移民的涌入，盛京地方府、厅、州、县等行政建置不断增设。光绪元年（1875），清廷命盛京将军兼管奉天府尹事务。光绪三十一年（1905），清廷裁撤盛京五部侍郎，盛京五部统归盛京将军管辖。光绪三十三年（1907），清廷对东北官制施行重大改革，废除沿袭两百多年的旗民两重制，设立奉天行省，地方行政分为省、道、府（直隶厅、州）、县（散厅、属州）等级，奉天省巡抚为一省最高长官。

1912 年，中华民国建立。北京政府统治时期，奉天省实行省、道、县三级行政。1928 年 12 月 29 日，东北易帜，奉天省改行省、县二级行政。省行政长官改称省主席，省长公署改称省政府。翌年 3 月 1 日，奉南京国民政府令，奉天省改称辽宁省，奉天省政府随之改称辽宁省政府。

1931 年九一八事变后，在日本关东军的策划、操纵下，1931 年 12 月成立了伪奉天省政府，并陆续组建各级伪政权，由日本人直接充任各级伪政权要职，把持实际的行政大权。

解放战争期间，辽宁地区先后建立过辽宁省、安东省、辽南行署、辽吉行署（部分地区在辽宁）、辽北行署（部分地区在辽宁）、热河省（部分地区在辽宁）等行政区划。

第三节
人口变迁

一、商代至北魏时期人口数量波动

公元前 8—前 3 世纪，辽宁地区由于气候环境温暖，经济开始发展。西周建立后，辽宁隶属于周初"大封建"的燕国。公元前 300 年，燕国大将秦开率兵进攻东胡，东胡被迫北徙千余里，为辽河流域农业区的发展创造了安定环境。在辽宁朝阳、锦西、抚顺等地区出土了这一时期的大批铁器农具。铁制农具的应用，促进了辽河流域农业经济区生产的发展。

公元前221年秦始皇统一中国后，辽宁地区的社会经济得到很大的发展。西汉元始二年（2），辽宁人口已达624 864人（今新宾、清原当时属于玄菟郡，故未包括在内）[①]。汉元封三年（前108），汉朝置玄菟郡，郡治在今辽宁新宾西。当时辽宁境内还有一定数量的高句丽人，归玄菟郡管辖。[②] 详见表1-6。

表1-6　西汉元始二年（2）辽西、辽东两郡户数和人口[③]

郡别	县数	人口数/人	户数/户	每县平均户数	每户平均人口数
辽西郡	14	352 325	72 654	5 189.27	4.85
辽东郡	18	272 539	55 972	3 109.56	4.87
合计	32	624 864	128 626	4 019.56	4.86

资料来源：《汉书》卷一，转引自梁方仲《中国历代户口、田地、田赋统计》。

辽东、辽西两郡面积大致占西汉全国总面积的3.2%，而人口仅占全国的1%，人口密度仅为全国的30%。这说明，公元初年的辽宁地区，在全国仍处于较为落后的待开发地位。详见表1-7。

表1-7　西汉元始二年（2）辽西、辽东郡人口密度[④]

郡别	人口数/人	占全国总人口比例	面积/千米^2	占全国总面积比例	人口密度/（人/千米^2）
辽西郡	352 325	0.61%	46 431	1.18%	7.59
辽东郡	272 539	0.47%	78 093	1.98%	4.01

西汉中期以后，辽宁人口逐渐下降，"东汉永和五年（140），辽宁人口为

[①] 辽宁省地方志编纂委员会办公室主编《辽宁省志·人口志》，辽宁民族出版社，2005，第1页。当时右北平郡，现属辽宁的凌源、喀左、建昌等县的人口，与当时属于辽西郡、现不属于辽宁的滦河下游及奈曼、库伦地区的人口，其分布大致相等，故辽东、辽西两郡人数可代表当时辽宁人口数。（辽宁省地方志编纂委员会办公室主编《辽宁省志·地理志》，辽宁民族出版社，1993，第36页。）

[②] 班固：《汉书》卷二十八　地理志二，中华书局，1999，第1299-1301页。

[③] 宋则行、刘长新主编《中国人口·辽宁分册》，中国财政经济出版社，1987，第30页。

[④] 葛剑雄：《西汉人口地理》，商务印书馆，2014，第114页。

299 584人①。到西晋泰始元年（265），下降到 35 478 人。仅经过 263 年，就下降到西汉元始二年（2）5%"②，"到北魏永安二年（529），只剩下 10 000 人"③，"从西汉元始二年到北魏永安二年的 527 年，辽宁人口减少 98.4%。"④ 这是辽宁历史上第一次出现人口大降落。500 年间连绵不绝的战乱是这一时期辽宁人口剧烈波动的主要原因。

二、隋代至元代时期人口数量波动

唐朝开元、天宝年间，国内人口数量猛增。唐开元二十八年（740），辽宁地区共有居民 62 696 户，按当时平均每户 5.78 人计算，辽宁地区当时有人口 36 万余人⑤。按当时每户 5 人计算，则有 31 万余人。⑥ 这比 475 年前的西晋泰始元年（265）增加了 9 倍多。

公元 916 年，契丹建国并统一东北，河北汉族人口和黑龙江、吉林的契丹、女真、蒙古等民族人口被迫大量迁入辽宁地区。据《辽史》统计，新建的移民头下军州有 34 300 户之多，辽宁人口也随之增加到 90 万人⑦，超过公元初年水平。

公元 1125 年金朝灭辽。在金朝统治时期，当时辽宁地区大约有 60 个县，居住 45 万户近 300 万人口⑧。这是辽宁古代史上人口第二次大增加时期。

据《元史》记载，元朝初年，受战乱波及，辽阳行省共有 84 761 户 461 424 人⑨。扣除不属于辽宁的合兰府、水达达路、东宁府等地区的人口，加上北部地区

① 陈采章：《中国历代人口变迁之研究》，商务印书馆，1946，第 37 页。

② 辽宁省地方志编纂委员会办公室主编《辽宁省志·地理志》，辽宁民族出版社，1993，第 36 页。

③ 辽宁省地方志编纂委员会办公室主编《辽宁省志·人口志》，辽宁民族出版社，2005，第 4 页。

④ 同上书，第 13 页。

⑤ 同①书，第 38 页。

⑥ 同③书，第 14 页。

⑦ 同③书，第 17 页。

⑧ 张博泉等：《东北历代疆域史》，吉林人民出版社，1981，第 193-205 页。

⑨ 宋濂等：《元史》卷五十八《地理志一》至卷六十三《地理志五》，中华书局，1999，第 903-1052 页。

的人口，辽宁人口只有 30 多万人①，比金代末年减少了 90%②。这是辽宁古代历史上第二次人口大减少时期。到元朝中后期，辽宁的人口有所恢复。

明朝建国后，辽宁人口增加很快。到明朝末年，辽河以西地区人口达 300 万以上③。而辽河以东人口不能少于河西④。减去属于今内蒙古部分地区和吉林西部边缘地区人口，辽宁人口不会少于 500 万人。⑤

这样从隋唐到明末，辽宁地区人口出现第二次大起伏。人口最多的金代、明代有 300 万~500 万人，人口最少的元末仅有 30 万人。这说明，政治动荡始终是制约古代辽宁地区人口增长的首要因素。

明末清初，辽宁民户受战乱波及，逃往关内的有 200 万人，还有满族大约 90 万入关人员，辽宁地区再次变得荒无人烟。

三、清初至鸦片战争时期的人口波动

清朝入关后，盛京尚有 2 万人留守。顺治十年（1653），清廷颁布《辽东招民垦田授官例》。该政策发布后数年，开始有成效。顺治十七年（1660），辽阳、海城新增人丁 3 723 人。顺治十八年（1661），金州新增人丁 229 人。顺治十五年（1658）至十八年（1661），锦、宁、沙后、广宁四城新增人丁 1 650 人。顺治十八年（1661），奉天府新增人丁 3 952 人，锦州府新增人丁 1 605 人，共 5 557 人⑥。"据此估计，两府人数不到 28 000 人。柳条边外的朝阳、阜新、昌图等地估计有蒙古族 20 万人，汉族人口 8 万。这样算来，辽宁人口大约 31 万。"⑦

康熙七年（1668），清廷废除《辽东招民垦田授官例》，开始实行全面封禁政策。至乾隆六年（1741），奉天、锦州两府人口只有 359 622 人。乾隆年间，迫于关

---

① 辽宁省地方志编纂委员会办公室主编《辽宁省志·人口志》，辽宁民族出版社，2005，第 21 页。

② 宋则行、刘长新主编《中国人口·辽宁分册》，中国财政经济出版社，1987，第 32 页。

③ 同①书，第 25 页。

④ 根据张博泉等：《东北历代疆域史》推断，此间辽东都司辖区人口 300 万（256 页）。

⑤ 同①书，第 27 页。

⑥ 《盛京通志》卷二十三《户口》，乾隆元年版。

⑦ 同①书，第 32 页。

内人口剧增的压力，封禁政策开始松弛。乾隆十六年（1751），辽宁人口增加到近 70 万人，详见表 1-8。

表 1-8 乾隆十六年（1751）辽宁人口统计表①

府厅	户数/户	人口数/人	备注
奉天府	36 584	162 261	
锦州府	37 628	251 126	
塔子沟厅		约 200 000	蒙古族人口为估计数
彰武等县		约 80 000	汉族人口为估计数
合计		约 693 387	

资料来源：宋则行、刘长新主编《中国人口·辽宁分册》，中国财政经济出版社，1987，第 36 页。

乾隆四十六年（1781），辽宁人口增加到近 100 万人。至道光二十年（1840），辽宁人口从近百万增加到近 250 万人，平均每年增加 2.5 万人②。从西汉元始二年（2）至道光二十年（1840）的 1 800 多年间，辽宁省人口总量增加了 3 倍，平均每 612.66 年增加 1 倍，其间经历了 3 次大起大落。从中不难看出，政权的更迭，民族的变迁，始终是制约古代辽宁地区人口增长的核心要素。

① 辽宁省地方志编纂委员会办公室主编《辽宁省志·人口志》，辽宁民族出版社，2005，第 34 页。
② 宋则行、刘长新主编《中国人口·辽宁分册》，中国财政经济出版社，1987，第 37 页。

第四节

经济概况

一、农业的发展

辽宁农业开发较早，历史悠久。距今 7 000 年前，就已经跨进新石器时代的原始农业阶段。到了战国时期，铁器已经在农业、手工业中得以使用。燕国建立辽东、辽西二郡后，中原百姓大批迁入，将中原地区农作物品种和先进的农业技术带到辽宁地区，使辽河流域很快成为"农产丰饶"的地区。《汉书·地理志》载，"上谷至辽东……俗与赵相类，有渔盐枣栗之饶"。这表明，辽宁经济文化和华北相类似，很早就形成农业区域了。

从魏晋南北朝到隋唐，由于各民族统治者之间互相割据和征战，社会动荡，人民东迁西逃，使秦汉时期已经发展起来的农业屡遭破坏。唐朝收复辽东后，从辽东向中原大批迁徙当地居民，"留其弱者守辽东"，致使安东都护府境内人烟稀少，大批土地荒芜，农业生产十分萧条。

辽金统治时期，辽宁地区的农业和手工业都有所发展。契丹人在建国之前就"教民稼穑"。辽国建国后，为改变辽东地区地旷人稀的状况，将松花江流域的原渤海国居民大批迁往辽东，同时将中原大批降俘汉人迁往辽宁地区，使其"垦艺荒地"，务农耕作。在汉族、渤海和其他各族人民的辛勤劳动下，辽宁地区农业生产有了飞速发展。到辽清宁元年（1055），辽宁已成为"边户数十万，耕垦千余里"的富庶农业区。

元朝建立之初，采取"掳杀"政策，将田地变为"牧场"，使得辽宁农业生产再度出现倒退。元世祖即位后,在辽宁设立金州、复州两处屯田万户府,开荒种地,促进了辽南地区农业的发展。明朝建立后,为了巩固边防,采取屯田措施,一为军事屯田,二为移民屯田,从而推动了辽东土地开发。明永乐十七年（1419）,"辽东 25 卫屯田面积达 21 171 顷（合 31.8 万亩）,以后屯田额上升到 31 620 顷（合 47.4 万亩）,额粮达 364 900 石。"[1]

当时,重要作物有高粱、稻谷、大豆、糜子、粟、大麦、小麦等十几种,并引进了棉花。其他特产如人参、沙参、五味子、细辛等药材也有相当的产量,农产品相当丰富。辽阳地区附近是"岁有羡余,数千里阡陌相连,屯堡相望"的富庶发达农业区。后金建国后,掠夺大批人口、牲畜和财物,致使辽河两岸"沃野千里,有土无人",农业几乎废弃。

清朝建立后,清廷视辽宁地区为"龙兴之地",实行封禁,予以保护。至顺治十年（1653）,才颁布《辽东招民垦田授官例》,奖励向东北移民垦殖。仅 20 年时间,辽宁地区人丁、田亩增加五倍。"清顺治十七年（1660）,奉天旗地为 46 万坰（690 万亩）。康熙三十年（1691）,发展到 116.7 万坰（1750.5 万亩）"[2],民地"民赋田"也增加几十万坰。

其后,清朝停止实施《辽东招民垦田授官例》,并对东北采取封禁政策,不准汉人移入。此外设置围场和牧场,仅养息牧、大凌河和盘蛇驿三大牧场就占地 400 多万亩,使境内耕地大量减少,农业萎缩。

二、手工业和矿冶经济产生

（一）铁器制造

早在战国时期,中原地区的铁制生产工具和生产技术就传入辽宁,各地使用铁器已很普遍。燕国是战国七雄中铁冶和铁器制造业最先进的国家之一,当时人们已

---

[1]　辽宁省地方志编纂委员会办公室主编《辽宁省志·农业志》,辽宁民族出版社,2003,第 4 页。

[2]　同上书,第 5 页。

经熟练地掌握了铁冶工艺，具有较高的技术，已基本上达到了内地的先进水平。

到了秦汉时代，铁制生产工具和生产技术都有了很大改革与进步。辽代初期，先后在辽宁地区设立矿冶。矿冶业以铁冶为主，兼有金、银、铜等有色金属冶炼。今鞍山市首山曾是辽代重要的铁冶中心。元朝统一中国后，继续兴办官营手工业，虽然垄断了金属制品生产，但很多金属制品仍可作为商品进入市场。

进入明代，除兵器由官营制造外，铁制农具等日常用具多由民间铁匠打造。遍及民间的铁匠炉几乎无所不在。

明万历年间，女真人已经能够开采铸炼。明万历三十四年（1606），努尔哈赤起兵反明，其后便着手生产制造金属用具和武器。清顺治元年（1644），清军入关后，随着农业生产的下降，辽宁金属制品生产日渐衰落。到乾隆四十二年（1777），从关内流入东北的汉人将近80万人，辽宁地区开始百业俱兴，金属制品行业也日益增多。例如，宁远州、岫岩厅、盖平县等地开采铁矿资源，生产各种铁制品。

（二）煤矿开采

辽宁是全国发现、利用和开采煤炭最早的省份之一。新石器时代的沈阳新乐遗址出土了97块煤精雕刻装饰品和煤块，证明早在六七千年前，露头煤就已经被采集和利用。

唐代，抚顺等地煤炭已有人开采。辽金时代，辽宁炼铁业发达。"各省铜铁炼制燃之以煤"，辽宁煤炭开采进入初步发展阶段。抚顺、本溪湖等地的煤炭相继被开采，用来烧制陶器和冶炼铜铁。金代，抚顺大官屯以煤为燃料，烧制黑釉瓷器，产量很大，其产品在东北各地金代遗址中多有发现。明代，为配合铁业生产，煤炭的开发利用范围逐渐扩大。除抚顺、本溪及复州五湖嘴等地相继开采外，田师傅、牛心台也有人开采。当时辽阳、沈阳两城市里，有的已经把煤当作日常燃料。

清初，辽宁地区的煤矿以本溪湖矿开采较早，本溪湖东部的牛心台煤窑也是清代著名的煤炭产地。清代对煤炭开采的控制与管理实行采煤执照制度。采煤执照又叫"窑照、煤照、煤票、引票、龙票、煤窑证"。凡开采煤窑者，先要向政府申请报批，政府同意开采后才发给采煤执照。

清乾隆年间，清政府以保护"龙脉"为名，禁止开采煤矿，辽宁煤炭业进入"禁锁期"长达150年。虽然如此，辽宁地区的煤炭开采仍然屡禁不绝，在全省各地都有小型煤矿开采，在采煤矿数量仅次于广东而位居全国第二。

（三）陶瓷业

古代辽宁制陶、制瓷均有发展。辽代的白瓷、黑瓷、彩釉陶为中国陶瓷史上的一朵奇葩。辽代陶瓷生产工艺，一方面受到中原汉族文化的影响，另一方面也具有浓厚的契丹民族特点。其造型别致、粗犷、质朴，具有较强的实用性特点。例如，鸡冠壶是依照契丹族皮囊容器样式烧制，因壶的上部状似鸡冠而得名。

明万历三十五年（1607），隶属海城县城的析木城缸窑岭村，有一生产琉璃瓦的私人窑业。后金天命六年（1621），努尔哈赤攻占辽阳后，收其为官有，改名为"黄瓦窑"。天命十年（1625），又命为御窑，专供宫殿、皇陵用的琉璃制品，直属工部管理。设五品备御千总（侯文举）督办"御窑事务"。其规模颇大，远近驰名，为当时全国三大"黄瓦窑"之一。

（四）纺织业

康熙、乾隆年间，辽宁地区养蚕、缫丝业逐渐兴起，产区集中在南部沿海和辽西凌源地区。乾隆二十七年（1762），清廷编立奉天流寓金州、复州等地养蚕、织绸人保甲，并征收茧税。至乾隆朝后期，柞蚕区已扩展到整个辽南山区，包括"牛庄、盖州、熊岳、复州、金州、岫岩六城所属界内官山"。乾隆四十三年（1778），清朝正式宣布："准旗民人等放蚕，输纳税课。"柞蚕养殖业已形成一定规模，年征茧税银七八千两。

清嘉庆、道光年间，盖平县有了缫丝工场。盖平居东三省柞蚕业首位，并成为柞蚕业的中心市场。清光绪二年（1876）后，以安东为中心，包括宽甸、凤凰城、本溪、怀仁等地柞蚕业兴起，产茧量占辽宁的50%以上，形成了以安东为中心的柞蚕丝绸业。[①] 同时也有了专营的家庭丝房。如顺治元年（1644），奉天即设有兴顺利丝房。乾隆三年（1738），设有永源德丝房。嘉庆元年（1796），设有天合利丝房。道光年间设有赵兴隆丝房[②]。

---

① 辽宁省地方志编纂委员会办公室主编《辽宁省志·纺织工业志》，辽宁民族出版社，2001，第115页。

② 孔经纬：《清代东北地区经济史》，黑龙江人民出版社，1990，第183页。

（五）制盐业

辽东的盐铁之利，在春秋战国时期就有所记载。金代，辽宁地区的煮盐业很发达，是金朝重要的手工业生产部门。金朝对商人行盐地域有严格规定，沧州、莒州、宁海州、宝坻、解州、西京、北京、辽东等各大小盐场，均规定了各自行盐地域。对影响国计民生的盐业，金朝实行国家专营、专卖。盐课成为金朝重要的税收项目之一。

盐业也是明朝国家财政收入的重要来源之一，是官营手工业生产的重要部门，同时设置专门的管理机构。明代发明了新的海水制盐法——"天日晒法"。这种先进的制盐工艺在辽东各盐场广为推广，从而促进了海盐生产。当时辽东盐业可与两淮盐场相媲美。清代，盛京盐业生产由官办、民办并行。制盐方法也有了明显的改进，明代的"天日晒"制盐法得到迅速推广，民间煎盐业也有了较大发展。

第二章 晚清时期辽宁经济发展

第一节
营口开埠与进出口贸易增长

一、营口开埠

图 2-1　辽河穿越营口城

营口地处辽河入海口（辽河横穿营口城区），西临渤海湾，自古以来就是辽宁乃至东北地区的重要河港和海港。营口市区在三国时叫辽口；西晋时称历林口；明初称梁房口；清代改称没沟营，同治五年（1866）正式有营口之名，并延续至今。

明代初年，梁房口作为海河交汇点，是运粮船必经之地。为保护粮道，明军在此地正式设防。由此，梁房口成为明代的海防屯兵要地。其后，这一带逐渐发展成为辽宁著名盐场，当时辽宁额盐 3 770 吨，梁房口盐场盐产量占辽东额盐的三分之一强①。

明末清初，营口一度成为"极目荒旷"之地。此后，随着农业和商品经济的恢复和发展，辽河沿岸地区先后出现了一批大小城镇，如海城、盖平、营口、田庄

① 李有升：《营口地方史研究》，辽宁民族出版社，1995，第 143 页。

台、牛庄等。

19 世纪 20 年代，商业资本首先进入营口。一是盖平商业资本；二是牛庄、田庄台商业资本；三是关内资本渡来营口。至道光二十年（1840），营口共有 6 家商号。营口贸易对象主要是关内各地，输出品是粮食和大豆、豆饼，输入品是棉花、杂货等。

图 2-2 早年营口码头在开埠前已是商业活跃的口岸[1]

随着大豆产量提高和商品化增强，山东商业资本创办了油坊。随着输入商品数量的增加，出现了装卸业兼营商业，标志着营口民族商业资本的开始。关内商业资本的入殖和广东商人控制营口商业资本，是营口民族商业资本开始期的重要特征。[2] 至咸丰十一年（1861）开埠前，营口已经"商船云集，日以千计"，凭借海口优势，逐渐形成国内粮豆贸易港口，贸易地位已经取代牛庄、田庄台和盖平。

第二次鸦片战争，中国战败。西方侵略者要求开放辽东湾辽河口。咸丰八年（1858），《中英天津条约》规定：开放牛庄作为商埠。牛庄位于辽河入海口，是东北与内地最早的通商口岸。明代为辽海卫所治，清初设章京驻防。康熙年间，始称牛家庄。咸丰十一年（1861）五月，牛庄开埠。是年，因辽河暴涨，下游又冲出一条新的入海口，把原来的河道南移了 90 里。同年六月，英国第一任驻牛庄领事密迪乐（Midil）（后死于牛庄）辩称，英国本拟在营口开埠，只因地图上标为牛庄是离辽河河口最近的港口，所以"很不经意地把营口错当了牛庄"，现在牛庄"停泊不便，需设立领事馆改在营口"。

同治三年（1864），英国迁领事馆于营口。营口港便在这一年正式开港。营口开埠为外国势力侵入东北打开了南大门，其后，列强接踵而至，营口开始沦为东北第一个半殖民地半封建城市，成为东北地区遭受外国资本主义掠夺的起点。

营口开埠后，清政府并没有在营口设立港务管理机构，由英国代管中国海关。同治三年（1864），赫德（Hurd）任命英国人杰·马基（Jay Markey）为营口海关税务司司长。

---

[1] 营口市史志办公室编《营口百年图志》第 1 册，辽海出版社，2009，第 2 页。

[2] 张秉宽：《营口近代史纲》，辽宁民族出版社，2002，第 3 页。

图2-3 营口开埠后绘制的鸟瞰图①

英国人控制下的营口海关，擅自扩大本不属于海关职权范围的港口船舶调度权、港口装卸管理权、航道管理权、船标设置权以及港务人员的使用调度权，形成海关独霸营口港的局面。营口港既成为外国商品倾销东北地区的门户，又是东北原料被掠夺运出的桥头堡。

光绪二十年（1894），上海、天津、广州、汕头、厦门、营口、福州、烟台等主要港口中，营口港对外直接贸易额占全国第六位。至光绪三十四年（1908），营口港已经与世界上二十几个国家或地区直接通航贸易。

中东铁路开通后，沙俄采取新的税收政策，全力经营大连港。日俄战争后，日本对大连港又采取"自由港"政策，东北外贸口岸重心开始南移。1912年之后，营口的外贸地位完全被大连取代。

图2-4 营口近代杂货"大屋子"
协盛丰旧址

伴随着进出口贸易的扩大，近代营口工商业快速发展起来。营口港出口商品主要是大豆"三品"、柞蚕丝、毛皮、人参、鹿茸等。大豆是制油与炼油工业的原材料，因而属于近代工业范畴。东北是近代中国大豆主产地。铁路未通之前，河运是东北大豆的主要运输方式。光绪二十六年（1900），辽河运输达到鼎盛时期，仅登记簿记载的船只就有3 500艘。马车运输是仅次于辽河水运的唯一陆上交通工具，"每逢农历十二月、正月、二月，每天到达营口的车辆达1 000辆以上，进市的谷物六七十万石，其中大豆占80%~90%，为马车住宿和豆谷服务的季节性大车店就有30多家。"②营口大屋子是营口开埠后出现的独特的商贸企业，是专门为客商提供商品交易、货物仓储、交易

① 营口市史志办公室编《营口百年图志》第1册，辽海出版社，2009，第4页。

② 孙福海、王金玲：《晚清营口民族商业资本与油坊业、银炉业关系研究》，《辽宁师专学报（社会科学版）》2000年第5期。

洽谈、批发代理等商业活动的场所。凭借辽河的地理优势，营口成为众商云集之地。伴随着商业资本与工业资本和金融资本混合生长，营口形成许多联号商铺。"这些商铺仅豆油年销售额就达 600 万~700 万两，是原资本额的 55.6 倍，平均每年增资 5.56 万两，等于原资本额的 2.53 倍。"①

至光绪二十八年（1902），营口有布庄、丝绸庄 57 家，其中以东益盛、茂瑞成为最大。② 光绪十六年（1890），营口拥有大小铁业 48 家。随着"洋铁""洋钉""洋工具"等洋货大量输入，五金行业迅速扩大。"光绪二十四年（1898），营口第一家五金专业商店——慎记五金行——开业，经理张墨卿，职工十五人。此后，祥泰五金店、泰长号五金店、盛合公司、祥记五金店、双发祥五金行先后开业。"③

营口开埠后，东北各地生产的烟叶云集营口，通过海陆远销中南各地。上海、香港及外国的香烟也通过营口转销东北各地，营口成为东北重要的烟叶中转和生产中心。

二、出口贸易

（一）出口金额

同治三年（1864）至光绪二十一年（1895），营口港出口额从 1 710 398 海关两增至 5 605 086 海关两，增长了 2.27 倍。出口总额为 12 974.8 万海关两，年均出口 405 万海关两。同治三年至同治十三年（1864—1874），出口额始终徘徊在 100 万~200 万海关两。从同治十三年（1874）开始迅猛增长，陆续突破 200 万、300 万、400 万、500 万海关两。至光绪十六年（1890）开始更快增长，光绪十六年至光绪十九年（1890—1893）接连突破 700 万、800 万、900 万海关两。出口额最高的年份为光绪十九年（1893），达到 930 万海关两。中日甲午战争爆发后，受战争影响，营口出口额迅速回落。

① 李洪彦：《营口简史》，辽宁教育出版社，1997，第 242-243 页。
② 营口市地方志编纂委员会办公室编《营口市志》第 4 卷，辽宁民族出版社，2000，第 248 页。
③ 同上书，第 250 页。

中日甲午战争结束后，日俄势力进入东北，竞相掠夺辽宁资源，营口对外出口额迅猛增长。光绪二十二年（1896），突破1000万海关两，达到1128万海关两；光绪二十五年（1899），达到2062万海关两，是光绪二十一年（1895）561万海关两的约3.7倍。

光绪二十六年（1900），沙俄入侵营口，营口当年出口额降至1147万海关两。光绪二十九年（1903），恢复到1998万海关两。光绪三十年（1904），受日俄战争的影响，出口额降至1216万海关两。宣统元年（1909），又达到2600万海关两的最高峰。随着大连港开埠，营口贸易港的地位很快被大连取代。

日俄战争结束后，光绪三十三年（1907），大连港和安东港相继开埠。由于3个港口开放，增加了进出口渠道，为帝国主义掠夺资源和倾销洋货创造了更好的条件，辽宁地区出口额成倍增长。"光绪三十三年（1907），3个港口的商品出口总额达到1860万海关两。至宣统三年（1911），剧增至5255万海关两，是光绪三十三年（1907）的2.8倍。"① 创造了清末辽宁地区出口额最高纪录。

安东处于奉天省东南边陲，鸭绿江下游右岸入海口处，东依九连城，西抚大东沟，南与朝鲜新义州隔江相望，"地当中韩间交通孔道，为南部之一重镇，询辽南第一门户也。"② 光绪二年（1876），清廷设安东县，隶属盛京所属的凤凰厅。光绪二十九年（1903），根据《中美通商航海条约》和《中日通商航海条约》，安东港自行开埠通商。光绪三十三年（1907），中国政府安东海关发布《安东港暂行条例》，安东港正式开港。③

安东出口多以农副产品和原材料为主，输入主要产品有石油、面粉、火药、机械、化妆品等20多个品种。其中，日本、韩国是主要输出国，占丹东输入额的80%以上④。

---

① 辽宁省地方志编纂委员会办公室主编《辽宁省志·对外经济贸易志》，辽宁民族出版社，2003，第10页。

② 王树楠、吴延燮、金毓黻：《奉天通志》卷一百六十二《交通志二·航路上》，东北文史丛书编辑委员会点校，1983，第3781页。

③ 张志勇：《安东港的兴盛及其原因探析（1907—1931）》，硕士学位论文，辽宁大学，2012，第4页。

④ 魏琳娜：《自开商埠与丹东城市近代化研究（1903—1931）》，硕士学位论文，东北师范大学，2007，第24页。

（二）出口种类

同治三年（1864）至清朝灭亡（1911），辽宁地区出口商品都以大豆类粮油食品为主，大豆成为东北出口的大宗商品，也成为外国侵略者掠夺的主要目标。"从同治三年到宣统三年（1864—1911），粮油出口占总出口比重一直占80%，煤炭、生铁及其他商品出口所占比重之和仅占20%。"①

图 2-5　营口港货场上存储的待运的大豆②

1. 大豆出口

同治元年（1862）以前，清朝在东北实施"豆禁"政策。《中英通商章程善后条约》第五款规定："豆石（大豆）在牛庄、登州两口岸，英国商船不准装载出口。"主要目的是为了维护丰厚的税收和以运输大豆为业的几十万人生计。

其后，在英国强烈反对下，清政府解除"豆禁"。大豆出口量随之大幅上升，成为营口港大宗出口商品。19世纪70年代以后，由于美国、英国将大豆誉为天然营养食品，日本及欧美各国纷纷"争购"东北大豆及其制成品，东北产的大豆、豆油逐渐成为日本人的生活必需品，豆饼也成为日本水稻生产不可缺少的肥料。从同治九年（1870）起，营口港成了日本进行掠夺的重要港口。

---

① 辽宁省地方志编纂委员会办公室主编《辽宁省志·对外经济贸易志》，辽宁民族出版社，2003，第12页。

② 营口市史志办公室编《营口百年图志》第1册，辽海出版社，2009，第12页。

同治七年至同治十三年（1868—1874），营口港的大豆产品出口一直保持在100 万~200 万担。光绪元年至光绪三年（1875—1877），突破 200 万担大关，此后迅猛增长。光绪四年（1878）突破 400 万担，此后略有回落。光绪四年至光绪十五年（1878—1889），维持在 300 万~400 万担。从光绪十六年（1890）开始迅猛增长，很快突破 500 万担。光绪十七年（1891）比光绪十六年（1890）更是增长50%，突破 700 万担，达到 731.5 万担，创历史新高。

光绪二十七年至宣统二年（1901—1910），营口港累计出口大豆制品 27 336 553担，其中出口日本 5 677 997 担，占全部出口量的 20.7%；出口至中国香港 1 522 132担，占全部出口量的 5.6%；出口德国 19 866 998 担，占全部出口量的 72.7%；出口其他地区 269 426 担，占 1%。显然，欧洲地区是营口大豆的主要出口目的地，其次是日本，再次是东南亚地区。[①]

2. 柞丝绸品出口

道光二十九年（1849），山东人在辽南和安东（今丹东）建立灰丝工厂，由小贩批量运至朝鲜、南洋等地，年销售大茧、生丝约合 10 亿粒茧。同治九年（1870），辽宁成功生产出"双鹿"牌改良纯丝、"十山"牌灰丝、"金猫"牌一等柞灰丝，出口朝鲜、日本、南洋、法国等地，年均出口大茧、生丝约合 15 亿粒茧。光绪二十年（1894），营口港出口大茧、生丝年均合 18 亿~20 亿粒茧，占当时大茧生产量的 80%~90%。1907 至 1914 年，辽宁向日本、朝鲜、法国、德国等国家出口柞灰丝 23.90 万担。[②]

3. 药材出口

东北人参闻名全国，在营口港的输出贸易货物总额中，人参占第二位，仅次于大豆、豆饼、豆油出口贸易额。据统计，"同治六年（1867）人参输出 186 担，同治七年（1868）输出 354 担，同治八年（1869）输出 307 担，同治九年（1870）输出 539 担，同治十年（1871）输出 664 担，同治十一年（1872）输出增加到 763

---

① 依据《营口市志》出口统计表计算得出。引自营口市地方志编纂委员会办公室编《营口市志》第4 卷，辽宁民族出版社，2000，第 542 页。

② 辽宁省地方志编纂委员会办公室主编《辽宁省志·对外经济贸易志》，辽宁民族出版社，2003，第92 页。

担（价值 127 277 海关两），占营口港当年出口贸易总额的 8%。"① "同治五年（1866）经营口港输出的鹿茸 49.24 对；同治六年（1867）输出 254.62 对，另有小鹿茸 146 对；同治七年（1868）输出 174.37 对，另有小鹿茸 81 对；同治八年（1869）输出 88.65 对，小鹿茸 102 对。"②

4. 毛皮出口

元皮、细毛皮是辽宁地区传统出口商品，出口已有百年历史。辽宁平原地区及宽甸、桓仁、新宾、清原、西丰等县生产的元皮、香鼠皮、艾虎皮、野兔皮等皮板柔韧、毛绒丰厚、颜色好，是制裘的上好材料。"光绪二十二年（1896），辽宁地区出口英国的皮张达 8 万余张。"③

5. 其他出口

咸丰年间，辽宁就有少量食品销往国外。"同治三年至光绪十九年（1864—1893），有活猪、活牛、鹿、咸猪肉、干虾、咸干鱼、水果、糖果等计 463 吨出口日本、朝鲜、菲律宾各国。"④

此外，"光绪三十三年（1907）至宣统三年（1911），向朝鲜、日本、印度出口纸类及其纸制品 19 761 吨。"⑤ "同治五年至光绪二十六年（1866—1900），辽宁出口滑石 5 154 吨。光绪三十四年至宣统三年（1908—1911），出口煤炭 20 万吨，同时有少量紫黄铜出口，主要输出日本和朝鲜。"⑥

（三）出口商品结构

同治三年（1864）到宣统三年（1911），粮油出口在营口总出口量的比重一直占各种商品出口比重的 80% 左右，煤炭、生铁及其他商品出口所占比重仅占 20% 左右，参见表 2-1。

---

① 张秉宽：《营口近代史纲》，辽宁民族出版社，2002，第 18 页。

② 高宝玉：《营口港史》，人民交通出版社，1995，第 78-79 页。

③ 辽宁省地方志编纂委员会办公室主编《辽宁省志·对外经济贸易志》，辽宁民族出版社，2003，第 29 页。

④ 同上书，第 63-64 页。

⑤ 同上书，第 107 页。

⑥ 同上书，第 147 页。

表 2-1 大豆三品占营口海关出口比重①

年份	大豆三品输出额		年份	大豆三品输出额	
	万海关两	占出口额的百分数		万海关两	占出口额的百分数
1872	174	87.0%	1884	328	79.6%
1873	125	79.1%	1885	358	78.3%
1874	138	78.9%	1886	314	69.3%
1875	221	82.2%	1887	401	73.2%
1876	209	79.2%	1888	436	76.6%
1877	239	76.4%	1889	399	71.6%
1878	351	80.0%	1890	507	70.4%
1879	315	86.3%	1891	636	78.6%
1880	272	81.2%	1892	650	71.7%
1881	280	78.9%	1893	696	74.8%
1882	296	81.5%	1894	668	78.3%
1883	324	82.9%			

　　从表 2-1 可以看出，同治十一年（1872），大豆、豆饼、豆油三者出口合计占营口港出口贸易额的87%。短短6年，至同治十七年（1878）就翻了一番。此后随着营口贸易总量的增加，一直稳定在占比 70%~80%。至光绪二十年（1894）出口额668万海关两，比同治十一年（1872）翻了4倍。

---

① 张福全：《辽宁近代经济史（1840—1949）》，中国财政经济出版社，1989，第37页。

三、进口贸易

辽宁地区的进口贸易，在清代封禁时期，只限于边境的互市贸易，正规的进口贸易是从营口开埠开始的。开埠的头十几年，主要是鸦片输入。从光绪八年（1882）开始，进港的外国商品主要以轻工业产品为主。列强的商品输入冲击了营口和东北市场，从而使民族工商业卷入资本主义市场经济之中。与此同时，发展缓慢、自给自足的自然经济遭到日趋严重的摧残。

图 2-6 1910 年山海常关（西海关）办公场所①

（一） 进口商品金额

从光绪二十年（1894）至宣统三年（1911），由于沙俄修筑中东铁路，日本开发大连港并在各地开采矿山、兴办工厂等投资不断增加，辽宁商品进口量不断增加。从同治十二年至光绪十六年（1873—1890），营口港外贸进口额从 221 万海关两增至 445 万海关两，平均每年进口额 242 万海关两。光绪十七年（1891），进口额突破 600 万海关两大关，此后两年也都在 500 万~600 万海关两。从同治十一年至光绪二十年（1872—1894），进口总额为 6 204 万海关两，出口总额达 10 843 万海关两。进出口相抵，贸易顺差达 4 639 万海关两。这说明了当时以大豆为主体的东北出口贸易所具有的强大竞争力。进入 19 世纪 90 年代，辽宁进出口进入迅猛发展阶段。尤其是清光绪三十三年（1907），大连港和安东港开埠后，进口商品进一步增长。

（二） 进口商品种类和结构

从咸丰十一年（1861）至光绪七年（1881），"鸦片走私进口约占进口总额的

---

① 辽宁省地方志编纂委员会办公室主编《辽宁省志·海关志》，辽宁人民出版社，2002，封图。

40%~77%，棉布等纺织品约占总额的 20%~30%，其余的 10%的进口商品大到钢铁、煤油（洋油），小到洋伞、火柴（洋火）等等不一而足。"①

1. 鸦片进口

第二次鸦片战争后，清廷改变了"向来洋药皆例不准通商"的惯例。《中英通商章程》中规定，"洋药准其进口，议定每百斤纳税银 30 两"。从此，鸦片成为"合法"商品，源源不断涌入中国东北市场。根据驻营口的山海关记录："同治三年（1864）输入鸦片 506 司马担（每司马担相当于 60 公斤），同治四年（1865）为 1 372.22 司马担，同治五年（1866）为 2 670.25 司马担，鸦片输入量成倍增加。"②

"从同治三年至同治十二年（1864—1873），营口港每年进口鸦片都在 2 500 司马担左右，价值在 150 万两海关银。据山海关同治三年至宣统二年（1864—1910）间的统计，输入营口的鸦片 37 027.35 司马担，仅此一项就掠走白银 21 370 350 两。这些鸦片除部分在营口消费外，其余通过营口港转运到东北、内蒙古、沙俄、朝鲜等地。"③

鸦片进口量的增加，使东北地区吸食鸦片者不断增多，东北地区约有 30 万人成为"瘾君子"，严重摧残了中国人的身心健康。与此同时，进口和吸食鸦片，使东北地区不法之徒不顾清政府的禁令，大面积种植罂粟。④

光绪十四年（1888）以后，鸦片输入量呈现下降趋势。"营口开港后头 20 年，鸦片占进口贸易额的 46%，19 世纪 90 年代占进口总额的 12%。"⑤ 出现这种局面是因为东北地区引种了罂粟，"光绪元年（1875），东北地区生产的鸦片数量已经接近当时牛庄港进口鸦片的 2/3，而且每担价格 448 海关两，低于进口鸦片每担 585 海关两 23.4%；到光绪六年（1880），营口市场地产鸦片价格下降到每担 350 海关两，

---

① 辽宁省地方志编纂委员会办公室主编《辽宁省志·对外经济贸易志》，辽宁民族出版社，2003，第 226 页。

② 营口市地方志编纂委员会办公室编《营口市志》第 3 卷，中国经济出版社，2002，第 532 页。

③ 同上。

④ 同①书，第 227 页。

⑤ 同②。

比进口鸦片每担 620 海关两低 43.5%。"①

2. 纺织品进口

光绪八年（1882）后，鸦片进口量下降，棉织品进口跃居首位。"同治五年（1866）进入营口的外国棉织类商品 4.2 万件，同治六年（1867）增至 11.8 万件，同治七年（1868）增到 29.9 万件，两年增加 6 倍。"②

同治六年至光绪九年（1867—1883），从营口港进口的纺织品共 721.6 万匹，平均每年进口 42 万匹。同治七年（1868）与同治六年（1867）相比，一年进口增长 1.73 倍。直到同治十三年（1874），一直为 20 万~30 万匹。光绪元年（1875）为 40 万匹，光绪二年至光绪九年（1876—1883）一般为 40 万~80 万匹，其中光绪四年（1878）达到 105 万匹。外国纺织品充斥辽宁市场。

造成这种结果的原因有二：其一，外国纺织品采用机器织造，成本低，所以其棉布、棉纱价格低于当地土布、土纱价格。由于价格便宜，到 19 世纪 60—70 年代，东北地区贫苦百姓也都买洋布做衣。其二，洋货进口关税极低，使洋商输入棉织类商品迅速扩大。"当时营口（牛庄）港口的棉纱、棉布只需要缴纳 2.17%~2.81% 的子口税，低于《通商章程》规定的'值百抽五'（即 5%）的税率，促使进口纺织品不断涌入。由牛庄运往东北各地销售的外国洋货，也只缴纳 1.085%~1.405% 的半子口税。"③ 而中国生产的土布、土纱则要"逢关纳税，遇卡完厘"，又难以与洋货竞争，从而加速了东北家庭纺织业的破产，进口棉织品却不断涌入，充斥了东北纺织品市场。

在进口的纺织类商品中，英国占第一位，美国占第二位。光绪二十年（1894）以后，欧美独占输入营口港棉织品的格局被日本打破。光绪三十二年（1906），日本组成满洲输出棉织品托拉斯，仿照美国制造的花旗布，生产幅广天竺布，"当年输入营口 2 440 匹，宣统二年（1910）输入 244 544 匹，接近美国花旗布的输入

---

① 辽宁省地方志编纂委员会办公室主编《辽宁省志·对外经济贸易志》，辽宁民族出版社，2003，第227 页。

② 营口市地方志编纂委员会办公室编《营口市志》第 3 卷，中国经济出版社，2002，第 534 页。

③ 同①书，第 228 页。

量。"①

3. 其余商品进口

在营口（牛庄）进口的外国商品中，"鸦片和纺织品占总进口额的 70%~80%，其余 20%~30% 商品多为生活日用品和各种杂货"②，包括各种金属制品、玻璃、"洋油"（火油灯油）、"洋火"（火柴）、"洋灰"（水泥）以及纽扣、缝衣针、"洋伞"、手提包、手帕、毛巾等。

营口（牛庄）开埠后，金属制品的进口打击了辽宁南部刚刚兴起的制铁业，同时火柴和煤油进口结束了东北地区以火镰取火的历史。从清咸丰十一年（1861）到民国元年（1912），火柴全部依赖外国进口，"牛庄港每年进口 1 万~2 万罗③。煤油进口主要来自美国，年进口量为 250 万~1 000 万加仑（1 加仑等于 4.546 升）。"④由于煤油以低于当地豆油价格的一半出售，从而改变了东北地区城乡居民以豆油点灯照明的习惯，冲击了东北的榨油业和制蜡业。

营口（牛庄）开埠后，大量进口玻璃用于住房建筑门窗，南方窗户纸销量大降。清末，英国商品在进口国中居主导地位。英国既是最大的鸦片倾销国，也是推销纺织品的最大获利国，从中国市场赚取了巨额利润。

---

① 营口市地方志编纂委员会办公室编《营口市志》第 3 卷，中国经济出版社，2002，第 534 页。

② 辽宁省地方志编纂委员会办公室主编《辽宁省志·对外经济贸易志》，辽宁民族出版社，2003，第 230 页。

③ "罗"是近代曾使用的计量单位，1 罗＝12 打。就火柴而言，1 罗＝144 匣（盒）。

④ 同上书，第 229 页。

废禁垦荒政策实施与人口增长

一、废禁垦荒政策实施

鸦片战争后，清政府出于聚敛财政和移民实边的需要，开始解除长期以来对东北地区实行的封禁政策。光绪六年（1880），清政府对东北发布放荒、免税、补助的法令。规定：（1）凡可耕未垦之地，每百亩定价四串卖出，但只限人耕 4 亩；（2）官有荒地付民开垦，免税五年，俟垦地基础巩固后，每百亩交纳 650 文；（3）对去边远地区开垦者，实行补助。

清政府在奉天设立官地清丈局，开始对禁地、牧场、围场等地放垦。放垦也称丈放，即把土地清丈后，由原主人交价承领，变为私产。清朝将国有土地（包括官荒和蒙荒、围场等禁地）均实行开放（规定价格、地段售与私人），变国有土地为私人所有地。并废除"旗民不交产例"，承认旗地的私有权，土地完全私有化。"清朝的旗地制度彻底崩溃，建立了以封建土地占有为主的土地私有制。"① 最早大面积放垦的禁地是东边外地。

---

① 许道夫：《中国近代农业生产及贸易统计资料》，上海人民出版社，1983，第 4 页。

（一）东边外地放垦

东边外地位于奉天东南部，包括凤凰城（今凤城市）、安东、宽甸、怀仁（今桓仁满族自治县）以及通化等地，因其位于柳条边东境外，所以传统习惯称之为东边外地。因地处长白山永陵龙脉，盛产人参等珍贵药材，东边外地成为内廷贡品采捕地，历年封禁甚严。同治七年（1868）十二月，延煦等人勘查奉天东边地形，鉴于流民日多，难以驱逐，遂提出《酌拟边务章程八条》，奏请朝廷妥筹移民安插之法。[1] 清廷正式批准了延煦等人的奏请，谕令其勘查地亩，酌情办理。同治八年（1869）秋，盛京将军上疏称："自凤凰门迤南至旺清门北，查得已垦熟地九万六千余垧，男妇十万余人。"[2] 鉴于鸭绿江禁区在解禁后的迅速发展，清廷在光绪元年（1875）正式开放奉天东边地区。"到光绪末年，东边外地已开垦 1 871 101 亩，其中凤凰城放垦 135 103 亩，安东放垦 571 382 亩，宽甸放垦 500 257 亩，怀仁放垦 311 608 亩，通化放垦 352 751 亩。"[3]

（二）三大牧场放垦

清朝在盛京地区（主要在辽宁）有三大牧场，分别是养息牧牧场、大凌河牧场和盘蛇驿牧场。"养息牧牧场位于新民的新开河以北和彰武县境内，牧场南北长约125公里，东西宽约75公里，占地400多万亩；大凌河牧场位于大凌河流域，地处锦州属界，东西长40余公里，南北长23公里（约180万亩）；盘蛇驿牧场位于广宁南25公里处，属盘山地界，东西长约15公里，南北长15公里，占地百万余亩。"[4]

同治二年（1863），清廷正式开放大凌河牧场东场，其西场即盘蛇驿牧场。光绪二十七年（1901），全面出放牧场荒地。到光绪三十一年（1905），丈放结束。

---

① 佚名辑：《酌拟边务章程八条》，载《盛京奏议》，中国边疆研究文库本，黑龙江教育出版社，2014，第308页。

② 《清穆宗实录》卷二百六十四，同治八年八月癸酉。

③ 辽宁省地方志编纂委员会办公室主编《辽宁省志·农业志》，辽宁民族出版社，2003，第72页。

④ 同上。

至此，大凌河牧场全部变为民地，"共放出牧地 509 400 亩，生熟荒地 213 700 亩，计 723 100 亩"①。

咸丰、同治年间，流民就已经大批涌入养息牧牧场。光绪二十二年（1896），正式丈放。光绪三十三年（1907），丈放结束。养息牧牧场"共放出生荒地 491 000 亩，牧地 650 000 亩，熟荒地 782 121 亩，其他土地 713 938 亩，共计放出各种土地 2 637 059 亩"②。

光绪三十一年（1905），盛京当局开始制定《盘蛇驿牧场章程》，到光绪三十三年（1907）放竣。"共放出生熟荒地 574 100 亩，以上盛京三大牧场共放出生熟荒地 3 934 259 亩。"③

（三）盛京围场放垦

盛京围场位于辽宁东北部，为清朝统治者御猎、采捕及八旗士兵演武之用。康熙二十一年（1682）设立，围场占地面积较大，东西长约 240 千米，南北长 245 千米，包括西丰、清原、海龙、东丰等地。盛京围场分西流水围场和东流水围场。

光绪五年（1879），清廷开放了盛京围场之海龙县和辉南县之地。光绪二十二年（1896），清政府同意丈放西流水围场。到光绪三十年（1904），"先后放出生熟荒地 1 022 000 亩"④。光绪二十五年（1899），东流水围场开始丈放。光绪三十年（1904），丈放结束。"先后放出平段地 521 852 亩，山荒地 645 418 亩。光绪三十三年（1907）复丈，共丈出生熟荒地 200 万亩。盛京围场总计放出生熟荒地 6 098 793 亩（包括海龙、西安部分）。"⑤

盛京围场放垦与东北同期其他地区放垦相比有自己的特点，放垦的直接目的是安排移民，即"先安人而后放地"⑥。在放垦的过程中大量移民涌入居住，清廷边安顿居民边放垦土地。这与鸭绿江流域地区先有民而后放地有区别，与同期科尔沁

① 辽宁省地方志编纂委员会办公室主编《辽宁省志·农业志》，辽宁民族出版社，2003，第 72 页。
② 同上。
③ 同上。
④ 同上书，第 73 页。
⑤ 同上书，第 73 页。
⑥ 雷飞鹏修《西安县志略·建置志》（宣统三年），东北师范大学图书馆藏油印本。

地区先放地而后安人更有区别。①

（四）蒙荒放垦

蒙地本属官地，以游牧地和荒甸为主，分布在辽宁西北部，隶属科尔沁左翼各旗，清初实行封禁。清政府对蒙地有支配权，由蒙古王公直接占据。嘉庆十一年（1806），蒙地开始放垦，设昌图厅，招流民垦种，不过规模不大。"到光绪末年，才全面放垦，升昌图为府，设康平县，放垦地达 2 712 120 亩。"②

（五）放垦龙岗官山余地和河海沿岸各项闲荒

兴京永陵龙岗官山在今辽宁省新宾、抚顺及吉林省通化、柳河等市县境内，周围占地 1 万多平方米。以启运山为主峰，东接长白山，绵延千里，都为龙岗，被清廷视为龙脉之地，严禁旗民出入。③ 光绪末年开始丈放，计放出 1 000 余方，合 20多万亩。到光绪三十四年（1908），全省共丈放 260 多万亩。

清朝末年对东北实行全面放垦政策，取消了一系列封禁政策，于是关内移民络绎不绝进入东北，使辽宁人口和耕地迅速增加。"光绪二十年（1894），辽宁人口达430 万，比开禁前道光十年（1830）的 216 万人增加 1 倍。耕地达 4 050 万亩，比同治十二年（1873）的 2 200 万亩增加 84.1%，产粮豆 30.65 亿公斤。"④ "到光绪三十四年（1908），奉天全境人口达 1 076 万人，耕地面积达到 6 372.5 万亩。"⑤

在辽宁全境丈放官荒和其他官有土地的时候，原来皇庄、王庄里的庄头利用丈放出售庄田之机，采取隐瞒土地、侵吞浮多地等手段，使自己拥有较多土地，成为"正派"地主；同时也使一些官僚、地主、豪商借机占有大片土地。因为在丈放荒地中，清政府规定井、方为放荒单位，一方合 45 垧，36 方为一井。按常例，每垧荒价银为 2 两 1 钱，每方荒价银为 94.5 两，每井荒价银达 3 402 两之巨。一般垦荒

① 张世尊：《清代东北移民与社会变迁（1644—1911）》，吉林人民出版社，2003，第 203 页。

② 辽宁省地方志编纂委员会办公室主编《辽宁省志·农业志》，辽宁民族出版社，2003，第 73 页。

③ 田雨：《清代辽宁全史》，东北大学出版社，2019，第 74 页。

④ 张福全：《辽宁近代经济史（1840—1949）》，中国财政经济出版社，1989，第 41 页。

⑤ 同③书，第 72 页。

者根本无力交纳，地权皆为少数军阀、官僚、地主、豪商所垄断。据记载，"各处荒局遂但愿收价之责成丈放之迅速，于拓殖事业毫无关怀，放毕撤局，领户之能垦与否军费所知。于是百弊丛生，奸商承揽，垄断把持，包领转相售卖，意大小获利之厚动余倍蓰，所余硗瘠则弃之不顾。国家无督垦之官严为监察，草莱遍地……。地既有主，或且辗转易人，益无以善其后，此则始计之疏，积习相沿者也。"①

垦民刨荒开出的土地，在清政府清丈时无力缴纳地价，多数被"撤地另放"，有能力缴纳地价的只是少数人，土地占有极不平衡。"据光绪三十四年（1908）统计，奉天省占有土地 3 000 亩以上的大地主就有 93 家，而无地的农民则占 1/3 以上。"②《奉天通志》记载，海城县西北部，大农占地每户多达 550 亩，小农占地每户 20 亩（少的只有 5 亩），还有 30% 的农户无地。绝大多数农民和开垦者无地或少地，只能佃耕地主的土地，受尽剥削。

二、关内移民的大量流入

道光二十年至宣统三年（1840—1911），内外战争频繁而剧烈，全国人口出现剧烈变动，辽宁地区反而因为受到战乱波及较小，成为关内移民流入地。

"清道光十九年（1839），辽宁人口总量为 2 468 127 人。到宣统三年（1911），发展到 11 243 149 人。72 年间增加 8 775 022 人，增长了 3.56 倍。"③

封禁政策的解除为辽宁地区人口快速增长提供了保证。当时，东北原有满族 150 万~200 万人，主要居住在辽宁。清末，随着大量汉族移入，满族人口比重下降。

当时，关内每年有 10 余万人进入东北，其中大多数人留居辽宁。通过水陆两条人口移民通道，辽宁南部与山东隔海相望的沿海地区，以及沈阳西北沿复通线一带，逐渐形成了关内移民的聚居地。"到光绪十九年（1893），辽宁人口达到约 430

---

① 徐世昌等：《东三省政略》，吉林文史出版社，1989，第 100 页。

② 辽宁省地方志编纂委员会办公室主编《辽宁省志·农业志》，辽宁民族出版社，2003，第 29 页。

③ 宋则行、刘长新主编《中国人口·辽宁分册》，中国财政经济出版社，1987，第 37 页。

万人。与道光二十年（1840）的 250 万相比，大约增加了 180 万人。"①

光绪二十年（1894）至宣统三年（1911），辽宁人口大幅度增长。"辽宁人口从光绪十九年（1893）的约 430 万，增长到宣统元年（1909）的 1100 万，16 年内增加了大约 1.5 倍。大约每年平均增长 41 万多，每年递增 6.05%"②，"光绪三十四年（1908），辽宁人口总量突破千万大关达到 10 344 977 人。"③

光绪二十四年（1898），沙俄强租旅顺、大连湾，修建旅顺军事要塞。苦于当时东北劳动力不足，便到山东、河北招募大批劳工。很多劳工在工程完成后就长期居留在辽宁。"大连当时只不过有三五个渔村，修筑铁路和港口之前的 1903 年就已有 4 万多人。"④

沙俄统治时期，旅大地区人口为 30 万。日俄战争后，日本取代沙俄势力强占旅大地区。到宣统三年（1911），旅大地区增加到 49 万人。⑤ "过去比较荒凉的开原县和昌图县，由于临靠铁路，近代农业商品经济例如大豆等商品粮生产迅速发展，人口也随之增加迅猛。1911 年，这两个县分别达到 26 万人和 40 万人。"⑥ 沈阳人口增长更为明显。"沈阳 1909 年有 16 万人，到沈山铁路通车后的 1911 年，人口增加至 25 万，3 年增加近 9 万人。"⑦

---

① 该年，奉天府辖 2 府州 14 县 4 厅，人口总数 4 727 674 人，其中含今吉林省管辖的部分地区，未含今属辽宁的原热河省部分地区，两者相抵，可以得出今属辽宁省辖区的人口总数约为 430 万人。

② 宋则行、刘长新主编《中国人口·辽宁分册》，中国财政经济出版社，1987，第 38 页。

③ 同上。

④ 同上书，第 39 页。

⑤ 同上书，第 39 页。

⑥ 同上书，第 39 页。

⑦ 同上书，第 39 页。

第三节

金融和财政

咸丰十一年（1861），营口开埠，金融市场开始繁荣，辽宁钱庄业得到进一步发展。据光绪二十二年（1896）统计，仅盛京城关所设的类似源生泰、万忆恒等较大的钱庄就有 62 家。这一时期，营口有 15 家钱庄，海城有 11 家。与此同时，列强金融殖民势力也大举向辽宁地区渗透。

面对帝国主义金融势力的入侵和掠夺，清政府与奉天省（辽宁）当局开始筹办官银行号，发展民族金融业。从光绪二十年（1894）至宣统三年（1911）的 17 年里，清政府在辽宁先后设立了 22 个官帖局、1 个官钱局，设立了 4 个国家银行的分行和 1 个官银号。同时，设立机器局、银元局和造币厂，制造金属币，供应市场。中国的过炉银、沙俄的羌贴、日本的日钞，曾经形成"三足鼎立"之势。①

图 2-7　奉天造币厂旧址

---

① 辽宁省地方志编纂委员会办公室主编《辽宁省志·金融志》，辽宁科学技术出版社，1996，第 60 页。

一、私营金融业

图 2-8 营口久负盛名的"义"字连号银炉之一"义顺长"旧址

营口开埠后，商人为适应大额贸易，所带银两一般以锭为单位，一锭重 50 余两。因此零星贸易，特别是价格不足一锭的小单，就需要将锭银破开，重新称量鉴定。当然极为麻烦，于是营口银炉业应运而生。

所谓银炉，就是加工铸造"元宝银锭"，其铸造的银块现货称为"炉银"，因此，这一行业统称为银炉业。经营加工铸造银炉的银炉业者，从最初以单纯加工银块现货逐渐发展成为商业客户办理存银转账，具有存银收付的信用转账职能。商人之间进行商品交易，一般都在同一银炉存银，由银炉"转账拨兑"进行结账，通称"抹码""抹炉银"，安全便捷。银炉业逐渐成为东北金融业的主导力量，类似于近代银行，成为辽宁商业贸易交流的主渠道。

光绪三十一年（1905），营口银炉达 30 多家[1]，对于促进辽宁产业经济的繁荣和对外贸易的发展起到积极作用。营口银炉发展起来后，辽宁其他地区也相继出现银炉业。清末民初，奉天银炉发展到 9 家，铸造沈平宝银，在奉天省内通用[2]。同时还有"镇平银、锦平银、辽阳平银、康平银、法库门平银、开原平银、铁岭平银、新民屯平银、盖平平银、山海关平银也在省内流通使用"[3]。但过炉银各地平银均以营平银为标准进行换算。

---

[1] 辽宁省地方志编纂委员会办公室主编《辽宁省志·金融志》，辽宁科学技术出版社，1996，第 19 页。

[2] 同上书，第 20 页。

[3] 同上书，第 21 页。

二、官办金融机构

面对帝国主义金融势力的入侵和掠夺，清政府与奉省（辽宁）当局开始筹办官银号，发展民族金融业。光绪二十一年（1895）十二月十八日，盛京将军依克唐阿上奏朝廷在奉天筹设机器局制造银元。"奉省钱法流弊最多，向因鼓铸未兴，民间缺钱，只得互出凭帖，而私造倒闭，种种累民。加以银价高低，出入涨落，分两成色相侵，往往计较锱铢，酿成词讼，通省患之。上年军兴而后，经调往将军裕禄奏请户部拨八万两开设官帖钱局，原欲杜商之弊。然凭帖易假，银价未定，只可以济急；目前若论利国便民，尚不能流通无阻。今欲整顿钱法，计唯购机设局鼓铸大小银钱，最为有利。"①

光绪二十二年（1896）六月，清廷奏准设立一座造银元的机器局，由德国礼和洋行购办机器，择定盛京大东边门内旧营房地基，兴建局址；并委派满洲协领常庆为总办。光绪二十四年（1898）五月设置完备，六月开工②。

041

从光绪二十年至宣统三年（1894—1911）的 17 年里，清政府在辽宁先后设立了 22 个官帖局、1 个官钱局，废除私帖，易银票为钱票；设立了 4 个国家银行的分行和 1 个官银号。同时，设立机器局、银元局和造币厂，制造金属币，供应市场。

光绪三十一年（1905），清政府设立东三省官银号，这是辽宁地区第一家官办金融机构。随后成立了大清银行奉天、营口分行，交通银行奉天分行等。

（一）东三省官银号

光绪二十年（1894），盛京将军裕禄奏设官帖局，未获批准。光绪三十一年（1905），新任盛京将军赵尔巽认为，"奉省自经兵燹商业萧条，银根甚紧，以致市

---

① 奏折原件未能查到，此件摘录于《中国近代货币史资料》第 1 辑第 688-690 页（中国人民银行总行参事室金融史料组编，中华书局，1964 年 9 月出版）。

② 辽宁省机械工业军工史志办：《辽宁军工史料选编》第 2 辑《近代兵器工业》，1988，第 67 页。

面周转不灵，若不设法维持，恐有江河日下之势。"①

图 2-9　东三省官银号旧址

图 2-10　奉天官银号发行的银元票

经清廷批准，光绪三十一年十月五日（1905 年 11 月 1 日），在盛京城内钟楼南路东德兴永门市房成立奉天官银号。宣统元年三月二日（1909 年 4 月 21 日），总督徐世昌将其正式更名为东三省官银号，资本金 2 000 万元奉大洋。② 东三省官银号与奉天官银号相比，职能进一步扩大，起到代理三省金库的作用，成为东三省的财政机关。凡属公家存款、汇款均由该号承担，各海关、税关解省款项统交该处分号汇解。③ 当年东三省官银号即获纯利 192 606 两，次年又获纯利 185 349 两。④

（二）大清银行奉天与营口分行

光绪三十一年八月二十九日（1905 年 9 月 27 日），大清户部银行总行在北京成立。大清银行共设分行 21 处、分号 30 余处，分支机构遍设各省府厅州县及沿江、沿海的贸易繁盛之处。大清银行代理国库、国债及国家一切款项，并办理代表国家发行纸币等全部金融性业务⑤。光绪三十三年（1907）二月，为了缓解奉天省财政困难，在沈阳大西门和营口二道街设立 2 个分行，以 40 万两库平银为本，光绪三十三年二月二十二日（1907 年 4 月 4 日）正式开业。光绪三十四年六月三日

---

① 辽宁省地方志编纂委员会办公室主编《辽宁省志·金融志》，辽宁科学技术出版社，1996，第 42 页。

② 侯树彤：《东三省金融概论》，1931，第 15 页。

③ 辽宁省档案馆藏：《官银号档案》卷 9548。

④ 辽宁省档案馆藏《官银号档案》卷 9548。

⑤ 卢伯雄：《大清银行始末》，《收藏》2020 年第 3 期。

（1908 年 7 月 1 日），又更名为大清银行奉天分行与大清银行营口分行，是辽宁地区历史上最早的 2 个国家银行。

1911 年，辛亥革命爆发，清王朝覆灭，大清银行随之倒闭。1912 年，它成为中华民国政府的中央银行。大清银行奉天分号也被改组为中国银行奉天分号[1]。

从光绪三十三年（1907）至宣统三年（1911）六月末，辽宁二行"累计吸收存款 46 857 243 元（其中奉天分行吸收 13 484 298 元，营口分行吸收 33 372 945 元）"[2]，"累计抵押放款 24 766 057 元（其中奉天分行放款 664 064 元，营口分行放款 24 102 011 元）"[3]；"累计借款（无抵押品）发放 15 241 422 元（其中奉天分行放款 7 245 541 元，营口分行发放 7 995 881 元）"[4]；"其他各项放款累计发放 8 616 697元（其中奉天分行发放 2 882 127 元，营口分行发放 5 734 570 元）"[5]。"随着业务的开展二行累计盈利 764 535 元，其中奉天分行盈利 256 609 元，营口分行盈利 507 926 元。"[6]

（三）交通银行奉天分行

宣统二年（1910），交通银行在沈阳小南门里成立奉天分行，这是总管理处的直辖分行。"资本金奉小洋 100 万元，其中北京总管理处拨付 50 万元，当地政府拨付 30 万元，就地募集 20 万元。"[7]

交通银行奉天分行偏重于商业存放款、国内外汇兑、发行银元票和银两票兑换券等业务。奉天省（辽宁）当局命令各地方局所、税关、厘金局在收入钱粮捐税及官银号的出纳款等时，均不得拒绝交通银行发行的兑换券。而在实际流通中，交通银行奉天分行发行的纸币仅在铁路、航运、电信、邮政等部门被强制通用。

---

① 辽宁省档案馆：《中国银行奉天分行》，《兰台世界》2014 年第 8 期。

② 辽宁省地方志编纂委员会办公室主编《辽宁省志·金融志》，辽宁科学技术出版社，1996，第 36 页。

③ 同上。

④ 同上。

⑤ 同上。

⑥ 同上。

⑦ 同上书，第 37 页。

三、外资银行

（一）华俄道胜银行

光绪二十一年（1895）十一月，为了抵制日本势力进入东北，沙俄联合法国在巴黎商定，由中、俄、法共同出资600万卢布（其中中方先交库平银350万两，约占十分之七）[2]，组建华俄道胜银行。次年五月，沙俄与清政府签订"密约"，修建中东铁路。

图 2-11　华俄道胜银行营口支行[1]

光绪二十三年（1897）至二十六年（1900），沙俄在营口、旅顺、大连和奉天（今沈阳）共设立金融机构6处[3]。华俄道胜银行趁修筑中东铁路之机，大量发行"羌帖"。"羌帖"一度成为东北三省最大的金融势力，中东铁路沿线流通的几乎都是"羌帖"。欧亚之间的银钱往来，全以"羌帖"为媒介。

宣统二年（1910），华俄道胜银行改名俄亚银行，资本增至10亿元，被称为世界第九大银行。为了修建中东铁路，该行先后在哈尔滨、营口、大连、沈阳设立7处分支机构。

该银行设立之初资本金600万卢布，"本银行蒙国家批准，备足资本俄金600万卢布，合华银600万两"[4]，由俄国财政部和法国银行共同投资。虽然在银行名称

---

① 营口市史志办公室编《营口百年图志》第1册，辽海出版社，2009，第26页。

② 辽宁省地方志编纂委员会办公室主编《辽宁省志·金融志》，辽宁科学技术出版社，1996，第37页。

③ 同上书，第4页。

④ 《申报》1896年12月8日。

之前冠以"华俄"二字，其实只是俄国人利用了华资。①

（二）日资银行

正金银行成立于 1880 年 2 月 28 日，是日本"对外贸易的责任银行"，也是日本实力最强的银行之一。在它成立的时候，其额定资本达 300 万日元，全部收足，占当时日本全国 161 家大小银行的资本总额 3 188 万日元的 10%左右。②

日俄战争结束后，日本在东北的势力得到进一步的扩张。为配合日本在东北进行统治的需要，正金银行迅速扩大它在东北的金融网。从 1900 年 1 月设立牛庄分行起到辛亥革命后的 1912 年止，它在大连、辽阳、旅顺、沈阳、铁岭、安东、长春、哈尔滨以及开原、头道沟、公主岭等处先后设立了 12 个据点，其中 10 个是在 1904—1907 年设立的。③ 基本上形成了一个覆盖"南满"并扩及"北满"的金融网。金融网的扩充奠定了正金银行在东北的"中央银行"地位④，主要表现在两个方面：一是统一货币发行；二是代理公款收付。它成为营口地区势力最强大的银行。

光绪二十五年（1899），日本设立横滨正金银行营口支店，发行银支票、军用手票和正金钞票（或称"正钞""金钞"），与沙俄金融势力抗衡。不久，又在安东（今丹东）设立朝鲜银行，配合正金银行发行的日洋、军用手票和金钞等，迅速流通辽宁全境，仅军用手票在日俄战争当年即发行 2 500 万元，发行最高额达 1.9 亿元，成为辽宁金融业的新霸主。

1. 横滨正金银行营口支店、奉天支店、大连支店

光绪二十五年（1899），日本横滨正金银行在营口设立支店，这是日本金融势力侵入辽宁的开端。日俄战争爆发后，该行业务迅速扩张，又在旅顺、辽阳、铁岭、安东等地设立多处出张所。营口支店总辖东北各地支店和出张所，成为营口地

---

① 辛爽：《华俄道胜银行在华经营活动》，硕士学位论文，东北师范大学，2008，第 1 页。

② 汪敬虞：《1895—1927 年外国在华银行势力的扩张》，《中国经济史研究》1995 年第 4 期。

③ 东京银行：《横滨正金银行全史》卷六　年表，1984 年版。该办事处于 1895 年升为分行，参阅郭予庆《日本横滨正金银行在华金融活动》，1993，第 117 页。

④ 汪敬虞：《1895—1927 年外国在华银行势力的扩张》，《中国经济史研究》1995 年第 4 期。

区势力最为强大的银行。

图 2-12 横滨正金银行营口支店①

大连港崛起后，东北贸易中心转向大连，该店业务也转向大连。光绪三十二年（1906），大连支店取代营口支店成为辽宁地区总辖店。

光绪三十一年（1905）五月，横滨正金银行在盛京城（今沈阳）四平街设立奉天出张所。光绪三十四年（1908），改为奉天支店。光绪三十年（1904）八月，横滨正金银行在大连青泥洼桥设出张所，次年改为大连支店。不久接管了营口支店移交的旅顺、辽阳、铁岭、安东、奉天、长春和哈尔滨等各店、所，成为东北地区日本人的"中央银行"。每年农产品收购旺季，该店发行的银券流通量达到 800 万元左右，在辽宁金融界占有极大优势。

2. 朝鲜银行奉天支店

宣统元年九月三十日（1909 年 11 月 12 日），东京第一银行釜山支行改为韩国银行。宣统三年（1911），又改名为朝鲜银行。1918 年，该行成为朝鲜中央银行。该行成立后，先后在奉天、安东、大连和长春设立支店。第一次世界大战期间，该行进一步扩大势力范围，"在东北设支店、出张所 18 处，其中辽宁境内 9 处（除上述 3 处外，还有营口、开原、旅顺、辽阳、铁岭和奉天商埠地等 6 处）"②，是日本在东北的金融殖民中枢。

3. 正隆银行

光绪三十二年（1906）七月，中日合资在营口设立株式会社正隆银行。宣统二年（1910），该行由营口迁往大连，资本金增加到 600 万元。该行兼办"关东都督府"国库业务，并在奉天、营口、旅顺、开原、鞍山、安东、抚顺等地设立支店。1925 年，资本增至 2 500 万元，实力仅次于日本横滨正金银行和朝鲜银行。1936

---

① 营口市史志办公室编《营口百年图志》第 1 册，辽海出版社，2009，第 26 页。

② 辽宁省地方志编纂委员会办公室主编《辽宁省志·金融志》，辽宁科学技术出版社，1996，第 65 页。

年，该行与全部支店并入伪满兴业银行①。

四、近代辽宁财政收支

（一）财政收入

清咸丰之后，盛京（今沈阳）有了"就地筹款"项目。清政府允许汉人迁入盛京，开荒纳租。到同治十三年（1874），盛京地方财政收入加上清政府的补助，收支相抵，尚有结余五六十万两白银。光绪二十四年（1898），"税收增至160余万两"②。

（二）财政支出

清代，由于盛京的特殊地位，财政需由清政府拨款补助，主要支出也仅用于支付宗室、养兵之需。道光二十四年（1844），"由清朝户司办理的支出事项费用共49万两；由金库银办理的支出事项费用，共支出70.2万两。另外，每年旗民各仓采买米石银、工程和赈恤需银二三十万两不等，总计约150万两左右"③。

清朝晚期，辽宁地方当局为了应付训练新军、对外赔款和创办新政等各种事项，财政支出大增。"光绪三十四年（1908），奉天省实际支出1431万两白银，其中军政费用支出即达1111万两，占总支出的77.6%。"④

为了加强财政管理，晚清政府改革了盛京地方财政体系，设立财政总局统一出纳之权，同时对府、厅、州、县办公用款也采取了"定额包办"的办法。盛京财政

---

① 辽宁省地方志编纂委员会办公室主编《辽宁省志·金融志》，辽宁科学技术出版社，1996，第66页。

② 辽宁省地方志编纂委员会办公室主编《辽宁省志·财政志》，辽宁科学技术出版社，2000，第46页。

③ 同上书，第39页。

④ 同上。

一度收支平衡，并结余 600 余万两白银。光绪三十四年（1908），东北实行行省制度，开支大增，不仅花掉历年结余，而且向奉天官银号借款 80 万两。到宣统元年（1909），东三省总督实行紧缩的财政政策，财政略有结余。

宣统元年（1909），清政府在奉天设立清理财政局，试行收支预算。"当年奉天财政支出 1834 万两白银，较光绪三十四年（1908）增加 28.2%，其中行政、军政费 1228 万两，占总支出的 67%；解款 209 万两，占总支出的 11.4%；教育费 142 万两，占总支出的 7.7%；实业、工程、交通费 253 万两，占总支出的 13.8%；协款 2 万两，占总支出的 0.1%。"①

表 2-2 光绪三十四年（1908）和宣统元年（1909）

奉天省财政收支情况表②

单位：万两

年度	岁入			岁出			差额
	计	其中		计	其中		
		部款	受协款		部款	受协款	
光绪三十四年（1908）	1 531	263	102	1 431	41	31	100
宣统元年（1909）	1 975	255	41	1 834	209	2	141

---

① 辽宁省地方志编纂委员会办公室主编《辽宁省志·财政志》，辽宁科学技术出版社，2000，第 40 页。

② 同上书，第 46 页。

第四节
近代工矿业出现和发展

中日甲午战争结束后，日俄两国开始对辽宁进行殖民扩张和经济侵略。同时，战败的刺激和巨额赔款的压力，也促使清政府诏令各省广开矿产，辽宁地区矿业开始有长足的发展。

光绪二十一年至宣统三年（1895—1911），辽宁地区工业发展同关内各省基本同步，官办、官办招商集股、官督商办、官商合办、商办等各种形式的近代工业不断涌现，官僚资本主义和民营资本主义企业都有所发展。其中尤以矿业、油坊、造酒、面粉等行业表现突出，如抚顺（包括搭连咀子）煤矿、锦西大窑沟煤矿、锦西暖池塘煤矿，营口以及大连、开原等地油坊业的发展，奉天各地酿酒业的发展，奉天、铁岭面粉厂的发展。此外，制糖、电灯、纺织、玻璃、造纸等行业也有一定的发展。

辽宁的抚顺和新宾地区是满族发祥地。乾隆年间，清政府以开矿破坏东陵风水为由，严禁开采。直到咸丰元年至同治十三年（1851—1874），清廷才逐渐解除封禁，允许汉人小规模开采煤矿。鸦片战争后，随着西方资本主义的侵入，许多外国地质学者以种种借口，先后到辽宁进行矿产资源调查。同治八年（1869）五月，德国地质学家李希霍芬相继调查了营口、熊岳、永宁、复州、五湖嘴、本溪湖、小市、赛马集、凤凰城、大孤山等煤产地。李希霍芬在其《中国》《旅华日记》等著作中着重记述了本溪湖、五湖嘴煤矿。

中日《马关条约》签订后，清政府为筹集赔款，公开下诏要求各省积极兴办矿政。在这种情况下，一向被视为龙兴禁地的奉天（辽宁）地区，也不得不开放矿禁。光绪二十二年（1896）三月，光绪帝下令盛京将军依克唐阿垫款白银 2 万两，资助副都统荣和率部开采奉天（辽宁）境内的金银矿。光绪二十三年（1897），清政府制定《奉天矿务章程》，作出"无碍龙脉者方准开采"的决定，允许经办煤矿。同年，清廷又委任江西巡抚德馨、翰林院编修贵铎办理奉天矿务，随后在省城设立奉天矿务总局，下设 8 处地方分局。

光绪二十七年（1901），中东铁路正式开通，沙俄借此大举进入辽宁地区，并大肆占地开矿。迫于形势，盛京将军增祺开始试行招商开矿。光绪二十八年（1902），奉天督辖矿务局总管全省矿务。光绪三十一年（1905），清廷商部命令各省设立矿政调查总局。同年冬，奉天省成立矿政调查总局，次年设立锦州、铁岭、开原等分局，调查奉天（辽宁）境内各种矿产。光绪三十二年（1906）五月，陆续设立西丰、宽甸、铁岭、开原、辽阳、锦州、本溪等分局，详细调查所管界内的各种矿产，随时呈报总局。光绪三十三年（1907），清政府废除东北将军体制，设立行省制度并设劝业道负责东北矿政事务。宣统元年（1909），东北当局将矿政总局、分局废除，并归劝业道。次年，奉天劝业道派矿务委员 5 人分驻各处，管理全省矿务。

清政府在辽宁创办矿务之初，主要以纯官办为主，数月即亏损数千两白银，所办各矿大多被迫终止。其后，奉天矿政总局设立，但由于官款缺乏，商股也难以筹集，只得由各分局就近招商，自筹资金开矿。由于各矿资金有限，开矿效益并不理想，总分各局财政大都入不敷出。虽然如此，民营资本在采矿业领域仍然得到了初步发展。奉天矿政调查总局成立之初，曾对各地矿业做了初步统计，"全省各种煤矿一百四十八，金矿一百八十八……各矿以煤与河金为最多。唯各矿区域多在群山之间，交通不便，转运维艰……"由于开办矿业需要巨额资金，无论官方和个人资本均不能满足需要，因此，辽宁地区规模较大的采矿企业大多采用官商合办和官督商办的形式，用政府拨款和商人集资相结合的办法来筹措资金。规模较小的商办矿业采取股份公司或合资公司的形式，通过发售股票，从社会上广泛募集资本金。

表 2-3　清末奉天省主要采矿企业数量　　　　　　　　单位：家

省别	矿别							
	煤	金	银	铜	铁	铅	锑	水晶
奉天	148	188	12	26	21	48	1	3

资料来源：金毓黻《奉天通志》卷一百十六《实业志四·矿业上》，辽宁民族出版社，2010，第 998 页。

从表2-3不难看出，煤矿、金矿为当时辽宁地区主要开采品种。为加快矿业发展，清政府进一步允许25家民营资本开采较大矿山，资本金24.9万两，分别占东北三省35家主要矿企、资本34万银两的71.4%和73.2%[1]。这说明，这一时期的民营资本规模仍然不大，民营矿业仍然处于起步阶段。这一时期，辽宁地区的煤炭产量增长很快，由1907年的23.5万吨增长到1911年的144万吨。下面按地区加以概述。

一、煤矿

（一）辽西地区

光绪八年（1882），官僚买办盛宣怀招股白银20万两，开办金州骆马山煤矿。光绪二十四年（1898）十月十日，中英合办华英公司在南票开办三家子、苇子沟煤矿。"这是辽宁历史上第一个中外合资经营企业。"[2]

是年，清政府派前江西巡抚德馨办理奉天矿务。同年，阜新地区徐泉等人在阜新新邱开办东盛窑，揭开了阜新煤田近代开发的序幕。宣统二年（1910）六月，奉天省投资数万元，开设官办锦西虹螺岘天益煤矿公司，至次年三月始有银2万两左右[3]。购置机器实行开采，"旋因办理不善，亏损颇多，复由政府招商承办，以资整理。"[4]

南票煤矿位于锦州市西直距50千米，跨锦州、锦西和朝阳三地，属锦州市管辖。其范围南至缸窑岭，东北至雷家沟，东南自煤层露头，西北深部至-1500米。走向长40千米，平均宽2千米，面积80平方千米。[5]

---

① 张福全：《辽宁近代经济史（1840—1949）》，中国财政经济出版社，1989，第103页。

② 辽宁省地方志编纂委员会办公室主编《辽宁省志·对外经济贸易志》，辽宁民族出版社，2003，第309页。

③ 高品卿主编《辽宁工业百年史料》，2003，第139页。

④ 张监唐等编《锦西县志》卷二《人事·商业》，民国十八年（1929）铅印本，第14页。

⑤ 《中国矿床发现史·辽宁卷》编委会编《中国矿床发现史·辽宁卷》，地质出版社，1996，第175页。

南票煤田因煤层露头明显，很早以前就被发现，旧煤窑痕迹遍及全区，开采历史长。其名"南票"是对应"北票"而言的，因清朝开矿时所发印鉴有龙像，又称"龙票"而得名。光绪六年（1880），京奉铁路聘请英国人任技师，从事煤炭开采，但未能成功。从光绪十七年（1891）起，开始脱离土法开采。光绪二十年（1894），由京奉铁路成立华英公司，在南票南部石柱沟开凿一竖井。光绪三十一年（1905），在大窑沟一带，由单泳春等人成立通裕煤矿公司进行开采，日产煤180吨。1918年，又增加日本股份，改名为中日合办锦西大窑沟煤矿有限公司；但因地质条件很差，不久即行告吹。以后又断断续续开采，年产量在5 000吨左右。"直到第二次世界大战爆发后，日本为掠夺更多煤炭资源加紧开掘，年产量增至32 995吨。"①

（二）辽东地区

图2-13　抚顺西露天煤矿

抚顺煤矿位于奉天东70里，浑河支流将其分为东、西二区，自辽金以来就有人以土法开采煤矿。清朝因抚顺新宾是满族发祥地而严禁开采，直到清末才解除封禁，允许汉人迁入及开矿。光绪二十七年（1901），乡绅王承尧、候补知县翁寿等人领取开采执照，在抚顺杨柏河一带开办煤矿。王成尧募集32堂股份10万两银成立华兴利公司，在抚顺开发5个井口，每天产煤约50吨。候补知县翁寿成立抚顺煤矿公司，在杨柏堡开发2个坑井。

光绪三十年（1904），商人佟思升、孙世昌、佟松森等人合伙集股，组建大兴煤矿公司，以100万两白银作为报效银，呈请开采抚顺搭连咀子南山坡的煤矿。光绪三十三年（1907），农工商部发给开矿执照，开采期30年。搭连咀子一带埋藏着1 730万吨优质煤炭，是抚顺煤炭的东部边沿。但从公司运营初期开始，即不断遭到"满铁"的威逼、恐吓，到民国初年被迫改为中日"合办"，实际上成为日本控

① 《中国矿床发现史·辽宁卷》编委会编《中国矿床发现史·辽宁卷》，地质出版社，1996，第176页。

制的矿业。

日俄战争结束后，抚顺煤矿被日军占领，日本当局迫使王承尧放弃煤矿，但王承尧无意接受赔偿，坚决要求返还煤矿。抚顺煤矿问题成了一个悬案。1911 年 5 月 12 日，东三省当局与日本领事和"满铁"代表签订了《抚顺、烟台煤矿细则》[①]。对王承尧，以抚恤名义，支付库平银 20.5 万两作为"抚恤金"。这样，被"满铁"视为可持续三百年成为"会社财源"和"帝国宝库"[②]，号称东亚第一大煤矿的抚顺煤矿，就此完全落入"满铁"掌握之中[③]。

（三）辽中地区

光绪二十二年（1896），商人雍万珠呈领矿票，李顺卿筹集资金共同开办了辽阳尾明山煤矿。3 年后，李顺卿自行起票经营，资本金 2.8 万元[④]。光绪二十八年（1902），沙俄资本觊觎该矿，屡次要求在这一地区开办煤矿。同年，盛京将军增祺担心该矿华商资本不足，进而被沙俄资本吞并，于是由粮饷处增拨官本银 1 万两，开设官商合办天利公司。准许俄商纪道夫入股银 1 万两，但公司事务仍由中国人管理。

次年六月，纪道夫将股本抽回，增祺除照原价拨银 1 万两外，又给余利 5 000 两，改为纯官办煤矿。日俄战争期间，该矿被日本人占据，光绪三十一年（1905）冬才归还清政府。光绪三十二年（1906）春，盛京将军赵尔巽将此矿转归矿政局管理，由知府熊寿篯为总办，县丞尹福海为副办并兼管辽阳间属矿税事务。光绪三十四年（1908）春，道员徐廷爵接任矿政局，查出账目有弊，于是黜退熊廷篯并实行整顿，拟定办理章程十条，将矿务与矿局事务分开管理，明定账款分类报销，并立售煤三联单。最后废除煤矿把头制度，改为直接招收矿工。以后，公司连年获利，到宣统二年（1910）四月末，共盈余银 3.8 万余两[⑤]。徐廷爵对矿务的整顿和改革大大促进了尾明山煤矿的发展。

---

① 日本外务省编纂《日本外交文书》卷 42 第 1 册，第 569-572 页。

② 南满洲铁道株式会社：《南满洲铁道株式会社十年史》，满洲日日新闻社，1919，第 490 页。

③ 具庆瑞：《论满铁对抚顺煤炭资源的掠夺》，硕士学位论文，渤海大学，2015。

④ 高品卿主编《辽宁工业百年史料》，2003，第 138 页。

⑤ 同上。

宣统二年（1910），本溪县小南沟的天成煤矿公司与红莲沟的同义公司因为资金缺乏，商请与奉天商务总会集资合办，成立义成煤矿有限公司，在省城设立总公司，两矿设立分公司，矿区面积近 53 公顷。由于商股缴银不多，奉天商务总会垫付资本银约 4 万两，其后亏损 2 万两，于是决定不再续办。民国初年，由中日"合办"的牛心台煤矿接办①。

（四）辽北地区

阜新煤田位于阜新市和义县境内。东北起自阜新县沙拉，西南至义县李金。西北到煤层露头，东南到达阎山。走向长 75 千米，平均宽 8 千米，面积约 600 平方千米。早期这里隶属蒙古领地，人烟稀少，加之交通不便，虽然煤炭资源丰富，但一直未被发现。直到光绪二十二年（1896），在阜新县吐呼鲁地方打井时，首先发现煤矿矿脉，次年春季发现新邱煤矿。光绪二十四年（1898），北票黑山沟煤矿的把头徐泉等联合出资，在阜新新邱老君庙开凿斜井露天采煤，创办了阜新矿区第一个煤矿——"新成窑"，雇佣 100 名矿工。因为此地没有高山大川，"由平地向下掘至四余丈即见煤脉"②，因此，当地煤窑逐渐增多，这些煤窑大部分采取"官照商办"的形式。到清末为止，新邱地区形成了小煤窑群③。但是，最先发现煤炭的吐呼鲁矿区，因当地上层贵族迷信风水而被禁止开矿。据 1905 年黄宝森所著《热河矿产汇志》记载，"（吐呼鲁）去县东八九十里，东土默特旗地，产烟煤，煤槽长十余里，质颇佳，去王府只二三十里，不准开采。"④ 直到民国初年才撤销禁令。

由于煤田范围不清，生产手段落后，私人投资有限，不能大规模开采，煤炭产量很少。据推测，1898—1908 年，11 年间约产煤 4 万吨。1909—1914 年民窑有所发展，6 年间共产煤 15 万～16 万吨⑤。阜新煤炭在清末曾经进入新民府（今新民

① 辽宁省档案馆藏《奉天商务总会档案》，卷 7112。

② 祁守华、钟晓钟：《中国地方志煤炭史料选辑》，煤炭工业出版社，1990，第 165 页。

③ 孔经纬：《清代东北地区经济史》，黑龙江人民出版社，1990，第 369 页。

④ 东北三省中国经济史学会、抚顺市社会科学研究所编《东北地区资本主义发展史研究》，黑龙江人民出版社，1987，第 127 页。

⑤ 王广军：《近代日本对阜新煤炭资源的掠夺（1908—1945）》，硕士学位论文，东北师范大学，2006，第 4 页。

市）、广宁府（今北镇市）市场，后来由于受到开滦和抚顺煤的排挤，销路日渐萎缩。所产煤炭除了供应当地居民取暖外，主要是烧锅和油坊生产用煤。还有一小部分销往小库伦、新立屯、义县等地。由于销路有限，同时新邱煤炭堆放时间一长容易引起自燃，限制了新邱煤炭的大规模开采，各窑主为了维持采矿权，只能进行权益性开采，更有地主兼窑主者仅把采煤当作一项副业生产。孙家湾煤矿于1913年被发现，由刘某和韩子祥私营开采。[1] 光绪二十六年（1900），朝阳县有麒麟山煤矿。

（五）辽南地区

早在乾隆三十七年（1772），复县（今瓦房店）五湖嘴煤矿即分区开采。光绪二十七年（1901），李苐材等人合伙开采义成公煤窑。光绪二十八年（1902），五湖嘴地方煤矿窑户私自将该矿矿权租给俄国商人满海，期限25年，其后得到奉天省公署承认。光绪三十年（1904），复州湾候选县丞呈请暂准民间开采煤矿。同年，复县开办炸子窑华兴有限公司。宣统元年（1909），商人孙天发在王家屯勘探煤矿，集股成立聚兴福煤矿公司。[2]

辽宁古代煤矿生产，多在煤层露头处，顺着煤层开掘小斜坑，或在浅部开凿小竖坑，遇煤时，沿着煤层作"下山槽"，高一米左右，巷道很不规则，曲直长短不一。采煤时用镐、铁锹。坑下通风多系自然通风，或用手摇木风扇人工通风。排水用人工传递水桶输送到地面。运煤以人拉筐或肩挑筐搬运，竖坑用辘轳提升。古代煤窑规模很小，一般是冬采夏歇，也常因通风排水困难而停产。产量有限，年产煤炭几百吨到一二千吨。

20世纪初，近代煤矿诞生，开始使用机器生产。光绪三十四年（1908），抚顺老虎台坑在井下安装3.6千瓦小型通风机，是辽宁煤矿最早使用机械通风的坑井。宣统二年（1910），抚顺大山坑、东乡坑各安装882千瓦蒸汽绞车4台，蒸汽机引入煤矿应用。抚顺、烟台、本溪湖、砟子窑等煤矿坑井的提升、排水、扇风机和矿车等机械设备，开始以蒸汽和电为动力实行半机械化生产。随着生产规模扩大和机

---

[1] 《中国矿床发现史·辽宁卷》编委会编《中国矿床发现史·辽宁卷》，地质出版社，1996，第172页。

[2] 高品卿主编《辽宁工业百年史料》，2003，第140页。

器使用，掘进与采煤随之分离。[①]

清末民初，由于社会资本投向煤矿开采业，辽宁商办煤矿得到迅速发展。另一方面，在办矿过程中，民族资本也受到列强殖民资本的残酷压迫，期间经历了各种分化。以开发抚顺煤矿为例，有的民族资本家站在爱国立场上，为保护国家资源，在办矿过程中敢于向列强挑战，公开同他们争夺开采权，表现出很强的爱国主义精神。如华兴公司所有人王承尧，他在矿权被夺取后，奋起斗争，虽"颇以未竟其事为憾"，但他不屈不挠的斗争精神值得肯定和赞扬。另一些民族资本家则在列强的重压下，自感前途渺茫，缺乏奋斗抗争精神，向列强轻易转让矿权，以分得一点余利为满足。如润清公司易帜，搭连咀子煤矿几易其手，等等。此外，一些投机分子在"开矿自救"、"收回路权、矿权"、防止"利权外溢"等群众运动冲击下也申领开矿，随后便见利忘义，将矿业开采权让与列强，成为服务于列强势力的买办商人，开办抚顺煤矿的翁寿、颜之乐、朱化东就是这类人。最后，就是甘当外国资本的"捐客""跑街""经纪人"等，为外资收买土地、盗卖矿权，鱼肉民族资本，这些人扮演了内奸的角色，在政治上、经济上完全依附于外国垄断资本。这决定了辽宁近代民营矿业的最终结局——被帝国主义殖民资本一一吞噬掉。而民族资产阶级的软弱性也预示了这一必然结果。帝国主义的侵略阻塞了清末辽宁民营矿业的向前发展。进入民国后，同帝国主义列强既争斗又妥协的辽宁官办矿业的再次崛起也就成为必然。

二、有色金属矿

（一）铁矿

咸丰、同治年间，鞍山地区土法炼铁较为兴盛，先后开采了庙儿沟、八盘岭、兄弟山等铁矿。光绪十六年至光绪三十年（1890—1904），本溪县水簸箕沟、桦皮峪铁矿也先后有人开采。本溪县西的闵家沟和兆台沟早年也有人开采。

---

① 辽宁省地方志编纂委员会办公室主编《辽宁省志·煤炭志》，辽宁民族出版社，1999，第91页。

兄弟山盛产磁铁矿，清光绪初年当地制铁业昌盛时，采掘者有数百人以上，化铁炉（溶矿炉）业者近百户，成为制造农具、家具等铁工业中心。外国铁材输入后，制铁业衰落。清宣统年间，只有附近穷人六七人开采，日产不过一二千斤[①]。

光绪二十三年（1897），有人禀请试办奉天兴京马架子、下夹河等处铁矿，被准开采。[②] 兴京杨木林子铁矿原来有人偷挖。光绪二十八年（1902），有矿商筹集股本银5000两，请准试办。抚民府派人勘察后，次年二月，盛京将军照准，令该商出具信函永不售与外人，并咨外务部备案后再行遵照试办。[③]

本溪庙儿沟铁矿开发历史比较悠久，而且很早就与本溪湖的土法炼铁事业有了联系。庙儿沟铁矿（即今本溪钢铁公司所属之南芬露天铁矿）埋藏量据日本人勘测推断，富矿1000万吨，贫矿4.5亿吨。含铁量，富矿约为63%，贫矿约为34%[⑤]。清代初年就已经有人用土法开采这里的铁矿，整个清代不曾停止过。

图2-14 本溪湖铁厂[④]

1905年，日本大仓财阀侵占本溪湖煤矿后，就企图吞并庙儿沟铁矿，兼营采矿、制铁事业。1911年6月，经过对清政府反复施压，中日双方分别派员共同对庙儿沟铁矿埋藏量进行了调查，最后确定开采庙儿沟铁矿并经营制铁业。同年10月6日，中日代表签订了《中日合办本溪湖煤矿有限公司合同附加条款》，将"本溪湖煤矿有限公司"改称为"本溪湖煤铁有限公司"，增设炼铁部，增加资金为北洋大龙元200万元，中日双方各出一半。次年1月23日，公司正式改称为"本溪湖商办煤铁有限公司"。

---

① 高品卿主编《辽宁工业百年史料》，2003，第183页。

② 辽宁省档案馆藏：《兴京协领衙门档案》，档案号：28894。

③ 辽宁省档案馆藏：《兴京抚民府工房档案》，档案号：42485。

④ 《近代中国分省人文地理影像采集与研究》编委会编《近代中国分省人文地理影像采集与研究·辽宁》，山西人民出版社，2019，第224页。

⑤ 《本钢史》编写组：《本钢史（1905—1980）》，辽宁大学出版社，1984，第19-20页。

（二）金银矿

清末，清廷完全解除对金银矿的封禁政策。咸丰三年（1853），户部通令各省开采金银等矿。朝阳县青沟梁，建平县乔家杖子、霍家地、长皋，宽甸县夏金坑、新宾县杉木长，以及营口县、凌源县等产金地都开办过脉砂金矿。咸丰五年（1855），在铁岭柴河发现砂金。凌源县在采金兴盛时，采金人数达千人以上。光绪初年，建平县开采黄金矿产极盛，采金人数集至2万以上；"光绪十四年（1888）清河县枸乃甸子、北三家、草市水帘洞及新宾县杉木长等地采金者有2000多人，日产金200~300刃（20多两）"①。

光绪十八年（1892），清廷委派道台徐润在凌源县刀尔登建立金矿总局，下设若干分局，并伴有简单机械设备，开采规模很大，同时开采县北、县东各处金矿。"平均日产金40两。约有矿工4000多人，每年上缴清政府黄金万两以上。"②

光绪二十一年（1895），盛京将军依克唐阿奏准试办奉天金矿。光绪二十二年（1896），东边矿务局在位于安东县22公里山谷村萌芽山东的黄瓜岭开采金矿。有矿工300~400人，矿苗颇旺，后奉谕闭置。③ 光绪二十四年（1898），阮毓昌奉命专办通化、怀仁所开金矿，并在二道岔发现砂金矿新苗，开采60余天，共得金800多两。

光绪二十六年（1900），中德合办三平公司，开采建平地区的金矿。光绪二十八年（1902），矿商报采奉天兴京石庙子沟金矿，共集得股本沈平银6万两，从中提银1万两作为报效奉天大学堂经费，被批准前往试办④。

光绪三十一年（1905），清政府与英国商人合办平远公司，开采建平金矿，年产金约1000两。英国技师采用蒸汽机作动力，这成为辽宁近代机器采金的发端。清光绪三十二年（1906），补用守备李桂呈准领照开办辽阳州上下万两河、齐寡妇沟等9处砂金矿，设局开采，不久因成效不大被撤局封禁⑤。

---

① 辽宁省地方志编纂委员会办公室主编《辽宁省志·黄金工业志》，辽宁民族出版社，2001，第696页。

② 同上。

③ 同上书，第856页。

④ 高品卿主编《辽宁工业百年史料》，2003，第206页。

⑤ 辽宁省档案馆藏：《辽阳州工房档案》，档案号：3266。

光绪三十三年（1907），奉天矿政调查局批准商人尚久荣开采辽阳吉洞峪等处金矿，后因在河川没有采出正线，亏损 3 000 余元，同时又与当地居民发生纠纷，开矿受阻。矿商不堪负担，第二年负债离开，矿照被撤销①。

光绪三十二年（1906）初，奉天矿政调查员报告，在辽阳属界的郑家大沟附近有铜矿。四月，当局派员前往并在马鹿沟、楼子沟、郑家大沟等处分设 17 处开办处。

这期间，帝国主义国家纷纷对辽宁黄金资源进行掠夺性开采。当时采金区域已扩展到 17 个县，生产规模也不断扩大，采金人数和黄金产量急剧增长，出现了光绪年间的采金热潮。大连沿海的老铁山、袁家屯、杜家屯、新宾县杉木长及铁岭大盘岭岭东地区被俄国人开采，日本人与中国人合伙在铁岭牧羊政、平石门进行大规模开采，美国人在铁岭大盘岭岭南地区强行开采。光绪二十六年（1900），中德合办"三平公司"（永平、承平、建平），经营包括建平县在内的部分金矿。光绪三十一年（1905），中英在建平"合建"了平远公司，开发王家村、霍家地、张家沟 3 处金矿，用蒸汽做动力，开掘了 3 个竖井，配备炼制设备，年产金约 1 000 两。后来因第一次世界大战爆发而停业。②

光绪三十三年（1907）二月，有商人呈请试采复州化铜沟铅矿，并经奉天矿政调查局派员查明批准。此外，清末与民国时期，辽宁海城、金州一带利用原始方法开采滑石、石棉。光绪十六年（1890），有农民在海城采掘滑石，用以制作牙粉、胭粉、石笔等。光绪三十一年（1905）后，海城县长田雨时，奉天冯麟阁、李昆普等人合资创办海城全矿公益滑石有限公司，总管滑石矿开采。

表 2-4　1909 年奉天矿业开发情况③　　　　　　　单位：家

矿别	煤	金	银	铜	铁	铅	石棉	锑	玻璃	火石	其他	合计
已办	55	9	0	1	3	1	1	0	0	0	4	73
未办	59	101	12	9	9	14	3	1	1	1	10	220

---

① 辽宁省档案馆藏：《辽阳工房档案》，档案号：14522。

② 辽宁省地方志编纂委员会办公室主编《辽宁省志·黄金工业志》，辽宁民族出版社，2001，第 696 页。

③ 辽宁省档案馆藏：《奉天调查局档案》，档案号：3353。

从表2-4可知，清代辽宁矿产最丰富的莫过于煤、金。而在这些已勘探的矿藏中，实际得到开发并利用的为数极少，受到当时的技术、资金等诸多方面的限制，加之交通险阻，开采不易，自然矿产不能得到有效的开发。

第五节
轻工业初步繁荣

光绪二十年（1894）以后直至中日甲午战争之前，盛京相继出现一批新式企业，有官办、商办、官督商办和官商合办等类型[①]。

从光绪元年（1875）起，盛京的传统工业仍然是以烧锅（酿造）、榨油（油坊）、米面加工（磨坊）为主，但也有了布匹、火柴、肥皂、玻璃制品、初级化工和食品、缝纫、皮革、纺织、木材加工、机械、文化用品、建材等行业。盛京的传统商业仍然是行、市、铺、号，但丝坊、堂号、行市等布局更加层次化，业绩中批发的比例有所上升，集中的商业街中街的地位愈加巩固。传统手工业已扩达54行之多[②]。

19世纪末，盛京地区的造纸、酿酒、制革、冶陶、榨油、印刷、炼铁、铸铜、成衣、烟草加工、食品加工、工艺美术等行业已经形成，并出现生产规模较大的手工业工场，为近代轻工业产生和发展奠定了基础。

光绪三十一年（1905），清政府被迫将盛京大西边门至"满铁"附属地，北起皇寺大街，南至十一纬路辟为商埠地，欧美资本得以在盛京扩充殖民势力。盛京本地企业受到严重冲击，例如，由于外国纸张和陶瓷制品大量输入，盛京本地开办的纸坊和窑业纷纷倒闭。"1905年以前，沈阳制粉工业和磨坊有1000余家，1909年

---

① 张志强：《沈阳通史》，沈阳出版社，2014，第57页。

② 沈阳市沈河区政府地方志办公室：《沈河区志》第10章《经济篇》，1988，第252页。

仅存 146 家；1907 年沈阳有纱厂 36 家，到 1909 年只剩下 7 家。"①

为挽回国家权益、振兴实业，盛京各界爱国人士积极筹组火柴、肥皂、皮革、纸张等生活必需品生产。宣统元年（1909），官商合办的奉天惠工有限公司开业，主要生产香皂、牙粉、鞋靴和印刷品。翌年，奉天硝皮厂建成投产，这是盛京第一家新式制革厂。

光绪二十九年（1903）之前，辽宁省民族资本开办的 7 人以上的加工工厂有 315 家。到民国初年，根据国民政府农商部第二次工厂统计表统计，1912 年，奉天省共有 1 331 家手工作坊和工厂（不包括矿山和"满铁"附属地工厂）17 403 名职工。这些手工作坊和工厂中，以缝纫行业（成衣业）为最多，有 235 家 3 643 人，分别占全省总数的 21.44% 和 20.92%；其次是榨油业和制蜡业，有 137 家 2 673 人，分别占全省总数的 12.5% 和 15.36%；制酒业有 133 家 3 184 人，分别占全省总数的 12.14% 和 18.3%；棉织漂染业（包括棉织、制线、各种织物、漂染业）有 123 家 1 790 人，分别占全省总数的 11.22% 和 10.28%。这四大行业的企业家数、职工人数占全省总数的 57.3% 和 64.86%。再次，以竹藤柳编织、皮毛皮革制品等行业为多。② 甲午战争后，除了新建的近代工业企业外，有些原有的手工业工厂和作坊也开始使用机器生产。当时的机器榨油业是发展突出的行业。"根据国民政府农商部第二次工厂统计表统计，1912 年，奉天省 1 331 家手工作坊和工厂中，使用机械和电力等生产的工厂有 55 家，占全国使用动力工厂总数的 4.3%，在 23 个省、区中，仅次于江苏省（包括当时上海市），占全国的 9.4%，居第二位。"③

然而，奉天省各州县的发展很不平衡，在省会、港口和交通便利的城镇虽然有了一些近代工业，甚至有了电灯、电话、自来水，但在许多内陆偏远地区，发展仍然非常缓慢。这种状况在民国初年没有太大的变化。

一、榨油业

近代辽宁榨油业兴于营口，盛于大连，经过半个多世纪的发展，成为近代辽宁

---

① 沈阳市人民政府地方志编纂办公室编《沈阳市志·机械工业志》，沈阳出版社，2000，第 3 页。

② 高品卿主编《辽宁工业百年史料》，2003，第 344 页。

③ 同上。

的支柱产业。这一时期，榨油产业遍布全省各地，营口、大连、奉天、安东是榨油重镇。

（一）营口油坊业

营口是近代辽宁榨油工业的发源地。道光二年（1822），营口商人王耀三在这里开办第一家油坊——"营口西义顺"油坊。[①]

道光二十年（1840），山东、华南等地商人在没沟营开设永远兴、通顺泰两油坊。[②] 那时生产的豆油主要供应民需，并不是为出口。咸丰十一年（1861）营口开埠后，营口成为东北土特产转口贸易中心，于是，营口的榨油业应运而生。

同治五年（1866），广东人在营口开办同兴宏、义泰德两家油坊，采用东北地区首创的立柱楔式制油工艺。由于豆饼、豆油对外输出量迅速增加，营口油坊业发展很快。

光绪二年（1876），豆油输出价格大幅度提高，进一步刺激了民族资本投资油坊业。当年，营口又陆续开设了永同庆、元茂盛、太古盛、长隆和、庆隆和五家油坊。光绪十三年（1887），营口开设了长隆泰、东永茂等油坊。光绪十五年（1889），营口兴顺魁、德发合油坊开业。光绪十八年（1892），同聚源、裕发祥等油坊开业。但是，这些油坊规模小，生产方式落后，榨油方式采用以畜力为动力的"楔式榨油法"进行生产。

光绪二十年（1894），营口油坊有义泰德、义顺魁、义顺来、公永盛、东永茂、同兴岚、永同庆、裕盛福、长隆泰、义顺盛、元茂号、元德利、同兴宏、元在福、永昌和、元顺和、德生和、元茂盛、福德栈，共20家，173班，346组榨机[③]。

光绪二十二年（1896），营口油坊发展到30家，拥有楔式榨机6469台。

由于日本的土壤缺少氮的成分，需用豆饼作肥料，而且以豆饼作肥料价廉物美，豆油反而成为副产品。对日出口需求增加，使得原以生产豆油为主的油坊转产以豆饼为主。营口豆饼产量和出口量所占比重也逐年增加。

---

① 李有升：《营口地方史研究》，辽宁民族出版社，1995，第208页。

② 营口市地方志编纂委员会办公室编《营口市志》第1卷，中国书籍出版社，1992，第23页。

③ 营口市地方志编纂委员会办公室编《营口市志》第3卷，中国经济出版社，2002，第362页。

图 2-15 广东人潘达球创办的东永茂油坊（这是营口最早将人力榨油改为机器榨油的油坊）①

光绪二十二年（1896），英属太古元新式油坊在营口开业，资本 5 万两白银，首次使用蒸汽动力转动蒸汽碾子压碎大豆和手推螺旋式压油机榨油，"新式榨油机使得成本降低 20%，出油量提高 7%。"该油坊开业不久，改由中国人经营，虽"太古洋行重新开办，获利甚丰，今归华人集股自主"，但却"在外国人保护之下"。

到宣统元年（1909），营口已有 21 家机器油坊，拥有螺旋式榨油机 1516 台。豆饼日产能力 7.3 万片，全年产豆饼 808 万片，产豆油 3636 万斤，均居东北地区首位。③ 东北油坊业由此进入近代机器工业时代，成为近代中国最早从手工生产过渡到机器生产的行业之一。

图 2-16 1906 年日商小寺壮吉投资 155 万元在营口开办小寺机器油坊②

---

① 营口市史志办公室编《营口百年图志》第 1 册，辽海出版社，2009，第 44 页。

② 同上书，第 45 页。

③ 营口地方志编纂委员会办公室编《营口市志》第 4 卷，辽宁民族出版社，2000，第 1363 页。

表 2-5 1907—1909 年营口豆油、豆饼产量及通过海关出口数量[1]

品种	生产量/万吨			出口量/万吨		
	1907 年	1908 年	1909 年	1907 年	1908 年	1909 年
豆油	1.40	1.60	1.80	0.87	1.85	2.84
豆饼	14.48	16.56	18.60	1.86	2.38	2.67

日俄战争结束后，营口油坊业继续发展。光绪二十六年（1900）四月，怡兴源油坊改用螺旋机榨油，这成为中国民族资本使用机器榨油的开始。与此同时，营口油坊资本额也增殖很快。如义泰德油坊，甲午战争前资本金 4 万两，宣统三年（1911）资本金达到 20 万两，增加了 4 倍。"到宣统二年（1910），营口 15 家主要油坊资本总额达 120 万两，平均超过 8 万两；机器 1 164 台，平均每家 68.5 台；日产能力计豆饼 58 200 枚，平均每家 3 423 枚。"[2] 这说明，营口油坊资本雄厚，而且形成系列。

光绪三十四年（1908）前，营口是东北榨油工业中心，豆饼、豆油产量在辽宁各商埠居第一位。除了本埠义泰德外，其他油坊资本均来自外地，这种情况潜藏着极大危机。一旦环境发展改变，外资流走，对营口油坊业的打击也将是巨大的。日俄战争结束后，大连被日本殖民当局辟为自由港，加之日本推行刻意扶持大连油坊业的政策，从光绪三十四年（1908）起，"南满铁路"特减运费，吸取货物到大连，营口因此大受影响，加上辽河是冻港，满潮与退潮水差大等原因，营口油坊多转移至大连。1911 年营口有新式油坊 23 家，1913 年剧减为 12 家。

（二）奉天油坊业

宣统二年（1910）五月，奉天共有油坊 46 家。宣统元年（1909），共生产豆饼

---

① 高品卿主编《辽宁工业百年史料》，2003，第 532 页。

② 营口地方志编纂委员会办公室编《营口市志》第 4 卷，辽宁民族出版社，2000，第 1365 页。

约 200 万片、豆油约 4 500 吨①。资本金一般为数千元（大洋），有的 1 万~2 万元。基本沿用旧法生产。宣统二年（1910）四月，新民府共有 28 家油坊，年产豆饼 90 万片、豆油 2 000 吨。

（三）安东油坊业

榨油工业不仅在营口、大连、奉天发达，在安东等地也很发达。光绪三年（1877），安东民族资本开设吉昌永油坊。光绪五年（1879），开设双合栈，次年开设兴盛栈。"1898 年 12 月，又开设日兴油坊，一名中国人出资 5 000 元，4 名日商出资 4.5 万元，有 30 马力蒸汽机 1 台，杠杆式螺旋压榨器 32 台。1910 年，共有益增长、益增远等 10 家油坊。其中：有 3 家使用石油发动机。资本金，1 家为 3 万元，2 家各为 1 万元，其他 7 家仍使用木机。资本金为 7 000 元、1 万元、1.5 万元不等"②。到光绪三十三年（1907），共有 8 家油坊，年产豆饼 30 万片。

（四）大连油坊业

大连的油坊工业历史悠久，"相传在道光年间民间就有了榨油业"③。日俄战争结束之后，大连开设第一家福顺栈油坊，标志着大连油坊业的开端。从 1906 年开始，大连油坊业在极端艰难条件下开始发展。"光绪三十一年（1905）十二月，金州人邵尚忠开设双和栈油坊。第二年，华商吕学法、姜宜春在小岗子和平街南部洼地开设了公成玉油坊"④。作业方式仍是手工操作，不久稍有改善的是将石碾和火油碾改为电气碾。

光绪三十二年（1906），日本殖民当局宣布大连为自由港。宣统元年（1909），日本大力扶植大连油坊业的发展，推行减免油坊赋税的政策，对油坊企业的豆油和豆饼等产品采取包销，即预付货款，然后油坊主可在 6 个月内陆续交货的办法刺激

---

① "满铁"庶务部调查课：《满铁的油坊业》，1930，第 105-106 页。

② 同上。

③ 关东局：《关东局施政三十年史》，凸版印刷株式会社，1936，第 465 页。

④ 冷绣锦：《大连近代华商油坊业的初步考察》，《辽宁大学学报（哲学社会科学版）》2010 年第 2 期，第 96 页。

油坊业发展，对大连油坊业的发展起到了促进作用。加之大连背靠东北腹地，交通便利，原料充足，此举不仅吸引了日本财阀的投入，也吸引了关内外的民族资本纷纷在大连开办油坊。

光绪三十一年（1905），大连仅有一家油坊，产品只供当地需要。随后几年，大连油坊业急速发展。光绪三十四年（1908），三井物产下属三泰油坊设立，标志着大连油坊的兴起。"1909年，大连油坊数量就激增至35家，资本总额达180万元。1913年，更进一步增至48家，资本总额达222.5万余元，年产豆饼42万余吨。短短几年时间，大连油坊业就超过了营口，是东北油坊最为

图2-17　1907年大连三泰油坊正门①

集中的地区，并且成为当地第一大工业。"② 而绝大多数属于华商油坊，日资主要有三井物产下属油坊，与中方合办的三泰油坊、日清油坊等。其中，日清制油是大连最大的油坊工厂。

至1915年，大连的油坊企业已发展到56家。其中，日商经营的有日清制油株式会社、小寺油坊、斋藤油坊、泰昌利油坊、吉田油坊，以及中日合资经营的三泰油坊。大连的油坊从1905年的1家增至1915年的56家，仅10年时间就已超过营口、安东，成为东北油坊业的集中地，享有"油坊之都"称号③。宣统二年（1910），油坊业者组成大连油坊联合会，以促进本行业的发展。

大连油坊业之所以在短时间内得以迅速发展，有如下三个原因：

一是运输上的便利。日本强化以大连港为核心、南满铁路为骨干，以重点掠夺辽宁资源为目的的交通运输体系。光绪三十一年（1905），日本取得沙俄控制的东清铁路南段（长春至大连）权益和财产后设立南满洲铁道株式会社（简称"满铁"），光绪三十三年（1907）开业。大连由此得到畸形的迅速发展，在很短的时间内成为东北资源的集中输出枢纽，这就为以出口为主导的大连油坊业的发展提供

---

① 姜晔：《图说近代大连》，文物出版社，2018，第201页。

② 大连市工商联：《大连油坊史略》，载《辽宁文史资料》第26辑《工商专辑》，辽宁人民出版社，1989，第79页。

③ 顾明义等主编《日本侵占旅大四十年史》，辽宁人民出版社，1991，第397页。

了运输上的便利。大连港自身条件也是一个重要因素，例如，大连作为不冻港，蓄水较深，埠头设施也较为完备等。

二是东北丰富的大豆资源。当时的东北是世界上最著名的大豆产地。大豆品质极佳，享誉世界，平均年产 520 万吨优质大豆。加之廉价的铁路运费，这就为大连油坊业提供了丰富的原料资源。

三是中国内地廉价的劳动力。清末民初，因关内连年的混战与灾荒，劳动人民无奈之下背井离乡，渡海来到大连。到大连后，多数人已无力再往内地寻觅生计，急于落脚，便以廉价劳动换得生存机会，更是为油坊业提供了充足的劳动力。

日本殖民当局之所以对大连油坊业刻意采取扶持对策，是因为第一次世界大战前夕，日本尚不能完全操纵东北的经济资源，于是利用中国民营资本把分散在东北各地的大豆运往日本控制的旅大地区，再以大连作为大豆加工基地和输出港口，因此给予大连油坊业各种"优惠"和"鼓励"措施。这加速了大连油坊业的发展。

此外，具有现代性质的金融机构也是非常重要的因素。"作为主要从事贸易汇兑业务的横滨正金银行，日俄战争前后，迅速在东北地区建立一系列支店，形成有别于中国传统金融机构的金融机构网，对以大豆三品为中心的贸易提供贷款和汇兑业务。"[1]

光绪三十二年（1906）九月，日本政府发布训令，授予正金银行发行的钞票在"清国一切公私无限制通用"的权力[2]，更命正金银行与"满铁"、三井物产签订特殊契约，对大豆"三品"的贷款和汇兑实行优惠。因此，正金银行的钞票逐渐成为"大豆流通不可缺乏的通货"。"凡大连、长春等处日本人所经营的特产交易所，皆以钞票为本位货币。"[3] "三井物产的购买、满铁的运输、正金银行的金融服务，形成了大豆三品的购买、运输和金融的三位一体网络，增强了大连在东北与日本贸易中的分量，加快了大连的崛起和发展。"[4]

067

---

① 刘凤华：《东北油坊业与豆油输出（1905—1931）》，《中国经济史研究》2012 年第 1 期。

② 《横滨正金银行史附录》甲卷之二第 141 号，西田书店，1976 年复刻版，第 771-774 页。转引自文献①。

③ 中国第二历史档案馆编《中华民国史档案资料汇编·第 3 辑 金融》，江苏古籍出版社，1991，第 663 页。

④ 同①。

图 2-18　油坊内的机器榨油设备①

日本油坊业采用最新的水压式榨油机，液压传导榨油，使用人力少，出油率高，生产能力大幅领先于大连地区民族油坊业，但价格昂贵。

宣统三年（1911），作为民族工业代表的大连顺兴铁工厂成功制造出水压式榨油机，使民族油坊业得以较低的成本更新生产设备，油坊的生产过程全部实现机器化，生产效率大幅提高，产量成倍增长，油坊业的技术和产品质量都接近现代工业水平。因此，先进设备的普及满足出口需要，也是油坊业得以迅速发展的重要因素。总体而言，华商油坊较之日商，虽然资本不足、规模较小，但数量较多，又善于经营，具有雄厚的实力，总体规模领先日商，是油坊业的主体，推动了民族经济的发展。②

二、酿酒业

图 2-19　老龙口酒厂旧址

酿酒业是清末辽宁发展较快的一个行业。白酒酿造在沈阳有着悠久的历史。康熙元年（1662），山西富贾孟子敬开设义隆泉烧锅，因位于清朝留都盛京龙城之东口，故名老龙口。厂内有一眼深井，水质清澈甘甜，水源久不干涸，素有"龙潭水"之称。老龙口酒的制酒主料为东北特产红高粱，小麦作曲。先将红高粱蒸熟，入窖数日后取出，用曲拌匀，入甑蒸馏，即成佳酿，酿造周期 10 日左右。早在清代，老龙口酒就作为宫廷御酒，供奉皇室，并远销南洋。

① 营口市史志办公室编《营口百年图志》第 1 册，辽海出版社，2009，第 45 页。

② 迟青峰：《国际需求与东北油坊业发展研究（1900—1931）》，《农业考古》2018 年第 3 期。

20 世纪初，老龙口酒厂设有 4 个支店，产品远销辽南各地。① 到 19 世纪 60 年代，奉天地区已有烧锅百余家，酿酒业进入繁盛时期。奉天府原有烧锅 16 家，宣统二年（1910）减少为 12 家，资本金在 20 万～30 万吊不等。当地消费 350～400 吨，其余销售到营口、大连、盖平等地。光绪三十一年（1905），奉天白酒产量为 4 005 吨。② 光绪三十三年（1907），奉天白酒产量达到 5 225.5 吨，此后产量逐年降低。

表 2-6　清末奉天府白酒产量③　　　　　　　　　　　　单位：万斤

年份	1905	1906	1907	1908	1909	1910
产量	801.2	789.6	1 045.1	812.8	789.6	483.1

辽西地区生产白酒最早，嘉庆六年（1801），高士林创立同盛金烧锅（今锦州凌川酿酒总厂的前身）。这个烧锅是一家皇封作坊，最初有固定人员 10 人，后发展成为百余号人的大酿酒厂。设备有 4 个甑筒、1 个碾房、1 个曲房、两挂 4 套大马车。年产白酒 72 吨。其生产的白酒远近闻名，经销到山东、营口等沿海地区和海上人家。好酒入窖做贡品，皇亲国戚赞不绝口。1996 年 6 月，在这个烧锅的原址，发掘出产于道光二十五年（1845）储藏的皇封 4 吨多贡酒，成为有一百多年历史的稀世珍品。

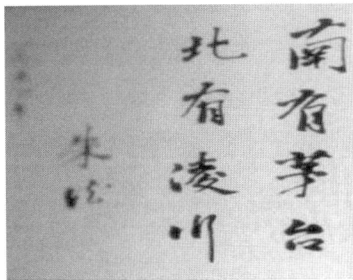

图 2-20　1954 年朱德给同盛金烧锅的题词④

辽阳的水质适合制酒，烧锅业发达。辽阳城内较大的烧锅有五成海、隆盛泉、利升源、源记等 9 家，辽阳城外还有 14 家，年产 1 000 吨以上，大部分销售到营口、大连及金、复、海、盖等地。⑤ 铁岭县酿酒工业发展较早，宣

069

---

① 沈阳市人民政府地方志编纂办公室编《沈阳市志·轻工业志》，沈阳出版社，1994，第 25 页。

② 同上书，第 23 页。

③ 张福全：《辽宁近代经济史（1840—1949）》，中国财政经济出版社，1989，第 108 页。

④ 陈少平：《图说辽西·锦州遗韵》，第 51 页。

⑤ 辽宁省档案馆编《满铁调查报告》第 3 辑，广西师范大学出版社，2008，第 48 页。

统三年（1911），铁岭城内就有义隆烧锅、天成烧锅两家较大的酿酒作坊，以铁岭境内盛产的红高粱为原料，一日两锅，年出酒4.32吨，在当地销售。[1]

光绪二十八年（1902），辽宁省所属各县城共有烧锅117家，次年增至119家。宣统二年（1910）前后，减至72家。"20世纪初叶，日俄在辽宁火并1年又7个月，使沈阳民族酿酒业损失惨重。日俄战争以前，沈阳地区有烧锅33家，在日俄战争中被抢劫烧毁达16家。光绪三十一年（1905），沈阳地区白酒产量为4005吨，宣统二年（1910）降为2415.5吨。"[2]

辽宁地区的烧锅基本上使用畜力和手工操作，清末，有少数烧锅开始使用近代机器动力，如开原烧锅从宣统初年改用铁机火磨制造，而其他地方仍很少见到[3]。此外，在奉天省复县、盖平、海城、凤凰城等地还有一些黄酒酿造所。

三、纺织工业

19世纪末叶以前，辽宁的纺织业一直都是传统的手工纺织作坊，以棉织、染业、针织为主，分布在奉天、营口、大连等地。道光年间，人口增多，对棉布的需求量加大，山东客商用骡马运到辽宁地区销售。咸丰十一年（1861）牛庄开埠后，辽宁客商在上海收购南通等地的土布，运到营口，再销往辽宁及东北各地。

清同治十一年（1872），营口一带开始出现4～8台布机作坊。[4] 光绪元年（1875），奉天市开办"同巨兴"土布机坊。从光绪六年（1880）开始，辽东半岛出现若干带有资本主义性质的纺织手工业作坊和工场手工业。这一时期，棉纱、洋布大量进口，农民既用土产棉纱自织家用布，也用洋纱织"洋线布"，并在附近市场销售。

这一时期，外国棉布和资本大量侵入辽宁，在"振兴实业，挽回利权"思想的影响下，辽宁民族资本家相继创办了一批与外资抗衡的棉织企业。其中，奉天地区

[1] 铁岭县地方志编纂委员会编《铁岭县志》，辽沈书社，1993，第34页。
[2] 沈阳市人民政府地方编纂办公室编《沈阳市志·轻工业志》，沈阳出版社，1994，第23页。
[3] 章启槐等：《开原县志》，民国六年续修本，第213页。
[4] 辽宁省地方志编纂委员会办公室主编《辽宁省志·纺织工业志》，辽宁民族出版社，2001，第3页。

民族资本最雄厚。清光绪十二年（1886）、二十七年（1901），奉天至诚永和天增利两家专业织布工场相继投产，两家企业主要生产大尺布。这是辽宁历史上最早的具有一定规模的织布工场。光绪十六年（1890），奉天市有家庭手工业织布作坊约20户，他们以英国的机坊纱作经，本地土纱作纬，使用木架手梭机织大尺布，销售给本市居民。

宣统元年（1909），官营模范监狱工场有木织机111台，其中，日本奉天织机30台。1912年，奉天又创立了"大业昌"和"广业"两家以煤油为动力的织布厂。至1914年，沈阳除官营厂家外，商企共有织机800台。其中，拥有7～10台织机的专业工厂30家；有20台以上织机的专业工厂12家；有100台以上织机的专业工厂3家，最大的一家有动力织机200台。

营口有专业织布工厂30家，其中拥有20台以上织机的有14家。光绪二十三年（1897）四月，营口广茂铁工厂开业专制织布机。锦州棉织业也有一定规模。光绪三十四年（1908），锦县成立私立第一工厂，以织布为业。到宣统三年（1911），该厂生产丝光布，购者接踵而至。至1914年，有4家专业织布工厂。

铁岭是大尺布的有名产地，当时有织布机250台。1913年，在铁岭创建的第二织布工厂，有木织机20台、自动足踏织机4台。生产的品种有粗布、清水布、柳条布、电光布、方格布、套布、被面等。清末，金州城有织布厂12家。①

宣统元年（1909），新民府有人工织布的机房15家，生产花旗布、斜纹布等。宁远城内外有机房20余家，使用进口棉纱织布，供当地需用。同年9月，辽阳县城开办大业工厂，有织布机20余台，年产花旗布和大尺布六七千匹，均在本地销售。②

日俄战争以后，由于日商在"商埠地"大量倾销"洋纱""洋布"，民族工场手工织布业由光绪三十三年（1907）的36户减至宣统元年（1909）的7户。20世纪初期，随着抑制"洋货洋资"运动的进一步发展，官、商兴办纺织业的热潮在国内兴起。宣统元年（1909）十一月，官商合办的奉天惠工有限公司开业，下设织布、染煮厂，拥有天津产铁轮织布机40台、木轮织布机10台，主要织芝麻布、水

---

① 辽宁省地方志编纂委员会办公室主编《辽宁省志·纺织工业志》，辽宁民族出版社，2001，第43页。

② 辽宁省地方志编纂委员会办公室主编《辽宁省志·商业志》，辽宁人民出版社，2001，第37页。

纹西服布和柳条布等品种。①

光绪六年（1880），辽宁地区最早的染坊即大连复州城德盛染坊创立。② 光绪十七年（1891）、光绪二十五年（1899），奉天市兴茂厚染坊和福顺隆染布厂相继投产③。由杨锦璋在大北关开办的兴茂厚染坊，是奉天较早的染坊之一。兴茂厚染坊拥有资金1500元现洋，门市房9间，染缸12口，有工徒10人，月染布约2200米。④

光绪十三年（1887），奉天府开办永兴和针织工场。宣统元年（1909），奉天出现生产线袜、毛绳衣和手套的工场和作坊。辽宁毛巾行业最早的工业化生产厂即奉天模范监狱工厂投产，有20台织机。⑤ 光绪二十三年（1897），营口广茂铁工厂开业，专制织布机，辽宁开始生产纺织机械产品。宣统三年（1911），锦州府第一工厂已能生产丝光布，称改良爱国布。⑥

四、缫丝业

辽宁省柞蚕丝的发展历史悠久。早期的柞蚕丝业由山东移民传入辽东，盖平地区尤为发达。当时已经存在家庭柞蚕制丝业者的丝房。光绪二年（1876），以安东为中心，包括宽甸、凤凰城、本溪、怀仁等地柞蚕业兴起。上述地区柞蚕产量约占辽宁产量的一半，形成了以安东为中心的柞蚕丝绸业。

光绪三十二年（1906），辽宁地区开始输入洋式筘座织机和俄式机，并有天津制造的铁轮织布机，逐步替代了原始的木制手织机。光绪三十四年（1908），宽甸县有千余名山东昌邑人来此谋生，"茧绸常产，岁约1.6万匹"。该县有手工织机1000余台用于织绸。

---

① 沈阳市人民政府地方志编纂办公室编《沈阳市志·轻工业志》，沈阳出版社，1994，第353页。

② 辽宁省地方志编纂委员会办公室主编《辽宁省志·纺织工业志》，辽宁民族出版社，2001，第431页。

③ 同上书，第3页。

④ 同①书，第371页。

⑤ 同②书，第432页。

⑥ 同②书，第93页。

光绪八年（1882），营口开始输入美、英等国的绸子。到光绪十九年（1893），英、美输入营口港的绸子分别增加到 1940 匹、800 匹。翌年，安东有谦亨武杂庄，兼营绸缎。

柞蚕丝的出口量从光绪六年（1880）前的每年 100～200 担，增至光绪十二年（1886）前后的 5000～6000 担，仅次于大豆、豆饼和煤炭，跃居出口商品第三位。出口的迅速增长，进一步刺激了牛庄（今营口）、盖平、岫岩、安东、凤凰城、宽甸、怀仁等地的柞蚕丝生产。凤凰城有缲丝坊 40 家以上，较大的乡村一般都有一家或两家。宽甸县有 60 家，怀仁县较少，沿鸭绿江一带很多。每家缲丝厂平均雇有 20 余名工人，有的雇有 30～40 名[1]。

光绪三十年（1904），一种仿照烟台的 Cannal 式制丝机制成的新式脚踏制丝机能够制造大粹丝，这种缲丝法开始在各地推广。安东、盖平、海城、岫岩、凤凰城、开原、西丰等地先后建起了柞蚕工厂。先进技术的传入使旧式的缲丝方法得到改进，逐渐将原来每担只值银 100 两的粗丝，改变为每担价值 200～300 两的贵重丝[2]。光绪三十年（1904），安东道台创设纱厂，缲丝中心从盖平转移到安东。

光绪三十二年（1906）一月，东边道道尹公署从凤凰城迁至安东。光绪三十三年（1907），根据中美条约，安东被辟为商埠，安东缲丝工业就此起步[3]。同年三月，钱铄接任东边道尹。为了促进安东缲丝工业的发展，他出资在元宝山麓开设七襄缲丝厂，使用电力铁机缲。七襄缲丝厂资本 1 万元，从业工人 200 人左右，使用脚踏缲丝机 170 部，每人 1 台，每天可以制丝 360 框。从此，安东缲丝走上半机械化、工厂化的发展道路，安东的缲丝坊如雨后春笋般迅猛发展。[4]

在这些缲丝厂和作坊中主要有和聚正等所谓十大家。后来又陆续开设了义昌东、东和盛等三十几家。其中规模最大的是和聚正，发展到丝栈、南厂、北厂，最多时有 2000 多人。

安东的柞丝销售分内销、外销两条渠道。所谓内销，就是通过丝栈（批发商、代理店）将柞丝成品就地销售，一小部分卖给收购商店。从事收购贩运的商家大多

---

① 高品卿主编《辽宁工业百年史料》，2003，第 417 页。

② 彭泽益：《中国近代手工业史资料》第 2 卷，生活·读书·新知三联书店，1957，第 97-98 页。

③ 《丹东柞蚕丝发展简史》，载政协辽宁省委员会文史资料委员会等编《辽宁文史资料·第 26 辑 工商专辑》，辽宁人民出版社，1989，第 132-133 页。

④ 丹东市地方志办公室编《丹东市志（1876—1985）》，沈阳出版社，1996，第 15 页。

是日本人开办的，其中以陈天号店主藤松五郎为行业代表。他们互相串通收购价格，利用各缫丝厂资金力量薄弱、无力存货而压价收购。外销是经丝栈将成品运往国外销售，几乎全部销往日本。日俄战争后，安奉铁路修成，经朝鲜至日本的联运开通，附近宽甸、岫岩、海城各县连同安东生产的柞丝，都从安东装火车，运往朝鲜半岛南端釜山，将整列车厢装入"关釜联络船"，到日本下关卸船，再用火车运往本州、大阪附近的福井、歧埠等地，约占全部出口额的70%。

五、其他工业

（一）造纸业、印刷业

从嘉庆元年（1796）起，奉天有纸局2户，自产自销。光绪元年（1875），奉天设立钟记纸局厂，资本金为300元。光绪八年（1882），老德庆创立，资本金为4 000元。次年，又设立同合元，资本金为2 000元。光绪十七年（1891），福合长创立，资本金为2 000元。光绪二十九年（1903），福合义创立，资本金为200元。次年，源兴和创立，资本金500元。

"光绪三十二年（1906），奉天从福建、浙江、江西等地运进表心、川连、毛边、老甲纸等17个品种，共6.96万件。"[1] 宣统年间，奉天设有南纸店10户。"1912年统计，共有纸局18家。各家年产纸张数百匹至六七千匹。"[2] 据统计，1911年营口有4家造纸厂，共有工人100余名；辽阳有6家纸坊，每家日产纸32匹左右；盖平有8家纸坊，每家有4至5名或10余名工人，日产纸15~16匹，年产纸3万余匹，销往营口及邻近地区。

奉天近代印刷业始于清同治九年（1870），当时在钟楼南开设有会文山房。光绪二十七年（1901）开设的彩盛印刷局，首先采用铅印、石印技术，并开始使用人力操纵的简易印刷机械。光绪三十一年（1905），奉天省罪犯习艺所建立，这是奉

---

① 辽宁省地方志编纂委员会办公室主编《辽宁省志·商业志》，辽宁人民出版社，2001，第31页。

② 辽宁省档案馆藏：《沈阳县公署档案》，档案号：3307。

天较早开办的印刷厂之一，即辽宁省沈阳印刷厂前身。光绪三十三年（1907），官办的奉天工艺传习所、奉天兴艺工厂和奉天官纸局，都有规模较大的印刷所。宣统二年（1910），作新印刷局开始采用电力驱动的铅印机和石印机。[①] 宣统元年（1909），丹东诚文信印书馆是当时全国著名的大书馆和印刷厂之一。

（二）皮革业、服装业、罐头食品业

皮毛制品是辽宁地区又一传统产业，不仅是东北人不可缺少的御寒衣物，而且是一种珍贵的饰品。辽宁皮毛货源丰富，野生皮毛有鼬鼠、旱獭、狐、狼、鹿、豹、獾、猞猁、貂、貉、狸、麝、香狸、灰鼠、艾虎、花鼠皮等。家养皮毛有羊、滑子、兔、狗、猫、水貂皮等。

清乾隆年间（1736—1795），辽宁地区的皮革手工业就已经形成一个较大的行业。当时以农用马具的需要最多。城市、集镇已开始有"皮铺""鞋帽庄"等作坊。至清末，皮革工业已经遍及全省，形成若干集中产区。在奉天省城、营口、安东、锦州、辽源、复县都设有皮铺和制革厂，采用旧式鞣皮法或新式药水浸洗法生产皮革。奉天是中国北方皮革和毛皮最主要的集散地和销售市场。1917 年出版的《中国工艺沿革史略》一书说："制革工厂以直隶、山东、山西为较多，而奉天为最。"《奉天通志》也称："关内皮货甲于全国，而毛皮业以本省为最，本省中以沈阳市为最，锦县次之。"

清光绪十一年至宣统三年（1885—1911），辽宁较大的皮革厂有 5 家：光绪十一年（1885），王皮铺成立，年产各种皮革三四千张；光绪三十年（1904），庆祥店成立，年产细皮 7 000 张；光绪三十二年（1906），全顺成成立，年产细皮 6 000 张；清光绪二十五年（1899），赵丰九在大西门外路北开办长发祥刷子铺，资本为现银 150 两，日产髦刷 20 把、草根刷 10 把，是奉天民间开办较早的制刷作坊。[②]

宣统二年（1910），拥有资本 5 万两白银、官商合办的奉天硝皮厂建成开业，年产熟皮 75 吨，这是奉天最早的新式制革厂。宣统三年（1911），永和皮店成立，年产细皮 25 吨。[③] 毛皮制作方法主要有烟熏法、硝皮法、张干法。

---

① 沈阳市人民政府地方志编纂办公室编《沈阳市志·轻工业志》，沈阳出版社，1994，第 266 页。
② 同上书，第 43 页。
③ 辽宁省地方志编纂委员会办公室主编《辽宁省志·手工业志》，辽宁民族出版社，2005，第 367 页。

宣统二年（1910），奉天皮革作坊有 236 家，多集中于小北门、大北街一带。这些手工作坊虽然设备简陋、生产工艺落后，但也表明奉天的制革、皮鞋、皮件和毛皮生产已经粗具规模。① 到宣统三年（1911）为止，奉天有福乐、德发、吉顺、老振武、兴业等皮靴厂，用机器制造靴鞋。② "1929 年，奉天有靴鞋业 58 户（属上杂货业），资本 14.6 万银元，从业人员 472 人。"③

西装传入辽宁已有 100 多年的历史。日俄侵入东北后，大量开办工厂、矿山，城市人口剧增，外国商品源源流入中国，西装、大氅等"洋服"开始传入，洋服业应运而生。清光绪二十七年（1901），奉天马子章开设鸿盛兴洋服店，掌柜王维山，雇 16 名伙计，有美国胜佳牌 44 型缝纫机 14 台，是辽宁最早的西装加工店铺。④

清光绪二十七年（1901），俄国人在大连建设罐头厂，生产水产、肉、禽、水果罐头食品，为其驻军和侨民服务。光绪三十一年（1905），中国人开设的铁岭畜产股份公司生产肉食罐头，海城东和盛罐头厂生产水产罐头。"清光绪三十四年（1908），'日本关东都督府'在大连老虎滩设水产试验厂，试验生产水产品罐头 44 种。"⑤ 清咸丰、同治年间，辽宁地区一些主要集镇食品手工业有果酱铺，用大麦等谷物熬制饴糖，由饴糖熬煮浓缩制成果糖。"光绪二十三年（1897），俄国人将方糖、奶糖带入辽宁。"⑥

（三）铁器制造业

晚清时期，辽宁各地出现一些铁匠炉，生产一些简单的农具和日用器皿，资本额在数十元、数百元至三五千元。辽宁最早的机器制造业多是从这些铁匠炉发展起来的。同治七年（1868），在奉天小北城门，民族资本家合资建成庆盛炉，从事简

---

① 沈阳市人民政府地方志编纂办公室编《沈阳市志·轻工业志》，沈阳出版社，1994，第 135 页。

② 辽宁省档案馆藏：《沈阳县公署档案》，卷 32104。

③ 辽宁省地方志编纂委员会办公室主编《辽宁省志·商业志》，辽宁人民出版社，2001，第 24 页。

④ 辽宁省地方志编纂委员会办公室主编《辽宁省志·手工业志》，辽宁民族出版社，2005，第 382-408 页。

⑤ 同③书，第 110 页。

⑥ 同③书，第 109 页。

易的铁器制造。这是辽宁最早的简单机械生产作坊，资本金奉洋 1 900 元。①

其后，这类铁工厂在辽宁各地逐渐兴起。在奉天建有永盛合、三盛炉、广合源、福盛炉、白剪炉、德顺成、实兴、天巨和等铁工厂。有些铁工厂扩充为机器厂，可以修造小机器。光绪七年（1881），奉天铁店业从上海购入外国机制元钉（又称洋钉），从此结束了民间用烘炉手工碾制锥钉的历史。

宣统三年（1911），奉天开始出现近代铁工厂，其中较早的有万顺铁工厂和宅兴机器铁厂。宣统三年（1911），福太长在奉天大北关开业，资本金奉小洋 12 500元，从事铁器制造。②

宣统三年（1911），营口有万聚鑫、义顺、广昌、荣迹生、顺兴等 5 家机器厂，备有从英国、日本购置的机器，各有工人 20~30 名，可以制造零星机器、铁具和榨油机。在本溪建有张家炉、天赐炉、刘家炉等铁工厂；在辽阳建有广丰聚、元恒太、吉顺祥、广丰长、东发祥、福利永等铁工厂；在大连建有规模较大的顺兴铁工厂，有工人 100 多人。这些铁工厂主要从事修理或制造零星小机器、铁具和简易农机，为辽宁机械工业的萌芽。③

1912 年，辽宁的五金工业得到了发展。当时有铁行 140 户、洋铁行 66 户、铧炉 6 户、刀剪行 24 户。

清光绪十五年（1889），周崇德在小西关开设三顺炉。光绪十六年（1890），谢顺在大东关开设东升泰，后改名为东升炉。所生产的东升菜刀背厚膛薄，钢铁分明，切肉不挂油，因此名扬东北及京津地区。谢顺经营东升炉 50 年，交给其子谢连品，后又交给谢连品之子经营④。

当时，奉天市有天合成、三河兴、德顺兴 3 家剪子铺。此外，还有一些不固定的作坊、工场，大约有 10 盘烘炉。清光绪二十一年（1895），山东临邑县马奎三创建的马家炉生产"奎"记剪子。

---

①　辽宁省地方志编纂委员会办公室主编《辽宁省志·机械工业志》，辽宁民族出版社，2004，第 455页。

②　同上书，第 456–457 页。

③　同上书，第 4 页。

④　辽宁省地方志编纂委员会办公室主编《辽宁省志·手工业志》，辽宁民族出版社，2005，第 378 页。

（四）钟表、缝纫、陶瓷、火柴、卷烟、制蜡等行业

光绪元年（1875），奉天钟楼南出现由奉天商人伦凤翥开设的天象斋钟表修理店。到宣统三年（1911），奉天有钟表眼镜店8户。光绪三十三年（1907），奉天商人从上海购进欧美产手表110只、座钟700架，从此奉天有了以经营钟表为主的钟表商店。①

辽宁缝纫机工业生产肇始于缝纫机修配业。鸦片战争后，美国胜佳牌缝纫机输入奉天。光绪三十四年（1908），美国胜佳缝衣机器在奉天、大连、营口、辽阳、铁岭、旅顺等地设立分公司，销售缝纫机。清宣统元年（1909），福记机器厂在奉天开业，这是辽宁历史上第一家经营缝纫机修配业务的企业。

蜡烛作为中国古代主要的照明用品，已有悠久的生产历史。据《辽金志》记载，蜡烛生产是从辽南传入的，其原料为当地所产的牛油，故称牛蜡，分黄色、白色两种。光绪二十一年（1895），刘建章在大北关开办兰茂魁制蜡工厂，有资本2 000两（白银）、门市房30间、工徒8人，大力制蜡机21台，日产蜡烛100箱（每箱150支），原料由牛油改为进口石蜡。20世纪初期，奉天电力工业开始兴起，但电灯尚未广泛使用，蜡烛仍然销路甚广。到1930年，制蜡业增至7家，有人力制蜡机150台，从业人员71人，日产量550箱。②

1909年，汪海峰、张慕堂等人集资兴建了复州湾同义窑业。当时以复州湾煤矿上层黏土（陶土）为原料制作陶瓷，年总产量10万件左右。③

光绪三十一年（1905），清政府农商部在北京崇文门创建丹凤火柴股份有限公司。光绪三十四年（1908），该公司在安东六道沟成立东厂（又称丹华火柴厂），占地80多亩，不出成品，只是购运木材，制造匣料，供应丹华火柴厂用。

辽宁地区早期使用天然油漆，由手工作坊自产自销。光绪元年（1875），奉天有制作牌匾、装修门市的店铺，经营桐油和油漆。宣统二年（1910）六月，英商从

---

① 辽宁省地方志编纂委员会办公室主编《辽宁省志·商业志》，辽宁人民出版社，2001，第25页。
② 沈阳市人民政府地方志编纂办公室编《沈阳市志·轻工业志》，沈阳出版社，1994，第131页。
③ 辽宁省地方志编纂委员会办公室主编《辽宁省志·手工业志》，辽宁民族出版社，2005，第267页。

图 2-21 1907 年开办的营口窑业工场（1922 年改为日商盛进商行经营，更名为营口兴业制砖厂）①

上海开设的卜内门公司向奉天运销低档油漆。② 光绪二十七年（1901），奉天市内有染料工厂 20 多户。"1909—1910 年，日本商人从日本输入各种合成染料 1411 吨。丹士林备受青睐，土靛遭到淘汰。"③

同治三年（1864），营口开港，外国卷烟输入增多。光绪三十三年（1907），英美烟草公司在奉天设分厂，日产卷烟 300~400 箱，并在营口、安东、锦州、主要县城设经销处、代理商。宣统元年（1909），日本大安烟草公司在营口设厂，倾销日烟。宣统三年（1911），日本又在大连开办东亚烟草株式会社分社。同时南洋烟草公司生产的卷烟打入辽宁市场，与之竞争。④

（五）特色工艺

清末，统治阶级深感"旗人世蒙豢养，素乏恒业，生计情形实较艰困"，故创八旗工艺所，分设木、铁、陶、藤、漆等 10 种，培养工艺匠人。当时，辽宁地区家具种类齐全，技艺纯熟，既有民族传统形式家具，又有西洋流入的样式，尚有少量铸铁用具，或用珍贵的鹿角、贝壳等装饰。

沈阳故宫博物院收藏的清代家具，是中国木制家具的代表作。"紫檀卷书琴桌，造型富有曲直的变化韵律，线型先舒展后婉转，面与圆弧采用 45°角接合，以灵芝图案雕饰封头；桌面下面装饰透雕古币绳纹，起到加强结构强度的作用；方形桌腿有两处内凹，产生微妙的切割变化；两腿内侧，又装饰有卷口牙子，腿形受到当时

---

① 营口市史志办公室编《营口百年图志》第 1 册，辽海出版社，2009，第 47 页。
② 辽宁省地方志编纂委员会办公室主编《辽宁省志·商业志》，辽宁人民出版社，2001，第 191 页。
③ 同上书，第 93 页。
④ 同上书，第 99 页。

图 2-22　奉天女工官立传习所①

宫廷建筑栏杆、间柱造型风格的影响。花梨木圆桌，或雕刻花草云朵，或满饰嵌螺，桌面有实木，也有大理石嵌材。"②

清朝末年，在木家具中开始采用镟制木件，用木车车床之，用作腿、柱、横档等部件。③ 这一时期，辽宁地区有活脚花背铁椅、活脚素背铁椅、大铁床、皮面铁桌、活木面铁桌等，其价格最高 32 元（银元），最低 3 元。④

道光、咸丰年间，伴随着岫岩玉、辽西玛瑙开采，锦州、岫岩的玉雕业也随之兴起。当时玉雕产品多为装饰品和日用品。为宫廷雕刻的装饰品有玉鞍、玉剑柄、串珠、鼻烟壶、玉如意、玉碗、玉杯等；民间作品有烟嘴、烟袋坠、簪佩、素盘、素碗、筷子、图章、酒杯、烟灰碟、帽筒等，首饰、鼻烟壶、带扣、扳指等，质量比宫廷制品粗糙。

鸦片战争后，西方文化传入中国，出现油画、雕塑等新兴工艺美术行业。光绪三十二年（1906）三月，在奉天总督赵尔巽的倡导下，奉天传习所成立，设缝、木、雕、漆、绣、毯、染、金等业，招学徒 80 人，聘专门艺师传授工艺。手艺学成后被分配到各府、州、县，或教授徒弟或办工厂，推动了工艺美术行业的发展。奉天城内出现了石膏制品、刺绣、金银首饰铺等。⑤

绢花制作已有上千年历史。据明《三骈辑录》记载，"晋人以剪花为业，染绢为英茎，捻带为绫藕，剪梅若生之事。"至宋代"则更是以簪花为美"，以为喜庆吉祥的象征。《奉天通志》载，清朝入关后，北京制花艺人刘崇元（人称"花儿刘"）到盛京做花，但无多大发展。清乾隆年间，关内艺人罗某来奉天开设豫章堂

---

① 沈阳市人民政府地方志办公室编《沈阳图志》，沈阳出版社，2013，第 178 页。
② 辽宁省地方志编纂委员会办公室主编《辽宁省志·手工业志》，辽宁民族出版社，2005，第 414 页。
③ 同上书，第 413 页。
④ 同上书，第 414 页。
⑤ 同上书，第 416–417 页。

花店，也称罗家花店，经营二百余年。宣统二年（1910），奉天有花房 14 户。①

道光二十年（1840）后，辽宁玛瑙雕刻作坊发展达百余家。阜新玛瑙雕刻始于光绪二十七年（1901），阜新玛瑙工艺品都是以民间汉人玉匠雕琢，尤以玛瑙球为佳。"朝珠"官吏无不戴之。相传，乾隆皇帝的朝珠就是阜新扎萨克贡赋，受封为"宝珠"，因此出产玛瑙的阜新宝柱营子更名为宝珠营子（今七家子）。②

辽宁地毯业兴起较早。清乾隆二十五年（1760），阜新地区藏传佛教第二世活佛去西藏学习，回来后传授拜佛垫，以及蒙古族民众用的炕垫、马褥子等生产技艺。清咸丰之前，奉天就有毡毯铺。到光绪年间，当时的承德县（今沈阳市郊区）已有毡毯铺 8 家。③

作为中国传统的"文房四宝"之一的毛笔，在奉天已有 160 多年的生产历史。道光二年（1822），浙江湖州人胡魁章在奉天中街开办毛笔店，制造各种狼毫毛笔。这是奉天最早开办的笔店，一直延续至今。

清光绪年间，奉天中街路北西口（现鼓楼服装店）又有著名的李湛章笔店开业，开门挂有"青山挂雪"4 个大字的门牌匾。"从 1846—1910 年，陆续开业的笔店有 16 家。20 世纪 30 年代，沈阳制笔业发展到 112 家。"④ "据 30 年代对 15 个笔店 123 名制笔工人调查，月产毛笔 169 封，每封 10 支，每名工人一个月仅能制作 14 支毛笔。"⑤

奉天民间金银首饰业的发展始于同治元年（1862），于遇文等人合资在大西门创办义胜德金店。到宣统二年（1910），奉天有炼银炉 4 户、镀金铺 5 户、金银首饰店 105 户。⑥

道光二十年（1840），河北抚宁人温振邦来奉天开设富发成响铜器工场，专门生产铜制乐器。咸丰十年（1860），一个叫王铜匠的在奉天开设天兴恒铜铺，制作铜号。当时制作的铜号人称大抬杆，因为它长达 1~2 米后改回弯形。同治九年

---

① 辽宁省地方志编纂委员会办公室主编《辽宁省志·手工业志》，辽宁民族出版社，2005，第 422-423 页。

② 同上书，第 424-425 页。

③ 同上书，第 430 页。

④ 沈阳市人民政府地方志编纂办公室编《沈阳市志·轻工业志》，沈阳出版社，1994，第 306 页。

⑤ 同④。

⑥ 同①书，第 433-434 页。

（1870），开设二和号生产胡琴，还有一些铺店生产紫竹笙、奉锣等民族乐器。①

光绪十一年（1885），一个姓李的在奉天创办老李鼓铺，制作大鼓等鼓类乐器。同年，一个姓李的在奉天制作紫竹笙，因为用福建的紫竹，由此得名。1911 年，艺人田勇贵在奉天制作唢呐。1914 年，罗蕴璞在奉天开设永盛兴，生产唢呐。民国以后，奉天的民族乐器有了发展，品种增多，主要有京胡、京二胡、月琴等。②

古代梳妆用镜为铜镜，在沈阳至少已有两千年历史。现存于沈阳故宫博物院里的双鱼铜镜，就是东陵区出土的金代铜镜珍品。据记载，清光绪十八年（1892），奉天小西门设有德和发制镜庄，开始生产玻璃镜。1901 年，又有徐震开设的金成德镜子铺，月销售额为银元 500 元。当时的制镜工具只有玻璃刀、案板和磨盘，采用古老的镀银工艺生产一般生活用镜。

据 1908 年《承德县志》记载，奉天有 8 家绳麻店铺，其中以李云章开办的天增祥烟麻店较为有名。第一次世界大战期间，绳麻铺增加到 130 家。③

第六节

商业发展

明末清初，一些杂货铺、鞋帽店、皮毛店、眼镜铺、纸局等商号在辽宁一些城镇陆续开业。营口开埠后，关内产的丝绸、布匹、日用品和外国货从营口港转运至东北各地。清光绪四年（1878），山东吕行在辽阳兴办大顺城，经营百货、粮油、纸房、染坊等四个行业。光绪二十九年（1903），奉天陆续出现兼营钟表修理、珠宝玉器的钟表眼镜商店 8 户。光绪二十九年（1903）以后，中东铁路、京奉铁路先

---

① 辽宁省地方志编纂委员会办公室主编《辽宁省志·手工业志》，辽宁民族出版社，2005，第 433 页。

② 同上书，第 441-442。

③ 沈阳市人民政府地方志编纂办公室编《沈阳市志·轻工业志》，沈阳出版社，1994，第 315 页。

后通车，以奉天为枢纽的商品流通日益繁荣。"当时，在商界已有按地区、乡俗形成的'四帮'（指山东、河北、山西、吉林四地商人）、'五行'（指钱、粮、丝房、皮货、山货行业），后来又逐渐形成上杂货、下杂货和京广杂货三个系统。上杂货以批发为主，下杂货以零售为主。"①

一、沈阳地区商业发展

1851—1911年，中国人在盛京城（今沈阳）内开设的店铺共有1 127家，分布在63个行业。

同治元年（1862），萃华新首饰楼在盛京城中街开业。光绪八年（1882），中和福茶庄在盛京城中街开业。"到宣统初年，中街各行商业已经粗具规模，大型店铺40余家，百货商店10余家，金店10余家。"② 宣统三年（1911），中街的商业区开始向四外扩张，在鼓楼的南北大街、钟楼南的北大街、盛京城故宫两侧都有商店兴起。至此形成"井"字商业街，有商号140多户。其中日本商号23户，资本金所占比重很大。

"从光绪三年（1877）到三十四年（1908）盛京（沈阳）先后有大兴隆、德顺长、兴顺长、谦祥恒、谦祥泰、吉顺、昌洪等丝房20户，资本共计41.86万银元。"③ 当时，也有外国人在奉天省（今辽宁省）经销纺织品。1912年，河北省康遇周、梁品三等人合资创办内金生鞋帽商店，做工精细、品优价廉。④ 光绪三十二年（1906），白俄罗斯商人伊万·雅科夫列维奇·秋林在盛京城鼓楼北创办秋林

图2-23 中街吉顺隆丝行旧址

①　辽宁省地方志编纂委员会办公室主编《辽宁省志·商业志》，辽宁人民出版社，2001，第16页。
②　同上书，第212页。
③　同上书，第33页。
④　同上书，第217页。

洋行。①

到宣统三年（1911），奉天省有著名茶庄 18 户职工 276 人。中和福茶庄位于中街北侧，前身是中和祥茶庄的分号，店堂讲究，茶具名贵，经营四大类几十种名优茶叶。②

"光绪三十二年（1906），奉天将军赵尔巽责令警察厅在大北关八王寺首建屠宰场。"③ 当时日本人也先后在安东、大连、抚顺、铁岭设屠宰场。

咸丰元年（1851），盛京城内兴隆酱园开业。到光绪、宣统年间又开办酱油坊 20 户，腌制玉根、黄瓜、青萝卜、雪里蕻等咸菜。④ 咸丰时期，盛京城内有豆腐坊 1 户，清末又增加一户。⑤

咸丰九年（1859）至同治十三年（1874），奉天地区的染坊已经独立经营。光绪二十七年（1901），盛京城内新发和染坊，年染布 4 万匹。1929 年，盛京城有洗衣局、浆洗房 13 户。⑥ 道光十一年（1831）至光绪二十七年（1901），盛京有饭馆 25 户、煎饼铺 19 户。翌年，有日商饭店 102 户、饮食店 13 户。⑦ 光绪三十一年（1905），盛京城内有剃头铺 48 户。⑧ 宣统二年（1910），盛京城内有客店 33 户。⑨ 光绪二十六年（1900）到宣统二年（1910），日本人在盛京开设广福洋行，经营典当，在沈阳县开设晋源当，典当月息 2 分。宣统三年（1911），奉天省有著名当铺 15 户。⑩

---

① 辽宁省地方志编纂委员会办公室主编《辽宁省志·商业志》，辽宁人民出版社，2001，第 216 页。

② 同上书，第 219 页。

③ 同上书，第 114 页。

④ 同上书，第 156 页。

⑤ 同上书，第 160 页。

⑥ 同上书，第 189−190 页。

⑦ 同上书，第 163 页。

⑧ 同上书，第 183 页。

⑨ 同上书，第 169−170 页。

⑩ 同上书，第 194 页。

二、大连地区商业发展

清末，随着旅顺口军港、大连商港和东清铁路南线的修建，城市人口剧增，商业及饮食服务业兴起。光绪二十九年（1903），市内人口增至4万人（不含旅顺口的人口），商业、饮食服务网点发展到500户。日俄战争后，大连被辟为自由港，允许日本人来此自由定居，市内日本人渐渐增多。此后日本实施打击营口港的特别运费制度，大连很快取代营口，成为东北地区最大的进出口贸易中心。

图 2-24　20 世纪初大连街景①

宣统元年（1909），大连的商业网点共有1406户，其中日商1078户、华商318户。日商资金雄厚，有34户是总店设在日本、朝鲜等地的大垄断公司，控制了进出口贸易和批发业务。② 光绪三十一年（1905），日商在大连开设食品杂货店和旅店、饭店300多户。③

大连有中央蔬菜水果批发市场、信浓市场。蔬菜经营者分两类：一为间接经营者，即经纪人，采取叫行方式，为供销双方斡旋成交，从中收取一定的佣金；一为直接经营者，替生产者代销，第二天结算菜款时，按实际卖价提取10%～15%的代销费（行话叫"拿水"）。光绪三十一年（1905）后，日本在大连市中心建立信浓市场，"场内有中日店铺95家，年销40万元，供应对象主要是日本人。"④ 宣统元年（1909），大连又建立小岗子市场（西岗市场），供应对象主要是中国人，年销售额20万元。

---

① 《近代中国分省人文地理影像采集与研究》编委会编《近代中国分省人文地理影像采集与研究·辽宁》，山西人民出版社，2019，第89页。

② 辽宁省地方志编纂委员会办公室主编《辽宁省志·商业志》，辽宁人民出版社，2001，第228页。

③ 同上书，第163页。

④ 同上书，第147页。

三、营口地区商业发展

图 2-25 营口老街旧址

营口开埠后，英、俄、法、美、日、德等国的商人纷至沓来，洋行林立，逐渐成为帝国主义国家倾销本国剩余产品和掠夺辽宁乃至整个东北土特产品的重要运输口岸，营口成为南北货物的交流中心和重要港口。

营口市内老爷阁至西大庙一带是主要商业区。光绪三十二年（1906）大连开港后，因税率优惠，营口商务向大连转移，大商号频频倒闭，市场萧条。"宣统三年（1911），营口埠内有本地商家 57 个行业 1 113 个网点，国内各省客商共 44 个地区 629 个网点，经济房 18 间 500 余人，外商共 7 个国家 101 个网点，年输出入贸易额 5 821 万海关两。"① 1904 年，营口市有大小染坊 35 家。②

四、锦州地区商业发展

1860 年后，洋货大量进入东北，锦州西海口的商业极为繁荣。海口贸易的兴旺发达吸引了来自全国各地的客商，东北腹地的粮食、油料、烟、麻等，热河、内蒙古运来的皮毛、甘草等，运送出口的马车、骆驼队排成长龙，昼夜不断。光绪二十九年（1903），西海口被核准为镇，当时拥有工商业户 110 多家，多数是福建、"两广"客商经营，当地人仅有 8 家。镇内设海关衙门、盐务监督、税务局、商会和警务督办等。

光绪元年（1875）后，南船海运多转至营口，锦州两个海口贸易骤减，然而热

---

① 辽宁省地方志编纂委员会办公室主编《辽宁省志·商业志》，辽宁人民出版社，2001，第 270 页。
② 同上书，第 163 页。

河、内蒙古等地货物的输入、输出仍需经锦州转手，锦州每年物资集散交易额约为2 000万银元①，仍然是辽西最大的市场。与此同时，欧美各国的经济势力入侵加剧，锦州的外商洋行林立。这些洋行通过当地商人或商号设立经销处或代理店，垄断石油、烟草、皮毛等行业，对锦州进行经济掠夺，抑制民族经济发展。

宣统二年（1910），锦州城内开设人和美茶食店，所用枣泥、青梅、糖玫瑰等副料均由该店加工制作，青红丝、南桂等购自各地、各厂的上乘佳品，制作的点心色香味俱佳，在市内和辽西一带颇有声望。翌年，益发和茶食店在锦州开业，由做烧饼发展成为有地方特色的清真点心，在回族民众中很有声望。

清康熙年间，锦州出现"虾油小菜"，这是锦州特产之一，闻名遐迩、滋味鲜美、鲜嫩翠绿，有浓厚的虾油鲜香味道。同治九年（1870），李光春在锦州城内开设一个专门制作虾油小菜的玉和成作坊，将小黄瓜、芹菜、油椒、豇豆4种小菜的原料分别腌制，保持各自的特色，再把四种小菜按比例兑在一起，并把散装改进为虎头瓷坛装。其风味独特，鲜嫩芳香。

图2-26 20世纪初锦州腌制酱菜的作坊②

此后，锦州城又出现十几家经营虾油小菜的作坊。玉和成作坊在竞争中又增加了小地梨、杏仁、苤蓝、姜丝4种小菜原料，起名为八宝虾油小菜；又将虎头瓷坛改为透气不透水的篓装，每篓0.5千克，既保色保味，又美观讲究、携带方便。从此，小菜逐渐远销全国各地，并成了进献皇帝的贡品。《乾隆韵事》与《慈禧外传》等书中记载，宫廷里皇帝和王公都喜食锦州小菜。宣统二年（1910），锦州输出虾瓜、虾酱50吨。③

---

① 辽宁省地方志编纂委员会办公室主编《辽宁省志·商业志》，辽宁人民出版社，2001，第261-262页。

② 《近代中国分省人文地理影像采集与研究》编委会编《近代中国分省人文地理影像采集与研究·辽宁》，山西人民出版社，2019，第206页。

③ 同①书，第162页。

五、丹东地区商业发展

从光绪三年（1877）起，安东成为辽东地区木材、粮食、土特产品集散中心，逐渐发展成为一个商业城市。光绪八年（1882）八月，清朝同朝鲜签订《商民水陆贸易章程》，从此，准许两国商民入内地承办"土货"，鸭绿江岸珊门（凤凰城边门）与义州两处设卡征税。此即史称"珊门开市"。

翌年二月，清廷与朝鲜订立《中江通商章程》，将两国边民的互市贸易又集中到中江。三月，在九连城沿江的中心台（马市台）勘定街市，两国边民经常在此互市通商。这里的贸易持续10多年，史称"珊门后市"。

光绪十年（1884）二月，清廷又同朝鲜议定，将《商民水陆贸易章程》的第四条修改为"华商运货可至朝鲜内地出售；韩商亦可前往中国内地买卖"。光绪二十五年（1899）八月，中朝双方就两国关系签订条约，其中规定："义州同九连城间以及鸭绿江对岸，两国商民都可进行贸易。"从此，朝方开设多狮岛等28个口岸，中方开设大东沟等21个口岸，相互自由通商，中江互市贸易趋向衰落。

光绪三十一年（1905），安东正式开埠，当年进出口总额就超过500万海关两[1]。从此，原来分散于鸭绿江两侧各口岸的边境贸易逐渐向安东商埠集中。西方国家竞相进入安东经营商业，并控制了安东的石油、烟草和航运市场。日本在安东设立军政署，胁迫清政府与其合资建立鸭绿江采木公司，以此垄断了鸭绿江、浑江的木材采伐和贩运权。到19世纪末，安东常驻人口已经超过万人，商号激增，市场兴旺。光绪三十二年（1906）七月，安东县被辟为商埠。翌年三月，设安东海关。[2]

---

[1] 辽宁省地方志编纂委员会办公室主编《辽宁省志·商业志》，辽宁人民出版社，2001，第256-257页。

[2] 同上书，第200-201页。

六、辽阳地区商业发展

辽阳主要商业区有城内商业区，是历史上形成的传统商业中心。清末民初时，形成"玉字号"（本埠刘姓）、"顺字号"（山东吕姓）、"永字号"（本埠李姓）等几大商业集团。当时除了辽阳地方财团外，以"山东帮"开设的店铺居多。此外，站前商业区、西关商业区是以日本商人为主的"满铁"附属地性质的商业区。"1908 年，辽阳工商业有 76 个行业 1310 户，其中日商 50 个行业 274 户。日、美、英等国的洋货充斥市场，年输入额为小洋 200 万元，占总输入额的 47.6%。"①

光绪六年（1880），河北一位"老埋"在辽阳城内创办世泰德果点铺。辽阳烧酒闻名海内外，已有 300 年的历史。辽阳塔糖历史悠久，驰名中外。据《辽阳乡土志》记载，辽阳白塔下面的广祐寺"有井，取水造饴糖，经暑不粘……因有塔糖之名"。辽阳塔糖在清代，曾经作为贡品。

七、铁岭地区商业发展

咸丰三年（1853），自铁岭城西马蓬沟被辟为河运码头后，商业逐渐兴起。光绪三年（1877），海龙、山城、朝阳三镇先后开垦围场。该三镇及吉林以南各地来此的粮车日益增多，铁岭每年外运粮食 100 多万石（一石等于 200 千克）②。

光绪二十年（1894），铁岭城内粮商有 70 多家。此时，马蓬沟码头处于鼎盛时期，大批货物由此沿河运至营口和由营口运回铁岭，铁岭西北内蒙古地区、东北吉林以南各城镇及盛京、长春、东三镇的货物，均在此进出，铁岭成为这一带粮食、百货和食盐等商品的集散中心。输出商品以大豆、人参、鹿茸为主。每年春秋，马蓬沟码头日停帆船三四千艘，铁岭和马蓬沟间有千辆大车和马驮子运货。

---

① 辽宁省地方志编纂委员会办公室主编《辽宁省志·商业志》，辽宁人民出版社，2001，第 277-279 页。

② 同上书，第 285-286 页。

图 2-27　马蓬沟码头①

图 2-28　铁岭开原商队马匹休息处②

当时在城内及码头上做买卖的商人主要有山东、天津、热河乐亭和本地四帮。他们拥有码头上的大部分船只，除代运货物外，有的还兼营粮栈、丝房、钱庄等业。同治元年（1862），城内的万丰源、广升源等八大船店都设有单间，专供外埠大商人长期居住，并为客商代理粮货、山货及其他商品买卖和运输。光绪三十二年（1906），铁岭城内商号发展到 360 家，较为著名的商号有洪顺泰、瑞丰祥、天德恒丝房、公积粮栈、公积当铺等；日商在元町、樱町、北五条通首开有万安楼、藤野馆料理和权太商店。光绪三十四年（1908），日商增至 43 家。③ 光绪二十九年（1903），哈尔滨至大连的铁路开通，铁岭的运河航运价值逐渐丧失。

八、抚顺、鞍山、朝阳、盘锦地区商业发展

1908 年，兴仁县从奉天移至抚顺城。从此，该城便成为抚顺地区的商业中心，工商业发展到 420 余户。清朝末年，抚顺全地区人口为 18.57 万人（其中市区人口 16.57 万人），共有商服业网点（含外国资本商业，不含小贩，下同）1 768 户，从业人员 3 539 名。此时，日本侵略者为了战争和掠夺的需要，开始占领抚顺市场。1910 年，日本人在抚顺县街（今抚顺市区）设有千金寨商业组合、抚顺料理业组

① 铁岭市档案馆编《铁岭老照片档案》，辽海出版社，2016，第 44 页。

② 《近代中国分省人文地理影像采集与研究》编委会编《近代中国分省人文地理影像采集与研究·辽宁》，山西人民出版社，2019，第 242 页。

③ 辽宁省地方志编纂委员会办公室主编《辽宁省志·商业志》，辽宁人民出版社，2001，第 285-286 页。

合和各种公司、洋行、商号、店铺等 30 多家。随着日本商人大量涌入抚顺，大肆掠夺煤炭和大豆，通过大连—苏家屯—抚顺铁路运往大连出口，将英国、美国、日本、印度等国的"洋布"、"洋纱"、人造丝织品和日本的东洋货物运往抚顺大量倾销①。

在后金和清朝统治的 296 年中，抚顺地区成了北京、河北、山东等省、市粮食的供应基地之一。尤其是在华北地区发生饥荒之年，这里每次都以万石或十万石计粮食贩运华北地区，平抑粮价，解决灾荒。同时把内地的大量工业品包括生产资料和生活资料贩运到抚顺市场销售。

鞍山市源于鞍山驿堡，先是明代修筑的军事城堡，清代改为交通驿站，由于商旅往来频繁，形成有客栈、商铺和作坊的小镇，一方经济活动的中心。1903 年，沙俄修筑的东清铁路南满支线通车，在鞍山驿北邻的旧堡设立鞍山站，鞍山驿的商铺转移到旧堡。

同治元年（1862），朝阳城内有著名大商号公益店、信成店、成兴店，他们在城乡开设粮栈、钱庄、烧锅、皮毛行、手工作坊等百余家，有店伙计 330 余人，垄断此地城乡市场。② 光绪年间，喀左当地喀喇沁王将大城子陈醋列为送往宫廷的贡品之一。③

清代中期，双台子成为盘锦境内物资集散地。光绪二十六年（1900），沟营铁路通车，双台子商户增多。光绪三十三年（1907），水路和陆路运进境内的物资有广宁（今北镇）、义州（今义县）的棉花，烟台的黄花鱼，河北丰润的大缸等。"这时期，境内高平（高升）有烧锅一处，年产酒 10 万公斤；双台子有油坊 1 处，年产豆油 5 万公斤；五镇（双台子、高平、沙岭、胡家、田家）皆有磨坊，年产面粉 50 万公斤、家织布 5 万匹。这些商品除家织布外销 20% 外，均在境内销售。"④

① 佟明宽主编《抚顺市商业志》，辽沈书社，1993，第 6 页。
② 辽宁省地方志编纂委员会办公室主编《辽宁省志·商业志》，辽宁人民出版社，2001，第 289-290 页。
③ 同上书，第 159 页。
④ 同上书，第 294 页。

第三章

民国时期辽宁经济产业化

第一节
农地放垦和人口增长

一、拓垦和田赋

（一）继续放出蒙荒

民国初年，为进一步推动东北放荒拓垦，国民政府成立蒙荒拓垦处，并制定了《蒙荒拓垦处试办简章》，规定拓垦事务涵盖补助、保卫、招待、劝农、设市等基本事项。另外，将原划井段放荒改为零方丈放，每方计地 45 垧①，分五年交清荒价，然后发照，准其永远为业。1929 年，又颁布了《辽宁省丈放蒙荒大纲》，规定领荒户具体垦荒事项。到 1930 年，"科尔沁左翼三个旗放出荒地 1 000 万亩。其中，昌图放出 3 698 883 亩，康平放出 1 836 191 亩，法库放出 634 555 亩。"②

---

① "垧"是旧时土地面积计量单位。在东北地区，多数地方 1 垧＝15 亩。

② 辽宁省地方志编纂委员会办公室主编《辽宁省志·农业志》，辽宁民族出版社，2003，第 73 页。

（二）皇庄王庄丈放

辛亥革命后，清末代皇帝溥仪退位。根据《优待皇室八条》和《保护皇族待遇》的规定，"大清皇帝辞位之后，其原有之私产，由中华民国特别保护。"

1913 年 12 月，袁世凯颁布《大总统命令》《内务命令》，规定："内务府官田，庄头管理地由庄头承领，丁佃耕种地由丁佃分别承领，典押地由典押主承管。"继续保护王公贵族对庄地的所有权和征租权。此举激起各地壮丁、佃户的愤怒，他们以抗租、占地、摧毁王公庄园等斗争形式反对国民政府的政令。为平息各地壮丁、佃户的反抗，1915 年 4 月，成立奉天全省官地清丈局，先后制定《丈放内务府庄地章程》《查丈王公庄地章程》，在奉天省先后丈放皇庄、王庄地和随缺地、伍田地，实行按章收价。

丈放地价格：每亩上等地大洋银 7 元，中等地 5 元，下等地 3 元，每亩另收册费 2 角。[1] 这使奉系军阀征缴了大量银两。"据 1916 年统计，奉天省有庄田的 26 个县，先后丈放了内务府庄田 49 万余亩，王公庄田 13.4 万余亩。"[2]

（三）资助移民开垦余荒

1913 年至 1918 年，奉天地方政府先后制定《修改丈放官地章程》《国有荒地承垦条例并实行细则》《奉天全省官地清丈局章程》《改订丈放各种官荒章程》。"从 1915 年到 1924 年，共放出官荒（各种余荒）1 427 718 亩。"[3]

1923 年，北京政府设立垦务局，进一步加大垦荒优惠政策。一方面规定给予移民荒地、农具、种子等生产资料；另一方面实行税收优惠，规定新垦土地三年起科（纳赋）。

1925 年，张学良在天津设立移民局，制定《奉天省垦荒大纲》。《大纲》提出，利用大户之财力，资助移民垦荒。具体内容有："令当地有粮之大户，先垫借牲畜、

---

[1] 孔经纬：《新编东北地区经济史》，吉林教育出版社，1994，第 157 页。

[2] 辽宁省地方志编纂委员会办公室主编《辽宁省志·农业志》，辽宁民族出版社，2003，第 74 页。

[3] 同上。

种子及粮食，所借粮食于第一年收获中扣还，种子于第二年收获中扣还，牲畜于第三年收获中扣还，另加息一分。"在这样的大背景下，关内汉族农民大批出关就垦。1923—1929 年，关内流民在东北定居者有 2 315 075 人。到九一八事变前夕，"辽宁省人口已经达到 1 515.2 万人，耕地面积已经达到 7 115 万亩，辽宁大地已大部得到开发。"①

　　清末民初，关内移民绝大多数没有任何生产资料，只能用传统工具、传统方法垦地种植，生产技术十分落后。1915 年和 1930 年，人均占地分别是 4.9 亩和 4.3 亩。按原行政区划，"1915 年，奉天省的粮食亩产为 98.5 公斤。1930 年，只有 96.5 公斤，粮食增产主要靠扩大面积。1915 年到 1930 年，辽宁地区人口增加 30%，耕地面积增加 36.6%，粮食产量增加 32.9%。"②

　　20 世纪初，辽宁开始建设一些新的农业设施，并进行农业技术实验。清光绪三十二年（1906），奉天农业学堂在奉天成立，这是全国建立较早的农业技术学校之一。民国年间，奉天省成立四所农业高级中学，并在东北大学增设农科。1923 年，日本在旅大成立金州农业学堂，在熊岳城建立熊岳农业学校。

图 3-1　1925 年秋收打场③

　　民国初期，奉天田赋仿照清朝。1914 年，奉天省政府制定《奉天省划一田赋等则章程》，统一田赋。改征银元，每亩赋率上则地 1.4 角，中则地 1 角，下则地 6 分，沙碱地 3 分，不分等则地 1 角，附收经征费 10%。④ 对收归公有的原清王朝王公庄园土地重新定等。民册地、加赋地、旗余地、伍田、升科地定为上则地，民册银地、旗内仓米地、牛仓米地定为中则地。征收田赋的时间在每年的 11 月至第二年 1 月，并按土地等则发给粮票执照作为完纳凭证。"1926 年，由于奉天财政收不抵支，为弥补缺额，奉天省长刘尚青下

---

① 辽宁省地方志编纂委员会办公室主编《辽宁省志·农业志》，辽宁民族出版社，2003，第 74 页。

② 同上书，第 75 页。

③ 沈阳市人民政府地方志办公室编《沈阳图志》，沈阳出版社，2012，第 135 页。

④ 辽宁省地方志编纂委员会办公室主编《辽宁省志·粮食志》，辽宁大学出版社，2000，第 20 页。

令将地亩税增加 1~2 倍。从 1928 年起，每亩赋率上则地增加到 3.6 元（奉大洋），中则地 2.4 元，下则地 1.4 元。"①

二、土地所有制及经营方式

1917 年，据奉天省事业厅调查，"全省占地 100 亩以上的地主占总农户的 15.1%；沈阳县占有 10 亩以下土地的农户为 34 728 户，占调查总农户 94 748 的 36.7%。另据东北沦陷前期对辽宁地区 10 县 10 屯 569 户的调查，土地面积在 70~500 亩以上的农户占 4.2%，占调查统计总面积的 40.4%；20~100 亩以上的农户占 14.8%，占调查统计总面积的 35.9%；10~50 亩以上的农户占 15.5%，占调查统计总面积的 13.7%；未满 10 亩的农户占 33%，占调查统计总面积的 10%；无地户占 32.5%。"②

从中不难看出，1917 年，占有土地在 10~100 亩之间的约占 48.2%。显然，中小地主阶层无疑在这一时期居于主流地位，农村上中下阶层分化不大。这也说明，民国初期的拓殖垦荒政策取得了良好效果。而到了东北沦陷前夕，4.2% 的地主阶层占据了调查土地面积的 40.4%；10~100 亩的中间阶层依然占据 30%，占调查土地面积的 50%；无地户占 32.5%。经过 13 年的发展，辽宁地区，大地主和无地户在人数和土地面积上的矛盾突然加深。显然农村土地兼并加速了。

民国时期，辽宁农村地主出租的土地 80% 由贫农和雇农佃种。租佃契约以一年期为主，占 70%~80%。地租形态有钱租（货币地租）和粮租（实物地租）两种。

民国时期，货币地租盛行。1929 年，"奉票"价值暴跌，人们不再接受货币地租，实行实物地租。钱租分为"上打租"和"下打租"。在土地耕种之前交租，为"上打租"，如果滞纳则算"欠租"，即将租金额转为借贷额并另计利息。"下打租"，即在秋收后交纳租金，"下打租"的租额要多于"上打租"。

---

① 辽宁省地方志编纂委员会办公室主编《辽宁省志·粮食志》，辽宁大学出版社，2000，第 20 页。
② 辽宁省地方志编纂委员会办公室主编《辽宁省志·农业志》，辽宁民族出版社，2003，第 30 页。

粮租也称定租、包租、死租，粮食品种一般定大豆、高粱、谷子（或玉米）各一部分。租额由主佃双方议定，秋后佃户必须按定额交租。

民国时期，辽宁地区地租额要占土地经营收入的40%~50%。按正常年景，佃农的租额占收成的一半。"黑山县每垧（一垧合10亩）租额1~2石粮（每石为200斤），安东为3石，凤凰城为3石，昌图为1.6石。"①

如果按照土地等级划分，大致可分为三等："上等地每垧租额2石或2石以上；中等田1石5斗左右；下等田1石。当时奉天省的实物地租剥削率为：上等水田为47.7%，旱田为43.5%；中等水田为46%，旱田为42.6%；下等水田为43.6%，旱田为41.1%。"②

钱租情况："1923年，辽中县上等地每垧小洋30元，次等地小洋6元；1928年，辽阳县大双树子上等地每垧45元，中等地30元，下等地25元；1929年，锦西县上等地每垧40~50元，中等地30元，下等地10~20元。"③

当时还有一种"耪青"的经营形式，即在耕作之前，依据土地等级，由地主和青户（农民）议定实物分成比例，秋后用实物交纳。这种形式既有佃租形式，又有劳资形式，所以又被称为"实物分劈"。"耪青"分"里青""外青"两种。"里青"是指由地主出生产、生活资料，青户则只出劳动力，春夏秋约8个月劳动时间，其余时间给地主干些杂活。"外青"是指地主只出土地、牛具，其余均由青户自备。"外青"多是主佃平分。"里青"的收成比例一般是七三或六四，地主得大头。

雇工经营是地主出租土地之外的另一种土地经营方式。地主雇工有长工（也称年工）和短工（月工、日工）之分，长工是雇工的主体。雇工劳动强度大，劳动时间长。地主雇工需要支付给雇工"年金"或"劳金"。"在民国初期，雇工年金一般是4石到4石5斗粮，占雇工年生产粮食的10%~20%。"④

富农经营即由户主或家庭主要成员参加生产劳动，同时雇佣长工和短工，但主要农活都由富农本人亲自安排。富农经营收入多半购买更多的土地，以图尽快升为地主。

民国时期，辽宁自耕农所占比重较大，占有耕地面积也较多，一般占农户总数

① 辽宁省地方志编纂委员会办公室主编《辽宁省志·农业志》，辽宁民族出版社，2003，第31页。

② 同上书，第30页。

③ 同上书，第31页。

④ 同上书，第32页。

的30%，占耕地总面积的40%左右。也有的自耕农，车马、劳动力多一些，土地少一些，他们也佃耕一部分土地，其佃地多于自家所有部分的土地。也有少部分自耕农拥有耕地多一些，生产资料也较充裕，他们雇佣少量雇工，其生产生活比一般自耕农要好，但绝大多数自耕农以自耕为主。自耕农以一家一户为生产单位，人单力薄，经不起风吹雨打，一旦遇到天灾人祸就无法抗御，连简单生产都难以维持。

三、农产品种植

（一）粮食作物

图 3-2　抚顺新宾水稻种植

咸丰十一年（1861），随着朝鲜农民在安东三道浪头种植水稻，辽宁地区开始出现水稻种植。光绪六年（1880），鸭绿江沿岸和东部山区居民利用山间溪水零星种植水稻。光绪三十一年（1905），日本人在辽南的松树镇、熊岳城、辽阳和抚顺、奉天、铁岭、昌图等地种植水稻。

1912年，奉天省（今辽宁）水利局在奉天东陵试种水稻。1916年，开工修建跨奉天、新民、辽中县5000公顷的水田灌溉设施。在东陵附近的浑河截流，以土袋、枕木堆积修筑堤堰。因建设简陋，开发稻田较少。

1917年，日本人在"满铁"沿线（租借地及附属地）种植水稻7731亩。翌年增至3万多亩。1921年，营口建有佟家窝堡稻田公司，开垦稻田7万余亩。1924年，新民县蒲河一带种稻1.5万亩。[①] 1928年，张学良将军在辽河下游盘锦组建营田公司，开垦洼地，种植水稻。

17世纪中期，玉米从南方传入盛京地区。康熙二十一年（1682），盛京地区已

① 辽宁省地方志编纂委员会办公室主编《辽宁省志·农业志》，辽宁民族出版社，2003，第106页。

经有了玉米种植的记载。辽宁地区位于中国东北至西南狭长"玉米地带"的北方春玉米区，省内大部分地区的自然气候条件适宜玉米生长。光绪六年（1880），清政府发布放荒、免税、补助政策后，河北、山东等地大批灾民迁移关外，新垦殖的东北大平原土质肥沃，气候宜人，适宜玉米生长，因而玉米栽培面积不断扩大。

"1924—1927 年，岫岩县平均播种玉米 18.8 万亩，高粱 17.4 万亩，两项占粮豆总面积的 64.4%。1934—1937 年，辽宁玉米播种面积为 847 万亩，仅次于河北、四川居全国第三位。"①

高粱在辽宁种植业中占有不可替代的地位。其具有抗旱、耐涝、耐盐碱的优良特性，是酿酒和其他工业的重要原料。清咸丰年间，高粱在奉天地区种植面积不断扩大，成为主要作物之一。"1914 年，辽宁地区种植高粱 3 000 万亩以上，占全国面积的 27%，平均亩产 84.5 公斤，超过全国平均亩产 10 公斤。"③

图 3-3　20 世纪 20 年代，鞍山农民播种高粱②

公元前 1 世纪至公元 6 世纪，谷子逐渐传入辽宁，与黍一起成为当时主要的粮食栽培作物。历经唐、宋、元、明、清各代，谷子在辽宁地区逐渐成为主要粮食品种之一。尤其是在朝阳、阜新、锦州等干旱地区，谷子种植面积较大，列各种作物种植面积之首。1943 年，"（伪）奉天省种植谷子 2 501.2 万亩，总产量 30.7 万吨，播种面积占东北九省的 11.3%，总产量占 9.9%。辽北省播种谷子 659.1 万亩，总产量 40.1 万吨，分别占全东北的 13.2% 和 13%。单位面积产量两省分别为 60.9 公斤和 61.2 公斤。"④

大约在 16 世纪，辽宁一些地方开始种植小麦。康熙至乾隆年间（1662—1795），随着关内移民的大量涌入，奉天地区小麦种植面积随之扩大。光绪二十三年（1897），沙俄修筑中东铁路，俄国人大量进入奉天，小麦需求量大增，促使小

---

① 辽宁省地方志编纂委员会办公室主编《辽宁省志·农业志》，辽宁民族出版社，2003，第 111 页。

② 《近代中国分省人文地理影像采集与研究》编委会编《近代中国分省人文地理影像采集与研究·辽宁》，山西人民出版社，2019，第 201 页。

③ 同①书，第 117 页。

④ 同①书，第 121 页。

麦播种面积更加扩大。

"1920—1930 年，全东北小麦播种面积保持在 1 100 万～2 000 万亩，成为当时的主要粮食作物。辽宁占 8%，即 90 万～165 万亩。"① 东北沦陷后，日本出于侵略战争的需要，促进了辽宁大麦、小麦的种植。"1934 年，小麦播种面积曾经达到275.5 万亩，总产量 17.4 万吨，平均亩产 63.2 公斤；大麦 123 万亩，总产量 8.1万吨。1946 年受到战争影响，小麦播种面积锐减，下降到 58.2 万亩，总产量26 750 吨；大麦下降到 24.1 万亩，总产量 14 500 吨。"②

地瓜主要从河北传入锦州、朝阳一带，从山东海陆传入大连一带，而后遍及全省。17 世纪，马铃薯传入今辽宁地区。东北沦陷后，日军强行规定铁路沿线耕地必须种植矮秆作物，使得甘薯、土豆种植面积得以逐年增加。

小杂粮主要有大麦、燕麦、荞麦、粳子、糜子、稗子、豌豆、小豆、绿豆、菜豆、饭豆、豇豆等。1914 年，粳子（陆稻）种植面积达 123 万多亩。1916 年，据国民政府农商部统计，"1914 年，全省种植粳子、大麦、小豆等杂粮作物 4 146 923亩，占粮豆作物种植面积的 8.55%；1915 年种植 4 174 390 亩，占粮豆作物面积的8.74%。"③

东北沦陷时期，伪满当局实行"粮谷出荷"，对所有农产品都实行强制出售、强制收购。杂粮一般不占用好土，又适于零散种植，加上强制"出荷"，小杂粮种植面积有所增加。1948 年，大麦种植面积 24.1 万亩，亩产 60 千克左右。

（二）油料作物

1930 年，辽宁大豆产量为 80.5 万吨，比 1915 年的 105.3 万吨减少 23.6%，占全部粮食产量的比重由 1915 年的 24.6% 下降到 1930 年的 14.3%。④

明朝万历年间，花生从山东省蓬莱县传入辽东半岛，而后扩大到辽西和中部地区，逐渐遍及五省。清光绪三十二年（1906）以前，辽南种植花生 750 亩，以食用为主，品种为小粒种。宣统元年（1909），"关东州"农事试验场（在旅大地区）

---

① 辽宁省地方志编纂委员会办公室主编《辽宁省志·农业志》，辽宁民族出版社，2003，第 124 页。

② 同上书，第 124 页。

③ 同上书，第 131 页。

④ 张福全：《辽宁近代经济史（1840—1949）》，中国财政经济出版社，1987，第 179 页。

从日本千叶县引进美国大花生，并推广种植。

1916 年，全省种植花生 2 万亩，总产量 186 775 石（每石按 70 千克计算），折合 1 307. 4 吨，平均亩产 65 千克。东北沦陷时期，日伪当局进行经济掠夺，强制种植花生。到 1935 年，全省花生种植面积增至 42. 8 万亩，总产量为 5. 9 万吨，平均亩产 137. 85 千克。1939 年，全省花生种植面积发展到 69. 3 万亩，

图 3-4 1937 年，辽东半岛南部收获的花生①

为历史上最多的一年。1945 年，花生种植面积下降到 10 万亩，总产量万吨左右。②

光绪二十九年（1903），俄国人修筑中东铁路时，将向日葵传入东北。先是在辽宁中部和北部地区种植，后来发展到辽西和辽南。到 1942 年，全省零星种植向日葵 1 000 亩，平均亩产 26 千克。③ 新中国成立初期的 1949 年，芝麻种植面积只有 5. 3 万亩。④

（三）经济作物

辽宁是中国最北部的棉区，栽培历史悠久。明朝末年，辽南盖平、复县、辽阳、海城等县就已经开始种植棉花。到 20 世纪 20 年代末，随着纺织工业的兴起，棉花需求日益增多，推动了全省植棉业的发展。1930 年，全省植棉面积已达到 50 多万亩。1929—1931 年，全省棉田面积发展到 45 万~58 万亩，平均亩产皮棉 8. 2 千克。⑤ 籽棉产量 43 580 吨，比 1915 年增加近 2 倍。主要产棉县有 10 个，产量占

---

① 《近代中国分省人文地理影像采集与研究》编委会编《近代中国分省人文地理影像采集与研究·辽宁》，山西人民出版社，2019，第 209 页。

② 辽宁省地方志编纂委员会办公室主编《辽宁省志·农业志》，辽宁民族出版社，2003，第 140 页。

③ 同上书，第 145 页。

④ 同上书，第 151 页。

⑤ 同上书，第 153 页。

总数的 93.5%。①

东北沦陷时期，日伪推行强迫植棉政策，制定了"棉花 20 年发展计划"，欲将辽宁地区棉田面积发展到 450 万亩，生产皮棉 150 万担。此后全省植棉面积大增，最少年份为 63 万亩。到 1945 年，棉田面积突增到 380 多万亩，皮棉总产量 4.4 万吨，平均亩产 11.5 千克。1948 年，植棉面积 22.4 万亩，平均亩产 12.7 千克，总产量 2845 吨。② 1949 年，全省种植青麻 6.1 万亩，亩产 49.5 千克。③ 1949 年，全省种植红麻 6.08 万亩。④

图 3-5　20 世纪 20 年代，太子河流域的棉花采摘⑤

17 世纪中叶，烟草传入辽宁。1918 年，奉天省首次从日本引进美国的烤烟，在凤凰城和复县两地种植，凤凰城也被称为东北烤烟起始地。1914 年种植晒烟 114 489 亩，产量 20.2 吨，平均亩产 17.5 千克。1943 年，种植面积 24.8 万亩，亩产 79 千克，总产量 19 750 吨。⑥ 1931 年，全省烟草种植面积 61 575 亩，产量 3 140 吨，可生产卷烟 48 276 箱。⑦

（四）辽宁特产

1. 苹果

清光绪二十八年（1902），沙俄引进西洋苹果，在奉天地区栽培。日俄战争后，日本殖民者引入日本苹果苗，在"满铁"附属地建苗圃、设果园。宣统元年

① 张福全：《辽宁近代经济史（1840—1949）》，中国财政经济出版社，1987，第 182 页。

② 同上书，第 153 页。

③ 同上书，第 165 页。

④ 同上书，第 168 页。

⑤ 《近代中国分省人文地理影像采集与研究》编委会编《近代中国分省人文地理影像采集与研究》，山西人民出版社，2019，第 207 页。

⑥ 辽宁省地方志编纂委员会办公室主编《辽宁省志·农业志》，辽宁民族出版社，2003，第 170 页。

⑦ 同①书，第 183 页。

（1909），大连沙河口已经栽培果树千余株，种植面积 32.5 万亩。日本侵占大连后，引入金冠、元帅等大苹果品种。1931 年，旅顺、大连、金州、普兰店、貔子窝等地苹果、梨、桃、葡萄、杂果等栽种面积达 76 065 亩，比 1919 年增加 8 倍。[①]

到 1935 年，全省苹果栽培面积 157 186 亩。除辽南外，辽西也开始试种苹果。1945 年，发展到 45 万亩左右。到 1949 年，全省 600 余万株果树，因各种原因死亡近半，仅存 344.5 万株，苹果总产量 2.6 万吨。[②]

2. 柞蚕业

19 世纪后期至 20 世纪 20 年代，辽宁柞蚕业发展很快，产量跃居全国首位。"1915—1925 年，全省年放养柞蚕 20 万把左右，产茧 7 万吨。缫丝工厂 170 多个，缫丝机 3.3 万多台，年产柞蚕丝 325 万公斤，挽手（短纤维）制品 275 万公斤，占世界柞蚕丝产量的 70% 左右。"[③] 其输出量居当时东北输出产品的第二位（第一位是大豆）。

3. 人参

辽宁人参的人工栽培已有 300 多年的历史。康熙年间，山民在森林中秘密栽培人参，成为后来栽培人参的起源。光绪年间（1875—1908），人参栽培已经成为宽甸县药材生产的主要产业。清代，奉天就成为东北人参出口基地。光绪十一年（1885），从营口输出关东人参 1 699.99 担，计关银 79 899 两；输出野山参 8.26 担，计关银 16 233 两。1913—1919 年，出口达 50 吨。1926—1930 年，向朝鲜出口人参最高年份 5 850 千克，说明辽宁人参出口已有相当规模。[④]

（五）渔业

日本侵占旅大后，成立满洲水产株式会社，实行机械化捕鱼，大量掠夺辽宁沿

① 张福全：《辽宁近代经济史（1840—1949）》，中国财政经济出版社，1987，第 185 页。

② 辽宁省地方志编纂委员会办公室主编《辽宁省志·农业志》，辽宁民族出版社，2003，第 207 页。

③ 同上书，第 229 页。

④ 同上书，第 238 页。

海渔业资源。1915 年，"关东州"就有捕捞渔船 126 只。① 宣统二年（1910），奉天省管辖的渔业户数 1549 户，从事捕鱼者 11 993 人，拥有渔船 1199 只，年捕捞量 4 340 吨。② 1916 年，有渔户 1549 户，从业者 11 993 人，拥有渔船 1199 只。1921 年，渔户增至 4 134 户，从业者 19 277 人，拥有渔船 2 033 只。③

1918 年，日本殖民者在奉天投入捕鱼船 119 艘。其中动力船 2 艘，年捕捞量达到 1880 吨。同年，旅大沿海中国渔民有木帆船 1 014 艘、舢板 3 003 艘。到 1928 年，该地区中国渔民有动力船 38 艘、木帆船 1 117 艘、舢板 4 725 只，年捕鱼 2.8 万吨。1938 年，在辽宁地区从事捕捞的日本人增至 1 074 人，有动力渔船 213 艘、木帆船 62 艘，年捕捞量 5 万吨。同年，辽宁其他沿海（旅大除外）中国渔民有动力渔船 34 艘、木帆船 818 艘、舢板 3 885 只，年捕捞量 2.3 万吨。④

四、辽宁人口增长

从辛亥革命到九一八事变前，随着铁路交通的迅速发展，在铁路建设的推动下，辽宁地区工农业生产均有较大的发展。与此同时，关内军阀混战，天灾人祸，民不聊生，每年有几十万甚至上百万人经过大连、营口或山海关来到辽宁。一部分人每年在辽宁劳动一段时间又回到关内；另一部分人路过辽宁，北上吉林、黑龙江。辛亥革命时期，辽宁人口已超过 1 000 万人。关内移民主要在大连、营口、鞍山、抚顺、安东、沈阳等城市的工矿区和铁路交通运输业从事繁重的体力劳动。

这一时期，贫苦的朝鲜人为了谋生，移居东北的人数不下 20 万人。"从 1909 年到 1931 年的 20 多年间，因不堪日本帝国主义残酷的殖民统治，又移入约 40 万人，前后共 60 万，但居留辽宁的不足 10 万，主要又都分布在辽东地区。"⑤

日俄战争后，日本积极推行东北殖民计划，预定在 20 年内实现 400 万人目标。为此，日本政府大力宣扬，多方鼓励日本人移居满洲。到 1930 年，"日本移民东北

① 张福全：《辽宁近代经济史（1840—1949）》，中国财政经济出版社，1987，第 169 页。
② 同上书，168 页。
③ 同上书，172 页。
④ 辽宁省地方志编纂委员会办公室主编《辽宁省志·水产志》，辽宁民族出版社，2001，第 47 页。
⑤ 宋则行、刘长新主编《中国人口·辽宁分册》，中国财政经济出版社，1987，第 42 页。

不过 20 万左右，只有计划的 5%，其中 91% 集中在旅大地区和南满铁道附属地。"①

　　这一时期，辽宁省的总人口"从 1909 年的 11 049 000 人，增加到 1930 年的 14 940 000 人。20 多年人口增加了近 400 万。而 1893—1909 年 17 年间即增加了 670 万"②。

　　按 1930 年区划统计，"辽宁省有工人 75 万以上，约占全省总人口的 5.3%；商人与商业工人 93 万，约占全省人口的 6.5%。工商人数合计约占 11.8%。城镇人口（只统计到县城以上）达 243 万，约占全省总人口的 17.1%。"③ 这样大的比重，在全国是名列前茅的。

　　辽宁省的识字率也比较高。据 1930 年调查，"原区划的辽宁省的识字人数约占全省总人数的 38.1%。它比全国居民平均识字率（20%）高 18.1%。"④ 这是因为工商业发达，需要居民有较高的文化水平。

---

①　宋则行、刘长新主编《中国人口·辽宁分册》，中国财政经济出版社，1987，第 42 页。

②　新增加的近 400 万人口，既有移民迁移增长，也有自然增长。1918 年，奉天省辖区共有 12 594 763 人，出生人口 325 724 人，出生率为 2.586%。死亡人数为 210 509 人，死亡率为 1.67%，出生率超过死亡率 0.916%。以该年全省人口总数乘之，即为该年自然增长人数 115 368 人。依据 1930 年"关东州"及南满铁路附属地的出生率（2.64%）和死亡率（1.543%）典型材料推算，该年辽宁人口自然增长近 15 万人。如此推算，20 年人口自然增长就有 200 万~300 万人。再把辽宁久居居民向吉林、黑龙江移居的情况考虑在内，我们就可以这样断定：1909—1930 年辽宁人口的迁移增长与自然增长是并驾齐驱的，即都增长 200 万人左右。（宋则行、刘长新主编《中国人口·辽宁分册》，中国财政经济出版社，1987，第 42 页。）

③　同①书，第 43 页。

④　同上。

第二节

对外贸易发展

一、出口贸易

（一）出口商品金额和种类

1. 出口金额

图 3-6 民国时期奉天关办公场所旧址①

1912—1931 年，日本为了大肆掠夺东北资源，通过扩建海港（大连、安东港），修筑中长铁路和安东、朝鲜间的鸭绿江大桥，使辽宁地区的出口逐年大幅度增长。"年均出口额为 14 280 万海关两。1912 年，出口额仅为 3 177 万海关两（包括大连、安东、营口港 3 个口岸）。到 1919 年，增至 13 992 万海关两，增长 3.4 倍，突破 1

---

① 辽宁省地方志编纂委员会办公室主编《辽宁省志·海关志》，辽宁人民出版社，2002，插图。

亿海关两。1929 年最高时达到 2.8 亿海关两。"①　（大连港进出口情况在下一章介绍）

表 3-1　1911—1931 年山海关监管营口港出口货物统计表②　　单位：海关两

年份	出口金额	年份	出口金额
1912	22 776 065	1922	23 652 602
1913	24 480 087	1923	26 393 509
1914	16 217 549	1924	17 335 020
1915	20 393 833	1925	25 815 469
1916	14 097 490	1926	26 967 606
1917	10 813 877	1927	28 581 209
1918	9 550 996	1928	31 732 251
1919	18 225 449	1929	30 535 463
1920	13 994 544	1930	43 385 993
1921	20 964 288	1931	93 187 661

从表 3-1 中可以看出，1912—1918 年，营口港出口额一直处于缓慢下降态势。随着大连港崛起，营口港的贸易不可避免受到冲击。但从 1918 年开始，营口港的贸易又开始好转，1918—1928 年，出口额增长 3.5 倍，特别是 1931 年，出现最高峰，比 1918 年几乎增长了 9 倍。奉系军阀与日本展开激烈的港口铁路贸易争夺，是营口港得以重新发展的主要原因。

安东港从开埠之始，对外贸易就站在一个比较高的起点上。1922—1931 年，对外出口额一直稳定在 4 000 万海关两之上。③ 对于一个新开埠的港口城市来说，这是不容易的。

---

① 辽宁省地方志编纂委员会办公室主编《辽宁省志·对外经济贸易志》，辽宁民族出版社，2003，第 13 页。

② 辽宁省地方志编纂委员会办公室主编《辽宁省志·海关志》，辽宁人民出版社，2002，第 63-64 页。

③ 同上书，第 70 页。

图 3-7　民国安东海关旧址

表 3-2　1922—1931 年安东关监管安东港出口货物总值统计表①

单位：海关两

年份	出口金额	年份	出口金额
1922	36 121 093	1927	64 392 477
1923	52 961 270	1928	49 886 323
1924	39 337 252	1929	42 572 205
1925	44 559 284	1930	52 922 699
1926	49 512 788	1931	45 743 360

　　1907—1918 年，安东港出口额增加近 8 倍，进口额增加近 10 倍，进出口总额增加到 4172 万海关两，增加 8 倍多。1907 年，营口港进出口贸易额是安东港的近 8 倍。从 1911 年开始其贸易量呈减少的趋势，由 1911 年的 7453 万海关两减少到 1918 年的 4516 万海关两，减少 35.9%②

　　"1920 年，安东港的贸易额达到 6319 万海关两，超过当年营口港 4800 万海关两的贸易额，仅次于大连。1923 年安东港出口额达到 5296 万海关两，进口额为 3521 万海关两，实现了出超。1927 年，贸易额总量突破 1 亿海关两，再次实现了一个跨越。安东港的贸易量在东北所占的比重也在增加，1912 年安东口岸贸易仅占

① 辽宁省地方志编纂委员会办公室主编《辽宁省志·海关志》，辽宁人民出版社，2002，第 70 页。

② 张志勇：《安东港的兴盛及其原因探析（1907—1931）》，硕士学位论文，辽宁大学，2012，第 5 页。根据东北物资调节委员会研究组编《东北经济小丛书：贸易篇》第 6 表整理而成。

东北贸易额的 5.7%。1923 年，达到 18.1%。"①

1918—1931 年，安东商埠同朝鲜进出口贸易总额平均每年为 2 731.2 万海关两②。1930 年 8 月，南京政府撤销由北平军阀政府同意的中日两国间陆接国境降低关税三分之一的规定，在一定程度上遏制了日本的经济入侵，使中朝边境贸易趋于正常化。

2. 出口种类

民国时期，辽宁地区外贸出口商品品种不断增加，有 300 多个品种。粮油类有大豆、豌豆、小豆、绿豆、花生、芝麻、豆油、豆饼、花生油、谷子等，食品类有蔬菜、干果、鱼贝、肉类、牲畜（牛羊猪）、蛋等，矿产有煤炭、生铁、钢材等，其他商品有木材、皮革、羊毛、土布、面纱、棉花、麻及麻制品、成衣等。

（二）出口商品结构

民国时期，辽宁地区的出口商品仍以粮油、五金矿产类为主，"其中：粮油类出口，1919—1930 年占出口总值的 51.6%~75.9%；生铁、煤炭出口，1927—1941 年占出口总值的 11%~14%"③。

民国时期，辽宁地区的出口商品仍以粮油产品为主。1919 年，出口额为 13 992 海关两，其中粮油（主要是大豆、豆油、豆饼）出口额为 10 623 海关两，占当年出口总额的 75.9%；1927 年，粮油出口额占当年出口总额的 70.3%；1928 年占 67.4%；1929 年占 73.8%；1930 年，粮油出口额较低，仅占当年出口总额的 51.6%。

此外，五金矿产品占比较大，主要是生铁、煤炭出口占较大比重。1919 年，生

① 张志勇先生根据东北物资调节委员会研究组编《东北经济小丛书：贸易篇》第 6 表、蜀民《最近东省贸易之消长》（《东省经济月刊》1929 年第 4 期）、张福全《辽宁近代经济史（1840—1949）》中的资料数据整理而成。

② 魏琳娜：《自开商埠与丹东城市近代化研究（1903—1931）》，硕士学位论文，东北师范大学，2007，第 15 页。根据《丹东市志》第 6 卷《丹东朝鲜（1918—1931）进出口贸易统计表》整理而成。

③ 辽宁省地方志编纂委员会办公室主编《辽宁省志·对外经济贸易志》，辽宁民族出版社，2003，第 3 页。

铁、煤炭出口额占当年出口总额的 5%，而从 1927 年至 1930 年的 4 年间，生铁、煤炭年出口额均占出口总额的 11%～14%。

土产、畜产品出口额只占当年出口总额的 2%～3%，纺织品、丝绸出口额占当年出口总额的 1%～3%，其他化工、食品等出口额均不超过当年出口总额的 1%～2%。①

民国时期，辽宁与 40 多个国家开展贸易，但贸易额主要集中在少数几个国家。"其中对日本出口豆类占该产品出口总量的 94%，豆饼占 99.7%，木材占 91.8%，生铁占 89.6%。这充分表明，日本控制着东北的进出口贸易。"②

（三）主要出口商品

1. 大豆、豆饼及豆油出口

"1916—1930 年，大豆年均出口总量（含向中国内地输出）为 1586 万担。1916 年，出口 475 万担，价值 1137 万海关两；到 1929 年，大豆出口由上年的 1980 万担跃升到 3176 万担；1930 年，又上升到 6168 万担，价值 20135 万海关两，出口数量比 1916 年增长 12 倍左右。"③

豆饼出口，"1916 年至 1930 年，15 年间，年均出口 1560 万担。1916 年，出口 1516 万担，价值 2295 万海关两。最高时的 1921—1925 年，5 年间，每年出口均在 2300 万～2600 多万担，价值 5360 万～6310 万海关两。豆油出口，1916—1930 年，大体稳定在 110 万担以上，最高时为 231.5 万担。"④

---

① 辽宁省地方志编纂委员会办公室主编《辽宁省志·对外经济贸易志》，辽宁民族出版社，2003，第 14 页。

② 同上。

③ 同上书，第 16 页。

④ 同③。

表 3-3　民国时期粮油出口统计表①

单位：万担、万海关两

年份	大豆		豆饼		豆油	
	数量	金额	数量	金额	数量	金额
1915	—	1 378.5	—	2 746.0	—	681.1
1916	475.3	1 137.1	1 516.1	2 294.7	114.3	1 068.1
1917	401.0	966.5	1 815.5	2 929.3	188.8	1 834.2
1919	895.5	2 525.3	1 970.2	4 282.3	201.1	1 757.7
192.1	1 008.2	3 407.4	2 356.9	5 367.9	195.5	1600.2
1922	1 125.0	3 916.5	2 465.4	5 807.2	180.3	1 436.7
1923	1 366.5	4 205.6	2 685.4	6 312.5	231.5	1 878.9
1924	1 338.6	4 018.5	2 586.8	5 381.2	176.0	1 588.7
192.5	1 492.4	5 420.4	2 362.0	5 716.5	198.8	191.3
1927	1 185.2	4 393.4	1 675.9	4 403.9	187.6	2 063.9
1928	1 980.4	7 757.2	1 419.7	3 978.7	71.3	785.0
1929	3 176.4	12 082.1	1 386.2	4 025.3	107.3	1 181.0
1930	6 168.0	20 134.9	1 165.5	3 276.0	172.8	2 073.4

---

① 辽宁省地方志编纂委员会办公室主编《辽宁省志·对外经济贸易志》，辽宁民族出版社，2003，第 16 页。

2. 柞丝绸品

1916—1930 年，"辽宁向日本、印度、朝鲜、法国、德国、美国、意大利出口大茧 106 万担，出口额 2 262 万海关两；柞丝 27.4 万担，出口额 13 541 万海关两；柞绢丝 21 万担，出口额 13 557 万海关两；柞绢制品 12 万担，出口额 462 万海关两；总计出口 166.4 万担，出口额 29 882 万海关两。"①

1916 年，辽宁成功研制柞药水丝，其质量高于柞灰丝，"金奎星""牡丹""八仙"等牌号规格繁多，十分畅销。② 20 世纪 20 年代，辽宁省丝绸织品是仅次于大豆占第二位的出口商品，在国内居第一位。③

1917 年，辽宁从美国进口绢纺精纺机，在安东创办第一家绢纺厂，用柞灰丝挽手生产 80S/2、60S/2、44S/2 绢丝，对南洋、印度、美国等地出口。

柞丝绸是辽宁省丝绸织品最早的拳头出口产品。过去俗称"大茧绸"或"府绸"。清光绪三十四年（1908）有山东昌邑移民千余人投奔蚕乡辽宁省宽甸县，带来了昌邑养蚕缫丝织绸的经验，使织绸业作为一种家庭副业在当地兴旺起来，茧绸年产量约 1.6 万匹。由山东籍小贩背包去朝鲜的新义州销售，同时也向南洋各国和东欧出口。

"1913 年，安东市开设了'东兴昌''和聚祯''丹凤云'等几家绸厂，茧绸产量大增，年出口 6 万余匹（约 270 万米），主销欧洲、美国、朝鲜、印度、日本等国家（和区域）。1919—1921 年，年均出口 300 万米。"④

1925 年，在国际市场上被称为"中国柞绸大王"的上海久成绸庄经理罗坤祥，来到安东建立"义泰祥"绸厂。他以电动机取代手织机，织出表面光滑、光洁、手感柔软，近似桑绸的蓝边延长 50 码品号 5001 柞丝绸，为中国开发柞丝绸新产品作出了贡献。该绸的"双鹿"牌商标印有罗坤祥的照片，据此可提高卖价 10%，并可免检出口。1930 年，"义泰祥"出口量达 140 万米，全省出口达 300 万米。1931 年，出口 324 万米，销往 20 多个国家，出口量超过鲁豫地区。⑤ 九一八事变后，日

---

① 辽宁省地方志编纂委员会办公室主编《辽宁省志·对外经济贸易志》，辽宁民族出版社，2003，第 92 页。

② 同上书，第 94 页。

③ 同①。

④ 同上书，第 98 页。

⑤ 同上。

伪对绸匹发运及结汇实施种种限制，只允许通过日本神户转口各国，"义泰祥"及各绸厂经营规模被迫缩小。1932 年后，出口减少 30%。1937 年后，日伪又成立"满洲柞蚕工业株式会社"，垄断全东北的柞丝绸经营，年均出口量连续降到 50 万米。[1]

3. 煤炭出口

图 3-8　1920—1925 年抚顺露天煤矿[2]

日俄战争后，日本取代了沙俄的特权，大肆掠夺辽宁煤炭资源。"1917 年，产量已经达到 54 万吨，增长 8 倍，到 1921 年，抚顺煤的年产量已上升到 90 万~100 万吨，其中 20% 被日本销往国外。"[3]

同时，抚顺煤矿销售收入无论是内销还是出口均归"满铁"所有。"1919 年，出口煤炭 539 万吨，价值 301 万海关两。1927 年，出口 2 962 万吨，价值 2 330 万海关两。1929 年出口最高时达 3 186 万吨，价值近 2 500 万海关两。"[4]

4. 钢铁出口

清光绪三十三年（1907），日本霸占煤矿的同时，也霸占了鞍山制钢所，之后成立了昭和制钢株式会社。在鞍山炼制的生铁大部分通过营口港运往日本，在日本再炼制钢材，制造武器以及军需品，以适应和满足发动侵略战争的需要。"1920 年至 1932 年，鞍山制铁所共生产生铁 206.5 万吨，其中 163.73 万吨被运往日本，占

---

① 辽宁省地方志编纂委员会办公室主编《辽宁省志·对外经济贸易志》，辽宁民族出版社，2003，第 98 页。

② 《近代中国分省人文地理影像采集与研究》编委会编《近代中国分省人文地理影像采集与研究·辽宁》，山西人民出版社，2019，第 220 页。

③ 同①书，第 16 页。

④ 同①书，第 17 页。

总产量的 79.3%。"①

1912—1931 年，辽宁地区出口煤炭 2315 万吨。1915—1931 年，出口生铁 437 万吨、水泥 53 万吨。②

5. 畜产品出口

辽宁省畜产品资源丰富，出口历史悠久。据史料记载，清光绪二十二年（1896），辽宁地区畜产品就有出口。主要产品有元皮、各种细杂皮和革皮制品。1915—1917 年，奉天省出口肠衣 21 186 海关两，各种生、熟皮张共出口 957 623 海关两。③ 其中出口生马皮、驴皮、骡皮、山羊板皮价值 669 938 海关两，貉、獾皮价值 16 501 海关两，各种细毛皮价值 87 760 海关两。④ 出口狗皮和山羊皮毯子、褥子价值 377 307 海关两。1922—1935 年，出口皮毛及其制品 20 290 吨，主要销往埃及、英国、澳大利亚等国家和地区。⑤

猪鬃在国家贸易中有"黑金"之称。辽宁地区出口猪鬃历史悠久，据史料记载，清光绪三十二年（1906），有兽毛类对外出口。清宣统三年（1911），营口的德茂洋行经营猪鬃出口生意。1915—1917 年，奉天省出口猪鬃价值 1 249 805 海关两。1927—1931 年，出口 18 230 担，出口额 3 225 550 海关两。⑥

东北马鬃尾在国际市场上享有较高声誉。宣统三年（1911），营口的德茂洋行就经营马鬃尾生意。当时东北地区马鬃尾产量为 450 吨左右。辽宁省是东北和内蒙古地区畜产品出口汇集地，由当时奉天（今沈阳）英国洋行收购转卖国外。1915—1917 年奉天省出口马鬃尾价值 658 116 海关银。⑦ 1915—1917 年，奉天省出口地毯价值 5695 海关两。⑧

---

① 解学诗、张克良编《鞍钢史（1909—1948）》，冶金工业出版社，1984，第 152 页。

② 辽宁省地方志编纂委员会办公室主编《辽宁省志·对外经济贸易志》，辽宁民族出版社，2003，第 141 页。

③ 同上书，第 27 页。

④ 同上书，第 29 页。

⑤ 同上书，第 30 页。

⑥ 同上书，第 34 页。

⑦ 同上书，第 35 页。

⑧ 同上书，第 39 页。

民国初期，随着经济发展，食品外销量增加。1914 年，水产、水果、蔬菜、食盐 4 类 10 余种产品出口 29 550 吨，1924 年出口 146 258 吨，1931 年出口增加到 287 006 吨，食品主要销往日本、朝鲜、欧美和东南亚各国。①

6. 轻工业品出口

1914—1924 年，辽宁出口纸张及其制品 1418 万海关两，市场增加了南洋各国。1914—1915 年，向朝鲜、日本、印度、南洋诸国出口蜡及蜡制品 57 万海关两，装饰品 4.3 万海关两，文房用具 1.2 万海关两，化妆品和肥皂 12.2 万海关两。1922—1925 年，出口电气材料 223.8 万海关两。1923—1925 年，向朝鲜出口营口火柴厂生产的火柴 0.86 万海关两，大连昌光玻璃株式会社生产的玻璃及其制品 1.3 万海关两。②

二、进口贸易

"1912 年，辽宁地区进口额为 3 897 万海关两。至 1929 年，进口额为 19 060 万海关两，比 1912 年增长 4.03 倍。"③ 进口商品结构改变了清末时期鸦片进口占主导地位的形势。"这一时期，纺织品进口已上升到第一位，但进口值呈下降趋势，进口比重由 1919 年的 59.23% 下降到 1931 年的 33.13%；其次为进口五金矿产品，其比重稳定在 17%～19.8%，机电产品进口值呈上升趋势，进口比重由 1919 年的 3.29% 上升到 1930 年的 11.51%。"④

(一) 进口商品金额

帝国主义国家为了向东北倾销商品和掠夺资源，竞相争先在港口买地建房，修建码头、仓库，划定领事馆和租借地，直接经营进出口和船舶代理业务。同时为了

---

① 辽宁省地方志编纂委员会办公室主编《辽宁省志·对外经济贸易志》，辽宁民族出版社，2003，第 64 页。

② 同上书，第 107 页。

③ 同上书，第 3 页。

④ 同上。

掠夺东北的矿产、木材资源，不惜投巨资加速铺设铁路，扩建港口，开建工厂、矿山，修筑桥梁，兴办电力，进行农牧业改良、地质调查、工业试验，以进一步加速开发和掠夺资源。因此，不仅使东北出口呈现掠夺性增长，进口也不断大幅度上升。[1] "1912—1931年，进口贸易额不断上升，1912年为3897万海关两，到1919年，已达到13267万海关两，增长2.4倍；进口额最高时的1929年达到19060万海关两，比1912年增长3.89倍。"[2]

1913—1917年营口港进口额呈逐年下降趋势，这与大连港的崛起密不可分。1917—1925年，营口港进口额又恢复增长。1925年，营口港进口额达到5300万海关两。1929年下降至4850万海关两，约占当年辽宁三港进口额的25%。

表3-4　1911—1931年山海关监管营口港进口货物统计表[3]　单位：海关两

年份	进口金额	年份	进口金额
1911	31 491 003	1922	35 012 440
1912	27 952 271	1923	45 364 214
1913	25 737 706	1924	38 193 186
1914	21 350 767	1925	53 290 257
1915	20 365 849	1926	51 868 840
1916	17 621 377	1927	42 873 078
1917	18 231 494	1928	43 998 876
1918	20 737 995	1929	48 567 761
1919	23 474 838	1930	55 094 052
1920	32 293 946	1931	30 784 710
1921	36 607 087		

---

① 辽宁省地方志编纂委员会办公室主编《辽宁省志·对外经济贸易志》，辽宁民族出版社，2003，第230页。

② 同上。

③ 辽宁省地方志编纂委员会办公室主编《辽宁省志·海关志》，辽宁人民出版社，2002，第63-64页。

1922—1929 年，安东港的年进口额稳步上升。1929 年，进口额达到近 5 000 万海关两，与营口港大体接近。1929 年，营口、安东二港进口占辽宁全部进口的 50%。

（二）进口商品种类和结构

民国时期的进口商品，除了纺织品中的棉布、棉纱、棉花外，还有人造纺织品、毛织品、麻类及植物纤维等；粮油食品类有鱼贝、水果、干果、大米、小麦、面粉、各种植物粉、糖、酒、各种饮料；化工产品有煤油、染料、油漆、乳香、肥皂等；畜产品有皮革、毛皮；轻工业品有软木、纸张；五金矿产品有石制品、玻璃及其制品、水泥、钢、铜、锡、其他金属产品；机械产品有各种锅炉及配件、发电机、电器用品、船舶及用具、光学测量及其他科学仪器、各种机器及配件等，约有五六十种产品。[1]

民国时期的进口商品改变了清末鸦片进口占主导地位的形势，纺织品进口已经上升到第一位。1919 年，进口货物中，纺织品进口额为 7 858 万海关两，占当时进口总额 13 267 万海关两的 59.23%。1927 年以后，纺织品进口呈下降趋势，当年纺织品进口为 5 764 万海关两，占当年进口额 13 714 万海关两的 42.03%；1929 年占 37.79%，1930 年占 33.28%，1931 年占 33.13%。

民国时期，五金矿产品进口比重较稳定，在 17%~19.8%。1919 年，机电产品占当年进口额的 3.29%，1931 年占 9.79%，1930 年最高占 11.51%，呈上升趋势。粮油进口约占年进口额的 0.94%~10.78%，食品进口占 7%~13.04%，化工产品占 3.16%~7.23%，轻工产品占 2.88%~3.63%，土产品占 4.81%~6.97%。[2]

117

---

[1] 辽宁省地方志编纂委员会办公室主编《辽宁省志·对外经济贸易志》，辽宁民族出版社，2003，第 231 页。

[2] 同上书，232 页。

（三）主要进口商品

1. 棉织品进口

民国时期，棉织品进口额仍然呈上升趋势。在纺织品进口中，英国和美国进口量急剧下降，日本纺织品进口却有较大增长。据营口港史资料记载，1918 年，进口日本棉布近 35.9 万匹，超过美国同样进口产品的 18 倍，超过英国 16 倍，日本已经成为中国东北纺织品进口大国。日本为了独霸中国东北市场，抵制英美的势力，不断改进棉布质量，增强了竞争能力，进口的棉布质量好、价格低，在东北市场销量最大。

1922—1931 年，棉织品年进口额除了 1931 年较低外，其余大部分在 4 400 万~5 800 万海关两之间波动，日本进口的棉织品占该年棉织品进口总额的 60%~63%，而同期朝鲜、英国、法国、联邦德国和美国的棉织品进口额加在一起不超过 10%。由此可见，日本已经完全控制了东北棉织品进口市场。①

2. 金属矿产品进口

民国时期，辽宁地区进口商品结构中生产资料进口明显增长，改变了历史上只进口生活资料并占绝对优势的状况。主要是因为侵略者加速掠夺资源，不惜巨额投资，兴办工厂（鞍钢制铁）、开采矿山（抚顺煤矿）、铺设铁路（中长铁路）、架设桥梁（鸭绿江铁路）等，使钢材、铜、镁、水泥、钢轨等金属矿产品进口增加。五金矿产品进口额从 1919 年的 2 262 万海关两增加到 1929 年的 3 442 万海关两，占当年进口总额的 18.06%。

3. 机电产品进口

生产资料进口迅速增加。从美国进口机车、客货车；为兴办工厂、开矿山而大量进口发电机；为兴办电厂，进口电气材料、各种锅炉机器组件、光学测量和科学仪器等。机电产品进口 "1912 年为 437 万海关两，占当年进口总额的 3.3%，1929—

---

① 辽宁省地方志编纂委员会办公室主编《辽宁省志·对外经济贸易志》，辽宁民族出版社，2003，第 233 页。

1931 年，达到 437 万~1934 万海关两之间，最高时占当年总进口额的 11.51%"①。

4. 食品进口

食品进口数量继续增加，如鱼贝、面粉、水果、干果等，1919—1931 年一直保持占进口总值的 7%~13.04%。

1920 年，帝国主义列强经香港转口辽宁地区的货物开始增加。日本对东北市场的进口仍然保持迅速增长势头。以营口港为例，"宣统元年（1909），日本进口货物占当年进口总额的 45%，1920 年上升到 49.25%，1931 年上升到 60.8%。"② 辽宁门户被打开之后，借助一个个不平等条约，英、美、德、日、俄、法、荷等国财团、商社和商人纷纷到辽宁修铁路、开矿山、建工厂、设银行。1926 年，仅日本财阀和中小资本家在辽宁开办的各类公司就有 1 187 家。九一八事变前后，各国对中国东北地区的投资总额（主要在辽宁地区）累计达 24.25 亿日元，其中日本的投资为 17.56 亿日元，占各国投资总额的 72.4%。辽宁的铁路、矿山、电力、冶金等重要行业大部分已经被外国资本控制，资源被大量掠夺，利权大量丧失，民族经济受到严重摧残。

第三节

城乡商业繁荣

民国初年，奉天商务总会有商号 2 600 户。1929 年，奉天商务总会改为辽宁商工总会，并颁布了《工商同业公会法》。随后，各地相继成立 56 行同业公会，省、市商户总数达 5 717 户。③

---

① 辽宁省地方志编纂委员会办公室主编《辽宁省志·对外经济贸易志》，辽宁民族出版社，2003，第233 页。

② 同上书，第 231 页。

③ 辽宁省地方志编纂委员会办公室主编《辽宁省志·商业志》，辽宁人民出版社，2001，第 15 页。

到 1924 年，"在奉天（今沈阳）已有洋杂货庄 110 户、靴鞋铺 232 户、帽铺 85 户、丝线行 17 户、带子铺 33 户、衣庄 35 户，在锦州有日用杂货店铺 300 余户。"①

图 3-9　1931 年奉天（沈阳）中街②

图 3-10　中街吉顺丝房旧址

这些商户多数是小本生意，分散经营，其中几家较大型商店经营高档商品，其货物大多从国外进口。1924 年，奉天有钟表铺 48 户。1930 年，奉天经营钟表业的有美国人 1 户、英国人 4 户、德国人 5 户、法国人 1 户、俄国人 5 户。③ 1917 年，日本人建立奉天被服厂，雇佣中国工人经营洋服。后中国人相继建成"成衣铺""军衣社""洋服店""鞋帽铺"及各种杂缝修理业。④

1912—1924 年，奉天先后开设同义合、吉顺丝房、裕顺庆、信沅长等 14 户商号。到 1924 年末，奉天经营纺织品的商号有布庄 33 户，资本 8.52 万元；丝线行 17 户，资本 19.99 万元；衣庄 35 户，资本 13.55 万元；洋服店 16 户，资本 1.75 万元；军衣庄 16 户，资本 22.57 万元；成衣铺 130 户，资本 2.35 万元；丝房 92 户，资本 120.26 万元⑤。

"1929 年，辽宁地区的商业行业达 56 个，其中有铜锡业 77 户、铁店业 15 户、白铁业 110 户、染坊 676 户、五金行 12 户、自行车厂 8 户、电料行 3 户、染料庄 2 户。1931 年，英、美、德、日、苏、挪威、瑞士等外商洋行 140 户"⑥。经营五金、工具、水暖器材、卫生材料、建材、自行车和自行车零件、无线电和无线电零件、

---

① 辽宁省地方志编纂委员会办公室主编《辽宁省志·商业志》，辽宁人民出版社，2001，第 16 页。

② 同上书，插图。

③ 同上书，第 25 页。

④ 辽宁省地方志编纂委员会办公室主编《辽宁省志·手工业志》，辽宁民族出版社，2005，第 382-404 页。

⑤ 同上。

⑥ 同①书，第 64 页。

染料、颜料、香料、油漆、酸、碱等。

"1917 年，奉天城有酒局 120 户、糖房 5 户、糕点行 87 户、茶庄 26 户。"① "1927—1929 年，大连、营口、安东输入卷烟、烟草、茶叶、砂糖，输出卷烟、高粱酒。1929 年，奉天省各地有茶叶 20 户，酿酒业 12 户，纸烟业 13 户，糕点业 24 户，白酒业 32 户，糖果业 95 户。"② 民国初年，奉天广源斋、益源斋生产京式糕点，稻香村、福禄寿生产南式糕点，形成奉天中式糕点两个派系。1927 年，奉天开设西伯利亚商会，前店后厂生产西式糕点。③

1924 年，奉天市有糖坊 15 户。翌年，奉天市糖果行业经营糖果 66 种。1929 年，辽宁地区参加同业公会的糖果业 95 户④。翌年，旅大、沈阳等地兴办糖果厂，用进口砂糖生产糖果制品。

1918 年，奉天当局在"奉天省城商埠地"南端建设南市场。翌年，在北端开辟北市场，这是小而全的综合商业区。"1927 年，北市场周围有 40 多个行业 1 369 户。1933 年北市场有百货行业 115 家、茶庄 4 家、药房 4 家、饭店 4 家、浴池 4 家、影剧院 5 家、茶社 4 家、妓院 148 家，还有烟馆和赌场。"⑤ 1940 年后，多数倒闭。

1917 年，奉天市有茶庄 26 户。1923 年有中国茶庄 8 户、日本茶庄 6 户，年销售茶叶 262.5 吨。⑥

1917 年，奉天地区有罐头厂 852 户、从业人员 2 200 人。1927 年，官商合办的营口食品有限公司生产水果、牛肉罐头。翌年，辽阳县开设醇良罐头公司。⑦ "1916 年，奉天省猪肉存栏数 355.2 万头、牛 58.3 万头、羊 42.9 万只，分别占东三省总数的 67.03%、76.91% 和 73.21%。"⑧ 随着畜牧业的发展，全省城镇肉铺剧增，同业公会相伴而生。1929 年，辽宁省加入猪业同业公会的商号有 22 户，加入牛羊业

---

① 辽宁省地方志编纂委员会办公室主编《辽宁省志·商业志》，辽宁人民出版社，2001，第 97 页。
② 同上书，第 97 页。
③ 同上书，第 109 页。
④ 同上书，第 109 页。
⑤ 同上书，第 214 页。
⑥ 同上书，第 106 页。
⑦ 同上书，第 110 页。
⑧ 同上书，第 114 页。

同业公会的商号有 38 户，加入鸡菜业同业公会的商号有 282 户。①

1917 年后，奉天禽蛋生产发展很快，商品量逐渐增大。营口港、安东关、大连关始有输出。"1928 年，营口输出鸡蛋 1924 担，价值 2.4 万海关两；大连关输出家禽 10.58 万只，价值 1.03 万海关两。1929 年，营口输出鸡蛋 17.49 万海关两；大连关输出家禽 10.92 万只，价值 9017 海关两。"②

1916 年，日本人在鞍山和金州设屠宰场，年宰量 800 多头。1918 年，奉天大北关、小南关两处屠宰场年宰猪 10 余万头。③ 民国初，铁岭城内设肉菜市。

第一次世界大战以后，大连中央蔬菜水果批发市场改名为大连市青果统制株式会社，内有私营蔬菜商 50 余户，经营圆葱、土豆、黄瓜等。本溪有日本人开办的副食杂货店 12 户。1920 年，锦州东关有瓜市（以批发当地特产小黄瓜为主）。1924 年，奉天市共有青菜床 87 户、面筋粉房 37 户、豆腐坊 41 户、酱油坊 58 户。1925 年，营口设东菜市场、中央菜市场。④

1917 年，奉天省共栽种蔬菜 101 万亩，其中白菜 27 万亩，收获 28.3 万吨；萝卜 43.4 万亩，收获 8.5 万吨；茄子 3.5 万亩，收获 6064 吨；葱 4.3 万亩，收获 1.1 万吨（以铁岭为最多）；蒜 4259 亩，收获 742 吨（以开原为最多）；黄瓜 8.1 万亩，收获 3979 吨；其他还有芥菜、胡萝卜、芸豆、韭菜、倭瓜、菜瓜、冬瓜、豇豆、菠菜、芹菜、香菜、生菜等。⑤

1921—1923 年，大连港共输入蔬菜 1.6 万吨，价值 174.3 万海关两；1924 年输入 6084 吨，价值 63.5 万海关两。其中，渍大根、渍萝卜 430 吨（11.7 万海关两），多系日本货；洋葱 626 吨（7.1 万海关两），悉属日本。⑥

---

① 辽宁省地方志编纂委员会办公室主编《辽宁省志·商业志》，辽宁人民出版社，2001，114 页。

② 同上书，第 125 页。

③ 同上书，第 125 页。

④ 同上书，第 143-144 页。

⑤ 同上书，第 146 页。

⑥ 同上书，第 147 页。

表 3-5　1927—1929 年辽宁地区蔬菜输入情况表①

年份	大连关		营口		安东关	
	数量/吨	价值/万海关两	数量/吨	价值/万海关两	数量/吨	价值/万海关两
1927	9 279	47.0	1927	16.0	417	4.6
1928	9 736	57.1	1 066	12.2	498	5.4
1929	13 624	66.6	2 515	17.6	751	4.9

　　1929 年的蔬菜输入额中，"大连关的国内货为 22.2 万海关两，日本货为 39.2 万海关两；安东关的国内货为 2.1 万海关两，日本货为 1.8 万海关两，朝鲜货为 1 万海关两。"② 这期间，辽宁的蔬菜也有输出。

表 3-6　1927—1929 年辽宁地区蔬菜输出情况表③

年份	大连关		营口		安东关	
	数量/吨	价值/万海关两	数量/吨	价值/万海关两	数量/吨	价值/万海关两
1927	403	10.32	370	5.31	592	1.78
1928	329	12.79	428	4.39	212	2.32
1929	324	11.01	42	1.51	424	3.77

　　1929 年的蔬菜输出额中，"大连关输出给日本 302 海关两，占 0.27%；输出给其他各国 6 270 海关两，占 5.63%；输出给国内 10.36 万海关两，占 94.10%。营口输出给中国香港及其他各国 6 282 海关两，占 41.72%；输出给国内 8 836 海关两，占 58.28%。安东输出给朝鲜 2.83 万海关两，占 75.07%；输出给国内 9 371 海关两，占 24.93%"④。

---

① 辽宁省地方志编纂委员会办公室主编《辽宁省志·商业志》，辽宁人民出版社，2001，第 147 页。

② 同上。

③ 同上书，第 148 页。

④ 同上。

到 1924 年，奉天共有酱油坊 58 家。[1] 光绪三十三年（1907）后，日本人在奉天也相继开设旅顺酱油公司、奉天伊豫组、营口东来酱园、大连池田酱油酿造厂等。1918 年，日商在奉天市修建当时东北规模最大的"奉天酱园"。1926 年，以左树忱为首的民族资本家集资 3 万元，在奉天市小西门外迪春里组建的浚源酱油股份有限公司正式建成投产。1929 年，朱福昌等人投资 1.4 万元大洋，在沈阳开设万盛酱园，日产酱油 15 吨，同时生产大酱、面酱、豆瓣酱、米醋、腐乳，采用当时先进的有盐固态天然发酵工艺。产品质量好，行销省内外。当时，利用先进生产方法（南式酿造法）生产的酱园，有沈阳的第一模范监狱习艺所及教养局、商办的八王寺副食品永利泉、大同、溥源、永利、万盛、万通、大通各公司和宝源居、彩合居、公合泉等十余家，有铁岭、锦县、营口、千金寨 4 家。1931 年，日商相继在"奉天"、锦州、抚顺、安东、铁岭等地建立一批酿造厂，逐渐垄断该业。

1912 年，奉天市有中国饭铺 90 家、德国人面包铺 1 家、日本饭馆 5 家、韩国饭馆 2 家、中国人煎饼铺 95 家。1914 年，"满铁"指派中国人钟会臣开办大连市第一个大型饭店"登瀛阁"。随后，中国人开办的共和楼、泰华楼、群英楼等十几个饭庄相继开业，众多"御料理""露西亚"法兰西等餐馆纷纷兴起。1917 年，本溪有饮食、饭店 7 家。1919 年，鞍山市第一个饮食店李家饭铺开业。1929 年，省城有冰业 2 家。1930 年，营口市有饮食业 116 家。[2]

奉天糕点糖果面包食品制造业始于 20 世纪初期。1909 年，白春久在奉天市大北街开设宝顺东点心铺，有资本银元 1 600 元，采用吊炉生产中式点心，是民族资本较早开办的较大食品作坊。

图 3-11　建于 1927 年的"满铁"大和
连锁旅店奉天分店

1912 年，日商在省城奉天设旅馆 5 家，在"满铁"沿线城镇开设旅馆 33 家。1922 年，日商在奉天开的旅馆共 15 家。1929 年，沈阳市有客栈 43 家，辽宁地区

---

[1]　辽宁省地方志编纂委员会办公室主编《辽宁省志·商业志》，辽宁人民出版社，2001，第 157 页。

[2]　同上书，第 163 页。

参加同业公会的旅店业为 329 家。①

咸丰十一年（1861）后，日本人在营口市开设写真馆 1 家。光绪十六年（1890），日商在奉天开设永信号，经营照相机。光绪二十九年（1903），日本人在奉天市开设永清照相馆。光绪三十一年（1905），中国人首次开办的中华写真馆在营口开业。光绪二十年（1894）后，日本人陆续开设高新、土田等写真馆 30 家，照相器材批发商行 7 家。宣统二年（1908），营口又有孙雅轩开办文雅斋照相馆。宣统二年（1910），奉天市照相业增加到 13 家。②

1925 年，新宾县有照相馆 2 家。1929 年，沈阳市参加同业公会的照相馆 45 家，会员 252 人。1930 年，营口美大、英明照相馆相继开业，其中美大照相馆设备先进、技术上乘，雇工 20 多人，月营业额 4 000~5 000 元。③

光绪二十六年（1900），奉天市开设永盛塘。奉天市先后有永清、森德泉、兴隆、福海泉等澡堂开业。光绪三十年（1904）至三十一年（1905）营口先后有和盛堂、汇海楼等澡堂开业。宣统三年（1911），奉天省有著名澡堂 24 家，职工 216 人。④ 1915 年，奉天市连奉澡堂在 12 家中最大，它在大连设支店，商号双盛澡堂。这期间，营口有卫生楼、日新楼等 11 家澡堂相继开业。

1919 年，日本人在奉天"满铁"附属地开设"汤屋"7 家。翌年，新宾县有澡堂 2 家。1928 年 5 月，日本人在鞍山开办的"旭屋"开业。1930 年，抚顺有澡堂 8 家。⑤ 1915 年，日本人在"满铁"附属地经营当铺 51 家，辽宁地区参加同业公会的当铺 55 家 729 人。1930 年初，抚顺有当铺 6 家。沈阳市当铺多数月息 4 分，当期 1 年。⑥ 1928 年，奉天当局拆除钟楼、鼓楼，拓宽路面，于是街容店面一新。⑦

1920 年，上海亨得利总行在奉天市中街建立分号，当时主要经营进口高中档钟表，并附设钟表修理和眼镜加工工厂。⑧

---

① 辽宁省地方志编纂委员会办公室主编《辽宁省志·商业志》，辽宁人民出版社，2001，第 169-170 页。
② 同上书，第 179 页。
③ 同上书，第 179 页。
④ 同上书，第 186 页。
⑤ 同上书，第 186 页。
⑥ 同上书，第 194 页。
⑦ 同上书，第 212 页。
⑧ 同上书，第 217 页。

图 3-12　中街亨得利眼镜店

图 3-13　沈阳鹿鸣春饭店

图 3-14　1928 年铁岭中央大街⑨

1929 年，沈阳洞庭春伙计王星垣在南市场开设一家饭店，取名鹿鸣春。开业后，生意兴隆，与当时的洞庭春、明湖春饭店齐名。饭店以选料精、做工细，闻名东三省。①

1912 年后，奉系军阀统治东北，张作相、汲金纯、郭瀛洲等军阀经营的商号控制了锦州市场。锦州市工商企业共达 1 500 余家，资金 1 500 万元，从业人员 7 000 余人。1918 年，锦州共有店铺 842 家。美孚、亚细亚洋行锦州办事处销售石油，最多年份达 19 万桶。③

民国初年，辽阳商业一度繁荣。1925 年，亦公亦商的工商业发展到 90 个行业 1 539 家。1929 年，随着世界经济危机爆发，辽阳工商店铺减少到 969 家。④

1912 年，铁岭城内有商号 18 个行业 417 家，资本总额 1 550 吊（折合大洋 194.3 万元）。⑤ 1916 年，铁岭全年购进土货 34 个品种，金额 75.9 万元（现大洋）；购进洋货 76 个品种，金额 408 万元。1922 年，铁岭输入棉丝 2 119 吨、棉布 2 888 吨，在奉天、长春、辽阳、抚顺、大连等

10 个城市中，分别居首位和第二位。1931 年上半年，铁岭城内有商户 55 个行业

---

① 铁岭市档案馆编《铁岭老照片档案》，辽海出版社，2016，第 19 页。
② 辽宁省地方志编纂委员会办公室主编《辽宁省志·商业志》，辽宁人民出版社，2001，第 221 页。
③ 同上书，第 262 页。
④ 同上书，第 277-279 页。
⑤ 同①书，第 285-286 页。

937 家。①

1912 年，朝阳城内西大街和大什字街四周有商号 400 余家，与日本人、朝鲜人合伙营商者达 250 余家。②

1913 年，盘山厅改为盘山县，粮谷贸易十分活跃。秋后每日卖粮大车不下 500 辆，多时达千辆。这些粮谷运往山东、河北等地，平均每年输出粮谷 15 万石。当时，双台子大商号有 12 家，资本金 4 万~5 万元。1924—1930 年，随着双台子河水量减少，军阀混战，只剩下 4 家。③

第四节
金融、财政和居民收入

一、金融业

（一）中国新式银行

民国初年，辽宁金融业一度比较兴旺。伴随着辽宁农业、工业和交通运输业的发展，金融业也得到较快发展。到 1919 年，辽宁地区相继建立许多金融机构，其

① 辽宁省地方志编纂委员会办公室主编《辽宁省志·商业志》，辽宁人民出版社，2001，第 285-286 页。
② 同上书，第 289-290 页。
③ 同上书，第 294 页。

中规模较大的有东三省官银号、奉天兴业银行等十余家银行和储蓄会。为了振兴民族经济，民族保险业纷纷建立，典当行与钱庄日渐增多，但私帖与屯帖只能用于特定范围。①

民国初年，东三省造币厂所铸的小银元、东三省官银号发行的小洋票很受欢迎，流通范围远及中原晋、冀、鲁、豫和江、浙一带，形成春夏小银元南下（收购丝茶）、秋冬北归（收购粮豆）的金融潮流。后来奉票开始贬值，日本金融机构伙同中国投机钱商，掀起挤兑风潮，引起市面恐慌，给辽宁金融业造成了难以估量的损失。1918—1928 年，张作霖先后 6 次带领奉军入关作战，使奉票由膨胀走向崩溃。奉票每经过一次毛荒，日本金票的流通则获得一次扩张的机会。

1928 年，张学良将军主持东三省政务，辽宁金融业重获生机。1930 年，东北政务委员会颁布《保险公司暂行章程》，意欲对外资保险业加强管理。但不久九一八事变爆发，辽宁金融业进入了被日本侵略者进行殖民统治时期。

进入民国初期，官商合营、私营的各种银号和银行逐渐增多。据不完全统计，到 1930 年，"辽宁地区有银行和其他金融业 92 家（不含外资银行），其中官办银行 50 家、民营银行 20 家，保险公司 22 家。"②

辛亥革命后，辽宁省经济复苏。1912 年，"典当业增至 120 家，资本 558 万元，平均每家 46 500 元。"③ 1915 年，省公署发布有关章程，保护典当正常营业，日本人借机在奉天、抚顺、瓦房店、大石桥、本溪、铁岭、开原、安东（今丹东市）以及"关东州"（大连地区）等 16 个市县，开设当铺 150 家。④

1917 年，奉天、庄河、复县、彰武、抚顺、鞍山、盖平、兴城、锦县、锦西、北镇、盘山、昌图、法库、康平及大连等 17 个市县，华人当铺增至 244 家。此后，虽然省公署不断采取措施，调整当利，但由于挤兑风潮和奉票毛荒的影响，至九一八事变前，华人当铺被日商摧残殆尽，而日本人当铺则增至 299 家。⑤

① 辽宁省地方志编纂委员会办公室主编《辽宁省志·金融志》，辽宁科学技术出版社，1996，第 5 页。

② 同上书，第 13 页。

③ 同上书，第 14 页。

④ 同上书，第 14 页。

⑤ 同上书，第 14-15 页。

民国初年，各种银号和银行不断增多，货币种类更加繁杂。钱庄与小本经营的货币兑换的"钱桌子"趁机兴起。1912 年，全省较大的钱庄增至 153 家。1916 年，奉天的"钱桌子"多达 125 家。钱庄刚刚复兴，日本人勾结中国钱商掀起挤兑风潮，引起市面恐慌。①

1918 年 6 月，奉天省公署决定整顿银钱业。到 1919 年，全省较大的钱庄只剩下 115 家。1924 年，奉票毛荒日趋严重，省公署决定再次整顿银钱业，奉天关闭了宝兴峻等 26 家较大的钱庄，并将世合公钱庄改为世合公银行，将义和同和永昶厚合并为奉天实业银行，只准富森峻、渊泉溥、锦泉福、咸元惠、义泰长、隆丰东和万忆恒等数家钱庄继续营业。1928 年张学良主政东北后，东北与关内商务往来增多，钱庄又一次兴起。九一八事变前，奉天的钱庄增至 67 家，全省资本在 5 万元以上的钱庄达 120 多家。②

1912 年，交通银行奉天分行开始发行新纸币，共发行 48 万元。1919 年，增资至 500 万元。同年，奉天省政府命令发行奉票 300 万元，并与奉天官银号、兴业银行、中国银行联合接收无力还债的营口倒闭企业义顺通油坊、义源通丝坊、申通油坊和盖平合通粮栈作为附属企业。1923年，交通银行总行将纸币发行地点分为五

图 3-15　1916 年发行的奉大洋票③

大区，其中第四区总库设在奉天。1929 年 5 月，鉴于奉票毛荒，由东三省官银号、边业银行、中国银行和交通银行奉天分行呈请省政府批准，组成辽宁省城四行号联合发行准备库，交通银行奉天分行发行准备库券 100 万元。④

宣统元年（1909），交通银行营口分行成立，资本金 60 万元。从 1916 年开始，营口海关出入货物总值达 4 500 万元，通过该分行汇款达 3 000 万元，占货物总值的66.6%。1919 年 7 月，遵照交通银行总管理处的指令，交通银行营口分行改为营口

①　辽宁省地方志编纂委员会办公室主编《辽宁省志·金融志》，辽宁科学技术出版社，1996，第 16 页。

②　同上书，第 17 页。

③　同上书，第 136 页。

④　同上书，第 37 页。

支行，隶属交通银行奉天分行。①

1912 年 2 月 5 日，民国政府在接收清理大清银行基础上组建中国银行。1913 年 5 月，中国银行奉天分号（简称"奉号"，后改为分行）成立。1913—1915 年，中国银行在奉天省内各地设置支行。1918 年，奉天地方政府为了加强对"奉号"的控制，规定奉天省城的中、交两行要管理全省的各支行，与奉天省立银行号一致行动，意在强令中国银行摆脱东三省分行的领导，纳入奉天当局的监督控制之下。1919 年 7 月，中国银行迫于压力，将"奉号"升为中国银行奉天分行，直属总行，管辖奉天省的中行机构，下辖营口、大连、安东、铁岭、锦县、辽源、新民、洮南各分号。

1920 年，由于营口西义顺破产，引起财界大混乱，奉天当局允许中国银行奉天分行发行限额由 500 万元再追加 300 万元。1922 年，第一次直奉战争后，又追加发行 200 万元，共计追加 500 万元。在奉系军阀统治期间，发行限额共为 1 000 万元。到 1925 年，累计发行 4 556.5 万元，超过发行准备 8.1 倍，大大突破限额。但与其他银号相比，还算慎重，仅占全部大洋票发行额 35 654.8 万元的 12.8%。②

1915—1916 年，官银号一度比较兴旺，但因为政府垫款，票量发行过多，奉票逐渐贬值。日本商人为了摧垮官银号和奉票，利用奉省银贱而海外银贵之机，勾结中国钱商掀起挤兑风潮，平均每日挤兑小银元 170 多万元，引起市面恐慌。1916 年，张作霖为了平息挤兑风潮，当年 5 月，三令奉天总商会与日本商业会议所商定每日兑付限额；6 月 7 日，达成限制汇兑三条协议；8 月 18 日，奉天银行公会与日本商人交涉，由官银号发行奉天银元票，收回小洋票；11 月 10 日，将勾结日本商人进行挤兑的刘鸣岐等 5 名投机钱商判处枪决。

1917 年 7 月 6 日，中日双方签订八条调节办法；11 月，官银号再改币制，发行"一二大洋"兑换券。1918 年，中日密约规定奉票与金票同为不兑换纸币等。由于措施得力而及时，挤兑风潮渐渐平息，市面趋于稳定。其后，由于张作霖长期进行军事活动，货币发行无度，币值急剧下跌，官银号从此由盛转衰。九一八事变后，东三省官银号被日本查封。次年 6 月便为伪满中央银行吞并，7 月 1 日改为

① 辽宁省地方志编纂委员会办公室主编《辽宁省志·金融志》，辽宁科学技术出版社，1996，第 38 页。

② 同上书，第 40 页。

"满洲中央银行奉天分行"。[2]

官银号总计发行奉票23类114种，约18亿元。平均每日汇兑款达5000万元。1924年末存款余额为5797万元，1928年末为24035万元，1930年末为228861万元。1924年末贷款余额为16975万元，1928年末为34551万元，1930年末为91503万元。发行纸币、兑换现银，是东三省官银号的重要策略。黑龙江和俄国西伯利亚等地历年生产的生金银两，多为官银号收购。买卖粮豆是官银号"以纸易金"的又一重要手段。每逢收购季节，各分号便携带大量纸币四处抢购，然后转运出口牟利。官银号还以相当的资金开办各类商业企业，在东三省各大中城镇及铁路沿线投资经营的有粮栈、油坊、烧锅、制粉、皮毛、缫丝、制糖、金矿、煤矿、电灯和当铺等11种行业百余家厂商，有的企业还在省外、国外设有分支机构，其中实力雄厚、买卖兴旺的有数十家，附属企业盈利额约占官银号利润总额的50%。[3]

图3-16　东三省官银号兑换券壹圆（1924年）[1]

1919年，北洋政府西北巡边使徐树铮提出设立边业银行，获得国务会议批准。次年9月正式成立，总行在北京。其后，相继在库伦、张家口、天津等地设立分行，资本金1000万元。

1924年，张作霖进入北京，边业银行业务陷于瘫痪。当年12月，天津分行负责人章瑞庭为了迎合张作霖，以兑让的名义把边业银行转给张作霖。张作霖用4个多月的时间进行改组筹备，把天津分行改为总行，指定张学良任董事长，其他要员几乎全部由东三省官银号抽调而来。该行新订资本金2000万元，实有525万元，实收的资本是张作霖从东三省官银号抽出10万两黄金和20万现大洋，用张家堂的名义认股500万元，东北边业银行实际上是东三省官银号在关内的化名。1926年，奉票暴跌，张作霖感到总行设在天津有诸多不便。于是6月底，把总行迁往奉天大

131

---

① 辽宁省地方志编纂委员会办公室主编《辽宁省志·金融志》，辽宁科学技术出版社，1996，第40页。

② 同上书，第42页。

③ 同上书，第43—44页。

南门里。奉天总行成立后，在东北各地先后设立分行 26 处。全国共有分行 30 余处，经营日趋复兴。

图 3-17　东北边业银行旧址

图 3-18　边业银行现大洋票拾圆（1925 年）①

边业银行自建立起，就拥有货币发行权。17 年中，发行了相当数量的大洋票和辅币票，张学良任董事长以后的发行额为 13 474 万元，前后共计 15 336 万元。后期发行的货币，不仅畅通东北境内，而且在津沪以及山东等地广为流通。②

1928 年，张学良主政东北后，学习国内外稳定货币与信用的做法，借助辽宁省四大发行银行和银号的共同信誉，挽救金融危机。1929 年 5 月 17 日，决定以东三省官银号为主体，联合东北边业银行以及中、交 2 个奉天分行，组成辽宁省城四行号联合发行准备库，共同发行准备库券——现大洋兑换券，与大洋通用。总库设在边业银行。准备库坚持准备金充足、保证兑现的发行原则。临时借用边业银行现大洋兑换券 1500 万元投放市场。由于准备金充足，能够完全兑换，民众乐于使用，持券求兑者日趋减少，市场日趋稳定。新库券以及东三省官银号、边业银行的现大洋兑换券，不仅在东三省市面畅通，而且在关内许多地区广为流通，被认为东北纸币中信用最佳的通货之一。九一八事变后，准备库解体。③

奉天兴业银行。宣统三年（1911），奉天都督张锡銮为了恢复生产、赈济灾民，拨款 30 万两沈平银，委派劝业道台陈兰熏成立奉天农业银行。该行成立后，奉省

---

① 辽宁省地方志编纂委员会办公室主编《辽宁省志·金融志》，辽宁科学技术出版社，1996，第 137 页。

② 同上书，第 46-47 页。

③ 同上书，第 47-48 页。

当局即赋予发行特权。1913 年，该行改为官商合办的奉天兴业银行，官股实际增至 70 万元，商股增至 60 万元，共有资本金 130 万元。1916 年，该行副总经理刘鸣岐等人与日本钱商勾结，把库款贷给日商，然后由日商出面挤兑现洋，引起了挤兑风潮。奉天当局将刘鸣岐等 5 人处决，并勒令兴业银行于 10 月 30 日停业。经过清理整顿，全部偿还了商股，把官商合办的兴业银行又改为官办。

图 3-19　奉天兴业银行旧址

（二）外国银行

1. 日本银行

1921 年，横滨正金银行奉天支店迁至今天的中山广场。奉天支店的业务遍及东北、华北各地。主要办理驻奉天（辽宁）的日本军政费用支付、代理发行正金银行券（又称日本钞票）。九一八事变后，参与对东三省各银行的接管和改组，是伪满"中央银行"的最大股东。1944 年，成为供应日军军需的特种银行。

图 3-20　1925 年日本横滨正金银行
奉天支店旧址

朝鲜银行奉天支店的前身是奉天小西关出张所，1916 年改为支店，是当时朝鲜银行在东北最大的支店。该支店主要代理日本政府国库业务，发行金本位银行券，办理在奉天（辽宁）的日本军政机关、事业单位公款收支等业务，成为日本政府在东北的金融殖民中枢。1936 年 12 月，日伪当局依据其金融一体化方针，将满洲银行、正隆银行、朝鲜银行及其在东北的分支机构，一律合并于伪满兴业银行及其分支机构。

日本帝国主义乘欧战之隙，加快了对辽宁掠夺的步伐。在鞍山、抚顺、本溪和安东等地开矿办厂掠夺资源的同时，也加紧了对金融业的掠夺。当时，在大连的进出口贸易中强行使用日本"正钞"和"日金"，中国的各种货币对外根本没有行市。

图 3-21　英国汇丰银行奉天支行旧址

2. 汇丰银行奉天支行和大连支行

1917 年，英国汇丰银行奉天支行在奉天市十一纬路开业。五四运动爆发后，该行利用商民、军阀与日本侵略者的矛盾，垄断了奉天市欧美商行的进口押汇、贸易结算和外汇牌价。1921 年，存款余额 450 万元。1930 年，存款高达 980 万元。1921—1931 年，平均每年放款 200 余万元①。

1931 年前，奉天省当局与日商一度断绝往来，该行汇兑业务更加迅猛，"仅汇兑每年平均获利 30 万元，约占利润总额的 40%"②。

图 3-22　美国花旗银行奉天支行旧址

3. 花旗银行大连分行和奉天支行

1925 年，美国花旗银行在大连市建立大连分行。1928 年，花旗银行在奉天商埠地十一经路建立奉天支行。开业不久就与汇丰银行奉天支行形成抗衡态势。该行在服务经营上狠下功夫。1928—1931 年，积极支持奉天军阀与欧美进行军火贸易，并积极拉拢军阀、官僚存款投资。1928 年，存款余额达到 600 余万元。③

① 辽宁省地方志编纂委员会办公室主编《辽宁省志·金融志》，辽宁科学技术出版社，1996，第 61 页。

② 同上。

③ 同上书，第 62 页。

二、政府财政收支

清朝末年，奉天省的关税、盐税留用，并能得到部款、协款，而支出方面的解款、协款比收到的部款、协款少。1912 年盐税 258 万银元、关税 416 万银元，共计 674 万银元由奉天省留用，因此收入较多。

从 1913 年起，奉天省原有的部款、协款全部取消，关税和盐税、铁路运费也上缴北洋政府，因此收入剧降，财政紧张。但通过强化征收、发行公债 500 万银元，向日资银行借款 100 万日元等方式，勉强维持。

1912—1915 年，奉天省的财政账面虽然收支有余，但并不反映真实的入不敷出的状况，"当时的内外债已经达到 1400 万银元"[①]。

张作霖执政后，采取各种措施，力求改变财政窘境。（1）减少向北洋政府上缴协济金。（2）以契税、酒税为担保，向日本借款 200 万日元。（3）发行奉天小洋票 1518 万元。（4）统一货币，推行纸币，发行不兑现的奉大洋 1212 万元、奉小洋票 481 万元（奉大洋 1 元兑换奉小洋 1.2 元），以纸币代替银元。后又发行奉大洋 1011 万元、奉小洋 569 万元。（5）举借外债，1918 年向日本再次借款 300 万日元。（6）发行公债，1918 年发行 500 万元，实际发行 326 万元。（7）增加赋税。

这些措施有效地改善了当时奉天省的财政。1918 年，财政结余 346 万银元，但财政仍欠外债 1200 万元。1919 年，"只欠外债 178 万元，内债 709 万元"[②]。

1921 年，张作霖掌控东三省全境后，财政有了进一步改善。"1921 年，财政结余 239 万元，内债只有 453 万元。"[③] 1922 年，第一次直奉战争爆发，张作霖开始大肆扩军备战，军费暴涨。为了筹措军费，张作霖开始大量增加税赋，普增 1~7 成。1922 年，军费占财政总支出的近 80%。

1924 年，第二次直奉战争爆发。据 1925 年 10 月 8 日《盛京时报》记载，此战共消耗大洋 1.5 亿元。1925 年，奉天省的财政账面虽然尚有结余，但实际上却有

135

---

① 辽宁省地方志编纂委员会办公室主编《辽宁省志·财政志》，辽宁人民出版社，2000，第 99 页。

② 同上书，第 100 页。

③ 同上书，第 100 页。

图 3-23　民国时奉天财政厅新址

2.3 亿元赤字。为了弥补亏空，奉天当局大量增发奉票，造成纸币贬值。现大洋与奉大洋的比值，1912 年为 1∶1.155；1924 年为 1∶1.715；到 1926 年，竟然达到 1∶3.681,奉票贬值了一倍有余。为了进一步搜刮财源，张作霖免去主张压缩军费、振兴实业的财政厅长王永江的职务，启用莫德惠为财政厅长，大力增加税赋，奉天省田赋增加 2.5 倍。此外，强行摊派公债。"1928 年，发行东三省整理金融公债现大洋 5 000 万元，实际推销 2 883 万元；发行省公债 1 亿元，发行奉大洋 5 000 万元、奉小洋 2.5 亿元。"①

　　1912—1924 年，奉票和奉天省物价还处于可控范围，奉票与现大洋的比值从 1.155 滑落到 1.715，贬值不到 1 倍。从 1924 年第二次直奉战争开始到 1930 年为止，物价开始失控。奉票从 1.715 直接贬值到 60，几乎变为废纸，而棉花、粮食这些物品价格上涨少则 30 倍，多则 100 倍，财政和金融完全失去控制。

---

① 辽宁省地方志编纂委员会办公室主编《辽宁省志·财政志》，辽宁人民出版社，2000，第 101 页。

第五节

民族工业兴起

民国初年，尤其是第一次世界大战期间，辽宁的工矿业有了快速的发展，出现了一个短暂的黄金时代。其原因：一是中华民国建立后，发布了一系列鼓励民族工矿业发展的政策；二是第一次世界大战爆发，帝国主义列强忙于混战，无暇东顾中国，暂时放松了对我国的经济压迫，加之战争期间需要大批工矿业产品，这就进一步刺激了中国民族资产阶级投资国内工业。

这一时期，奉天市出现了葡萄酒、汽水、啤酒、卷烟、陶瓷、搪瓷、火柴、化妆品、干电池等新兴产业。发展最快的就是印刷业、造纸业、饮料业和日用化学品工业。其主要变化是从手工业开始转向近代机械化工业，并出现了规模较大、能与外资抗衡的民族工业企业。而民办新企业的大量涌现，使得工业门类趋于全面。1922年成立的惠临火柴公司由于经营得法，短短两年获利甚厚。1924年，该公司收买倒闭的日资奉天磷寸会社，并与东北地区各火柴厂组成同业会，占领整个东北火柴市场，挤掉了称霸世界的瑞典火柴公司。1920年成立的奉天八王寺汽水啤酒酱油股份有限公司，是奉天第一家啤酒厂。爱国实业家杜重远创办的肇新窑业公司也是代表。[①]

1924年，杨宇霆参与创办的大亨铁工厂，以制造铁路车辆、铁桥、暖气、锅炉、起重机及各种机械设备而驰名省内外。1926年，张学良建成东北大学工厂，共有各种机器及电动设备1 200余台，面向社会从事各种客货车辆制造、修配以及铸造等。在生产经营多种机械产品的同时，还自制皮带车床和钻床，是奉天市最早生

---

① 沈阳市人民政府地方志编纂办公室编《沈阳市志·机械工业志》，沈阳出版社，2002，第4页。

产机床的厂家。1927年，刘凯平创办同昌行牙粉工厂，生产的"火车头牌"牙粉物美价廉，强于日货，驰名省内外。

据1929年统计，除油坊、烧锅、酱油等千余家旧式手工业户外，沈阳现代工业厂家已发展到574家，拥有工人1.3万余人（不含军工）。其中，纺织、印染工业居东北地区首位，纺织行业有54家工厂，资本总额326.22万元，工人5540人，年产纱1.4万件（每件40捆）、布25.11万匹；印染业有工厂33家，资本总额15.1万元，年染衣4200件、布90万匹。机械工业初露头角[1]。

同时，辽宁地方政府建立了一批具有影响、在全国具有领先水平的近代官办和民办军工、民用企业。这些奉系官僚以官办、官商合办形式成立的工矿企业，其建设速度和企业规模均为全国所罕见，奠定了辽宁近代以军事重工业为基础的产业格局。

一、率先发展的轻工业

（一）榨油业

民国时期，辽宁地区的榨油业有了进一步的发展，由最初的营口拓展至辽宁各地，少则数家，多则数十家，工厂规模日渐扩大，并开始采用机器生产。

1926—1929年，营口地区中国人经营的油坊增至23家，资本金总额为113.5万两炉银，从业人员829名，日产豆饼16.24吨[2]。代表企业东永茂，到1931年其资本金额达10万两，有水压式机器60部、工人69人。[3]

到九一八事变前，营口有新式油坊23家，资本总额为110.5万两炉银[4]。

---

① 沈阳市人民政府地方志编纂办公室编《沈阳市志·机械工业志》，沈阳出版社，2002，第4页。

② 高品卿主编《辽宁工业百年史料》，2003，第534页。

③ 杨晋源等：《营口县志》，辽宁民族出版社，1999，第65页。

④ 东北文化社年鉴编印处：《东北年鉴（1931）》，东北文化社年鉴编印处，1931，第1057页。

1913—1927 年是大连油坊业繁荣和鼎盛时期。由于日本殖民当局实行刺激油坊工业发展的政策，中国民营资本大举进入大连，开设油坊企业。1912 年，开设新顺洪、信昌东 2 家油坊；1913 年，又开设 5 家油坊；1914 年，新开设 8 家；1915 年，新开 4 家，这时大连的民族资本油坊增至 50 家；1921 年，新开 13 家；1922 年，开设 8 家；1923 年，开设 3 家。到 1923 年，大连的民营油坊企业达到 78 家[2]。各家资本金在数万至数十万元。

图 3-24　油坊工人在车间装油入桶[1]

大连油坊年产豆饼量，少则数万片，多则数十万片。如成裕昌油坊年产 84.4 万片，晋丰年产 73.8 万片，和泰年产 67.6 万片。如果以 1908 年指数为 100，1913 年则增为 594，1918 年更增至 1 377，1923 年增为 1 751，1928 年为 1 451，1930 年为 1 695。当时油坊业流传着"白喝油"的说法，意思是"卖了豆饼白赚油"，说明大连油坊业利润之大。大连油坊业虽然获得相当利润，但受惠最大的还是日本财阀和美国资本家。

1924—1925 年，东北大豆遭水灾，同时因"奉票"贬值，大豆价格暴涨，大连油坊业的发展受阻。但 1926 年后，因日本国内豆饼需求量大增，大连油坊业又得到恢复和发展。这一时期，大连油坊业广泛采用先进生产技术，使豆油、豆饼产量骤增。1927 年，大连油坊业的总数为 87 家，豆饼产量为 4 050 万片，比 1925 年增长了 45%，占东北全地区豆饼总产量的 56%。1927 年是大连油坊业发展史的鼎盛时期。

1929 年，世界经济危机爆发，日本农业生产遭到严重破坏，同时日本国内已经能够生产低价化肥替代豆饼。在这两大因素影响下，大连油坊业遭受沉重打击，出口锐减。油坊户数由 1927 年的 87 家减少到 59 家，豆饼总产量 1929 年比 1926 年下降了 50% 以上，行业出现危机。

---

[1]　营口市史志办公室编《营口百年图志》第 1 册，辽海出版社，2007，第 44 页。

[2]　大连市工商联：《大连油坊业史略》载《辽宁文史资料·第 26 辑　工商专辑》，辽宁人民出版社，1989，第 57 页。

日本殖民当局立即寻求对策，一方面以新工艺提高出油率以降低成本，另一方面扩大大豆产品的其他用途，使油坊业得以恢复增长。总的来看，20世纪大连油坊业得以发展壮大，除了"满铁"实行的一系列优惠政策外，优越的港口条件、交易和金融方面的便利也都是有利的条件。

民国年间，奉天的榨油工业发展也很快。1916年，沈阳县有豆油作坊49家。1918年1月，奉天城内共有10余家油坊，多是旧式油坊，新式的机械油坊只有永丰庆一家。① 当时，奉天城内大西关的三畲油坊系张作霖经营，也采用旧式榨油法，资本金却有10万元之多，豆饼产量4万片。到1919年，奉天油坊企业达到20家②。1924年，奉天城内22家油坊，有从业人员588人，人最多的油坊有42人，资本金共计227.9万元。年产豆饼198.65万片，价值496.63万元；年产豆油4 966.25吨，价值248.31万元。③

安东的榨油工业发展也很快。1915—1916年，安东拥有较大的民营机器油坊11家。其中，拥有资本3万元的有5家，资本2万元的有2家。④ 1919年，安东油坊企业增至15家。⑤ 到1921年，安东油坊企业进一步增加到25家，年产豆饼由30万片增加到500万片，增长16倍多。⑥ 1924年，安东油坊已发展到26家，用汽桩机器生产，全年共制大豆60余万石，产油2 590多万斤，豆饼510万片。油质提炼清洁，号曰"精油"，畅销上海、汕头、朝鲜、日本等地。⑦ 安东油坊业创始时，生产设备和方式都很落后，之后各家的生产设备和技术不断改进和提高。到1926年，安东全市油坊业均废除了木制榨油机，完全为柴油螺旋和水压式榨油机⑧。此外，铁岭、辽阳、盖平、海城等其他城镇也开设不少油坊。

---

① 高品卿主编《辽宁工业百年史料》，2003，第535页。

② 中央银行总管理处：《东三省经济调查表》，1919，第39页。

③ 同①。

④ 辽宁省档案馆藏《奉天巡按使公署档案》3638。

⑤ 中央银行总管理处：《东三省经济调查表》，1919，第85页。

⑥ 同①书，第536页。

⑦ 张其卓：《志海求艺》，辽宁人民出版社，1991，第219页。

⑧ 宋瑞宸：《解放前安东的油坊业》，载《辽宁文史资料·第八辑》，辽宁人民出版社，1984，第112页。

总的来看，民国时期辽宁榨油业的兴盛主要是由于第一次世界大战爆发，世界各国因战争需要从中国进口大量的豆油和豆饼，大部分靠中国东北（主要是辽宁）油坊供应。到1917年，全省共有榨油业作坊593家，豆油产量达到12 144吨。

到1931年，大连、营口、安东的油坊生产额为5 729万元，占全东北7 645万元的74.9%。其中，大连为4 188万元，占全东北油坊生产额的55%；营口为829万元，安东为651万元，分别占全东北的10.8%和8.5%。

（二）食品业

1920年，当时东北官银号总稽核、沈海铁路督办张惠霖，奉天工商会金哲忱，辽宁储蓄会王枢垣等人集资66万元奉洋，在大法寺门前创办奉天八王寺汽水股份有限公司。公司占地2万平方米，以生产汽水为主。后增添德式啤酒机1套，请来德国啤酒技师，生产啤酒。同时还增设1座酱油厂。1922年，正式定名为奉天八王寺汽水啤酒酱油股份有限公司，生产"金星"啤酒、"金锣"汽水、酱油等产品。1923年，企业正式投产。拥有汽水机2部，年产量3万箱，远近驰名。产品销往天津、上海及东北各地，最高年产量1 382吨①。1926年，因为洋货倾销，公司经营不振。翌年，地方当局为了扶持民族企业，准许八王寺汽水公司三年不缴纳税金，生产经营复兴，年产啤酒10万箱、汽水16万大箱，产品畅销东北市场②。

1923年6月，山东人马云生开办济宁酿酒厂，生产果露酒、葡萄酒，资本2 400元。1934年产大露酒、葡萄酒、白兰地酒约9吨。1927年5月，河北人董会勤开办大吉顺酿酒商店，有资本2万元。1939年，已经能够生产白兰地、玫瑰露、状元红等名酒。20世纪30年代，沈阳生产果露酒的有14家企业，其中民族资本企业5家、日资企业9家。③

141

---

① 沈阳市人民政府地方志编纂办公室编《沈阳市志·轻工业志》，沈阳出版社，1994，第18页。
② 辽宁省地方志编纂委员会办公室主编《辽宁省志·轻工业志》，辽宁民族出版社，2005，第289页。
③ 同①书，第29页。

（三）纺织业

1. 棉纺织业

清光绪三十三年（1907）至民国三年（1914），东北地区棉布产量见表3-7。

表3-7　1907—1914年东北地区棉布产量①

年份	棉纱输入量/担	织布用纱/担	织布产量（大尺布）/万匹
1907	60 906	48 724	146
1908	110 457	88 365	265
1909	155 736	124 588	373
1910	131 402	105 124	315
1911	133 935	107 148	321
1912	132 754	106 203	318
1913	138 503	110 802	332
1914	169 404	135 533	406

第一次世界大战爆发后，美英等帝国主义国家忙于战争，对中国的棉纱、棉织品输入锐减，特别是1915年，全国爆发了反对"二十一条"卖国条约的爱国运动，掀起了抵制日货、奖励国货、生产爱国布的浪潮。在民族精神的驱动下，商民群起办厂，奉天民族棉织业的发展进入兴旺时期。

1915年，奉天市有工厂百余家，织机7400台，年产布235万匹。主要织布工厂有12家，织机535台。1920年，私营棉织工场发展到近百家，从业人员1700人，年产棉布28万匹；个体手工织布业有60余户240人，年产布3.6万匹。这一时期，生产技术有了很大改进。手拉梭代替原来的手扔梭，并开始使用日本进口和

---

① 辽宁省地方志编纂委员会办公室主编《辽宁省志·纺织工业志》，辽宁民族出版社，2001，第73页。

国内改良的自动足踏织布机。格布、花旗布、条布等新品种也陆续问世。产品不仅畅销本埠及外地，还输出到沙俄。①

到 1929 年，沈阳民族资本纺织企业增至 50 余家，其中规模较大的除奉天纺纱厂外，还有纯益缫织公司、东兴色染纺织公司等 20 余家。其中，规模较大的近代纺织工厂中就有 13 家是日资兴办的，拥有的纱锭数量约占当时纱锭总数的 60%，民族资本纺织企业经受着竞争中日资的打击，在抗争中求得生存和发展。②

1915 年，营口有工厂 140 多家，织机 1 000 多台。1918 年，织布厂增加到 200 家。其中，惠中、华盛两厂使用动力织布机。1915 年 3 月，安东当地最早的动力织布厂即双兴工厂开业。之后，又相继开办了东茂、春记、远大号、茂盛等十余家织布厂。辽阳兴建了两家以蒸汽为动力的织布厂，其中大业织布厂有日本丰田织机 24 台，竹宜织布厂有织机 15 台。1917 年，在金州创立东兴棉织厂，有织机 18 台。翌年，义顺永织布厂开业。1918 年，奉天棉织物制造工厂有 942 家，职工 3 582 人。③

第一次世界大战结束后，帝国主义列强重新侵入辽宁市场，辽宁织布业受到冲击。由于原料和销售问题及银价跌落，生产极不稳定。至 1929 年，沈阳、营口、安东、铁岭等地有手工业织布工场和专业织布厂 497 家，织机 5 685 台。农村副业织布机无确切数字，当时全东北织布机约 1 万台，年用纱 10 万~15 万捆，辽宁约占 80%。④

1930 年，省内生产棉纱 79 937 件、棉布约 276 万匹。⑤ 第一次世界大战前，单独织布工场数量不多。

1923 年以前，奉天省只生产棉布，没有机纺纱，只能供应本省需要量的 20% 左右。日俄战争后，日本棉纱大量倾销东北。清宣统二年（1910），日本棉纱输入量占总输入量的比重，从清光绪二十七年（1901）的 9% 上升到 69%；而印度棉纱

---

① 沈阳市人民政府地方志编纂办公室编《沈阳市志·轻工业志》，沈阳出版社，1994，第 353 页。

② 同上书，第 348 页。

③ 辽宁省地方志编纂委员会办公室主编《辽宁省志·纺织工业志》，辽宁民族出版社，2001，第 44 页。

④ 同上。

⑤ 同上书，第 64 页。

输入量占总输入量的比重却从光绪二十七年（1901）的85%下降到19%。①

第一次世界大战前，关内棉纱进入东北的数量仅占4%。大战期间，中国棉纺织厂崛起，关内棉纱以廉价进入东北和辽宁市场。1918—1920年，进入东北的全部棉纱中，日本纱和关内纱各占49%。之后关内纱比重大幅度增加，1926—1931年上升至73%~80%，日本纱下降为19%~26%。②

1923年，奉天纺纱厂投产，当年生产棉纱1402件。到1925年，有4个棉纺厂投产，生产棉纱约4万件。1929年，辽宁棉纱供应本省织布近3万件，占织布用纱总用量的30%左右。从国外进口和关内进入的棉纱约80%用于织布，20%用于针织及其他。用于织布的棉纱，辽宁省用量约占80%，东北其他各省用量为20%左右。③

到1930年，辽宁棉纱产量已接近8万件。棉纱产量增加，给东北地区织布工业的发展提供了原料，改变了以往织布用纱完全依赖国外和关内的状况。详见表3-8。

表3-8　1926—1930年辽宁各厂棉纱产量 ④　　　　　　单位：件

厂别	1926年	1927年	1928年	1929年	1930年
奉天纺纱厂	13 726	15 421	17 125	20 783	37 800
满洲纺绩株式会社	9295	11 132	8 764	13 665	15 600
内外棉金州支店	13 306	8 248	11 461	15 620	18 000
福岛纺绩株式会社	5 468	8 438	8 537	10 509	8 537
合计	41 795	43 239	45 887	60 577	79 937

奉天纺纱厂是20世纪20年代东北地区规模最大的纺织企业，是辽宁近代轻工业发展壮大的标志。

---

① 辽宁省地方志编纂委员会办公室主编《辽宁省志·纺织工业志》，辽宁民族出版社，2001，第55页。

② 同上。

③ 同上。

④ 同上书，第70页。

第一次世界大战结束后，各国民生凋敝，实业萧条，产品供不应求。而东北百姓所需纱布主要依靠进口，群众负担沉重而企盼国货。为了稳定民生，张作霖决定以政府之力开办纱厂。最初资本为450万元奉大洋，由奉天省财政厅投资250万元，其余200万元由东三省官银号、中国银行、交通银行以及由王永江下令各县摊派筹集。

图 3-25　奉天纺纱厂旧址

1925年，奉天纺纱厂拥有所谓商股211.17万元（每100元奉大洋为1股）。上述股份中，以奉、吉两省各县摊派的股份最多，占58.5%。在奉天省各县中，投资100股以下的有辽阳县、开原县、安东县；100～500股的有抚顺县、桓仁县、本溪县、庄河县、铁岭县、兴城县、北镇县、绥中县、西丰县、盖县、辽中县、凤城县、岫岩县、复县、宽甸县、法库县、康平县、锦县、新民县；500～1000股的有沈阳县、昌图县、营口县、海城县。吉林省百股以上的有7个县。奉天纺纱厂先后从美商慎多洋行购置纺纱机2万锭、织布机200台以及全套发电设备。当年生产棉纱1402件（合251.16吨）、棉布19418匹（合71万多米）[1]。

奉天纺织厂投产后获利甚厚，当年即获利30万元奉大洋。1924—1926年，纯利分别达到56万元、143.48万元、166.74万元奉大洋。[2] 1927年，获纯利713万元奉大洋，1929年达到5200万元奉大洋，利润增长惊人。其产品畅销省内外，供不应求。所产纱布仅批发而不零售，辽宁省内代卖商号达50余家，代卖条件还颇为苛刻，即各代卖商号必须先找可靠铺保，写明取货的最高限额，取货后限30天内交款，所有买卖损益归各商号自己负担。然而因为该厂产品质地优良，销路日广，从来没有压货之说。详见表3-9。

---

① 沈阳市人民政府地方志编纂办公室编《沈阳市志·轻工业志》，沈阳出版社，1994，第353页。

② 同上书，第363页。

表 3-9　1932—1944 年奉天纺纱厂主要产品产量①

年度	棉纱/件	棉布/匹	年度	棉纱/件	棉布/匹
1932	12 001	62 000	1939	11 501	68 553
1933	14 211	64 000	1940	9 749	63 247
1934	15 401	78 000	1941	8 821	85 742
1935	18 410	74 000	1942	11 366	58 000
1936	17 748	88 384	1943	9 911	50 000
1937	18 593	142 605	1944	4 190	21 000
1938	78 011	142 508			

　　1923—1930 年，辽宁 4 个全能纺织厂中的奉天纺织厂和满洲纺绩株式会社的织布工场先后投产。1930 年，辽宁棉布产量约 275 万匹，其中，具有一定规模的织布工场的棉布产量为 121.6 万匹，规模较小的地方手织业棉布产量为 154 万匹。在地方手织业中，奉天 100 万匹、营口 18 万匹、安东 2.68 万匹、铁岭 33.25 万匹。②

　　1917—1918 年，奉天天增利、至诚永、兴盛三家织布厂先后购进铁轮提花机生产仿洋提花线缎，花色新颖美观，是奉天省生产提花织物的先驱。1920 年后，奉天动力织布机逐渐增加。1928 年，奉天有 174 家工厂（2 852 台织布机），使用电力的有 81 家，用人力的有 71 家，电力、人力并用的为 2 家。辽宁使用的动力织机，80% 为奉天、营口、安东制造，20% 为日本制造。营口、奉天多生产窄幅布机，安东多生产宽幅布机。

　　奉天省针织工业始于清宣统元年（1909），奉天出现生产线袜、毛绳衣和手套的工场和作坊。奉天省的针织手工业作坊（当时主要是生产袜子、手套、毛绳衣）大都在奉天市。1913 年，春和兴针织厂在大西关正式开业，日产袜子 22 打、手套

---

① 沈阳市人民政府地方志编纂办公室编《沈阳市志·轻工业志》，沈阳出版社，1994，第 362-363 页。

② 辽宁省地方志编纂委员会办公室主编《辽宁省志·纺织工业志》，辽宁民族出版社，2001，第 73 页。

6 打，是全市开业较早的针织工厂之一。① 1917 年，奉天有针织手工业作坊 470 家、从业人员 1 845 人，平均每家 3.9 人。②

1926 年，大连市开始生产针织内衣。1915 年，营口有各种袜机 280 台。20 世纪 20 年代，奉天省织袜业有了发展。1921 年在奉天、安东出现针织机械工厂，织袜机由过去靠进口转而由本省生产，产品销往全东北。1925 年，营口织袜作坊发展到 120 家，年产袜子 26 万打，奉天省织袜业进入发展时期。1929 年，辽宁的针织行改为针织业公会。③

清宣统元年（1909），奉天模范监狱工厂有 20 台毛巾织机。1918 年，全省年产毛巾 35 489 方，有制造厂 24 家、职工 96 人。1931 年，营口生产毛巾的厂家共有 11 家，织机约 100 台，其中广发成、永发合 2 家年产毛巾 1.3 万打，其余各厂年产不过两三千打。④

宣统三年（1911），锦州府第一工厂生产丝光布，该布又称改良爱国布。1912 年，商人周巨人、唐余九合资在海城北关创办和聚涌制丝厂。奉天合资经营的全义铁工厂，开始生产染色机、整经机以及相应的机配件。奉天以煤油为动力的大业昌和广业织布厂开工生产。

1917 年，安东县桓兴丝厂、华安丝厂、远记丝厂生产的蚕丝，铁岭县传艺工艺所、锦县私立第一工厂、锦县官立工艺局、辽阳县大业公司、镇安县（今黑山）维新公司和广宁县（今北镇市）广裕实业工厂等 6 个厂生产的布匹，被列入中华民国农商部著名国货清册。⑤

2. 制革和鞋帽业

1916 年，奉天地区有皮革厂（作坊）645 家；1920 年有 695 家，每年加工各种皮革 874 吨，总价值 8 547 587 元（银元）。1927 年前，奉天有制革业（作坊）65 家，年产法兰皮、细皮、各种熟革 250 吨（5.4 万张）。

---

① 沈阳市人民政府地方志编纂办公室编《沈阳市志·轻工业志》，沈阳出版社，1994，第 408 页。

② 辽宁省地方志编纂委员会办公室主编《辽宁省志·纺织工业志》，辽宁民族出版社，2001，第 186 页。

③ 同上。

④ 同上书，第 203 页。

⑤ 同上书，第 433 页。

锦州的皮毛业兴起于汉代，发展于清代和民国初年。因交通便利、原料充足、销路畅通等诸多有利条件，锦州皮毛业在这一时期得到了长足的发展。民国初年，锦州皮毛业共有大小店铺 138 家、工人 2 600 人，年产皮货 130 万张，产值约 500 万元。这一时期，锦州皮货畅销关东三江、内蒙古、直隶等地，有的远销海外①。

1915—1931 年是锦州皮毛业鼎盛时期。从业厂有 160 家之多，从业工人有 7 000 多人。当时，锦州皮毛业在锦州的地位举足轻重，承担了锦州商务会费用的三分之一，占有当地银行存款的最大比重。1927 年，锦州有 130 家皮铺，匠工 6 000 多人，年产皮毛 130 万张（自然皮），为东北皮毛集散地，并享有"锦州皮毛第一"的盛誉。

1919 年，张作霖开办陆军被服厂、制革厂，生产军用革制品，这是奉天市建厂较早、规模较大的近代皮革工厂。20 世纪 20—30 年代，辽宁民族资本开办的较大制革厂主要有 3 家，即 1922 年在小北关开办的东亚皮革厂、1927 年建于西下洼的中华制革厂和 1930 年开办的华东制革厂。1929 年，沈阳成立制革同业公会，有会员 82 家，其中 40 家采用烟熏法和硝鞣法制革，其余 42 家开始采用新式铬鞣法制革。同年成立的细皮业同业公会有会员 66 家，年产细毛皮 11.2 万张。

1917 年，日本资本开始染指奉天市皮革毛皮业，开办满洲皮革制造会社、森川皮革部、日华制革公司 3 家制革厂。1920 年，又开办满蒙殖产株式会社奉天工场。1921 年，在奉天市经营毛皮业的日资代理商多达 20 余家。到 1931 年，日资在沈阳共开办 16 个畜产、皮革商社和 4 个制革工厂。②

1931 年九一八事变前，沈阳市有皮革厂 54 家，每年生产芝麻皮、法兰皮、红皮 4.5 万张左右，有工人 454 人。1922—1927 年，奉天皮革、皮毛出口英、美、德、日、朝鲜等国。据统计，经过安东出口 35 627 张，通过大连出口 218 319 张，通过牛庄出口 10 350 张，共计 264 296 张。1923—1927 年，出口的皮革皮毛总值 5 824 495 海关两。③

九一八事变前，沈阳民族资本开办的皮鞋厂有 40 家。1931 年减至 25 家，从业

---

① 锦州市民建、工商联：《锦州皮毛业》，载《辽宁文史资料·第 26 辑　工商专辑》，辽宁人民出版社，1989，第 185 页。

② 沈阳市人民政府地方志编纂办公室编《沈阳市志·轻工业志》，沈阳出版社，1994，第 135 页。

③ 辽宁省地方志编纂委员会办公室主编《辽宁省志·手工业志》，辽宁民族出版社，2005，第 361 页。

人员 675 人，日产皮鞋 469 双、皮靴 10 双。① 20 世纪初，织毯业户相继增至 18 家，织造工艺相当出色，饮誉关内外。②

1929 年，沈阳市约有服装鞋帽企业 880 家、从业人员 3 486 人。合伙经营的多为生产规模稍大的服装工厂（场），即军衣厂、西服店等。③

东北沦陷时期，沈阳西服业由于传入技术不同分为多种流派。沈阳站一带是外国人西服业集中的地区，有日本、朝鲜、苏联等国人开办的西服店。中国人开办的西服店多在中街一带，其中又分为南派和北派。南派讲究式样，擅长制作女式西服，是南方与哈尔滨地区手艺人技术的结合；北派追求做工，擅长制作男式西服，是以沈阳、长春为代表的手艺人与日本技术的结合。外国人开办的西服店又分为俄国派和日本派。俄国派是指移居在哈尔滨道里的苏联人西服技术派。日本派是指东洋服装技术派，当时做工技巧稍高，生意也较为兴隆。

3. 染色业

民国初年，由于外来棉花增多，奉天省棉织工场发展很快，染坊也随之发展起来。1921 年，庄河县开设 42 家，奉天开设 12 家，营口县有染坊 32 家（染线者不在内），本溪县有 7 家，昌图县有 10 家（年产 3 450 匹）。由于染坊投资小、获利大，故奉天各地均有设立，但规模较小，均以手工操作为主。

1924 年 9 月，由陈维则发起、张惠霖赞助创办的东兴色染纺织公司在奉天市诞生，这是奉天省最早的、规模较大的机械染色工场。最初资本为 16 万元奉票，1928 年增至 24 万元。1926 年，正式开工投产，有厂房 320 间、职工 2 000 余名，年产白大布 10 万匹④。有织染设备 300 余台⑤，可染直接、盐基、硫化、还原各种染料的杂色布，产品供不应求。

1929 年，沈阳天益合、泰昌、天庆涌、沈阳染厂、新工染厂等规模较大的机械染色工厂相继开设，原手工作坊也逐渐改良。同时，由于国外染料的输入，染业在

---

① 沈阳市人民政府地方志编纂办公室编《沈阳市志·轻工业志》，沈阳出版社，1994，第 142 页。

② 同上书，第 174 页。

③ 同上书，第 203 页。

④ 同上书，第 356 页。

⑤ 辽宁省地方志编纂委员会办公室主编《辽宁省志·纺织工业志》，辽宁民族出版社，2001，第 93 页。

设备技术方面日益进步。当时辽宁染业分为 3 种：一是机械染厂，专染花旗布和士林细布；二是手工染靛染坊，染花旗布、大布、麻花布；三是弹染，洗染各种新旧衣片等。① 到 1929 年，沈阳棉纺织工厂和手工业工场发展到 50 余家，其中有 20 余家已安装电力织布机。②

4. 缫丝业

20 世纪 20—30 年代，辽宁缫丝工业发展迅速。1923 年，有缫丝工厂 124 家，拥有缫丝机 30 619 台，年产丝 1 650 吨。1934 年，年产量上升至 2 914 吨。③ 随着缫丝业的发展，产品质量和工艺技术要求也随之提高，然而"民人不知建筑之方、饲育之法，故丝多不良，不知化学之染色，新式之织花，是宜设立蚕业讲习所及染织学校而归以谋改革"④。有鉴于此，"1915 年，奉天省立甲种农业学校蚕学科招生，拟由各县调取蚕科学生，以便提倡蚕业普及。"⑤ 其后，分别在安东、岫岩等地设立专门的柞蚕讲习所，对于促进养蚕和缫丝工艺改良起到了一定作用。随着战后经济恢复，国际市场商品需求量剧增，以进出口贸易为导向的安东丝纺工业得到迅猛发展，设备、工艺产品快速更新，规模扩大。"1920 年，安东有民族资本缫丝厂 25 家，资本 39.9 万银两，日平均从业人员 476 人，拥有缫丝机 8 970 台。"⑥ "到 1929 年，安东柞蚕缫丝工厂有 37 家。"⑦

随着缫丝业的发展，部分爱国的民族资本家看到当时国际市场上的日本绸、德国绸很多是用我国产的蚕丝织造的，而售价高出丝价几倍乃至十几倍，他们对此深感痛心，于是奔走呼吁发展丝绸工业。安东的大小 50 余家织绸厂迅速发展起来。

1913 年，山东人张守业开办缫丝织绸漂染联合厂。他聘请同乡人杜梦九为经理，杜梦九的儿子杜筱泉颇有经济头脑，他看到柞蚕丝卖到日本后被加工织绸而获得厚利，于是便购置先进的机器设备，开始涉足织绸业。后来他进一步将业务扩展

---

① 辽宁省地方志编纂委员会办公室主编《辽宁省志·纺织工业志》，辽宁民族出版社，2001，第 94 页。
② 沈阳市人民政府地方志编纂办公室编《沈阳市志·轻工业志》，沈阳出版社，1994，第 356 页。
③ 同①书，第 116 页。
④ 辽宁省档案馆馆藏：奉天省长公署档《建议全省实行种柞养蚕，以开利源》，档号 JC10-7068。
⑤ 胡玉海、里蓉主编《奉系军阀大事记》，辽宁民族出版社，2005，第 113 页。
⑥ 张福全：《辽宁近代经济史》，中国财政经济出版社，1989，第 119 页。
⑦ 东北文化社年鉴编印处编《东北年鉴》，东北文化社年鉴编印处，1931，第 1063 页。

到丝绸漂白和染色生产。其产品畅销一时，效益显著，在当时的安东丝绸行业名列榜首。

1925 年，浙江商人罗坤祥开办缫丝织绸联合生产厂。他聘用山东人韩心田为经理，拥有电力铁木织绸机 100 台，年产柞丝绸 140 余万米，产品远销英、德、意、瑞士和印度等国，从而跻身国际丝绸行业。"单鹿""双鹿"商标的柞丝绸信誉卓著，在国际市场上享有盛名。

1918 年 11 月，官银号总办刘尚清集资 25 万元奉票在大北关开办纯益缫丝公司，占地 47 亩，拥有缫丝机 400 架、织布机 150 架，年产花素绸 8 000 匹、纯丝 300 担。所用原料为辽南各县所产的柞蚕丝。由于采用新的工艺，生产的花素绸坚固耐用，质优价廉，深受消费者欢迎。纯丝销往日本，成为奉天市当时主要的出口商品。①

1927 年春，恰逢奉币毛荒，该厂资金周转不灵。同年 3 月 1 日，归东三省官银号接办，改定资本金额为国币 25 万元，并在安东建缫丝厂 1 处、丝站 1 处，在海城增建第二缫丝厂和茧站各 1 处，年产灰丝 2 000 余箱（约合 100 吨）、药水纯丝 300 余箱（约合 15 吨）、花素奉绸 8 000 匹。②

表 3-10　1928 年奉天省缫丝业发展状况统计表③

地区	工厂数	矿机数/台	开动数/台	工人数/名	柞丝生产额/斤
安东	40	7 794	6 087	6 991	546 300
凤城	19	475	475	480	39 100
岫岩	70	3 078	2 528	3 056	103 150
庄河	21	1 112	1 112	1 102	69 800
复县	10	2 236	1 341	1 700	120 100
海城	5	2 118	740	740	71 200

---

① 沈阳市人民政府地方志编纂办公室编《沈阳市志·轻工业志》，沈阳出版社，1994，第 402 页。

② 同上书，第 347 页。

③ 丹东市民建、工商联：《丹东柞蚕丝绸发展简史》，载《辽宁文史资料·第 26 辑　工商专辑》，辽宁人民出版社，1989，第 133 页。

表3-10(续)

地区	工厂数	矿机数/台	开动数/台	工人数/名	柞丝生产额/斤
盖平	11	2 046	130	1 350	86 450
辽源	5	130	1 350	150	2 650
西丰	43	1 484	1 454	1 670	69 000
合计	224	20 483	15 217	17 239	1 107 750

1914—1928 年是奉天省柞蚕产量最高时期，平均年产 81 亿粒，最高年份是 1915 年，达 106. 17 亿粒。[①]

（四）其他轻工业

1. 窑业

以烧窑、制砖为主的窑业是辽宁的传统手工业。海城黄瓦窑是清代东北著名官窑。黄瓦窑在清入关前已有窑工 600 余名，各种能工巧匠尚未计算在内。到 20 世纪初，辽宁各地仍有许多瓷窑和砖瓦窑。宣统二年（1910），日本"满铁"开办陶瓷器工厂。1920 年，以此为基础成立大华窑业公司，生产各种瓷器。大华窑业规模宏大，基本占据了东北市场。

1922 年，民族实业家杜重远从日本工业学校制陶专业学成回国，决心振兴民族窑业。1923 年 3 月，杜重远在各方支持下，筹资 6 000 元，于奉天市大北门外创办肇新窑业公司。当年生产青砖 300 万块。经过三年发展，肇新窑业公司度过了初创的种种艰难时期，三年共获利 7 万余元，股东十分满意，杜重远一时声名鹊起。1926 年，杜重远任奉天市商务会副会长。1928 年，他又领导了反抗复加警捐的斗争，深得工商界的信赖和赞誉。

1928 年，张学良面允边业银行拨出现洋 12 万元，作为个人股本投资肇新窑业股份有限公司。省政府也贷款 30 万元，用于新建制坯、绘釉等车间。当年试制出

[①] 辽宁省地方志编纂委员会办公室主编《辽宁省志·纺织工业志》，辽宁民族出版社，2001，第119页。

第一批瓷器制品，产量 50 余万件，并以低于日货 70%~80% 的价格出售，畅销东北各地。① 1929 年，生产瓷器制品 300 余万件。

为扩大生产，杜重远致力于发展机器陶瓷业，在张学良将军的赞助下，先后解决了资金、技术人才、原材料和机器设备等诸多问题。生产的瓷器精美，成本仅为外国瓷器的三分之一，销路遍及东北。1930 年末，生产瓷器 800 万件，平均每件价值现大洋 4 分钱，仅为日瓷的一半。1928 年，在上海中华国货展览会上，肇新窑业的机器制造的瓷器参展，被评为优良产品。1929 年，该厂又建筑烤窑②。

1930 年，肇新瓷器产品获准免税，并被获准开采抚顺三道沟长石矿，以作为原料基地。省政府当局训令各县大力推销肇新瓷器，称赞肇新瓷器"精奇可观，人争购用，销路畅旺"。当年 1—8 月生产 20 多种花色、规格的瓷器 553 万件，但仍供不应求。年末，肇新窑业股份有限公司员工发展到 900 人。随着肇新瓷器迅速占领东北市场，日资兴办的大连大华瓷器销量锐减。

为此，日本人以肇新窑业公司挖其墙角为由，起诉到经济法庭。杜重远严词答辩：中国工人愿意到中国人开办的工厂做工，乃是上关主权、下关人权之所为，无可非议之举。在沈阳民族工商业户的声援下，日方以败诉而告终，被迫转产耐火砖。此时，东北日用瓷器生产唯"肇新一帜"。④

图 3-26　肇新窑业公司③

到 1931 年，肇新窑业公司共有筑窑 14 座、机械 26 台，瓷器生产能力 1 200 万件。九一八事变后，日伪劫收时也认为其设备完善，这在本省也是少见的。肇新窑业公司不仅有现代化的设备，而且有先进的技术和最完善的经营管理。该公司的创设和发展凝结了许多爱国志士的心血及技术人员和广大工人的创造性劳动，并得到了东北地方当局的大力支持，成为当时东

---

① 沈阳市人民政府地方志编纂办公室编《沈阳市志·轻工业志》，沈阳出版社，1994，第 102 页。

② 杨振禹：《肇新窑业公司经营始末》，载《文史资料选辑》第 5 辑，辽宁人民出版社，1965，第 127 页。

③ 沈阳市人民政府地方志办公室编《沈阳图志》，沈阳出版社，2013，第 146 页。

④ 同①。

北民营企业发展的典范。

奉天省搪瓷制品业兴起于 20 世纪 20 年代。1927 年，李西箴在奉天市小西边门开办宁北珐琅厂，有资本 5 万元、职工 20 人，年产搪瓷面盆 23 万个。①

2. 造纸业

奉天省机器造纸业始于 1918 年。1928 年，全省有纸坊 29 家，其中奉天市有 21 家，其余分散在辽阳、锦州等地，手抄纸和机制纸产量各占 50%。②

1923 年，民族资本家韩麟铖在丹东六道沟成立烧锅（机械制酒厂）。1927 年，改行成立六合成制纸工厂。当时仅有日本的抄纸机 1 台、烘缸 1 个。该工厂先利用鸭绿江制纸株式会社木渣子、纸边子和东沟县境内芦苇为原料，抄制烧纸。1928 年，改为抄有帘纹的机制毛边纸。虽日产不足 1 吨，仍尚有微利。1929 年春，六合成制纸工厂因意外火灾被焚毁，韩麟铖无意继续经营，就由奉天省政府接办。不久，该厂移交地方政府经营。1930 年，奉天省财政厅、东三省官银号、边业银行给韩麟铖增资币金 70 万元，聘请美国工程师负责技术（月薪 1600 银元）。从奉天英商慎昌洋行购入全套设备 18 台，试生产黄表纸 680 吨。当时韩麟铖力谋发展，积极策划，任命董宝麟为经纪人。九一八事变后，工厂停业。③

3. 盐业

民国时期，辽宁黄海沿岸有庄河盐场，渤海沿岸有营盖、复县、兴绥、锦县、盘山等盐场。

营（口）盖（州）盐场：有 6 个滩区 1152 个盐田，盐田总面积为 99304 亩，南北约 30 千米，东西 1~3 千米。产盐量，最高年份 350 余万担，最低年份 200 万担，为当时各盐场之首。

复县盐场：有 8 个滩区 940 个盐田，盐田总面积为 69029 亩。产盐量，最高年份 240 余万担，最低年份 40 万担。1912—1931 年，平均年产量 114.2 万担，仅次于营盖盐场。

庄河盐场：有 12 个滩务所 300 个盐田，盐田总面积为 39658 亩。产盐量，最

---

① 沈阳市人民政府地方志编纂办公室编《沈阳市志·轻工业志》，沈阳出版社，1994，第 97 页。

② 《辽宁造纸工业史略》编委会编《辽宁造纸工业史略》，辽宁省造纸研究所，1994，第 37 页。

③ 同上书，第 54 页。

高年份 50 余万担，最低年份 20 余万担。

锦县盐场：有 6 个滩务所 224 个盐田，盐田总面积为 10 824 亩。产盐量，最高年份 50 万担，最低年份 8 万多担。

兴绥盐场：有 9 个滩务所 181 个盐田，盐田总面积为 13 548 亩。产盐量，最高年份 45 万担，最低年份 5 万担。

盘山盐场：有 5 个滩务所 239 个盐田，盐田总面积为 11 440 亩。产盐量，最高年份 30 余万担，最低年份 5.8 万担。

4. 火柴制造业

1879—1903 年，我国民营资本先后在广东、四川、上海等地创办 18 家火柴厂。这一时期奉天未建 1 家。1905—1913 年，全国共开设民族火柴工厂 50 家，奉天仅创办 1 家。奉天民族火柴工业产生虽晚，但发展非常迅速。

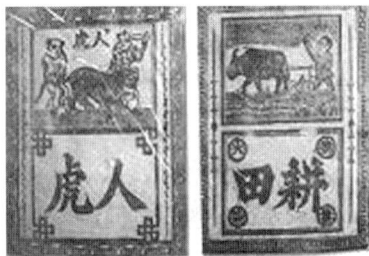

图 3-27　营口某火柴厂的人虎、耕田火柴广告①

1913 年，营口关东火柴公司的创办开创了奉天省民族火柴工业的先河。1913 年 7 月，王灏、郭渭等人在营口创办关东火柴有限公司，资本额为 2.5 万元。1915 年，该公司资本额增至 5 万元，拥有 15 台机器，日生产能力为 120 箱（每箱 240 包）。到 1925 年，该公司已经能够生产三个品种的火柴，产量为 3 万箱。产品除了行销本省外，还进入山东、河北市场②。1915 年，赵寿卿、施雨亭在营口创办志源火柴公司，资本金为 2 万元，拥有 12 台机器。1917 年后停业。

1922 年，张惠霖等创办惠临火柴股份有限公司。③该公司生产"麒麟"牌红头火柴和"双鹤"牌黑头安全火柴。因质优价廉，投放市场后很受欢迎，生意日渐兴隆。而日资东亚磷寸会社则因经营不善，生产每况日下。

为挽回败局，东亚磷寸会社遂与另一日资火柴厂奉天磷寸会社合并，以图最后

---

① 营口市史志办公室编《营口百年图志》第 1 册，2007，第 55 页。

② 赵云鹏：《民国时期辽宁民族火柴工业述略》，载东北三省中国经济史学会、抚顺市社会科学研究所编《东北地区资本主义发展史研究》，黑龙江人民出版社，1987，第 160 页。

③ 沈阳市人民政府地方志编纂办公室编《沈阳市志·机械工业志》，沈阳出版社，2000，第 4 页。

挣扎。但惠临火柴股份有限公司以质优价廉取胜。1924年7月，东亚磷寸会社宣告破产倒闭，被惠临火柴股份有限公司以18万日元收购。此时，惠临火柴股份有限公司已拥有夹轴机33台、卸轴机20台、切片机8台、切梗机6台，日产火柴百余箱（每箱240包2400盒），每箱售价8元，年产值25万元。惠临火柴股份有限公司兼并日资火柴厂后，销售市场进一步扩大，而日本进口火柴则由1921年的48 564箱锐减到1925年的945箱，基本被赶出奉天省市场。

1925—1926年，垄断世界火柴生产的瑞典火柴公司借用加资入股的办法，几乎收买了吉林、日清、大连等日资火柴厂的大部分股金，并在吉林专门开办生产火柴杆、火柴盒的木材加工厂，大有控制东北火柴市场的架势。1929年，瑞典火柴公司又以"英国办厂"为名，强行在沈阳"商埠地"修建厂房，企图开办火柴工厂。面对瑞典火柴公司的挑战，1925年，惠临火柴股份有限公司联合营口的关东、牲牲、三明等民族资本火柴厂，成立奉天火柴同业联合会，其会址设在惠临火柴股份有限公司总厂。又联合吉林、长春、齐齐哈尔等地的火柴厂，成立东北火柴同业联合会，划定销售区域，规定批发价格，协调各厂生产数量，力求保持产销稳定，以对付实力雄厚的瑞典火柴公司。此外，还得到张学良等人的支持。辽宁省政府断然拒绝瑞典商人所谓"英国办厂"的要求。1930年8月，东北政务委员会发布东北火柴专卖条例，成立辽宁火柴专卖局，在吉林等地设立分局，委托东北火柴同业联合会收购各火柴厂的产品，并在税收上对民族资本火柴厂实行优惠。由于地方政权的保护，惠临火柴股份有限公司在关系生存的竞争中终于站稳脚跟，并在20世纪30年代以后有一定发展。1929—1934年，工厂员工最多时达到230人。1936—1939年，公司最高年产量达38 175箱。

5. 印刷

1912年，奉天市已有24家印刷厂。在印刷厂大量出现的同时，工艺技术也在不断提高。1928年，陈孟元开设的聚丰福胶版印刷局，1929年2月开办的东记印刷所，除有铅印和石印外，已开始采用铜版和凸凹版印刷技术。据1929年《东北年鉴》记载，沈阳共有印刷厂25家，总资本27.5万元。其中，万元以上资本的有3家，资本共计16.7万元，年产值28.5万元，分别占全行业的60.7%、38.5%，能做铜版、凸凹版印刷；2 000元以上的资本有7家，资本共3.3万元；其余15家有资本7.5万元，年产值13.5万元。[①]

---

① 沈阳市人民政府地方志编纂办公室编《沈阳市志·轻工业志》，沈阳出版社，1994，第266页。

6. 日化工业

辽宁日用化学品工业始于 20 世纪初叶。1906 年 8 月 10 日，奉天商务总局劝办札文称："查布匹、火柴、肥皂、皮、纸等五种，为奉天所最缺而民间所必需之物，亟宜设法振兴。"1907—1909 年，奉天工艺传习所、奉天八旗工艺所、惠工有限公司先后开始生产黄条皂、香皂和牙粉。20 世纪中期，民族资本日用化学企业增多，仅 1927 年开设的制皂作坊就有 7 家。[①]

1924 年，日资企业朝日干电池株式会社在奉天市开设干电池事务所。1929 年 3 月，张少亭兄弟 4 人在沈阳南市场开办中国干电池厂，雇工 5 人，拥有资本 5 000 元，生产"狗头"牌干电池。这是沈阳民族资本最早开办的干电池手工业工场。[②]

奉天省灯具制造业兴起于 20 世纪初期。1915 年 8 月，马景山在大南门外经营景泰料器厂，从业人员 21 人，生产煤油灯具。[③]

第一次世界大战期间，民族资本肥皂作坊比较兴旺。沈阳有真光、瑞光、华兴东、万春堂等 7 家肥皂作坊，年产洗衣皂 30 万打左右。[④]

辽宁化妆品生产始于 20 世纪初期。从 1915 年起，民族资本相继开设永昶号、多福号、济东号化妆品厂和南洋化妆品公司，生产雪花膏、花露水、香水、发油等。据 1934 年《奉天市工业汇编》记载，民族资本化妆品厂共有 14 家，其中 7 家生产香粉，3 家生产雪花膏、花露水、胭脂等产品，共有资本 19 200 元、工人 167 人，日产各种化妆品 1 029 打。[⑤]

动物胶分皮胶、明胶和骨胶 3 种，统称三胶。沈阳是东北皮革加工和交易中心，早在 19 世纪以前就有皮胶（俗称"水胶"）生产。皮胶原料来源于制革业的皮屑，因此制革业多兼产皮胶。1910 年，周佐忱投资 2 500 元在奉天市皮行胡同开设福盛胶房，有职工 10 人，年产胶万余斤。1912 年，协盛胶房也在皮行胡同开业。据 1923 年奉天市动迁皮革行业的调查资料记载，福盛、协盛两家胶房的职工已发展到 42 人。1927 年，市内胶房增至 5 家，共有资本 1.5 万元，从业人员 59 人，年

① 沈阳市人民政府地方志编纂办公室编《沈阳市志·轻工业志》，沈阳出版社，1994，第 120 页。

② 同上书，第 112 页。

③ 同上书，第 116 页。

④ 同上书，第 121 页。

⑤ 同上书，第 129 页。

产皮胶 100 吨左右。1932 年，北陵区有盛远、宣顺城、王升合 3 家胶房开业，从业人员 22 人。①

图 3-28 同昌行牙粉商标

1909 年，奉天惠工有限公司最早生产牙粉，年产量 3 万包。1912 年 2 月，辽宁义县人刘凯平在奉天市大北门开设同昌行牙粉厂，资本 2000 元，有厂房 5 间，工徒 25 人，专制"老火车头"牌牙粉，日销额达百元。取用"老火车头"牌商标，寓意中国要日越千里，其包装袋上还印有"提倡国货"四个大字。"老火车头"牌牙粉由于投料精良、制作精细、装潢精美，而且售价只有日本同类牙粉的一半②，因而畅销东北各地。1921 年，销售额达 2 万元。1933 年，市内生产牙粉的作坊增加到 3 家，分别生产"老火车头"牌、"象"牌和"炮车"牌牙粉，日销售额达 120 元。③

7. 民族工艺

民国初年，辽宁城乡木器家具工业又有了新的发展。1920 年，奉天省有家具作坊 104 家 473 人，年生产额 43.75 万元（奉洋）。④ 20 世纪 20 和 30 年代，外国人在省内设领事馆，建立教会、医院，开设宾馆，带进来一些铸铁的欧式金属家具。一些手工业作坊也生产过一部分金属家具制品。⑤

民国建立后，关内不少工艺美术匠人来辽宁各地落户开业，工艺美术行业又有了新的发展。当时岫岩玉雕、玛瑙雕刻、木雕刻、地毯、石雕雕花、纸花、刺绣等产品增多，并出现了一批精美制品。1915 年，在巴拿马博览会上，锦州生产的玛瑙烟嘴获二等奖，新宾县永陵的桦木雕刻文具笔筒、笔架、笔床、墨盒、墨床、水壶、镇尺、文具盘 8 件作品获巴拿马博览会四等奖。1925—1930 年，沈阳玉器行有

---

① 沈阳市人民政府地方志编纂办公室编《沈阳市志·轻工业志》，沈阳出版社，1994，第 129 页。

② 同上书，第 130 页。

③ 同上书，第 131 页。

④ 辽宁省地方志编纂委员会办公室主编《辽宁省志·手工业志》，辽宁民族出版社，2005，第 382-411 页。

⑤ 同上书，第 414 页。

近百人生产。①

沈阳衡器制造始于清代初年，由山东黄县制秤匠曲氏传入沈阳，主要生产木杆秤。19世纪后期，新式制秤法传入沈阳后，官营制秤作坊逐渐解体。到1929年，沈阳制秤业户增加到29家，并且成立了秤业工会。②

算盘在沈阳已有50多年的生产历史。1930年，天津算盘业者徐秀峰在惠工街兴办东记算盘厂，生产中式木杆算盘，有19位、9位等5个规格。1932年，产量为3 600架。

煤精又名煤玉、煤胆，其特点是质地坚韧、结构细腻、易雕刻。1915年，木雕艺人赵昆生继承民族传统，经过反复实践创造了近代煤精雕刻工艺。他12岁从师学艺，1924年出师创作了第一件大型煤雕作品《刘邦斩蛇》，轰动一时。③

民国以后，由于振兴实业，沈阳城内的地毯铺迅速增加。1924年，奉天城内的毡毯铺已有18家，拥有资本7 950元（现洋）。1930年，沈阳城内的毡毯铺开始由家庭手工业逐渐转向工厂化生产，户数减少，但每户的规模扩大，从业人数增加。由于产量剧增，在经营上也不再搞零售，专营批发业务。④

民国时期，奉天省金银首饰业也有所发展。1920年，奉天省各地共有金银制品行623家、从业人员2 723人。到1931年，几乎所有县城都有金银首饰楼或银铺，生意非常兴旺。1912—1931年，仅沈阳市就拥有金店、银炉47家。1924年，沈阳设银楼工商业同行工会，会长是萃华金店总经理王恒安。1931年后，日伪当局禁止黄金交易，封闭金银首饰店。⑤

图3-29 中街荟华楼金店

1912—1921年，奉天市有10个乐器生产厂家，主要产品有京胡、二胡等乐器。1931—1945年，沈阳仅有7个算盘厂和8个生产乐器的私人厂家，规模小、人数少，厂房简陋，技术、设

159

① 辽宁省地方志编纂委员会办公室主编《辽宁省志·手工业志》，辽宁民族出版社，2005，第416-417页。

② 沈阳市人民政府地方志编纂办公室编《沈阳市志·轻工业志》，沈阳出版社，1994，第292页。

③ 同①书，第427页。

④ 同①书，第430页。

⑤ 同①书，第433-434页。

备十分落后，处于濒临倒闭的困境。①

1914 年，奉天市富发成响铜器工厂的褚全三研制出闻名全国的"奉锣"，该锣里外面铮亮，不留一丝黑边、黑脐，故又称为"光锣"。其特点是音色高亢清脆，音响粗犷洪亮，坚固耐用。奉锣的出现，代替了京剧早期文武戏中使用的形大体重、沉闷音低、锣槌也大的苏锤，打破了戏曲舞台一面锣的旧规。②

民国初年，奉天市制镜业日渐兴盛③。据《奉天通志》记载，1919 年制镜业共有 11 家。④

1912 年，营口有镜子铺 10 家；1917 年，沈阳县有镜子铺 11 家；1919 年，锦县有 9 家；1920 年，凤城有 2 家；1924 年，奉天市有镜子铺 30 家，海城县有镜子铺 4 家。⑤

1924 年，沈阳有眼镜铺 12 家，共有资本 4 600 元（现洋），最多者 2 000 元，最少者 100 元，其中位于中街钟楼的德润斋开业最早。⑥

二、机械工业初步发展

辽宁地区的机械、钢铁等重工业兴起较晚，规模也较小，民国初期多为中小企业。大连的顺兴铁工厂被称为"东北铁工业的鼻祖"。1907 年，大连人周文富、周文贵兄弟创办周家炉。1910 年扩建为顺兴炉。到 1917 年，发展成为拥有近千名职工的顺兴铁工厂。该厂不但生产油坊所需的成套机器设备，还制造矿山用的卷扬机、通风机、抽水机以及其他一般通用机械，是一个产品较为完备的通用机械厂。该厂鼎盛时期拥有固定资产 300 万元，在大连、哈尔滨有两处分厂。此外还涉足矿

---

① 辽宁省地方志编纂委员会办公室主编《辽宁省志·手工业志》，辽宁民族出版社，2005，第 435-436 页。

② 同上书，第 443 页。

③ 沈阳市人民政府地方志编纂办公室编《沈阳市志·轻工业志》，沈阳出版社，1994，第 90 页。

④ 同上书，第 91 页。

⑤ 同①书，第 467-468 页。

⑥ 同①书，第 473 页。

业和航运业。②

1918 年，德顺永在奉天小北关萃丰店
胡同开业，资本金奉小洋 1.5 万元，从事
铁器制造。1919 年 3 月 9 日，大昌隆、大
盛在营口开业，有设备 3 台，资本金 1.5
万元（银元），工人 105 名，生产铜丝罗
底和各种铁机器。1920 年，成顺兴铁工厂
在安东建立，是安东最早最大的一家铁行
业机械厂。同年，德合盛、中华等 7 家铁

图 3-30　顺兴铁工厂影像①

工厂先后在安东开业。1922 年 4 月，辽阳第一利民铁工厂建立，这是辽阳规模较大
的铁工厂，主要从事机械加工、修理和铸造业。是年，永兴铁工厂在奉天小西关建
立，资本金现洋 3 万元。③

1923 年，同聚鑫铁工厂在辽阳建立，合资经营，设备有 8 尺皮带车床 1 台、钻
床 1 台、虎钳 2 台，工人 20 余名，承做简单机械产品及加工零配件。1925 年，由
私营工商业者郝广生独资创办的白光铁工厂（原营口锻压机床厂前身）在营口建
立。在此期间，民族资本家亦纷纷兴办机械工厂。1920 年，安东建成顺兴铁工厂。

1915 年，奉天成立华北机器厂，开始生产铸铁锅炉。该厂为奉天最大的铁工厂
之一，有机械设备 70 余台，生产机车、锅炉、汽管、金库和各种器具机械。1933
年，因生产不振而停产。1927 年，兴奉铁工厂（原沈阳锅炉厂前身）在奉天省城
商埠地三经路建立，资本金现洋 5 万元，生产暖水锅炉、各种炉片、生熟铜铁用品
及修理各种机械。主要产品为 1~3 号艾克莱式铸铁锅炉。④

1927 年，鞍山建成曲铁工厂、公顺铁工厂。1930 年 7 月，新民铁工厂在大连
市建立，有工人 103 人，生产化学工业用机械及锅炉、制冷设备等。⑤ 这些民办工
厂的资金和规模都不及外国资本家及官僚资本所办的工厂，时刻面临着竞争和排斥

161

---

① 姜晔编《图说近代大连》，文物出版社，2018，第 199 页。

② 杨乃坤、曹延汹：《近代东北经济问题研究》，辽宁大学出版社，2005，第 55 页。

③ 辽宁省地方志编纂委员会办公室主编《辽宁省志·机械工业志》，辽宁民族出版社，2004，第 458
页。

④ 同上书，第 149 页。

⑤ 同上书，第 459 页。

的双重压力。①

图 3-31　大亨铁工厂旧址

1922—1926 年，东聚星铁工厂、大亨铁工厂和东北大学工厂（当时俗称"御花园"工厂）相继建立，均兼营锅炉。到 1931 年，沈阳锅炉行业共有专营、兼营锅炉生产企业 8 家。其中，中国民族资本兴办的有兴奉铁工厂、华北机器厂、大亨铁工厂、东北大学工厂、东聚兴铁工厂等 6 家；日本资本家开办的有川住铁工所和大连机械制作所奉天支店 2 家②。

1926 年，东北大学工厂自制皮带车床，这是沈阳生产的第一台车床。1925 年，民族资本家郝广生独资创办白光铁工厂，该厂是原营口锻压机床厂前身，主要承揽轮船机件修理、部分人力织布机和人力轧棉机等产品生产。③

1939 年建立的私营铁西机械制造所，是原沈阳柴油机厂前身。当时有职工 35 人、皮带车床 7 台，主要为矿山机械加工零部件④。

光绪三十一年（1905），美国、日本等国的自行车输入奉天。1917 年，奉天省历史上第一家自行车厂即义兴自行车厂在奉天小西门组建。1918 年和 1921 年，双轮、森记车厂分别在奉天小西门里和大西关开业。1929 年，两厂共生产自行车 110 辆。⑤

进入 20 世纪 20 年代，辽宁的机械制造业开始有较大发展，陆续建成了几家规模较大的企业，设备较为先进，主要分布在沈阳、营口、大连、辽阳等地。主要是东北大学工厂、皇姑屯机车车辆厂、东三省兵工厂附设机车厂和辽宁迫击炮厂附设民生工厂，它们统称为东北自营自建的四大重工业企业。它们的设备较为先进，技术力量较为雄厚，逐渐发展成为现代化机械制造企业，并且初步形成了以沈阳为中心的自建自营机械工业体系。

162

---

① 辽宁省地方志编纂委员会办公室主编《辽宁省志·机械工业志》，辽宁民族出版社，2004，第 4 页。

② 同上书，第 342 页。

③ 同上书，第 25 页。

④ 同上书，第 290 页。

⑤ 沈阳市人民政府地方志编纂办公室编《沈阳市志·机械工业志》，沈阳出版社，2000，第 89 页。

总的来看，民国时期辽宁省境内机械工业仍很薄弱，而且 95% 以上为日本人经营，主要分布在大连、鞍山、抚顺（生产额占 93.79%）。而辽宁煤矿开采、铁路建设的快速发展，为工厂提供了充足的能源，也为工厂的发展提供了便捷的交通运输条件。同时，自建煤矿、铁路也需要重工业大厂为其修理和制造机器设备，这就进一步促进了重工业工厂的兴建和发展，为其提供了大量的市场生存空间。

这一时期是辽宁自建工厂、煤炭、铁路的黄金时期，辽宁重工业建设获得初步成功。但是不能不看到，钢铁、冶金、化工、石油等重工业行业在辽宁或者相对薄弱，或者仍属空白，因此还谈不上建成完整的重工业体系。

三、矿业

进入民国时期，伴随着日本殖民主义势力对辽宁矿产的掠夺，以奉系军阀为主体的辽宁官办矿业随之发展起来，形成对日本殖民掠夺既联合又抵制的矿业发展局面。这一时期，辽宁矿业产值在全国占据优势地位。

（一）煤矿

民国时期，奉系集团为了同日本控制的"满铁"抚顺矿业展开竞争，收回利权，集中力量在东北建设了几个具备先进技术水平的大型煤矿，八道壕煤矿为其中的代表。

八道壕煤矿是张作霖和张学良父子独资创办的现代化煤矿。煤矿位于辽宁省黑山县西北，距黑山镇约 20 千米。矿区范围约 10 平方千米，分上中下三层，煤炭储量为 6 000 万吨。矿址选在黑山县八道壕镇。1919 年，开工并在奉天设立益民矿务局，资本金为 50 万元。聘任商人阎廷瑞为督办，德国技师尤律和克赛尔为技师。初期仅开采八道壕一处。为方便运煤，京奉铁路还修建虎壕铁路支线通往矿山。当年 12 月，大通铁路通车。

1922 年，张学良改聘本溪煤铁公司制铁部部长、工程师王正黼继任总办，扩建煤矿和兴建发电厂，益民矿务局改称奉天矿务局，辞退德国技师，改用本国技术人员主持扩建工程，资本金增至 170 万元。1929 年产煤 7.7 万吨①（详见表 3-11），并且具备年产 50 万吨煤的潜力。张学良以八道壕煤矿为基地，培养造就了一批中国工程技术人员，同时在法库和兴城等地勘探煤矿，并计划吸收小煤矿组成矿业公司。1928 年，又另创东北矿业公司接办。

表 3-11　辽宁自建自营煤矿年产量统计表　　　　　　单位：万吨

年份	北票	八道壕	阿金沟	复州湾	奶子山
1922	2.5	—	4.5	4.1	—
1923	2.9	7.0	3.4	7.5	—
1924	6.3	6.5	5.9	9.4	—
1925	14.4	6.4	4.1	11.3	—
1926	15.3	6.8	1.6	12.6	—
1927	28.6	6.2	9.5	13.6	—
1928	36.7	6.6	6.0	17.3	—
1929	40.6	7.7	6.0	21.5	8.2
1930	50.9				

资料来源：《东北年鉴》第 1151、1189、1191 页。

1924 年，张学良为了扩大再生产，先后责成八道壕矿督办购买大量土地，将土地面积扩大到 4906 亩，并在新购置的土地上新建一个电灯厂即发电厂，将煤炭转换成电能，输送到新立屯、芳山镇、打虎山、阜新、北镇等地。该厂发电量居全省民用电力第二位，向郊区和各县送电居全省第一位，每年获利八九万元。辽西供电网初步形成。此后，八道壕发电厂在辽西陆续建立一批分厂，形成由总厂发电、分厂送电的格局。这是辽西第一个由煤矿发电向各地送电的网络，也是全省第一个跨

---

① 王云鹏：《张学良与八道壕煤矿》，载《张学良暨东北军新论》，华文出版社，1993，第 234 页。

城市送电网①。

在八道壕煤矿的煤炭生产及能源转换的配套设施完成之后，1924 年 12 月，北洋政府给张学良发了矿照。根据矿照和有关资料记载，矿机关办事人员共计 29 人，其中工程技术人员 9 人，全矿职工 500 多人，所办煤矿性质为商办，开采方法为西法，全矿占地面积为 4905 亩，日产煤炭 200 吨左右，年产煤炭 6 万多吨。② 八道壕煤矿的建立使东北煤炭工业得到了发展，但是由于该矿的煤炭质量较差，发热量较低，仅供民用，满足不了工业生产的要求。

1924 年，张学良亲自下令投资 40 万元建设辽西煤质最好的煤矿——阜新孙家湾煤矿（即少帅矿），派王子文为建矿督办。全矿拥有工人 400 多人，年产量为 2 万多吨。③

1912 年，开滦矿务局资助建设北票矿井。1915 年制定计划，当时聘请英国技师莫拉设计试行开采。1921 年，成立官商合办的北票煤矿股份有限公司，丁文江担任总经理，日产原煤 2000 吨以上。④

1922—1932 年为官商合办时期，1924 年由京奉铁路局修建的金岭寺至北票支线铁路竣工，这使得煤矿日益发展。北票煤矿有斜井和直井各两口，有较完善的煤矿机器和发电设备。1930 年，张学良经营北票煤矿，出煤量达 50.9 万吨。1931 年，产量达到 65.6 万吨，工人达到 3440 人。1924—1926 年，建冠山自备电厂和日筛选能力 200 吨的选煤厂一座，同时还成立了机械厂，下设铸造、锻造、机械、井下机电、焊接、锅炉、卷线等车间。⑥ 1929 年盈利

图 3-32　1920—1925 年朝阳
北票煤矿⑤

---

① 马尚斌：《奉系经济》，辽海出版社，2001，第 35 页。

② 王云鹏：《张学良与八道壕煤矿》，《辽宁大学学报（哲学社会科学版）》1994 年第 1 期。

③ 同上。

④ 《中国矿床发现史·辽宁卷》编委会编《中国矿床发现史·辽宁卷》，地质出版社，1996，第 174-175 页。

⑤ 《近代中国分省人文地理影像采集与研究》编委会编《近代中国分省人文地理影像采集与研究·辽宁》，山西人民出版社，2019，第 222 页。

⑥ 北票市志编委会编《北票市志》，国际商务出版社，2003，第 549 页。

为 2 万元，1930 年盈利为 25 万元。

1917 年，奉天省长王永江任命梁葆兴为辽阳县尾明山煤矿坐办。1918 年，奉天财政厅拨款奉小洋 12 万元，购置各类机械。到 1922 年，天利公司基本完成了对附近各商办矿区的兼并，共得矿区 2 300 亩，成为一个大型官办煤矿企业。接办后因整顿有方，年获利 10 余万元，经营 8 年计获利 70 余万元。此后天利煤矿经营出现困难。1930 年，公司产煤量虽然由以往的 4 万吨增加到 5.4 万吨，但只销售了三分之二，公司资金周转不灵，加之出现矿洞透水事故，从 1931 年 7 月 10 日起开始停工裁员。

1919 年，大连矿商周文贵以 10 万元从俄国人手中将龙票收回，并出资 120 万元成立振兴煤矿公司。1928 年，周文贵海上遇难后，无人经营此煤矿，周家提出以 200 万元转让给奉天矿务局。之后，奉天教育基金会接办，隶属东北矿务局，由商办转为官办。

复州湾煤矿矿区面积 4 平方千米，设有卷扬机、电泵、小铁路等，采矿工人约 600 人。煤炭外运依靠海运，公司备有各种船只，还雇佣商船。为了便于运煤，该矿未经批准，擅自占用民地，开工修筑从矿山到海滨的轻便铁路，被告发后补办手续。每日出煤 600 吨[1]，年产煤 11 万吨至 20 万吨左右[2]。所产煤炭一半销往国内沿海城市，另一半销往日本和长江流域各城市[3]。至 1929 年，全省共建成大小煤窑 40 多个，煤炭产量达到 900 万吨。[4]

1912—1931 年，辽宁的煤炭产量由 170 万吨增加到 960 万吨，增长 4.6 倍。进入 30 年代后才有所回落。

图 3-33　复州湾煤矿大门[5]

---

① 《奉天通志》卷一百十六《实业四》，载《中国近代工业史资料》第 3 辑，生活·读书·新知三联书店，1961，第 1167 页。

② 《东北年鉴》第 1123，辽宁省政府档案，卷 5578 号。

③ 陈真编《中国近代工业史资料》第 3 辑，生活·读书·新知三联书店，1961，第 1167 页。

④ 辽宁省地方志编纂委员会办公室主编《辽宁省志·煤炭志》，辽宁民族出版社，1999，第 54 页。

⑤ 姜晔编《图说近代大连》，文物出版社，2018，第 201 页。

清末至民国初年，煤炭多属于私人经营，自由买卖，价格随行就市。当时，抚顺煤矿产量最高，煤炭产量占东北总产量的 80%，其定价左右东北煤炭市场价格。1916 年，抚顺原煤在奉天市的售价为每吨现洋 8.27 元、块煤现洋 10.2 元、粉煤 7.1 元（日元）；本溪煤售价为每吨 5 元（日元）。1930 年，阜新块煤每吨为现洋 6 元，粉煤为每吨 4 元。① 北票煤主要销往当地和朝阳、义县、锦州及奉山铁路线的新民、大虎山、高桥、绥中、山海关一带。1930 年，北票煤销售到锦州 8 万吨，北宁铁路 18 万吨，洮南 5 000 吨，营口 5 万吨，安东 2 000 吨，奉天 11 万吨。阜新煤销售西至义州、山海关，东到吉林、奉天、鞍山、安东、大连等地，北至内蒙古、通辽等地。新民、广宁等地是阜新煤的畅销市场，新邱煤炭的主要市场是黑山、义县、清河门、蒙石镇、哈尔滨、小库伦等地。②

19 世纪下半叶，新法采煤技术开始在辽宁应用，开拓方式有了发展。随着抚顺、本溪湖等煤矿以蒸汽为动力的机器应用，矿井开拓布局也有所改进，改变了矿井以掘为采的传统方式，把采煤和掘进分为两个工序，先开拓掘进，后回采煤炭，逐渐形成采掘、运输、提升、通风、排水系统。1921—1932 年，北票冠山第一对矿井采用竖井分石门区的开拓方式。东北沦陷时期，三宝、台吉 2 对矿井均采用斜井片盘开拓方式。这是辽宁煤炭开拓技术上一次较大的变革。

1912 年，抚顺煤矿开始试用"水沙充填法"。1925 年以后，奉天省煤矿开始试用"壁试采煤法"，生产规模渐大。1930 年，本溪煤矿年产 58.2 万吨，烟台煤矿年产 17.8 万吨，抚顺煤矿年产 670.4 万吨。全省煤炭产量 959 万吨。③

（二）有色金属矿

在官办矿业发展的带动下，20 世纪 20 年代前后，相关民营资本也开始大规模进入采矿业。民国初年，国民政府成立三平有限公司，将原中德"合办"的三平公司收归国有。在奉天省建平设矿务局，该局下设 20 个金银厂。1914 年，颁布《矿业法》《矿业条例》。其后，又颁发《采金暂行章程》，促进了奉天省黄金生产的发展。随着官商合办金矿数量不断增多，以私人资金集股筹办公司、矿厂，请领矿权

---

① 辽宁省地方志编纂委员会办公室主编《辽宁省志·煤炭志》辽宁民族出版社，1999，第 281 页。

② 同上书，第 279 页。

③ 同上书，第 91 页。

者逐渐增加。据 1915 年统计，省内仅郭松龄、侯靖涛等 41 人，即报领脉矿区计 2.64 万亩，开办金矿达 60 多个，并设有华兴、华昌、华富、宝隆、兴丽、明德等诸家公司经营。当时，奉天省境内的宽甸、清原、铁岭、海城、岫岩、兴京等县，请领矿权最多。据 1929—1931 年的统计，辽宁省官办金矿生产的黄金就达 8 350 两。①

1914—1915 年，于国翰、王宋唐开办铁岭牧羊政金矿，年产金 50 两。1917 年，清原县发现王家大沟金矿。1922 年，岫岩县东区香炉沟村曹家南沟发现金矿，矿商乔益彰在本邑召集股东数万人，筹集股本数千元，呈请奉天实业厅批准，领得矿照。

1923 年，郭松龄组建育民金厂，开办清原县枸乃甸子金矿。1930—1935 年，刘秉智等人合资，呈请热河省建设厅，申请开办砂金沟矿（北票县境内）。11 月正式开工，工人 400 余人，月产黄金 50 余两。1935 年停止开采。1931 年 6 月，安东五龙地区附近有 3 处产金，均由官商合办"开采"，后因矿苗不旺停采。② 1931 年，清原县西南三道沟子乡村民郭兴帮兄弟组织采金，年产 600 两。③

1913 年，海城县知事田雨时联合绅商组织公益有限公司开采海城滑石。但开采数年，获利不多，后来转让给矿商于冲汉。每年约采滑石 4000 吨，均售予日商④。

1916—1917 年，日商大仓组出资，以中国人名义开采本溪马鹿沟铜矿，所采矿石均运往本溪湖。继因铜价跌落停产。此矿初由李鸿吉报领，后转让王聘之。1923 年 6 月复工，至 1924 年 10 月止，共采矿石 660 吨。张景惠报领本溪县东南荒沟黄铜矿，矿区面积 3 平方千米，1918 年开采，资本金 2.5 万元。

1916 年，民营天福、天兴等公司开采海城县大岭滑石矿。后来因为相互争抢矿区引发诉讼，省政府取消两公司矿权。1923 年，张学良等 4 人在海城各出资 2 500 元成立股份有限公司，呈请开采海城大岭滑石矿，资本金 1 万元，后增至 10 万元，总面积 460 亩，后增至 1 890 亩，日产量 30 吨左右，人工开采⑤。其后，销售日渐

---

① 辽宁省地方志编纂委员会办公室主编《辽宁省志·黄金工业志》，辽宁民族出版社，2001，第 697 页。

② 同上书，第 856 页。

③ 同上书，第 858 页。

④ 孙绍宗等编《海城县志》卷七《矿务》，铅印版，1924，第 112 页。

⑤ 陈真编《中国近代工业史资料》第 3 辑，生活·读书·新知三联书店，1961，第 1157 页。

旺盛，各国常有函电订购滑石①。

1918 年 6 月—1919 年 1 月，张作相在兴城县承办杨家仗子铅矿，矿区面积为 662 亩②。

1918 年，商人王乐山、汪长清、高璿成、王正黼等人在盖平开采石灰石、苦土、建筑石等矿。其中，王乐山资本 5 000 元，矿区面积 50 亩；汪长清资本 5 000 元，矿区面积 60 亩；高璿成资本 5 000 元，矿区面积 202 亩；王正黼资本 54 元，矿区面积 5 亩。

1923 年，桓仁县有宝兴矿业公司（设于 1917 年）和福临矿业公司（设于 1920 年），两公司资本额各为 3 万元③。

1927 年初，张学良与人合资在复县设立奉复印版石矿公司，额定资本 10 万元，实收资本 6 万元④。6 月，设立工厂，购置设备，研磨自产的印版石。因复县缺少电力，产量供不应求。1928 年 4 月，将工厂迁往奉天市并进行扩建。产品销往关内各省，1929 年开始有盈利⑤。

采矿业隶属重工业，因为其一次性投资较大，资金周转慢，利润不易保证，所以，能否保证资金持续供应是办矿的一个很重要的先决条件。在这方面，官僚资本矿业具有很大优势。张作霖投资兴办的黑山八道壕煤矿开办时就投资数十万，1931 年资本增为 117 万元。大岭滑石矿开办时资本 1 万元，1931 年增为 10 万元，与民营矿业实力比较，二者不可同日而语。

截至 1931 年，奉系官僚资本在辽宁乃至东北各地拥有矿山 10 多处，它们中多数是接收商办矿山而来。1931 年 3 月成立的东北矿务局，由张作霖、张学良父子与奉天省政府共同出资 500 万元资本金成立，下辖 7 个矿业几乎全部来自民营资本。例如，黑山八道壕煤矿、海城县大岭滑石矿、复州煤矿、阜新孙家湾煤矿都是先由民营资本开采，它们或因各种原因被查封，或者无力继续经营，先后由东北矿务局接办。

奉系官僚资本依靠政治和经济上的雄厚实力，通过各种途径从民营资本手中接

169

---

① 东北文化社年鉴编印处编纂《东北年鉴（1931）》，东北文化社年鉴编印处，第 124 页。

② 奉天财政厅：《奉天省民国九年度财政统计年鉴》，辽宁省档案馆，1924，第 57 页。

③ 奉天省长公署档案：《桓仁县已办工厂矿业调查报告表》，辽宁省档案馆，第 3110。

④ 辽宁省档案馆藏：《沈阳市商会馆档案》，档案号 3194。

⑤ 辽宁农矿厅：《实业月刊》第一期第 4 集。

办矿山，在一定程度上反映出官僚资本和民营资本在市场竞争环境中的不平等地位。通过对民营矿山的收购，奉系官僚资本逐步实现了对辽宁乃至东北矿业的垄断。奉系政府利用政治权力为官办矿山筹措资金，虽然不能完全满足办矿资金需要，但比起民营资本在办矿过程中往往因为资金不足或周转不灵而被迫停工或倒闭的遭遇，无疑条件要优越得多。清末民初时期，奉天乃至东北的大中型矿山中，罕有真正由民营资本开办成功的矿业。缺乏巨额投资和可靠的经费来源，是民营资本矿业难以发展的重要原因。

奉系官办矿业在辽宁乃至东北资本主义经济发展过程起到较大作用。一方面，奉系官办矿业拥有较多的现代机械设备，有的还拥有发电厂、铁工厂、翻砂厂、铁路运输系统等附属矿业系统，生产力水平显然很高。另一方面，奉系军阀为了巩固和扩张力量，大力发展近代矿业，从而大大缩短了辽宁与关内先进省份的差距，对于促进近代辽宁资本主义经济发展起到了非常重要的作用。官僚资本对民族资本矿业也采取了一些扶持政策。张学良执政时期，东北矿务局和一批官督商办矿业的成立，固然对民营矿业产生了一定的排挤作用，但总体上看，在日本侵略者在辽宁乃至东北全面扩张势力、妄图吞并东北的历史条件下，由奉系政府出面经营和保护辽宁乃至东北矿业，对于遏制日本对辽宁矿业的侵占、抵制日本的经济侵略具有重要意义。官办矿业为中国的铁路、工厂和居民提供了大量燃料，排挤了日本煤矿的销路，保护了辽宁地区部分矿权。

四、军事工业及其民用发展

奉系军阀统治东北时期，为适应军阀战争的需要，大力发展军事工业。这方面突出的表现就是在奉天扩建了两个较大型的兵工厂：一个是在奉天军械厂的基础上扩建的东三省兵工厂，另一个是在修械司的基础上扩建的奉天迫击炮厂。

东三省兵工厂（通称奉天兵工厂）的建设大体经历了三个时期：1919 年 8 月至 1924 年为初建期，1924 年至 1929 年为扩建期，1929 年以后为整顿期[1]。

东三省兵工厂的前身是由清末军械局改组而来的奉天军械厂。奉天军械厂专门

---

[1] 王海宁：《东三省兵工厂研究（1921—1931）》，硕士学位论文，辽宁大学，2015，第 13 页。

收藏各军交回的损伤枪炮和从外国购置的枪炮弹药。1918年9月，因为弹药需求量大增，开始在军械厂筹备枪弹制造，并开始小规模的机械修理。1920年，军械厂产品有七九枪弹和无烟火药，但还不能制造和修理大炮，仅能修理枪支①。

图3-34　东三省兵工厂旧址

因为场地简陋狭小，原厂不适应大规模生产的需要。为了进一步扩大生产，必须另寻厂址。1919年春，张作霖亲赴大东边门外东塔农业试验厂勘查新厂址，看到该农场面积约2700亩，非常适合建立大型兵工厂，随即停办农场，并将土地改作兵工厂用地。

1919年，原奉天军械厂厂长陶治平奉命主持东三省兵工厂的建厂筹备工作。陶治平首先成立工程处，着手创办无烟药厂、枪弹厂及枪厂厂房，铺设铁路，修建站台，火车直通厂内。向丹麦兵器公司订购机器设备。为了尽快投产，多方组织技术人员，迅速安装。1921年10月，张作霖命令正式创办兵工厂。次年4月，定名为东三省兵工厂。

第一次直奉战争奉系败北后，日本为了支持张作霖，一方面卖给他价值数百万元军械弹药，另一方面尽力援助张作霖扩建兵工厂。兵工厂内部先后建立了第一、第二枪弹厂，第一、第二炮弹厂，第一、第二枪厂，装炮工场，火药厂，炼钢厂，发电厂，化验厂，木工所等。② 1922年，奉天军械厂归并于兵工厂军械库③。

兵工厂每年的经费十分庞大，1922年度为奉大洋41万余元，另有军械厂机器附属弹药队的经费74846元④。工厂所需大部分军械制造机由丹麦文德公司和德礼洋行承办，并聘请丹麦和德国技师负责指挥设备安装和生产。同时大力引进日本枪炮技术和设备。奉军使用的步枪和野炮、山炮多为日货，工厂同日本驻大连的"机械制造株式会社"签订购买设备合同，购进日本三平商会制造日式子弹、炮弹和引

171

①　陈真编《中国近代工业史资料》第3辑，生活·读书·新知三联书店，1961，第1158-1159页。

②　沈振荣：《东三省兵工厂》，载《辽宁文史资料》第8辑，辽宁人民出版社，1984，第51-52页。

③　东北文化社年鉴编印处编纂《东北年鉴（1931）》，东北文化社年鉴编印处，第312页。

④　奉天财政厅：《奉天省民国十一年度财政统计年鉴》，1925，第34页。

信的全部机器，并聘请20多名日本技术人员负责工厂的设计指导工作①。中国技术人员大部分来自上海、汉阳等兵工厂。到1924年，该厂已经能够制造数种炮和炮弹、步枪、机枪和子弹，并被用于第二次直奉战争。

1924年，兵工厂由杨宇霆负责，进行了大规模扩建，先后添设炮厂、火具厂、铸造厂、制酸厂、木工所，并增添了设备。扩建后的东三省兵工厂规模宏大、设备精良。1928年，厂里的设备共有8000余部，自备发电机4部，并有各种检测设备②。

从1925年至1928年，东三省兵工厂一再扩建，不断从德、日、美、奥等国购进大批机器，增设兵工学校、炮兵射击场、制酸所、炸药所、科学研究会等。七九步枪的月产量达到4000支，枪弹月产量达到1500万粒，炸药产量增加10倍，硫酸和硝酸产量增加1~2倍。

从1924年至九一八事变前，东三省兵工厂共耗资5亿多元，厂内机器设备共1万余部，共制造各种炮1200门，每年可生产炮弹20余万发、步枪6万支、枪弹1亿至1.8亿粒、轻重机枪1000挺以上，生产工人经常在2万人以上。该厂是当时全国最大的综合性兵工厂③，日本人称中国"在奉天建造了号称'东方第一'的兵工厂"④。

张学良执政后，提出东北新建设计划，其中一项重要内容就是将军工生产的一部分转为民用生产。他首先削减了兵工厂经费，从原来现大洋800万元以上减至200万元，其中奉天出100万元⑤。为防止因缩减军工生产造成大批工人失业和保存技术力量，成立了兵工厂附设农业机器工具厂，生产农业机械和铧犁工具。在兵工厂的铸造厂和重炮厂院内设立机车车辆厂，专为东北铁路修理和组装机车，制造铁路货车和客车。

鉴于迫击炮在战争中的重大作用，1922年，张作霖聘请英国人沙敦在原二十七

---

① 沈振荣：《东三省兵工厂》，载《辽宁文史资料》第8辑，辽宁人民出版社，1984，第51~52页。

② 陈修和：《奉张时期和日伪时期的东北兵工厂》，载《文史资料选辑合订本》第7册（第25辑），中国文史出版社，1986，第151页。

③ 全国政协文史委：《文史资料选辑》第25辑《奉天经济三十年》，中华书局，1962，第88页。

④ 猪木正道：《吉田茂传》，吴杰等译，上海译文出版社，1983，第291页。

⑤ 辽宁省文史研究馆：《辽宁文史资料》，辽宁省文史研究馆，1982，第146页。

师修械司旧址成立奉天迫击炮厂，因陋就简，改
设厂房，从事迫击炮制造。1926 年，在奉天市
工业区建新厂，用地 70 亩，李宜春任厂长。

　　1927 年 2 月，新厂和旧厂合并，沙敦辞职，
李宜春继续任厂长，并增加设备用于新厂，制造
新式迫击炮。内分炮厂、炮弹厂和装药厂，拥有
各类机械设备 1 500 部，职工 1 400 人[2]。该厂主
要生产迫击炮、炮弹、炮车、弹药车及其附属

图 3-35　奉天迫击炮厂[1]

品。1929 年 5 月，奉天迫击炮厂改名为辽宁迫击炮厂。该厂经费在修械司时每年约
为 78 万元，1926 年为 130 万元，1927 年后为 260 万元，1929 年减为 100 万元。

　　1923 年，张作霖在奉天市成立东北航
空工厂，次年投产。厂区占地面积 8 260
余平方米，厂长为刑契莘。该厂主要生产
飞机的各种部件，如机身、机翼、尾舵、
螺旋桨、发动机零件、发动机试验架、冷
氨机、始动机、冷氧始动机、单力始动
机、冷氧救火机、飞机架尾车等 23 种[4]。
附设印刷厂，并制作和修理木器。1928
年，还设立了东北海军工厂，为海军机关
基地和舰艇以及青岛各机关公司生产无线电台[5]。

图 3-36　奉天陆军粮秣厂[3]

　　1923 年，奉天陆军粮秣厂在奉天市小北边门成立，内设饼干和罐头厂以及蒸米
车间，每日生产能力为一磅重（0.45 千克）牛肉罐头 1 万盒、饼干 2 万袋、秫米
20 吨、6 两重蒸米 1 万袋。在铁路沿线车站设有粮秣办事处、仓库、草场和碾米厂

①　沈阳市人民政府地方志办公室编《沈阳图志》，沈阳出版社，2013，第 143 页。

②　辽宁省档案馆编《奉系军阀档案史料汇编》第 10 辑，江苏古籍出版社，1990，第 105 页。

③　同①书，第 142 页。

④　张福全：《辽宁近代经济史（1840—1949）》，中国财政经济出版社，1986，第 134 页。

⑤　东北文化社年鉴编印处编纂《东北年鉴（1931）》，东北文化社年鉴编印处，第 311 页。

多处①。供应粮秣的部队约有 10 万~30 万人，马骡 1 万~3 万匹②。1924 年，该厂支出经费 184 万余元。东北易帜后，改称辽宁陆军粮秣厂。1930 年底，在北京设分厂。九一八事变后不久，总厂迁到北京与分厂合并，继续供应东北军粮秣。同年末，该厂被撤销。

1923 年，王永江创办东北大学时，开始筹办东北模范工厂的计划。从 1924 年开始，从德国购置大量先进的机器设备，投资建设东北大学工厂。1925 年，在北陵长宁寺建厂。1926 年 4 月，厂房建成，铁工部机器也安装完毕。奉天省拨官地 284 亩，资本总额原定奉大洋 280 万元，以后增拨近 100 万元，至奉大洋 370 余万元（合现洋 170 余万元）。内设机械、铸造、发电、木工、铁工、印刷 6 个分厂。到 1930 年，工厂有职工 700 余人，其中技术工人 400 多人。

该厂创建之初即附设职工技术学校，专门培养技术员和工人。1928 年 8 月张学良兼任东北大学校长后，对东北大学工厂非常重视，以工厂利润作为增添技术设备和职业学校用款。由于张学良的关心和支持，东北大学工厂进一步扩建，流动资金充足，设备更加完善。

东北大学工厂的铁工部实力居东北各铁工厂之首，先后为东北各铁路局安装机车和客货车 740 余辆，修理 270 余辆，并能自制起重机、机车发电机、各式锅炉、印刷机、摇纱机、钻孔机等。1926 年末盈利 107 万元③。同时东北大学工厂发售产品，经辽宁财政厅批准豁免各种捐税。

皇姑屯机车车辆厂是新中国成立后沈阳机车车辆厂的前身，既是京奉铁路附设的机车车辆厂，又是东北地方当局和张学良投资扩建的大型重工业工厂。1912 年，京奉铁路管理局在皇姑屯机务段内建筑客车库（俗称"花车库"），皇姑屯机务段客货车修理厂开始形成，工人大多来自京奉铁路唐山制造工厂。1922 年 6 月，由奉榆铁路总局第一次扩建皇姑屯修车厂，并向关内招募技术工人。到 1925 年，已有工人 800 余人。此时工厂已经粗具规模，具有修理各种机车和车辆的能力。

1928 年，张学良下令扩建皇姑屯机车车辆厂，并增加投资，使其各方面都达到京奉铁路唐山工厂的水平，为东北各铁路修理各种机车车辆。第一期投资 250 万

① 东北文化社年鉴编印处编纂《东北年鉴（1931）》，东北文化社年鉴编印处，第 270 页。

② 温滋泉：《辽宁陆军粮秣厂事略》，载《辽宁文史资料》第 12 辑，辽宁人民出版社，1985，第 49 页。

③ 《东北大学工厂概要》，载《奉天通志》，第 114 页。

元。1929 年，皇姑屯机车车辆厂工人达到 2 000 人，下设 8 个分厂，当年修出小型机车 1 台、20～30 吨货车 20 辆。1929 年，检修机车 6 台、货车 80 辆。1931 年，检修机车 58 台，客、货车 80 辆，有职工 1 031 人，生产工人 799 人，成为当时中国第一流的重工业工厂。其修理铁路机车和客货车的能力排在三大厂的第一位，能够制造机车零部件、制造铁路客货车。该厂在国内仅次于北宁铁路唐山工厂。

图 3-37　皇姑屯机车车辆厂①

　　1929 年，张学良整顿东北兵工厂，为保存优秀的军工技术设备，同时把部分军工生产能力转为民用生产，下令增建和改建了东三省兵工厂附设的机车车辆厂。辽宁省政府和东北边防军司令长官公署共同投资 150 万元，聘用原铸币厂厂长兼皇姑屯机车车辆厂厂长李广林为厂长。共有技术工人 1 500 名。1929 年 6 月—1930 年 6 月，东三省兵工厂附设机车厂先后为各铁路局修理机车和货车 97 辆，组装新机车 16 辆，制造货车 300 辆②。

　　1929 年 5 月，根据张学良整顿东北军工生产的部署，辽宁迫击炮厂计划将三分之二的军品生产能力转为民品。在张学良将军的支持下，辽宁迫击炮厂开办民生工厂，研制生产汽车。

　　东北易帜后，东北兵工厂的军工需求锐减，奉天迫击炮厂厂长李宜春抓住这一时机，提出利用现有设备制造载重汽车的建议，张学良立即予以批准。

图 3-38　民生汽车③

　　1929 年 2 月，张学良将奉天迫击炮厂结余下来的 4 万元下拨给民生工厂，作为研制汽车的实验经费。翌年 5 月，奉天迫击炮厂更名为辽宁迫击炮厂，设民用工业

---

①　沈阳市人民政府地方志办公室编《沈阳图志》，沈阳出版社，2013，第 147 页。

②　辽宁省档案馆：沈海铁路档 7187；齐克铁路档 5584。

③　同①书，第 143 页。

制造处，后改名辽宁迫击炮厂附设民生工厂，有职员 30 人、职工 177 人。在张学良的大力支持下，民生工厂专门聘用多名国内外专科毕业生作为研制汽车的技术骨干，还特别聘请美籍技师迈尔斯为工程师。

图 3-39 李宜春与民生汽车

当时国内缺乏自己的设计技术，无人能独立完成汽车设计。李宜春从美国进口了一辆瑞雷牌整车作为样车进行装配、实验，以期积累经验，然后自行研制。将发动机、精密齿轮、轮胎、电气装置等当时不具备加工制造能力的零部件委托外国工厂制造，民生工厂自制其他大部分零部件①并完成总装。其后，根据国内道路情况和实际需要，设计出两种型号的载重汽车：一为 100 型载重 3 吨，适合于道路情况条件较差的地区；另一种为 75 型载重 2 吨，适合于路况较好的城镇。

1931 年 5 月 31 日，经过两年的不懈努力，国产第一辆汽车——民生牌 75 型载货汽车终于问世。车台重量 3 500 磅（折合 1 589 千克），车辆重量 1 000 磅（折合 454 千克），载重 4 000 磅（折合 1 816 千克），功率 62.5 千瓦，平均速度 40 千米/时，最高速度 65 千米/时。首批投产 40 辆。到 1931 年 9 月基本完成总装，并着手开发试制载货重量 6 000 磅（折合 2 724 千克）的 100 型载货客车。当时有人做了统计，在全车 666 种零件中，有 464 种是自制的，国产率高达 70%。在国内机械工业水平极低的条件下，能够达到这一水平，相当不易。民生牌汽车在国内引起很大反响。1931 年 9 月 12 日，在全国道路协会主办的上海市展览会上，一辆棕色的民生汽车成为全场的明星。它被放置在展厅中央，前保险杠上用中、英两种文字写着："载重后行驶粗劣之路能力极强，驶平坦之途速率增大。"并附带主要零部件的挂图，以及自制与外购零件一览表。蒋介石派张群作为代表参观展览会，时任外交部长王正廷、实业部长孔祥熙也都亲自到会祝贺。

九一八事变传到上海后，9 月 20 日，参加展览的辽宁代表在"民生"汽车车头上方用电灯泡缀成"国产汽车"四个大字并蒙上黑纱，以表达极大的哀痛和抗议。1936 年，中华全国道路建设协会把第一辆"民生"汽车交给上海祥泰汽车制造厂改装成一辆游览车。

---

① 沈阳市人民政府地方志办公室编《沈阳图志》，沈阳出版社，2013，第 143 页。

1924 年，杨宇霆投资兴办大亨铁工厂，总资本为奉票 160 万元。该厂占地 177 亩，下设车、钳、木、焊、锻、铸 6 部，有机器 80 余台、钢钳百座、铁炉 8 台、锅炉 3 台、汽锤 2 架、起重机 8 台、熔炉 5 座，能够生产各种车辆和机械、工具、材料管件。另外，还附设酸素厂，日产酸素 20 桶。全厂有工人 600 余人，资本雄厚，规模较大。1929 年，扩建了铸钢厂，成为当时沈阳最大的民族工业企业之一。①

奉系军阀统治时期，辽宁近代工业呈快速发展态势，不但传统的矿业、油坊、纺织等行业开始由传统手工业向现代制造业方向转变，而且新兴产业（如机械加工、装备制造、火柴、电力、军工等行业）也逐步发展起来。此外，铁路、电信、航运、港口等基础设施建设也成效显著。辽宁近代工业产生于民族危机日渐加深的半殖民地半封建社会，因此在其发展过程中呈现出依附性和自强性的双重性，并且带有浓重的军事特征。

辽宁近代工业的发展始终受到日本殖民经济政策的制约和控制。第一次世界大战后，日本趁西方列强无暇顾及中国之机，大举进入中国，尤其是辽宁成为日本经济殖民的重心。日本不仅把辽宁作为商品推销市场和原料基地，而且企图将辽宁地区经营成进一步吞并中国的战略基地。因此，其对辽宁铁路、航运、港口建设和采矿、电力、电信等基础设施的投资都具有战略经营的特征。这一方面使辽宁更进一步落入日本帝国主义的掌控之中，另一方面，新的生产领域和生产技术传入也在客观上刺激了辽宁地区相关工业的发展。辽宁地区比较发达的榨油行业的发展也与日本殖民政策有直接联系。辽宁近代工业所需设备大多依赖日、俄、英、美等国。铁路建设的部分资本也依赖日本投入，甚至奉天兵工厂的原材料也依赖进口。这说明，辽宁近代工业虽然取得一定发展，但依然没有形成独立完备的研发和生产体系，具有典型的半殖民地产业依附性。

另一方面，辽宁近代工业的发展又具有抵制外资、收回利权、维护民族利益的一面。尤其是奉天军事工业的迅速发展，虽然具有为军阀军事服务的直接目的，但却具有鲜明的保卫国家安全、维护国家主权的性质，并且间接培养了科技人才，提高了当时的军事科技水平，也带动了相关民用科技的发展。尤其值得一提的是，张学良将军在奉系执政后期，大力发展民族产业，推动东北自营自建铁路的兴建和葫芦岛港口建设，更是沉重地打击了日本在东北的经济势力。奉系军阀在发展民族工业道路上越来越鲜明地表现出爱国的民族情怀。

---

① 辽宁省地方志编纂委员会办公室主编《辽宁省志·机械工业志》，辽宁民族出版社，2004，第 156 页。

第四章

以“满铁”为中心：日资在辽宁的经济扩张

第一节

南满洲铁道株式会社成立

一、"满铁"成立

南满洲铁道株式会社，简称"满铁"，是日本政府在日俄战争之后推行大陆政策的殖民侵略机构。它以经办铁路、开发煤矿、移民及发展畜牧业等为其经营方针。"满铁"作为日本政府侵略辽宁的工具，在辽宁的经营范围十分广泛，政治、经济、文教、科技、卫生、报纸、通信等无所不包。"满铁"经营方式分为直接经营和间接经营两种。"满铁"对铁路、港口、航运、国际运输、都市交通、煤矿、炼铁等国民经济主要部

图 4-1 "满铁"设在大连的
"满铁"本社①

门实行直接经营。如鞍山振兴铁矿无限公司，名义上是中日合办，实际上是"满铁"主宰，其资金完全是"满铁"以贷款形式作为投资的。"满铁"对加工工业、商业市场、土木建筑等部门进行投资，实行间接经营。到1931年前，"满铁"直接

---

① 苏崇民：《满铁史》，中华书局，1990，封面。

经营和有投资关系的企业已达 57 家，其中在辽宁的占 77%。[①]

图 4-2 "满铁"奉天公所旧址

同时，"满铁"采取没收、强买、盗购、兼并等手段，不断扩大"满铁"附属地范围。1907 年从沙俄手中接收，占地面积 180 平方千米，1931 年增加到 483.9 平方千米[②]。到 1930 年，居住在所谓"附属地"的日本侨民达 25 万人。"附属地"完全不受中国行政管制和法制约束，成为中国领土主权之外的"合法行政机关"。

从 1907 年开始营业到 1931 年九一八事变爆发的 25 年中，"满铁"已成为一个拥有 4.4 亿日元雄厚资本、1 100 千米铁路、3.48 万名职工的庞大机构，为日本关东军发动武装占领东北创造了相当雄厚的经济条件。

二、日本以"关东州"为中心的经济扩张

图 4-3 1906 年日本在旅顺建立"关东总督府"[③]

日本当局一方面指挥"满铁"在辽宁地区进行经济扩张，另一方面竭力支持国内其他财阀进入以"关东州"为主体的"满铁"附属地开矿设厂，经营商业、贸易、银行以及其他产业。1915 年，日本帝国主义向袁世凯政府提出"二十一条"苛刻要求，大肆劫夺南满各项经济权益，攫取南满铁路经营管理权和奉天省煤矿、铁矿的开采权。从 1917 年开始，日本财阀在辽宁陆续设立部分大型公司，但由于中国人的抵制，日本财阀对辽宁地区主要采取中日合办的投资方式。1921 年前，辽宁地区矿山采掘

① 张福全：《辽宁近代经济史（1840—1949）》，中国财政经济出版社，1989，第 66 页。

② 同上书，第 70 页。

③ 李元奇编《大连旧影》，人民美术出版社，1999。

工业共有 143 家。其中，中日合办的有 74 家，日本独资的有 48 家，中国经营的有 21 家。①

除了“满铁”投资外，日本财团和日本中小企业在辽宁地区经营的公司由 1907 年的 11 家增至 1911 年的 30 家，1916 年又猛增至 133 家。第一次世界大战结束后的 1921 年增至 797 家，1926 年继续增至 1 187 家。资本由 1907 年的 10 567 万日元增至 1926 年的 59 354 万日元。②

清光绪三十年（1904），日本人投资兴建的抚顺机械修理工场（前抚顺挖掘机制造厂前身），是辽宁最早的现代机械厂。

日俄战争后，日本取代了沙俄在辽宁的权益。为了掠夺辽宁的资源，日本财团及资本家纷纷到辽宁投资办企业。光绪三十三年（1907），日本人在大连开办沙河口铁道工场（大连机车车辆厂前身）；日本的川崎造船所扩建了从沙俄接收来的大连船坞和工场（大连造船厂前身）。1915 年，日本人在大连建大华窑业公司（原大连电瓷厂前身）。1917 年，建大连机械制作所（原大连起重机厂前身）。与此同时，日本还在本溪建立第一座炼铁高炉，在鞍山建制铁所，并扩建抚顺、烟台、本溪湖煤矿。此后，围绕为煤铁工业服务的设备维修、易损零部件加工和配套机具制造等机械工业随之逐渐兴起。③

1923 年，日本人在奉天开设的工厂有 49 家。资本金最多的是南满洲制糖株式会社、奉天亚细亚烟草株式会社、东亚烟草株式会社奉天支店、奉天南满瓦斯株式会社，这 4 家各有资本金 1 000 万元。另外，奉天南满电气株式会社奉天支店的资本金为 2 500 万元。这 5 家合计资本金多达 6 500 万元，占日资公司资本金总额的 66.9%。④

1927 年，日本人在“关东州”投资额在 100 万元以上的工厂有小野田水泥大连工场、满洲福纺会社、内外棉金州工场、满洲船渠会社、大连机械制作所大连工场、大连窑业会社、日清油坊、丰年油坊等 8 家。其他工厂投资额均在 100 万元以

---

① 高品卿主编《辽宁工业百年史料》，2003，第 9 页。

② 张福全：《辽宁近代经济史（1840—1949）》，中国财政经济出版社，1989，第 78 页。

③ 辽宁省地方志编纂委员会办公室主编《辽宁省志·机械工业志》，辽宁民族出版社，2004，第 4 页。

④ 同①书，第 11 页。

下。[1]

1927 年，日本人在大连开设 44 家工厂和矿山。其中，纺织厂 4 家，机械、铁工厂 8 家，冶金、矿业、造纸业各 1 家，建筑材料业、化学工业、食品业各 6 家，制材及家具业 4 家，电气及煤气业 2 家，油坊 5 家。

1931 年，辽宁省境内机械工业企业 95% 以上由日本人经营，主要分布在大连、鞍山、抚顺。在机械工业中，铁路车辆工业生产额占机械工业总额的 21.7%，其中车辆制造仅占 21.6%，车辆修理占 78.4%；电车、汽车、自行车工业生产额中，制造占 27.3%，修理占 72.7%；其他机械工业生产额中，制造占 6%，修理占 94%。[2]

这一时期虽然是沈阳工业发展最快的时期，但一直未能摆脱帝国主义特别是日本帝国主义的控制和压迫。日本趁第一次世界大战之机，为了摆脱国内的经济危机，加紧对中国进行经济侵略，在沈阳发展机械、化工等直接为军事侵略服务的工业，逐步形成一个军事工业体系。所有中日合办的企业，领导权完全由日本人掌握。有些企业名义为"合办"，实则为日本独资。有的以中国人作为代理人，有的盗用中日两国私人名义，有的利用中国商号。更有甚者，以"中日合办"企事业为名，行特务活动之实。

1929 年，沈阳 24 家规模较大的近代工厂中，有 11 家是日本投资的。当时沈阳重要的工业几乎全被日本帝国主义控制。同年，在沈阳的日本大公司有 150 个，资本达 4 568 万日元。[3] 其中 100 万日元以上的大公司有 17 个。[4]

---

[1] 高品卿主编《辽宁工业百年史料》，2003，第 11 页。

[2] 同上。

[3] 沈阳市人民政府地方志编纂办公室编《沈阳市志·机械工业志》，沈阳出版社，2000，第 4 页。

[4] 同上书，第 5 页。

第二节

"满铁"垄断大连港对外贸易

光绪二十四年（1898），沙俄强租旅大后，出于统治需要，把旅大地区对外贸易作为经济掠夺的重要手段。光绪二十五年（1899），沙皇尼古拉二世发布了在青泥洼建设自由港的敕令，声明大连商港向一切国家的商船开放。在大连港未建成开埠前，旅顺口是大连唯一的出海门户。同年，东清铁路公司开辟了旅顺至海参崴、上海、日本三条定期航班，后因海难终止。这一年，旅顺到港船只728艘，其中俄国265艘、日本180艘，其余为英、德等国船只。光绪二十七年（1901），俄国政府批准东清铁路公司海运条例，规定开辟航线将大连港同俄、日、朝和中国其他主要口岸连接起来。是年，旅顺到港船只

图4-4 1914年大连海关大楼建成使用①

增至823艘。光绪二十八年（1902），大连港正式开埠。年内进港船只717艘，其中俄国334艘、日本241艘。货物吞吐量42.3万吨。旅顺全年进港船只677艘，进口货物29万吨。

光绪三十年（1904），随着东清铁路通车运营，大连成为沟通欧亚的海陆运交通枢纽，大连港成为远东地区第一大贸易港，旅顺退居次位。同年2月，日俄战争爆发。虽经战乱，到港船只亦达792艘，进口货物29.6万吨，出口货物12.7万吨。日俄战争期间，日本下令，严禁商人商船进出大连港从事贸易活动。光绪三十一年（1905），日本占领大连港后，只允许日本商船、商人进出大连港，大连、旅顺两港

---

① 辽宁省地方志编纂委员会办公室主编《辽宁省志·海关志》，辽宁人民出版社，2002，插图。

图 4-5　1912 年在大连港东防波堤
建成的信号塔和灯塔①

贸易锐减。

日俄战争后，日本取代沙俄在旅大的一切权益，对外贸易管理及经营权悉归日本。为巩固统治地位和对中国东北地区进行经济掠夺，日本统治当局尤其重视大连的对外贸易。1905 年 6 月，日本关东民政公署成立。9 月 7 日即下令，允许一般商人及船舶自由出入大连及旅顺、貔子窝、普兰店、大孤山、金州、柳树屯等 11 个港口。8 月，日本政府向各国驻日本使臣发布通告，宣布大连为"自由港"。9 月 1 日，正式向各国船舶开放。光绪三十三年（1907），"关东州"为关税自由区域。同年，旅大进出口贸易总额达到 1484 万海关两，其中出口 383 万海关两，进口 1101 万海关两。进口货物主要来自日本的铁路材料、布匹和面粉，出口货物主要是大豆、豆饼、盐和生丝，进境船舶 1272 艘次。宣统元年（1909），进出口总值为 4900 万海关两，其中进口总值 1858 万海关两，出口总值 3042 万海关两，主要出口货物是高粱、玉米、小麦等。

从大连港出口货物看，"清光绪三十四年（1908），大连港主要出口货物 68.8 万吨，其中大豆、豆饼、豆油及其他粮食为 53.8 万吨，占主要出口货物量的 78.2%；煤炭为 4.7 万吨，占 6.8%；其他货物为 10.3 万吨，只占 15%"②。

宣统二年（1910），大连港进出口货物 5663 万海关两，超过了当时东北地区主要港口营口，成为东北地区第一大港。1939 年，大连港的货物吞吐量达 7000 万吨，成为远东最大的自由贸易港③。

随着建港规模的扩大，1905—1931 年，大连港进出口货物总计 1.05 亿吨，出口货物主要是掠夺中国东北的原料，尤以大豆"三品"、煤炭而著名。最高年货运量为 1934 年，突破 1000 万吨，达 1073.4 万吨④。

煤炭是大连港货运量中占比重较大的货物。1908—1931 年，煤炭出口呈现逐年

① 姜晔编《图说近代大连》，文物出版社，2018，第 179 页。

② 辽宁省地方志编纂委员会办公室主编《辽宁省志·对外经济贸易志》，辽宁民族出版社，2003，第 12 页。

③ 大连市史志办公室编《大连市志·外经外贸志》，方志出版社，2004，第 102 页。

④ 同上书，第 202 页。

增长的趋势。①

大豆及其制品一直是大连港外贸出口的重要货源之一。1920 年前后，东北大豆年产量约 328 万吨。经大连港出口的大豆，光绪三十四年（1908）为 52.1 万吨，1912 年为 16.1 万吨，1916 年为 17.8 万吨，1920 年为 54.1 万吨。1912—1920 年输出大豆 244 万吨，1929 年输出大豆 216 万吨，1932 年达到 207.8 万吨，之后逐渐减少，1943 年仅为 5 万吨②，出口额也随之增减。

钢铁在大连港各类货物吞吐量中占有重要地位。日本占领时期，日本政府从侵华战争及本国重工业需要出发，大肆掠夺中国东北的生铁及钢材。光绪三十四年（1908）经大连港出口生铁 10.3 万吨，1915 年达到 15.9 万吨，1917 年出口 27.3 万吨，1919 年出口 33.8 万吨，1925 年出口 43.2 万吨。在 1928 年达到 62 万吨后，至 1931 年均在 60 万吨左右③。

第三节
"满铁"垄断辽宁能源工业

一、煤炭工业

光绪二十三年（1897），清廷正式制定了《奉天矿物章程》，允许国内外商人前往东北勘探矿务，但又担心利权流失，不轻易批准项目。因此，外国商人多采取

---

① 大连市史志办公室编《大连市志·外经外贸志》，方志出版社，2004，第 207 页。

② 同上书，第 209 页。

③ 同上书，第 211 页。

与中国商人合资的方式染指矿业。顶戴花翎候选经历王承尧出资 3 000 两，又多方征集股银 4 万两，向盛京将军增祺申请开采抚顺煤矿。同时，花翎候选知县翁寿等人也申请开采抚顺煤矿。盛京将军增祺请示清政府后同意两家开采。翁寿组建抚顺煤矿公司，股本银为 4.5 万两，其中俄籍华人纪凤台股银 1.3 万两，俄退役将军亚果夫和陆宾诺夫股银 1.7 万两。陆宾诺夫为董事长，纪凤台为辅助董事。王承尧组建华兴利公司，有华股银 10 万两，华俄道胜银行股银 6 万两（实缴 3.75 万两）。两公司各交报白银 1 万两。双方以杨柏堡河为界，河东归翁寿，河西归王承尧，当年试采。光绪二十九年（1903），抚顺煤矿公司让与俄国远东森林公司，增祺下令将翁寿原领矿照作废，归华兴利公司独办。

1903 年 3 月，抚顺煤矿公司被沙俄远东森林公司攫取。1904 年 2 月，沙俄出兵占领抚顺煤矿，强占华兴利公司的 3 个坑口，擅自铺设从苏家屯到李石寨老虎台矿的铁路，外运煤炭，供应俄军。9 月，日本侵占烟台煤矿，建立采炭所。1905 年 3 月，日军强占抚顺煤矿。5 月，日军设立抚顺采炭所，隶属日军大本营。9 月，抚顺开凿杨柏堡新坑。12 月，日军侵占本溪湖煤矿。"关东总督府"批准大仓财阀开采本溪湖煤炭，供应日军军需。是年，奉天省设矿政调查总局。

光绪三十一年（1905），日俄战争后，原沙俄势力侵占的石碑岭、陶家屯、一面坡、抚顺、烟台、复州等煤矿被日本侵略者夺取。日本侵占后对各煤矿进行了实地勘测调查。当时日本人认为，"抚顺煤田东西长 17 公里，埋藏量约 10 亿吨。"将其视为帝国的宝库，进行掠夺开采。同年，京奉铁路局派英国人莫拉在阜新的新邱煤田进行第一次实地勘测。光绪三十三年（1907），"满铁"矿业部地质科科长木户中太郎也到阜新新邱进行煤炭调查。宣统二年（1910），奉天日本总领事落合接到日本政府外务省训令，"调查并报告新邱煤田之性质、价值及所有权问题。"委托"满铁"进行调查。[1]

1907 年 3 月 5 日，"满铁"迁往大连，声称开采抚顺、烟台煤矿是它的"附带事业"。4 月 1 日，"满铁"接收抚顺煤矿。1908 年 11 月，抚顺煤矿大山发电所建成发电，抚顺煤矿第一次用电力做动力。1909 年 2 月，驻华日本公使向清政府外交部提出安奉铁路及抚顺煤矿的"东省六案"问题，声称如果不满足日本要求，则将采取自由行动，直到动用武力解决。9 月，清政府被迫以纳税为条件承认日本对抚

---

[1] 辽宁省地方志编纂委员会办公室主编《辽宁省志·煤炭工业志》，辽宁民族出版社，1999，第 31 页。

顺、烟台两煤矿的开采权。①

1910年，清政府奉天交涉司与日本驻奉天总领事及财阀大仓喜八郎签订《中日合办本溪湖煤矿合同》，定名本溪湖商办煤矿有限公司。6月，清政府农工商部批准该合同。10月，签订《中日合办本溪湖煤矿有限公司合同附加条款》。《附加条款》规定，公司改称本溪湖煤铁有限公司，除采煤外，兼办采矿制铁事业。②
1911年5月，中日双方签订《抚顺、烟台煤矿细则》14条，规定"满铁"按出煤

图4-6 日本掠夺抚顺煤矿最早的
航拍图（抚顺煤矿博物馆）

成本5%向清政府纳出井税，输出煤每吨缴纳1钱银出口税。是年，辽宁煤炭第一座筛选厂——本溪湖煤矿筛选厂建成。③

"满铁"经营抚顺煤矿区，并不断向外扩张。先后擅自将抚顺新屯和龙凤坎划入抚顺矿区，后来又将藏有1730多万吨优质炼焦煤的搭连煤矿据为己有。"满铁"对抚顺煤矿肆无忌惮地进行大规模掠夺，首先制定了三期长远计划。第一期为1907—1911年，计划年产182万吨；第二期为1912—1918年，计划年产256万吨；第三期为1919—1928年，计划年产402万吨。

在随后17年里，共有10个新矿井先后投产，日本政府及其财团在抚顺经营的煤矿产量迅速增加，很快取得东北煤炭市场上的垄断地位。其历年产量达到东北煤产量的62%～79%。例如：1910年，产量为89.2万吨，占东北煤产量的62%；1915年，为216.9万吨，占79%；1920年，为313万吨，占71%；1925年，为567.1万吨，占79%；1930年，为671.6万吨，占66%。在东北煤的销售量中，"满铁"抚顺煤矿占86%～92%，一直处于垄断地位。④

抚顺煤的输出量也很大，"遍及日本、朝鲜、华南、华北等亚洲各地。其中，

---

① 辽宁省地方志编纂委员会办公室主编《辽宁省志·煤炭工业志》，辽宁民族出版社，1999，第31页。

② 同上书，第311-312页。

③ 同上书，第312页。

④ 谢学诗主编《满铁史资料·第4卷 煤铁篇 第1分册》，中华书局，1987，第228-242页。

日本国内是抚顺煤的最大市场，运往日本国内的数量占总输出量的50%，日本国内煤炭总进口量的60%~70%为抚顺煤所占。[1] 1929年，运往日本的抚顺煤达到188万吨。[2] 除日本政府和大财阀掠夺的煤矿外，还有日本一些中小资本家夺取了辽宁的一些煤矿。

1916年7月，"满铁"迫使中国政府与其联办"大兴""大新"在新邱的6个矿区。[3]

1931年3月，张学良将八道壕、孙家湾、复州、西安等煤矿合并，组成东北矿务有限公司，简称东北矿务局。九一八事变之前，东北矿务局在阜新的高德、米家窝棚、八道壕、孙家湾等地共有20多个矿区。1928年孙家湾煤矿年产量已达到13万吨，比上年产量增加3.3倍。1929年产煤14万吨，创阜新煤炭资源开发以来年产量纪录[4]。对于日本来说，这一切无疑是其攫取阜新煤炭资源道路上严重的牵绊和障碍[5]。

1915年2月18日，抚顺老虎台竖坑发生火灾，井口被日方封闭，45名矿工身亡。[6] 1916年，抚顺东乡采炭所500名工人举行3天大罢工，要求释放被捕工人。3月14日，该矿发生瓦斯爆炸，死亡151人。[7] 1917年1月11日，抚顺大山坑发生瓦斯爆炸，死亡917人。8月，抚顺老虎台采炭所工人要求提高工资，罢工1天，取得胜利。1918年3月29日，抚顺大山坑连续发生瓦斯爆炸，死亡930人，其中中国人903人。[8]

1922年2月22日，本溪湖煤铁公司600名工人为争人权、争自由、提高待遇而举行罢工。1923年2—6月，北票煤矿1000多名工人罢工，支援京奉铁路工人罢

---

① "满铁"经调会《满洲的矿业》，转引自赵光庆、曹德全《抚顺通史》，辽宁民族出版社，1995，第327页。

② 《抚顺炭矿统计年报》，转引自赵光庆、曹德全《抚顺通史》，辽宁民族出版社，1995，第327页。

③ 张万明、赵春芳：《阜新煤矿大事记》，阜新矿工报社，第23—24页。

④ 阜新矿务局志编纂委员会编《阜新矿务局志》（上），辽宁画报出版社，1995，第4页。

⑤ 王广军：《近代日本对阜新煤炭资源的掠夺（1908—1945）》，硕士学位论文，东北师范大学，2006，第10页。

⑥ 辽宁省地方志编纂委员会办公室主编《辽宁省志·煤炭工业志》，辽宁民族出版社，1999，第312页。

⑦ 同上书，第313页。

⑧ 同上书，第313页。

工斗争。10 月 8 日，抚顺老虎台采炭所西大巷 15 片发生火灾，日本人将井口封死，导致 67 名工人死亡。1924 年 4 月，抚顺炭矿南道井、北道井、东道井、西道井、老虎台等八大矿的工人举行大罢工 10 天，抗议矿方降低工人工资。

1925 年，本溪湖选煤厂 650 名工人举行罢工，要求增加工资，公司被迫增加工资 1~2 成。[①] 6 月，大新公司的工人举行反对日本帝国主义的罢工，为上海罢工募集资金。[②] 1926 年 9 月 26 日，本溪湖煤铁公司 2 500 名采掘工人举行罢工，迫使本溪湖煤铁公司将津贴由 1 角增至 3 角（奉票）。

1927 年 3 月，北票煤矿公司 1 500 名工人为支援上海工人武装起义，每人献工一个，共捐款 1 000 多银元。4 月 13 日，本溪湖煤矿 3 900 名工人罢工，要求增加工资。8 月 23 日，本溪湖煤铁公司 4 500 多名员工，因为公司减发食物津贴和降低工人工资举行罢工，日本守备队开枪镇压，打死打伤 200 多人，300 多人被捕，造成一起震惊中外的大惨案。9 月 4 日，奉天 6 万多名群众游行示威，抗议日本帝国主义残杀本溪矿工。日本政府惊呼，东北"排日"形势自本溪发生暴动后，日益"险恶"起来。1928 年，抚顺大山坑发生透水事故，死亡 482 人。11 月，中共满洲省委派王鹤寿到抚顺任中共抚顺特别支部书记，在抚顺煤矿建立党的外围组织互济会。1929 年，烟台煤矿发生瓦斯爆炸，死亡 135 人。[③]

二、电力工业

清光绪十六年（1890），李鸿章委托德国人德威尼承包兴建的北洋水师旅顺大石船坞电灯厂竣工发电。这是中国人利用洋人的技术、设备办起来的民族工业。

清光绪二十四年（1898），沙俄在旅顺口孙家沟建立一座装有一台 120 千瓦发电机的军用发电所。光绪二十五年（1899），沙俄在大连湾南岸兴建大连市。为了

---

① 辽宁省地方志编纂委员会办公室主编《辽宁省志·煤炭工业志》，辽宁民族出版社，1999，第 314 页。

② 同上书，第 315 页。

③ 同上。

供应市政建设和船渠工场用电，光绪二十七年（1901），沙俄"东清铁道公司"在大连动工兴建大连发电所，次年十月竣工。装有 4 台发电机，装机总容量为 900 千伏安（相当于 720 千瓦）①。这是一座公用性发电所，除向船渠、铁道工场供电外，

还向附近官衙、商民供电。它比我国最早建立的上海电灯厂晚 15 年。日俄战争后，日本夺取沙俄建立的大连发电所，改名为大连滨町发电所。

光绪三十三年（1907），"满铁"成立，同时"满铁"运输部内设立电气系（1908 年易名满铁电气作业所），作为专营电气事业的管理机构。

图 4-7　大连滨町发电所②

1908 年 3 月，中日商人在营口动工兴建的装有一台 300 千瓦发电机的营口水道电气株式会社发电所竣工发电。6 月，"满铁"在奉天（今沈阳）西塔开工建设的装有一台 120 千瓦发电机的奉天临时发电所建成发电。9 月，"满铁"抚顺炭矿动工兴建的装有 2 台 500 千瓦发电机的抚顺大山坑发电所竣工发电。11 月，日本"关东都督府"兴建的装有 2 台 250 千瓦发电机的旅顺发电所竣工发电。是年，由"满铁"架设的从抚顺大山坑发电所向大山坑煤矿输电的全省第一条 11 千伏输电线路建成，并投入运营。③ 到 1931 年，抚顺煤矿所属发电所装机容量达 8 万千瓦，占辽宁地区装机总容量的 38.6%④。

1908 年 9 月，本溪湖大仓煤矿安装了一台 75 千瓦直流发电机，开始向煤矿内的电灯供电。当时的电灯数约为 150 盏。次年 10 月，电灯事业从煤矿独立出来，设立电灯公司，对煤矿以外也开始供电。到 1931 年，本溪装机容量达到 80 582 千瓦，占辽宁地区装机总容量的 4.1%⑤。

1909 年 10 月 5 日，东三省银元总局在奉天（今沈阳）动工兴建的奉天电灯厂

---

① 东北电业志编纂委员会编《辽宁省电力工业志》，辽宁大学出版社，1993，第 623 页。

② 姜晔编《图说近代大连》，文物出版社，2018，第 192 页。

③ 同①。

④ 张福全：《辽宁近代经济史（1840—1949）》，中国财政经济出版社，1989，第 205 页。

⑤ 同上。

竣工发电。装有 2 台发电机，装机总容量为 460 千瓦。[1]

1906 年 12 月，日本人石原正太郎与安东市商会会长等出资创办安东电气株式会社，购置 100 千瓦发电机 1 台，安装在市内三番通发电所。至 1931 年，安东装机容量 15 300 千瓦，占辽宁地区装机容量的 7.3%。[2]

1911 年 9 月，中日合营的铁岭电灯局发电所竣工发电，装有 100 千瓦发电机 2 台。1912 年 12 月，中日合资的辽阳电灯公司发电所竣工发电，装有 100 千瓦发电机 2 台。1914 年 10 月 4 日，日本"兴业"株式会社兴建的开原电气株式会社发电所竣工发电，装有一台 60 千瓦发电机；12 月，日本"满铁"动工兴建的瓦房店电气株式会社发电所竣工发电，装有一台 75 千瓦发电机[3]。

1915 年 7 月，商民集资创办的岫岩裕丰电灯公司发电所竣工，装有一台 30 千瓦发电机。1916 年 7 月，日本商人集资创办的大石桥电气株式会社发电所竣工发电，装有一台 60 千瓦发电机。1917 年 12 月，金州发电所竣工，装有 50 千瓦发电机 2 台。是年，日本"满铁"架设的辽宁地区第一条 22 千伏送电线路（本溪湖至南芬）建成，并投入运营。1918 年，中国商民集资创办的西丰电灯公司发电所竣

图 4-8　铁岭发电所（摄于 1913 年）[4]

工，装有一台 45 千瓦发电机。1919 年 1 月，日本"满铁"鞍山昭和制铁所兴建的鞍山昭和制铁所发电所（今鞍山钢铁公司自备发电厂）竣工，装有 3 000 千瓦发电机 2 台。[5]

1919 年，锦州商绅集资创办的锦星电灯公司发电所竣工，装有一台 200 千瓦发电机。1920 年 2 月，日商集资创办的普兰店电灯株式会社发电所建成，装有一台 30 千瓦发电机。1921 年 3 月，日本商人集资创办的獾子窝电灯株式会社发电所竣

---

① 东北电业志编纂委员会编《辽宁省电力工业志》，辽宁大学出版社，1993，第 624 页。

② 张福全：《辽宁近代经济史（1840—1949）》，中国财政经济出版社，1989，第 202 页。

③ 同①书，第 624 页。

④ 铁岭市档案馆编《铁岭老照片档案》，辽海出版社，2016，第 171 页。

⑤ 同①书，第 625 页。

工，装有一台 30 千瓦发电机。是年，中国商民集资创办的昌图普光电灯公司发电所建成发电，装有一台 60 千瓦发电机①。

1922 年，日本"满铁"抚顺炭矿兴建的抚顺大官屯发电所（今抚顺发电厂）竣工，装有一台 1.25 万千瓦发电机。3 月，中日双方联合建设的辽宁地区第一条 44 千伏送电线路即抚奉线（抚顺至奉天）及奉天变电所竣工，并投入运营。7 月，日本"满铁"动工兴建的大连天之川发电所竣工，装有一台 5 000 千瓦发电机。同月，大连天之川发电所与大连滨町发电所（原大连发电所）并列运行，奉天省首次实现了两个发电厂并列运行。

1923 年 2 月，商民集资创办的盖平明兴电气公司发电所建成，装有一台 60 千瓦发电机；5 月，商民集资创办的法库电灯厂竣工，装有一台 350 千瓦发电机。1934 年 12 月，并入奉天电灯厂。是年，商民集资创办的义县电灯厂竣工，装有一台 20 千瓦发电机。1924 年 3 月，商民集资创办的海城裕民电灯厂建成，装有一台 150 千瓦发电机；7 月，日本"满铁"架设的电压 44 千伏、亘长 64.5 千米的奉辽送电线路（奉天至辽阳）及辽阳变电所竣工，并投入运行。是年，东北矿务局八道壕电气厂竣工发电，装有一台 3 200 千瓦发电机。1925 年 4 月，商民集资创办的凤凰城电灯公司建成，装有 1 台 100 千瓦发电机。

1926 年 5 月，金州、普兰店建设送电线，升高电压（达到 2 万伏），延至貔子窝、城子滩；6 月 1 日，日本帝国主义为了强化电力工业管理体制，将原属"满铁"的电气部改为独立的南满电气株式会社。这是垄断奉天省电力工业的重要步骤。到 1931 年，旅大地区装机容量 30 410 千瓦，占全辽宁地区装机总量的 14.5%。②

1926 年 7 月，"南满电"架设的抚顺至浑河电压 44 千伏、亘长 45.9 千米的抚浑送电线路和由浑河至辽阳电压 44 千伏、亘长 59.9 千米的浑辽送电线路相继竣工；12 月，"南满电"架设的由大连至旅顺电压 22 千伏、亘长 36 千米的送电线路及旅顺变电所竣工。"南满电"架设的由奉天至铁岭，电压 44 千伏、亘长 73 千米的奉铁线及铁岭变电所竣工。1930 年 12 月，"南满电"架设的由铁岭至开原电压 44 千伏、亘长 33.5 千米的铁开线及开原变电所竣工。1931 年 7 月 22 日，"南满电"通过奉天变电所向南满铁路沿线的中国营业区域越界送电，辽宁省政府建设厅

---

① 东北电业志编纂委员会编《辽宁省电力工业志》，辽宁大学出版社，1993，第 625 页。

② 张福全：《辽宁近代经济史（1840—1949）》，中国财政经济出版社，1989，第 201 页。

厅长刘鹤龄以5850号公文呈报辽宁省政府，提出"责令南满铁路沿线各县县长严加监视，随时查报"①。

截至1911年，奉天省辖内已办起发电厂13座，共有32台机组，装机总容量为10 105千瓦。其中，5千瓦1台，45千瓦2台，100千瓦5台，120千瓦1台，150千瓦5台，160千瓦1台，200千瓦4台，250千瓦2台，300千瓦2台，350千瓦1台，500千瓦3台，1 000千瓦5台，最大单机容量为1 000千瓦。②

表4-1 1890—1911年奉天省发电装机容量表③   单位：千瓦

年份	中营（包括中日合营）	日营	"满铁"	自备电厂	合计
1890—1901	不详	不详	不详	不详	不详
1902	—	—	900	—	900
1910	965	500	5 500	890	7 855
1911	2 215	500	6 500	890	10 105

1902—1911年，奉天省境内有9家主要发电厂，装机容量为2 617.5千瓦。其中，俄国人建的1家，装机容量为750千瓦；日本人建的4家（包括日本官营1家和"满铁"2家），装机容量为900千瓦；中日"合办"的3家，装机容量为507.5千瓦；中国官营1家，装机容量为460千瓦。

1931年，全省有发电厂（所）55家（包括企业自备发电厂、所）。其中，日本33家，中国19家，第三国（英国、荷兰）3家。发电厂（所）家数比之前几年有较多的增加。1912—1931年，奉天省境内新建的发电厂有25家，发电装机容量为13 538千瓦。

从发电厂规模来看，最大的是"满铁"经营的鞍山制铁所，发电装机容量为6 000千瓦。其次是东北矿务局经营的八道壕发电所，发电装机容量为3 200千瓦。1915—1927年，随着榨油、纺织等工矿业的发展，民族资本开办了10家小发电厂。

---

① 东北电业志编纂委员会编《辽宁省电力工业志》，辽宁大学出版社，1993，第627页。

② 同上书，第88页。

③ 同上书，第89页。

表 4-2　1911—1931 年辽宁省发电装机容量表①

单位：千瓦

年份	中营（包括中日合营）	日营	满铁	自备电厂	合计
1911	2 215	500	6 500	890	10 150
1915	10 240	310	13 150	890	24 590
1920	14 300	660	27 460	890	43 310
1925	23 585	3 650	59 388	4 640	91 263
1930	36 655	4 744.6	115 068	9 140	165 607.6
1931	36 455	3 844.6	151 018	8 590	199 907.6

1931 年辽宁的发电装机容量为 199 907.6 千瓦，分别是 1911 年、1920 年的装机容量近 20 倍和近 5 倍。但是，这样快速的增长主要是日本对辽宁电力扩张的结果。1931 年，日本在辽宁经营的发电厂（所）的装机容量为 154 962.6 千瓦，占辽宁装机总容量的 84.8%。日本帝国主义从掠夺资源出发，在辽宁的发电厂（所）主要是围绕着港口、矿山建立起来的，实行区域性供电。这也表明了辽宁工业半殖民地的特点。

①　东北电业志编撰委员会编《辽宁省电力工业志》，辽宁大学出版社，1993，第 89 页。

第四节

"满铁"垄断辽宁钢铁工业

一、对鞍山铁矿资源的掠夺

鞍山地区的冶铁工业历史悠久，源远流长。"满铁"成立后，派人对鞍山地区进行非法的秘密探矿，先后调查了铁石山、西鞍山、东鞍山、大孤山、樱桃园、关门山、小岭子、弓长岭等10余座铁矿山，并发现大石桥菱镁矿、烟台黏土矿等资源，为在鞍山地区开矿建厂冶炼钢铁做准备[1]。

1915年5月，日本帝国主义胁迫袁世凯签订"二十一条"，攫取了南满铁矿资源开采权。同年8—10月，探明了鞍山地区的地质矿藏[3]。11月，"满铁"总裁中村雄次郎提出投资2000万日元建立制铁所，掠夺鞍山地区铁矿资源的计划。同年3月，由汉奸于冲汉和日本人镰田弥助出

图4-9 "满铁"经营的鞍山制铁所[2]

---

[1] 满铁地质调查所：《满洲、蒙古、西比利亚、中国矿产物分析表》，吉林省社会科学院满铁资料馆馆藏，第04467号。

[2] 苏崇民：《满铁史》，中华书局，1990，插图。

[3] 李雨桐：《日本对中国东北矿产资源的调查与掠夺（1905—1931）》，硕士学位论文，东北师范大学，2015，第56页。

面，组建中日合办振兴铁矿无限公司，假中日合资之名，行掠夺鲸吞之实。1916 年 7 月 22 日，中日合办振兴铁矿无限公司总局在奉天成立，资本 14 万日元，名义上中日投资各半，实则由"满铁"全额出资。[①] 1917 年 10 月 18 日，"满铁"专门做出决定，不仅把振兴公司采矿总局的临时事务所设在"满铁"矿业部矿务课内，而且规定，"物品的请领和工程要求等，准照社内各部门间的关系办理"[②]。"可以看出，所谓的中日合办的振兴公司只不过是假合办的公司，只是成为日本攫取利权的工具"[③]。该公司在千山（今鞍山旧堡）设采矿总局，两年后总局迁至鞍山。振兴公司操纵于冲汉与中国政府交涉，采取贿赂中国政府官员等手段，先后获得大孤山、樱桃园、鞍山山地（含东鞍山、西鞍山）、王家堡子、对面山、关门山、小岭子、铁石山等 8 个矿区开采权，总面积达 14 578 亩[④]。1921 年又获得了白家堡子、一担山、新关门山等 3 个矿区（面积 7 259 亩）开采权[⑤]。

振兴公司在鞍山地区设立了 3 个采矿所。一是鞍山采矿所（包括东、西鞍山，小岭子，铁石山）。1916 年，开始弃贫采富的掠夺式开采。1928 年，因富矿被采完而停止。二是樱桃园开矿所（包括樱桃园、王家堡子、一担山、眼前山、关门山、新关门山等）。1918 年，开始开采樱桃园的富矿。1919 年，开采王家堡子富矿，当时王家堡子年产量约为 10 万吨，樱桃园年产量约为 8 万吨。三是大孤山采矿所（包括大孤山和小房身）。1916 年，进行试采。1918 年，以贫矿下部的富矿为目标进行开采。1919 年，以露天法开采贫矿。1926—1933 年开采量为 480 万吨[⑥]。

振兴公司的铁矿石均以"卖矿"或"租矿"形式供给"满铁"直属的鞍山制铁所及以后成立的昭和制钢所炼铁，供需双方实质上是"满铁"内采矿部和制钢部上下工序之间的关系。1940 年 12 月 7 日，振兴公司宣布解散，并入昭和制钢所。

---

① "满铁"：《振兴公司交涉纪要》，第 173，189 页。

② "满铁"：《诸规定类纂》，第 10 编，第 16-17 页。

③ 张丽：《近代日本对鞍山钢铁资源的掠夺（1909—1945）》，硕士学位论文，东北师范大学，2007，第 11 页。

④ 解学诗、张克良编《鞍钢史（1909—1948）》，冶金工业出版社，1984，第 56 页。

⑤ 同上书，第 61 页。

⑥ 鞍钢史志编纂委员会编《鞍钢志》，人民出版社，1993，第 11 页。

"满铁"在兴办振兴铁矿无限公司的同时，开始鞍山制铁所建厂筹备工作。1916 年 12 月，成立创立委员会，其成员有"满铁"总裁国泽新兵卫等 14 人。

1916 年 8 月 5 日，"满铁"提出鞍山制铁所远景目标是年产生铁 100 万吨、钢 80 万吨。近期目标则是拟建日产生铁 460 吨的 525 立方米高炉 2 座，年产生铁 15 万吨，总投资 820 万日元[2]。

图 4-10 鞍山铁矿石熔化炉[1]

1917 年初，鞍山制铁所开始动工。1918 年 5 月 15 日，鞍山制铁所正式成立，八田郁太郎任鞍山制铁所所长。1918 年底，建厂工程大部分完成。1919 年 3 月，炼焦厂开始生产焦炭。4 月 29 日，1 号高炉点火，标志着鞍山制铁所正式投产。由于第一次世界大战后世界经济危机，资本主义国家工业生产萎缩，钢铁价格连续暴跌，迫使鞍山制铁所停止执行增建计划，已经竣工的 2 号高炉点火也不得不"无限延期"，鞍山制铁所陷入经营危机。

尽管经营状况不佳，但铁产量仍保持着上升趋势。1921 年 12 月 16 日，2 号高炉点火后，1、2 号两座高炉交替作业，经常保持一座高炉生产。到 1925 年，生铁产量一直维持在每年 10 万吨的水平。选矿技术过关后，1926 年 7 月，两座高炉开始同时作业。1927 年，闯过 20 万吨大关。1930 年 3 月 9 日，3 号高炉投产并达到设计能力。当年，生铁产量即达到 28 万吨以上[3]。到 1930 年，在鞍山建成以设计能力年产生铁 34 万吨为中心，包括铁矿开采、选矿、烧结、炼焦、化工以及运输配套的比较齐全的联合企业。鞍山制铁所无论在生产能力上，还是在实际产量上，都仅次于日本最大的钢铁企业——八幡制铁所。

197

① 《近代中国分省人文地理影像采集与研究》编委会编《近代中国分省人文地理影像采集与研究·辽宁》，山西人民出版社，2019，第 225 页。

② 解学诗主编《满铁史资料·第 4 卷 煤铁篇 第 3 分册》，中华书局，1987，第 1074 页。

③ 解学诗、张克良编《鞍钢史（1909—1948）》，冶金工业出版社，1984，第 120 页。

表 4-3　　日本帝国主义对中国铁矿石生产的垄断与鞍山铁矿石所占比重①　　单位：吨

年份	全国总产量	其中日本帝国主义控制下		鞍山铁矿产量	占全国总产量百分比
		产量	占全国总产量百分比		
1918	999 019	999 019	100.0%	88 364	8.8%
1919	1 349 846	1 349 846	100.0%	167 155	12.3%
1920	1 336 285	1 336 285	100.0%	148 692	11.1%
1921	1 009 524	1 009 524	100.0%	174 644	17.2%
1922	858 916	858 916	100.0%	148 389	17.2%
1923	1 243 226	1 243 226	100.0%	188 218	15.1%
1924	1 265 732	1 265 732	100.0%	155 104	12.2%
1925	1 019 021	1 019 021	100.0%	133 759	13.1%
1926	1 033 011	1 023 011	99.0%	1 047 215	100.0%
1927	1 181 235	1 172 235	99.3%	889 009	75.2%
1928	1 474 900	1 464 327	99.3%	604 286	40.9%
1929	2 046 996	2 040 759	99.7%	837 025	40.8%
1930	1 773 536	1 767 851	99.7%	691 168	38.9%
1931	1 840 279	1 828 053	99.4%	816 969	44.3%

　　鞍山制铁所从 1917 年开始，先后实施了"第一期建设计划"和"扩建计划"。到 1931 年，建成了 1 个选矿厂、3 座高炉、5 座炼焦炉，以及与主体设备配套的各种辅助设施。1920—1932 年的 13 年间共生产生铁 202.04 万吨，其中 163.73 万吨被运往日本本土，占总产量的 81.04%，充分说明了鞍山制铁所的殖民地掠夺性生

① 解学诗主编《满铁史资料·第 4 卷　煤铁篇　第 3 分册》，中华书局，1987，第 1224 页。

产本质。

表 4-4　1920—1932 年鞍山生铁销售情况① 　　　　　　单位：万吨

年份	中国东北	日本	朝鲜	中国关内	合 计
1920	0.25	0.74	0.07	0.03	1.10
1921	1.18	7.12	0.21	0.19	8.71
1922	1.82	6.96	0.25	0.58	9.62
1923	1.36	5.70	0.22	0.43	7.73
1924	0.99	6.16	0.22	0.72	8.10
1925	1.19	8.70	0.28	1.13	11.31
1926	1.13	12.11	0.27	1.14	14.67
1927	1.30	17.54	0.22	1.76	20.83
1928	1.70	17.19	0.27	1.98	21.17
1929	1.70	15.99	0.43	1.87	20.00
1930	0.75	11.95	0.22	3.31	16.24
1931	1.01	22.72	0.25	3.68	27.67
1932	1.30	30.85	0.27	2.46	34.89

注：中国东北地区的销售量包括"满铁"自用量。

二、对本溪铁矿资源的掠夺

1913 年，本溪湖煤铁有限公司开始兴建热风炉工程。主体设备由英国人设计，英德两国承担制造。1914 年 4 月 16 日，1 号高炉主体工程开工。5 月 23 日，本溪

---

① 解学诗、张克良编《鞍钢史（1909—1948）》，冶金工业出版社，1984，第 152 页。

湖第一发电厂2台1500千瓦发电机运转发电。1915年1月13日，1号高炉举行点火仪式。炉容为291立方米，日产生铁能力130吨[1]。1号高炉的建成，是东北钢铁工业使用高型高炉的开始。1917年12月10日，2号高炉建成投产。2号高炉是日本人仿1号高炉设计的。主体设备由南满洲铁道株式会社大连沙河口工场制造。

图4-11　本溪湖铁厂1号高炉旧址

1915年7月，公司又取得了梨树沟、卧龙村、歪头山、戴金峪、马鹿沟、青山背、骆驼背子、望城岗、八盘岭、太河沿（一区）、太河沿（二区）、通远堡等10处铁山12个矿区的开采权[2]。

1915年5月22日，对1号高炉生产的生铁进行分析，发现生铁含磷较低。经过多方面调查，发现本溪的铁矿石和煤均含磷、硫较低，是炼制低磷生铁的理想原料。为炼制低磷铁，1918年12月和1919年5月，公司在本溪湖炼铁厂西南角太子河畔，先后建立日产20吨生铁的小高炉2座。1919年末，2座小高炉停产。1921年8月，试验用焦炭冶炼低磷生铁，结果含磷0.012%，含硫0.006%，质量超过了瑞典用木炭冶炼的低磷生铁。

1925年，公司再次按日本海军一级品标准试制低磷铁，生产了2500吨，送往日本相关军工企业。1927年10月，第三次试炼低磷铁，并接受日本海军工厂一级品2000吨低磷铁和其他民用工厂约2000吨订货。三次试验的成功，确立了公司生产低磷生铁的工艺。炼制低磷生铁与普通生铁共用同一设备，在作业中间歇式地插入生产，这在当时世界炼铁业中也是少有的。

图4-12　本溪湖铁厂综合楼旧址

1911—1931年，公司发展成为具有采煤、炼焦、化工、铁矿开采、选矿、团

---

[1]　《本钢史》编写组：《本钢史（1905—1980）》，辽宁大学出版社，1984，第23页。

[2]　同上书，第27页。

矿、炼铁和发电等多种生产能力的联合企业。合办后期，公司所属厂矿有：本溪煤矿、牛心台煤矿、本溪发电厂、本溪铁厂、本溪机械厂、耐火材料厂、南芬铁矿、南芬选矿厂、八盘岭铁矿、通远堡铁矿、本溪炼焦厂、本溪副产物工厂、本溪硫酸厂、本溪石灰石矿、电机修理厂和本溪黏土矿等。产品主要销往日本，少量销往国内的青岛、天津。

表 4-5 1911—1931 年本溪湖煤铁有限公司主要产品产量统计表① 单位：吨

年份	煤	焦炭	铁矿石（富矿）	生铁	
				总产量	其中低磷铁
1911	90 352	1 441	—	—	—
1912	185 199	2 935	—	—	—
1913	270 782	11 315	—	—	—
1914	301 014	25 508	—	—	—
1915	275 777	45 814	51 001	29 438.87	—
1916	322 626	69 172	71 753	49 211.49	—
1917	438 008	92 472	99 569	37 971.23	—
1918	374 965	99 360	89 174	44 965.89	—
1919	416 994	150 816	79 608	78 841.29	—
1920	439 100	82 416	85 669	48 845.40	—
1921	338 000	59 671	56 555	31 017.92	—
1922	285 000	11 944			
1923	373 000	45 360	25 513	24 338.73	145
1924	450 000	90 864	65 000	51 950	420
1925	400 000	80 030	65 000	50 000	2 092
1926	415 000	91 601	70 000	51 000	1 241

① 《本钢史》编写组：《本钢史（1905—1980）》，辽宁大学出版社，1984，第39-40页。

表4-5（续）

年份	煤	焦炭	铁矿石（富矿）	生铁	
				总产量	其中低磷铁
1927	398 000	84 606	70 000	50 500	4 438
1928	490 000	96 250	106 000	63 030	4 275
1929	521 000	121 016	146 500	76 300	8 850
1930	582 000	132 399	141 061	85 060	6 039
1931	467 000	90 153	105 600	65 620	10 196
合计	7 834 517	1485 143	1 328 003	838 090.82	38 506

1931年，日本在辽宁建立的两个庞大企业的年钢铁产量达33.5万吨，相当于同时期日本国内生铁产量的36.5%。在日本钢铁资本体系中的比重，由1917—1921年平均占12.3%提高到1931年的23.9%。日本国内生产的生铁由同时期的78.9%下降到65.5%。[1] 到1931年，辽宁地区的铁矿石年产量达到103万吨，比1915、1920年分别增加19倍和4倍，所有这些矿石几乎都是富矿和中等品位矿。[2]

在合办的20年间，本溪湖煤铁有限公司获得了巨额利润，共获剩余价值龙银1 506万元，是实缴资本的2.15倍，年平均利润率为13.1%。

三、对其他资源的掠夺

除了取得铁矿石开采权外，日本帝国主义对石灰石、菱镁矿和黏土等主要材料也进行了大肆掠夺。据"满铁"1931年的推定，复县五湖嘴软质黏土、辽阳的烟台硬质黏土、本溪的牛心台黏土矿等三处黏土矿储量9 000多万吨。其中适用于炼铁的优质耐火黏土达1 000万吨。1911年，复县五湖嘴矿成立中日合办磁土矿业大东公司。1920年后，又有中日合办的成和公司、同益公司。还有日本人在这一带开

---

① 张福全：《辽宁近代经济史（1840—1949）》，中国财政经济出版社，1989，第230页。

② 同上书，第214页。

采的小黏土矿 4 处。1917 年，"满铁"开始开采黏土矿。1929 年，在复县成立复州矿株式会社，进一步垄断了辽宁的黏土资源。

辽宁的菱镁矿埋藏量丰富，品质优良，分布甚广，从大石桥、海城沿东北方向长达 100 千米。矿床的厚度最厚处达 70 米，浅处也有数米以上，在世界上无与伦比。据"满铁"测定，当时菱镁石储量达 38 359 万吨。海城县菱镁石矿总面积可达 5.2 万亩。1918 年，"满铁"成立南满矿业株式会社，进行正式开采。据不完全统计，1931 年，辽宁地区菱镁石产量达 36 034 吨，比 1920 年增加 7.5 倍。

图 4-13 菱镁矿工人在矿区工作①

第五节
"满铁"垄断辽宁基础工业

一、大型制造业

（一）铁路机车制造

光绪二十四年（1898）三月二十七日，沙俄强迫清政府签订了《旅大租地条约》。光绪二十五年（1899），沙俄宣布大连为"自由港"，并着手修建大连市第一

---

① 营口市史志办公室：《营口百年图志》第一册，辽海出版社，2009，第 49 页。

期工程。东清铁路机车制造所作为第一期工程组成部分，开始同时兴建①。1901年，东清铁路建成，作为东清铁路附属的东清铁路机车制造所亦同时建成。1903年，东清铁路正式运行，东清铁路机车制造所同时开始经营，属段修性质。东清铁路运行的机车、客车、货车全部从国外购买。经过一段时间运行后，到该所进行修理，设备残缺，修理能力低下。

图 4-14　"满铁"设在大连的铁道工场②

图 4-15　"满铁"铁道工场车间③

光绪三十一年（1905），日俄战争以沙俄战败而告终，沙俄把旅大租借权转让给日本。日本侵占旅大地区后，工厂由日本军队管制。当时，日本尚缺乏供应大型车辆的能力，完全依靠从美国进口。1907年，"满铁"投资631万日元，在大连新建"大连铁道工场"，也称为"沙河口铁道工场"。

图 4-16　1934年工场生产的"亚细亚号"特快列车④

图 4-17　"满铁"铁道工场事务所旧址⑤

---

① 大连机车车辆工厂厂志编纂委员会编《铁道部大连机车车辆工厂志（1899—1987）》，大连出版社，1993，第4页。

② 苏崇民：《满铁史》，中华书局，1990，插图。

③ 姜晔编《图说近代大连》，文物出版社，2018，第190页。

④ 同③书，第191页。

⑤ 同③。

同年，"满铁"从美国购买 205 台机车、95 辆客车、2 090 辆货车、100 辆卡车的部件，在大连工场组装，用于"满铁"创业。同年 5 月，订货陆续到达，生产规模急剧扩大，工场增加了 647 名职工，组装作业陆续在露天进行，由美国机车公司派遣的技师进行指导。同年 6 月 18 日，组装了第一辆机车；9 月 30 日，组装了第一辆货车；12 月 29 日，组装了第一辆客车。"至 1908 年 6 月 1 日，共组装机车 122 台、客车 69 辆、货车 1 331 辆、卡车 100 辆。"①

随着"满铁"经营规模扩大，原工厂生产已不能适应机车车辆的要求。光绪三十四年（1908），"满铁"决定把大连工厂从原址移至大连郊外北沙河口重建。宣统元年（1909），工厂职工见习养成所（为工厂培养技术工人的学校）招收了第一批见习生。1911 年 8 月 9 日，原工厂全部迁入新厂区，正式投入生产。工厂隶属"满铁"运输部工作课，厂名改称"满铁"沙河口铁道工场。1911 年 9 月 12 月，建成铸铁、模型、制罐、客车、台车、制材、货车、涂裁缝等车间和仓库。至此，新厂区建设基本完成。

沙河口铁道工场是当时东北的头号大工厂，也是亚洲有数的大工厂之一。日本号称是第一个用德国机器装备起来的东洋大铁道工厂，这是东北地区有大型机械工业企业的开始。② 新厂区建筑面积 56 837 平方米，安装了大批机械和起重运输设备，厂内建有铁道运输线，其中有蒸汽机车修理线 22 条、货车修理线 6 条、客车修理线 9 条。

1912 年，沙河口铁道工场开始编制新造蒸汽机车的计划。1914 年，第一次制成货运蒸汽机车。"1916 年，工厂制造了 12 台朝鲜铁路机车、39 辆本溪湖煤铁公司货车、3 台印度支那铁路机车，制成客运蒸汽机车和抚顺煤矿用电气机车。至1916 年末，工厂有厂房 49 座，工厂内能同时收容蒸汽机车 27 台、客车 36 辆、货车 130 辆。年生产能力达到修理蒸汽机车 112 台、客车 242 辆、货车 1 530 辆，新造组装蒸汽机车 12 台、客车 6 辆、货车 137 辆。"③ 1917 年，工厂职工为 4 417 人，其中中国工人 2 595 人，占 58.75%。

第一次世界大战期间，"满铁"社内所用车辆已全部由沙河口铁道工场生产，

① 大连机车车辆工厂厂志编纂委员会编《铁道部大连机车车辆工厂志（1899—1987）》，大连出版社，1993，第 5 页。

② 顾明义：《大连近百年史》，辽宁人民出版社，1999，第 1074 页。

③ 同①。

同时还生产各类轻重工业所需的机械设备，成为"满铁"铁路工业和机械工业的主要工厂。第一次世界大战结束后，资本主义国家经济萧条，大连沙河口工场的生产能力迅速萎缩。1930年，工厂全年仅组装4台蒸汽机车、8辆客车、170辆货车。同年1月15日，"满铁"所属辽阳工场停办，生产能力和部分设备并入沙河口工场。

（二）造船工业

图4-18 川崎造船所大连出张所（1923年被"满铁"收购，建立满洲船渠株式会社）①

日本在辽宁建立的造船企业有大连船渠铁工株式会社、大连西森造船厂、安东鸭绿江造船厂和高见造船厂等。在这些造船企业中，规模最大、生产能力最强的是大连船渠铁工株式会社。

"满铁"成立后，从日本军方手中接管了大连修造船厂和中央发电所的经营管理权。光绪三十四年（1908），"满铁"与日本川崎造船所签订契约，约定"满铁"将大连修造船厂租给川崎造船所经营，租期23年。出租后的工厂改名为"川崎造船所大连出张所"，简称川崎大连出张所。

根据生产发展的需要，川崎大连出张所不断配置造船和制造车辆的各种设备，在厂内建立起机械、铁船、锻造、木型、铸造、铆焊、铜工、锅炉等十几个车间。全厂拥有电动工具370千瓦、汽动设备22千瓦和4艘在籍工作船，其中工作船有3艘超过100吨。

到20世纪20年代初，该厂已经成为东北机械加工行业的龙头企业。1922年，入坞修理船舶80艘，收入33.94万日元；系留修理船舶207艘，收入2.80万日元；新造小型船舶10艘，收入20.02万日元。②

1922年，"满铁"承租旅顺船厂，同时收回租给川崎造船所的大连修造船厂，将两个工厂合并为一个新的工厂，称为"满洲船渠株式会社"（简称"满船"）。

---

① 姜晔编《图说近代大连》，文物出版社，2018，第191页。

② 朱诚如等：《辽宁通史》，大连海事大学出版社，1997，第222页。

该会社有资本 200 万日元，下设大连、旅顺两个工厂，是"满铁"直系子公司，重大事项决策权掌控在"满铁"手中。据不完全统计，旅顺工厂自 1925 年至 1930 年，共建造船舶 5 000 吨（排水）。

由于当时处于世界经济危机大潮中，海运业不景气，大连船厂一直处于低迷状态，于是"满船"把修船为主的经营方针调整为陆用机械制造和维修为主的经营方针，多方开拓市场，寻找商机。同时，"满铁"也把一大批本应由沙河口铁道工场完成的陆用机械制造订单，转由"满船"大连工厂生产，使该厂度过了面临倒闭的危机。1928 年，该厂生产形势出现转机，投资者第一次拿到了 8 分红利。

"满船"在其存在的 9 年里，对两个工厂的设备和厂房进行了较大的改进和扩充。到 1927 年 5 月，大连工厂已拥有 13 个生产车间，5 000 吨级船坞 1 座，厂房 11 幢，工作船只 6 艘，气罐 2 座（计 390 千瓦），电动机 25 台（计 401 千瓦），其他设备 192 台。[①] 1929—1930 年，因为"满铁"修建第四码头，所以对该厂进行了大搬迁。新搬迁的工厂占地面积 5.04 万平方米。这使得该厂的生产能力有了很大的提高。

虽然"满船"在 1928 年出现短暂的复兴，但经过 1929 年的世界经济危机，"满船"再度陷入困境。1931 年，"满铁"决定让持续盈利的大连汽船株式会社吞并"满船"。这样，"满船"就不复存在了。

二、纺织工业

光绪三十二年（1906）至宣统二年（1910），日本三重、大阪、金巾、天满、冈山五家纺织公司组成面向中国东北的日本棉布输出组合，逐步取代英美和印度产品，日本棉纱、大尺布潮水般涌入东北和奉天省市场，处于垄断地位。宣统二年（1910），营口、大连两港输入的日本大尺布比日俄战争前增加了 6.5 倍，占输入棉布总量的 65%。

在棉纺织制品大量输入的同时，日资在旅大租借地和南满铁道沿线城市建立了 3 个近代棉纺织厂和 2 个专业织布厂。

1919 年 9 月，日资开办旅顺机业会社，这是奉天省最早的近代机器织布厂。

---

① 《大连造船厂史》编委会编《大连造船厂史》，1998，第 30 页。

1921 年 7 月，日资开办满洲织布株式会社（厂址在铁岭，1930 年歇业）。该厂有丰田式铁制织布机 288 台（其中大幅 180 台、小幅 108 台）、丰田式管卷机 12 台、丰田式整经机 7 台、河本式浆纱机 1 台，并有蒸汽机和发电机。这些设备在当时比较先进，昼夜生产，年产大尺布 23.4 万匹、粗布 18 640 匹。[1]

1922 年 4 月，日本内外棉株式会社投资 200 万日元在金州建立内外棉株式会社金州工场（前金州纺织厂），1925 年 2 月投产，有纱锭 2.4 万枚。

图 4-19　满洲织布工场[2]

图 4-20　内外棉株式会社金州工场[3]

1923 年 3 月，日本富士瓦斯株式会社在辽阳建立满洲纺绩株式会社（原辽阳纺织厂），资本金 500 万日元，1924 年投产，有纺锭 31 360 枚、织机 504 台。1923 年 4 月，日商在大连周水子建立福岛纺绩株式会社（前大连纺织厂），1925 年投产，有纺锭 18 816 枚。[4]

清末民初，日资也侵入奉天省丝绸业。1917 年，日本富士纺绩株式会社在安东设立分厂，生产绢纱。设精纺机 6 000 锭、走锭机 3 800 锭，年产绢纱 47 吨。1917 年，日本安藤洋行投资在安东创办了

图 4-21　福岛纺绩株式会社

---

[1] 辽宁省地方志编纂委员会办公室主编《辽宁省志·纺织工业志》，辽宁民族出版社，2001，第 58 页。

[2] 铁岭市档案馆编《铁岭老照片档案》，辽海出版社，2016，第 171 页。

[3] 同[1]，插图。

[4] 同[1]，第 42 页。

东北第一家绢纺工厂。翌年，添置美国绢纺精纺机 8 台、2400 枚，生产 80N/2 和 60N/2 绢纱，远销南洋。以后工厂转卖，1921 年，改称富士瓦斯纺绩株式会社安东工场。1924 年，该厂扩建副纺车间，增添阿萨利斯走锭机 2 台、950 锭。翌年，又增添同型号走锭机 2 台、950 锭。该厂利用短纤维剥棉、废棉和回用棉等纺绅丝粗纱，织成厚织物供一般市民用。1930 年，年用挽手 400 余吨。[①]

三、造纸工业

1918 年 7 月 12 日，日本人松浦静野等 4 人在大连谭家屯建立松浦纸株式会社，有资本金 5 万日元，安装抄纸机 2 台，生产有光纸和包装纸，年生产能力 1800 吨。同年 12 月，日本人在大连夏家屯建立满洲制纸会社，有资本金 50 万日元，制作粗纸。

1919 年 5 月，日本人大川平三郎等人在安东县建立鸭绿江制纸会社，有资本金 400 万日元，年生产能力 8000 吨（包括磨木浆 2000 吨）。1921 年 10 月 1 日，开始制浆。同年 9 月，日本人又在营口建立营口制纸合资会社，制造海纸，有资本金 10 万日元。其间，中国人韩麟钹在丹东六道沟建立六合成制纸厂，以附近芦苇为原料，制造毛边纸、手纸和川表纸，为东北地区第一个由中国人经营的机制造纸厂[②]。

日本人松浦静野在辽宁先后建立了 26 家造纸企业，仅"王子""钟渊"两大制浆系统就有 23 家公司。到 1945 年，共安装造纸机 44 台（其中长网造纸机 10 台、圆网造纸机 34 台），各种类型的蒸煮锅 43 个、打浆机 174 个，年造纸生产能力为 7.74 万吨，制浆能力 5.76 万吨。工厂分布在安东（今丹东）、锦州、营口、沈阳、大连、抚顺地区。其中营口、金城、安东三个苇浆造纸机规模较大，以辽河下游盘锦地区和鸭绿江畔东沟县盛产的芦苇做原料，切苇机、蒸煮锅、制药设备、打浆机和长网、圆网抄纸机，都比较先进。

---

① 辽宁省地方志编纂委员会办公室主编《辽宁省志·纺织工业志》，辽宁民族出版社，2001，第 138 页。

② 辽宁省地方志编纂委员会办公室主编《辽宁省志·轻工业志》，辽宁民族出版社，2005，第 15 页。

四、化学工业

1922 年，"满铁"在大连建设南满硝子株式会社，有 1 座坩埚炉、4 个作业场，职工 203 人。1928 年，南满硝子株式会社发展到有 4 座坩埚炉，职工 800 人，主要产品有食器、特种玻璃两大类。其中食器类的瓶罐等产品大部分输往南洋各地，特种玻璃类的仪器、水表供给日本海军。

光绪三十一年（1905），日军侵占奉天后，日本大坂、春元、石城制造所的九重、芝兰牌香皂相继在市场出售，与其他外国货相竞争。1914—1918 年，日商的九鼎、文鸟、老兰香皂陆续充斥奉天市场。1923 年，奉天市输入香皂 14 余万打，其中日本香皂 12 万打。

1929 年，民众掀起提倡国货运动，日本香皂的销售量下降。1932 年伪满洲国成立后，日本香皂又充斥市场。东北沦陷后期，香皂也纳入满洲生活必需品输入联盟统制，百姓购领很困难。①

1913 年，日本人在大连建立"满洲油脂株式会社大连油脂厂"，年产肥皂 1 200 吨。

1916—1931 年，日本除在鞍山昭和制钢所、抚顺煤矿、本溪湖煤铁公司炼焦炭、炼石油外，又得到生产合成染料的基本原料煤焦油 12.89 万吨、粗苯 2.1 万吨（1923—1931 年的产量）、粗萘 4 094 吨（1926—1931 年产量）。1922 年，日本兴田银工厂与大连永顺洋行合资开办大连大和染料两合公司，生产和经营硫化青染料。②

五、其他工业

1907 年，英美烟草股份有限公司进入奉天市。1931 年，大英烟草公司在吞并民族烟厂永泰和烟厂后，改名启东烟草股份有限公司。

---

① 辽宁省地方志编纂委员会办公室主编《辽宁省志·商业志》，辽宁人民出版社，2001，第 22 页。
② 同上书，第 93 页。

1909 年，日本东亚株式会社在奉天市建立大安烟厂，与英美卷烟业争夺东北市场。1921 年，日本人烟波至二郎直接经营大安烟厂，并改名为"东亚烟草株式会社奉天工场"。

图 4-22　民国初年奉天英美烟草公司①

图 4-23　东亚烟草株式会社奉天工场②

1917 年，日本资本家儿岛建立制水株式会社，建厂初期经营人造冰，后来增设汽水部，生产清凉饮料。1929 年，生产规模达到日产 8 000~10 000 瓶，汽水商标为狮子牌。③

1916 年，日资开办南满制糖株式会社，日处理甜菜 500 吨。1919 年，开办满蒙酿造株式会社，次年生产清酒 90 吨。1919 年 10 月，开办满洲制冰株式会社（原沈阳罐头厂），年造冰 4.5 万吨、饮料水 2.5 万箱④。它是日商最早建立的汽水厂，1921 年产量为 7 683 箱。⑤ 九一八事变前，日资在沈阳开办的食品酿造卷烟企业已经达到 7 家，其中制糖业 1 家、酿酒业 4 家、卷烟业 2 家⑥。

---

① 沈阳市人民政府地方志办公室编《沈阳图志》，沈阳出版社，2013，第 141 页。

② 同上。

③ 辽宁省地方志编纂委员会办公室主编《辽宁省志·轻工业志》，辽宁民族出版社，2005，第 119 页。

④ 沈阳市人民政府地方志编纂办公室编《沈阳市志·轻工业志》，沈阳出版社 1994，第 18 页。

⑤ 同④书，第 31-33 页。

⑥ 同④。

第五章　日本对辽宁的经济殖民

第一节
日本殖民辽宁经济统制政策缘起

九一八事变后，日本开始对东北进行全面经济侵略和物资掠夺。为此，日本当局制定和实施了一套完整的统治东北的方针和政策，包含的内容广泛复杂，经济统制政策为其中的核心，贯穿了这一体系的始终，并且体现在各方面的具体部门之中。可以说，经济统制是伪满经济的总纲，抓住了经济统制也就抓住了伪满经济的主线。

第一次世界大战之后，中国东北地区的资本主义经济有了显著发展，不仅在面粉、纺织、酿造等传统工业中占垄断地位，而且在现代工业（如矿业、电业、机械等部门）中的资本也在迅速增长。以奉天纺纱厂、东三省兵工厂为代表的现代工业正在兴起，国有铁路、公路发展很快，金融机构、商号遍布城乡各地，对外贸易一直是顺差。中国民族经济的发展必然与日本的经济特权产生激烈冲突。九一八事变前，发生在东北各地的抵制日货运动，就是这种冲突的反映。因此，日本关东军侵占东北之后，首先确立以日资为核心的经济体系。其次，用暴力摧毁东北民族经济。对中国东北的官方资本强行没收，对私人资本采取统制政策，实行整顿、收买，中国民族经济被扼杀，成为日本经济的附庸。日本垄断资本的利益得到保障，中国东北半殖民地经济完全殖民地化。

再次，日本军国主义势力侵占中国东北的目的，就是把东北变成侵略战争的物资供应基地，实现它称霸东亚的野心。日本军部以经济统制政策限制日本私人垄断财阀在东北的势力和影响，从而确保其侵略野心不受干扰。

最后，日本帝国主义发动侵略战争，就是要建立以日本为中心的大东亚经济新殖民秩序。因此，九一八事变后，日本对英、美、苏在中国东北的资本采取了限制、排斥、取缔的方针，迫使苏联政府将中东铁路出售给日本，强行占领英国控制的东北海关和北宁铁路。这样，在不到两年的时间里，英国和苏联在东北的势力范围大部分都转到日本手里。由此可见，日本帝国主义在伪满洲国实行的经济统制，决不是暂时的措施，而是其帝国主义本性的必然表现。

伪满洲国实行的经济政策，最初由关东军参谋部第三课制定。1931年12月11日，撤销第三课，设立统治部，它以关东军行政机构的面目，炮制伪满傀儡政权的各项殖民统治政策。同时，参与具体政策起草的还有"满铁"的庞大调查机构"经济调查会"①。

1932年3月，伪满政权设立关东军特务部以取代统治部。关东军特务部是一个庞大的组织，以铃木穆为首，专门研究和拟定侵略满洲的经济计划。1933年3月，由其起草拟定的《"满洲国"经济建设纲要》正式公布。这个《纲要》是当时日伪统制东北经济的总纲要，由十个部分组成。《纲要》阐述的日本对东北经济的根本方针是："（一）以国民全体的利益为主眼，凡开拓利源、振兴实业之利益，务摒除一切阶级垄断之弊，必使万民咸亨其利而同其乐；（二）开发举国内天赋所有之资源；（三）当开发利源、奖励实业之际，本门户开放、机会均等之精神，求资金于世界，尤应采取先进各国之技术、经验，并搜集一切文明之精华，利用弗遗，以收实效；（四）以东亚经济之融合与合理化为目标，先审查满日两国相依相辅之经济关系，而置重心于两国之协调，使相互扶助之关系愈益紧密"②。《纲要》明确规定，凡属"国防"或公共公益性质之重要事业，实行公营或特殊会社经营。③ 这个《纲要》是伪满经济的纲领性文件，它标志着伪满洲国统制经济体制的确立，半殖民地经济开始向殖民地经济转变。

1933年5月，日本关东军参谋长小矶国昭发表了关于伪满洲国经济统制的谈话，更加露骨地阐明了伪满经济统制的根本方针，强调"使'日满'经济合理化、

---

① 中央档案馆、中国第二历史档案馆、吉林省社会科学院编《日本帝国主义侵华档案资料选编·东北经济掠夺》，中华书局，1991，第75页。

② 同上书，第30页。

③ 同上书，第3页。

一体化，融合为一体，平时、战时日满两国共存共荣，安定国民生活"①。

1934 年 3 月 30 日，日本内阁会议通过了《日满经济统制方策要纲》，它与《"满洲国"经济建设纲要》的基本原则是一致的，但对经济统制规定得更为具体。《要纲》指出，统制、强化"满洲国"经济的目的，就是为了"确立日本帝国世界性经济力的发展基础"②。

《要纲》将"满洲国"的产业划分为三类，每一类规定了具体的统制要纲和方法。第一类是统制产业，包括交通、通信、钢铁、石油、代用液体燃料工业、汽车工业、兵器工业、轻金属工业、煤炭工业、采金业、碱工业、采木业、硫氨工业、电业、铅镍、石棉等矿业。这些产业都属于重工业、基础工业、军需工业，与"国防"和"国策"有关，完全置于伪满政府直接统制下，同时接受日本政府的"特别保护"和监督。第二类是需要批准、实行适当的行政乃至资本的统制措施。其中有制盐业、纸浆工业、油脂工业、制麻工业、绵羊饲养、地方性交通、棉花种植、面粉工业、水稻、养蚕、轮船拖网渔业、机船拖网渔业等。第三类是自由经营的产业：纺织、水泥、农副产品加工业、小机械、一般农牧渔业等。不难看出，这是一个彻底把伪满经济纳入日本经济体系，使其从属化、附属化、殖民地化的纲领。

1935 年 7 月 15 日，随着日本在伪满殖民机构的统一和关东军特务部的撤销，日伪宣布成立"日满经济共同委员会"，建立伪满从属化的公开体制。

"日满经济共同委员会"名义上虽然是一个咨询机构，实际上是日本侵略者凌驾于伪满殖民统治政权之上的，由关东军指挥、控制伪满经济的公开机构。它的成立是日本把伪满经济从原有体制中分割出来，纳入日本经济体系，使其从属化、殖民地化的一种标志。

为了明确统制方式、内容、范围，给该类企业活动以明确指标，更是为了建立战时军事经济体系，日本帝国主义在伪满推行了彻底的经济统制制度。1937 年 5 月 1 日，公布了《重要产业统制法》，主要是从制度上明确统制的形式、内容和范围。在同时发表的伪实业部声明中，明确指出："指定的重要产业，大致以一类产业一

215

---

① 中央档案馆、中国第二历史档案馆、吉林省社会科学院编《日本帝国主义侵华档案资料选编·东北经济掠夺》，中华书局，1991，第 18-20 页。

② 同上书，第 36 页。

个企业为原则，或扶植少数强有力的企业，置于政府强有力指导监督之下。"①《重要产业统制法》共十四条，对产业统制政策作出种种限制和奖惩措施②。

在公布《重要产业统制法》的同时发布敕令第 67 号，规定重要产业范围包括：（1）"国防"上或国民经济上的重要产业：兵器制造业、航空制造业、自动车制造业、液体燃料制造业、金属冶炼业、炭矿业等。（2）国内原料加工业：毛织业、棉纺织业、麻纺织业、制粉业、麦酒业、制糖业、制烟业、制碱业、肥料制造业、纸浆制造等③。

这个法令把原来的行政措施用法律形式固定下来。统制方式也随之加强，实行高度的日伪中央一元化领导。日伪不但对统制产业直接投资，而且从行政上实行了严密的控制。《重要产业统制法》及其施行文件所规定的统制产业范围相当广泛，除了涉及日伪统治者所企图掠夺的战略物资外，还包括部分与人们生活相关的轻纺工业。这样，日本方面通过统制，一方面可以保证对东北战略物资的掠夺，另一方面又保证不至于冲击日本国内经济发展，保证日本轻纺产业可以充斥东北市场。为适应这种形势的变化，对经济统制政策进行了相应的调整。

《重要产业统制法》的公布实施，不仅为日本帝国主义对伪满的经济侵略披上了"合法"的外衣，也使其掠夺的手段更加阴险和残酷。所以说，这个法令对于伪满洲国的经济统制意义重大。

由于伪满当局采取一系列强制性的措施，到 1936 年中期，经济统制第一阶段的目标基本上达到了。统制产业的实缴资本占整个产业资本的 75%，以重工业和基础工业为主体的统制产业占据了支配地位。与此同时，实现了金融统制和币制统一，关税、贸易也由伪满洲国管理。伪满经济与日本经济的关系日益紧密。至此，伪满洲国的经济完全实现了以关东军为中心的强行统制，这就为日本帝国主义对伪满大规模产业开发和全面经济掠夺创造了条件。

这一时期，辽宁民族工商业被严重摧残。日本帝国主义侵占东北后，采取种种手段彻底摧残中国的民族工商业。首先，对中国民族工商业中的重要部门实行军事占领。关东军占领辽宁后，凡属于官办产业均作为"逆产"，强行接收据为己有。

---

① "满洲国史"编纂刊行会：《"满洲国"史（总论）》，黑龙江省社会科学院历史研究所译，1990，第 394 页。

② 中央档案馆、中国第二历史档案馆、吉林省社会科学院编《日本帝国主义侵华档案资料选编·东北经济掠夺》，中华书局，1991，第 45 页。

③ 同上书，第 47—48 页。

紧接着，强占了东北交通命脉铁路和金融机构，委托"满铁"经营。1932 年 6 月，设立伪满中央银行全面统制金融业务。1933 年，伪满实业部以重要产业由"国家"统制，不许私人经营为名，强迫矿主以低廉价格出售，然后由日本财阀投资，设立特殊会社经营矿山。自从《"满洲国"经济建设纲要》公布后，东北及辽宁民办重要产业荡然无存。

第二节
建立特殊会社体制管理工业

一、特殊会社与准特殊会社设立

1933 年 3 月 1 日，日伪当局公布了所谓《"满洲国"经济建设纲要》。《纲要》称："带有国防的或公共公益的性质之重要事业，以公营或令特殊会社经营为原则。"[1] 这是公开使用"特殊会社"一词的开始。从此，伪满洲国的特殊会社与日伪当局互相配合，成为在东北推行经济掠夺政策的主力军。

日伪在建立特殊会社的同时，还相继设立了一批准特殊会社。所谓准特殊会社，即以特殊会社为准的会社，也是按照特殊会社的企业形式建立的。以特殊会社为准的会社，也是以"一业一社"主义为原则，但它不像特殊会社那样有个特殊会社法，而是受"重要产业统制法"制约，其特点是：（1）在业务上，伪满当局拥

---

① 中央档案馆、中国第二历史档案馆、吉林省社会科学院编《日本帝国主义侵华档案资料选编·东北经济掠夺》，中华书局，1991，第 83 页。

有所谓"政府干涉权";(2)这种会社大都为伪满当局出资的会社。[①]

准特殊会社的性质和重要性与特殊会社无本质的区别,它们之所以未成为特殊会社,是由于有各种具体情况。比如,"满电""日满商事",本身就是从"满铁"分离出来的。准特殊会社其实就是特殊会社的一个变种而已。

图 5-1 "满铁"设在沈阳的铁路总局[②]

日伪在东北建立特殊会社的过程可分为两个阶段:第一阶段是 1932—1937 年,从伪满洲国成立到日伪实行"第一次产业开发五年计划"之前;第二阶段是从 1937 年至抗战结束。

首先,在交通部门,"日满"之间缔结的所谓"条约"规定,把伪满洲国的国有铁路、航运、港湾等,全部委托给日本的特殊会社(即"满铁")来经营。

1932 年 6 月,根据伪满当局单项法令成立的"满洲中央银行"就是最早的特殊会社,它合并了东三省官银号、边业银行、吉林永衡官银号和黑龙江官银号,是日伪在东北实行币制统一、金融统制与金融垄断的机构,成为伪满金融统制的中心。

1932 年 9 月,"满铁"和住友财阀出资成立了"满洲航空会社",这是日伪在东北建立最早的准特殊会社,进而垄断了东北的航空业。1933 年 3 月,《"满洲国"经济建设纲要》发表之后,特殊会社和准特殊会社得到了迅猛发展。1933 年 5 月,为了统一控制通信行业,设立了"满洲电信电话会社"。这两个会社的管理权属于日本关东军司令部,因此两个会社也完全被日伪当局控制。

1934 年 2 月,成立满洲炭矿株式会社,负责开发并统制全东北的煤矿。1934 年 3 月,设立满洲石油会社,使其掌控东北石油资源。1934 年 5 月,设立满洲采金会社,负责开发采金事业并执行统制任务。1935 年,设立满洲电业会社,实施配电统制。8 月,设立满洲矿业开发株式会社。1936 年,为了加强金融统制,设立满洲兴业银行。同年,还成立了满洲林业株式会社、奉天造兵所(统制兵器工业)、满洲轻金属会社(统制铝制造业)、满洲曹达等等。截至 1937 年七七事变,伪满已有

---

① 中央档案馆、中国第二历史档案馆、吉林省社会科学院编《日本帝国主义侵华档案资料选编·东北经济掠夺》,中华书局,1991,第 88 页。

② 苏崇民:《满铁史》,中华书局,1990,插图。

28 家特殊会社，资本总额 4.8 亿元。①

二、"满铁"与"满业"的此消彼长（1937—1945）

在伪满初期，日本财界对伪满的经济统制怀有疑虑，它们先向"满铁"投资，"满铁"再向伪满各部门投资。1932—1936 年，日本对伪满投资 11.6 亿日元，其中经由"满铁"和"满铁"系统会社的投资额为 7.9 亿日元，占 68.2%，② 成为所谓"'满铁'中心时代"。

特殊会社体制的推行，使得原本在辽宁拥有雄厚政治、经济影响力的"满铁"组织更加如鱼得水。截至 1936 年底，伪满有特殊会社 19 个、准特殊会社 10 个，特殊会社的数量不足新设立的伪满法人 173 家公司的八分之一，而其资本总额却占三分之二。在特殊会社中有"满铁"的"关系会社"13 个，"满铁"投资额占这些会社实收资本的 60% 以上。③

除伪满法人外，在日本"关东州厅"直接管理的"关东州"和"满铁"附属地还新设了 282 家日本法人会社，其中有"满铁"的"关系会社"8 家，总计全东北新设公司 455 家中，"满铁"的"关系会社"为 29 家，在数量上只占 6.4%，而这 29 家会社却占全部新设公司公称资本总额的 52.57%，占实际资本总额的 54.4%。④

到 1937 年，伪满洲国开始执行所谓第一次"产业开发五年计划"。原计划投资 28 亿多元，修订计划投资额增至 49.6 亿元，如果加上通货膨胀，总投资额将增加至 61 亿元。⑤ 资金不足就成为急待解决的问题。关东军不得不改变一贯冷遇财阀的旧例，积极设法将日本大财阀引入东北，以期取得财阀的技术和资金支持。

1936 年 9 月，在汤岗子会议上，由"满铁"总裁松冈洋右出面，邀请日本国

219

---

① 解学诗：《伪满洲国史新编》，人民出版社，2015，第 225-226 页。

② 同上书，第 362-363 页。

③ 苏崇民：《满铁史》，中华书局，1990，第 652 页。

④ 同上书，第 653 页。

⑤ 中央档案馆、中国第二历史档案馆、吉林省社会科学院编《日本帝国主义侵华档案资料选编·东北经济掠夺》，中华书局，1991，第 203 页。

内产业界的巨头前来参加会议，他们还对东北进行了"视察"。其中，日本产业股份公司（即"日产"会社）的鲇川义介对"开发满洲"抱有很大的兴趣，并对"满洲产业开发五年计划"提出了一系列意见。他认为，"满洲的重工业，从制铁、煤炭等基础原料工业到飞机、汽车以及其他制造工业，进行一贯的综合经营是必要和可期的。"[①] 1937 年 5 月，日本陆军省请求鲇川到伪满洲国搞飞机、汽车工业。鲇川提出，应将"日产"会社移往满洲。日本陆军省完全接受了鲇川的意见。

1937 年 10 月 22 日，日本政府内阁会议通过了《满洲重工业公司确立要纲》，其方针是："为应对眼前的时局，日满一体，以重工业为中心迅速扩大生产力，十分迫切。有鉴于此，为期确保和促进满洲产业开发计划的推行，急速综合确立满洲重工业，吸引内外有力产业资本，在国家统制下，使之最有效地发挥经营、技术能力，以适应时局要求，并促进满洲国将来的经济发展"。其要纲有七条，其中规定"公司由满洲国和日本产业株式会社各出资一半，经营全部委托鲇川义介"。[②] 《要纲》中规定，该公司对钢铁业、轻金属工业、重工业（包括汽车、飞机制造业等）、煤炭矿业等各种工业进行占支配地位的投资，并担任经营指导。

1937 年 10 月 29 日，日本、伪满洲国联合发表公告，宣布"满业"成立。其股份资本最初为 4.5 亿元，伪满洲国当局与日满民间等额出资，会社的经营完全委托给鲇川义介进行。凡属钢铁、轻金属、汽车、飞机等重工业，以至各种矿业，均以其投资进行经营。1937 年 11 月 20 日，日本产业株式会社召开临时股东大会，通过了将总部迁到中国东北的决定，总部设在伪满洲国"首都""新京"（今吉林省长春市）。

1937 年 12 月 1 日，日本废除了在伪满洲国的治外法权，同时转让了"满铁"附属地的行政权。这样，"日产"将其本社移驻"满铁"附属地，到 12 月 1 日自然成为伪满洲国法人，节省了一笔巨额税金。12 月 20 日，伪满洲国公布了《满洲重工业开发股份公司管理法》。12 月 27 日，"日本产业株式会社"正式改称"满洲重工业开发株式会社"，以伪满洲国的名义发布命令，将原由"满铁"和伪满管辖的重工业强行收归该社管理。

"满业"依靠伪满赋予的"国策会社"的头衔，对东北地区的钢铁、轻金属、

---

① 中央档案馆、中国第二历史档案馆、吉林省社会科学院编《日本帝国主义侵华档案资料选编·东北经济掠夺》，中华书局，1991，第 135 页。

② 同上。

机械、煤炭等重工业部门实行统治，伪满政府收买了昭和制钢所部分股份、其他会社的全部股份，并以此作为对"满业"的出资。这样，日本对东北重工业的控制与掠夺，开始从依靠以日本国家资本为主的"满铁"，转向从资本到技术全面依靠垄断资本集团——新兴的"满业"财阀。

1938 年 3 月，"满铁"将昭和制钢所 55% 的股份转让"满业"。同年 9 月，"满业"出资 1 亿元使该所增资一倍，而"满业"股份则增至 77.5%，取得了绝对的控制权。到 1944 年，昭和制钢所的资本金又增加 1 倍，达 4 亿元。1939 年 5 月 25 日，本溪湖煤铁公司归属"满业"，"满业"持股 40%，伪满当局持股 40%，大仓持股 20%，到 1944 年资本金增至 2 亿元①。"满业"的设立，导致"满铁"地位大幅下降，虽然整体实力仍然占据优势，但在伪满重工业发展领域，不得不将主导权转让给"满业"。1937 年后，伪满洲国的经济，由伪满初期的"满铁"独家垄断转变为"满铁"和"满业"的双头垄断局面。

到 1944 年，"满业"的关系会社已达 40 多家，直接投资会社 26 家，间接投资会社 17 家，形成了庞大的垄断中国东北重工业的关系网。"满业"控制了整个东北采煤业的 80% 以上、钢铁冶炼业的约 80%、稀有金属与轻金属生产的 80%、飞机与汽车制造业的 100%、机床制造的 90%、武器制造的 50%、化学工业品的 25%。在其控制下的还有东北的电业和海洋运输业。

"满业"建立时确立的目标是年产汽车 10 万辆，1941 年飞机产量要达到 3 万架，拟定引进外国技术和资本，主要想从美国引进。1939 年 7 月，美国通知废除日美通商条约，"满业"引进美国技术和资本的计划化为泡影。

"满业"在军方保护下，对东北资源进行疯狂的掠夺，给东北人民带来了深重的灾难。战争末期，"满业"在军事与经济难关以及竞争的压力下，不得不收缩活动范围，由大化小。1944 年以后，"满业"的许多下属公司落入垄断财阀势力范围中，最后"满业"也不得不完全听命于"三井"垄断财团的支配。

221

---

① 解学诗：《伪满洲国史新编》，人民出版社，2015，第 365 页。

第三节

"满洲产业开发五年计划"制定、实施及后果

一、第一次"满洲产业开发五年计划"

1936 年 3 月至 7 月，关东军的经济参谋部"满铁经济调查会"全面动员。8 月，草拟了"满洲产业开发长期计划"。日本陆军省和关东军经过反复研究，8 月 3 日制定了所谓"满洲开发方案纲要"。8 月 10 日，关东军据此制定了所谓"（伪）满洲国第二期经济建设纲要"，以该"纲要"为基础的具体计划方案，由当时的日本陆军省制定了"满洲开发五年计划的目标方案"。这个"目标方案"成为伪满"产业开发五年计划"的最初雏形。

1937 年 1 月 25 日，在关东军主持下，伪满当局正式通过了"满洲产业开发五年计划纲要"。该计划从 1937 年 4 月起付诸实施。这是日本使中国东北经济军事化的计划，是日本将在中国东北的侵略活动的重心转向经济掠夺的总纲领。

"满洲产业开发五年计划纲要"以 1937—1941 年为期，其基本方针是，"一旦发生战争，所必需的物资能够实现自给自足，同时，由于开发利用满洲的资源，进一步培养日本的经济实力。"① 总投资额为 25 亿元，开发的产业分为三类：第一类是工矿业部门，第二类是农畜产部门，第三类是交通部门。主要之点放在工矿业，开发的目标成倍增长。当时拥有钢年产能力 58 万吨，开发目标达到 185 万吨；生

① 中央档案馆、中国第二历史档案馆、吉林省社会科学院编《日本帝国主义侵华档案资料选编·东北经济掠夺》，中华书局，1991，第 225 页。

铁年产 85 万吨，计划指标 253 万吨；页岩油由年产 14 万吨猛增到 80 万吨[①]；而兵器工业要提高 5 倍。五年计划资金总额 24.78 亿日元，工矿业约占 12.9 亿日元[②]。后随着战争增加到 28 亿日元，其中工矿业是计划的核心，占投资总额的 55%，[③] 特别是对煤、铁、液体燃料等重要的基础工业和装备军备的机械工业投资比重巨大。

随着日本侵华战争的扩大，日本对东北钢铁资源的需求更加强烈。1938 年 5 月，又进一步修改并扩大了掠夺的目标：1941 年要完成的生铁指标由原计划 253 万吨增至 485 万吨；钢锭由原来的 200 万吨增至 339 万吨，钢材由 150 万吨增至 170 万吨；挥发油从 82.6 万吨增至 174 万吨；汽车从 4000 辆增至 30000 辆，飞机从 300 架增至 30000 架。[④]

1939 年 4 月，日伪当局为侵华战争的需要，加大了对东北的物资掠夺，又再次修改了"计划"，"将生铁由 485 万吨再次提高到 745 万吨，1943 年达到 1000 万吨；钢锭要求 1943 年达到 603 万吨；煤炭由 3491 万吨增加到 4000 万吨，1943 年达到 5600 万吨。"[⑤] 如此惊人的数量变化，既反映了日伪当局的狂妄自大，也从侧面反映出其难以掩饰的焦躁不安。而实际完成情况却令侵略者大失所望，"生铁仅仅完成 120 万吨，煤炭仅仅完成 2150 万吨"[⑥]。

第一次"满洲产业五年开发计划"资金总额 25 亿余日元，两度修改以后跃升为 60 亿余日元，五年推行的实际结果达到近 70 亿日元。这笔庞大的资金来源转嫁到东北人民身上，以通货膨胀的方式榨取人民的血汗，致使人民挣扎在死亡线上。日本通过两次"满洲产业开发五年计划"的实施，实现了对伪满的大规模经济掠夺，其结果是，东北经济完全被纳入日本军国主义的战争轨道，殖民地化程度进一步加深，日益成为日本经济的附庸。

---

① 中央档案馆、中国第二历史档案馆、吉林省社会科学院编《日本帝国主义侵华档案资料选编·东北经济掠夺》，中华书局，1991，第 228 页。

② 同上书，第 229 页。

③ 史丁：《日本关东军侵华罪恶史》，社会科学文献出版社，2005，第 506 页。

④ 解学诗：《伪满洲国史新编》，人民出版社，2015，第 352 页。

⑤ 同上书，第 354 页。

⑥ 同①书，第 207 页。

二、第二次"满洲产业开发五年计划"和"战时紧急经济方策要纲"

1939年7月，欧美相继宣布对日贸易禁运政策，极大地打击了日本的经济基础，日本面临四面楚歌的境地。为了摆脱这种困境，1940年11月4日，日本政府制定了《日满华经济建设要纲》，提出："大体在今后10年，确立以三国为一体的自给自足经济态势，同时，促进东亚共荣圈之建设，从而确立并加强东亚在世界经济中的地位。"① 为达到上述目的，1941年9月，日本便酝酿提出了第二次"满洲产业开发五年计划"。

与第一次"满洲产业开发五年计划"明显不同的是，第一次"计划"着重于兵器、飞机、汽车等直接军工产业生产上，而第二次"计划"着重于基本资源的军事掠夺上。为此，日伪当局通过的所谓"（伪）满洲国产业开发第二次五年计划基本方针要纲"提出："以适合于满洲地理和资源的基本产业，可能贡献于确立自给圈经济的产业，如：煤、农产物、钢铁、水力发电、液体燃料、非铁金属、盐、电气化学工业等。特别要倾注于煤和农产物的增产。"②

太平洋战争爆发后，日本很快占领东南亚大片地区。其后，伴随战局的发展，根据日本的要求，企图利用占领地区的资源，实行"以战养战"的方针，伪满的计划没有完全落实。但是，日本在太平洋战场上又很快转胜为败，日本回过头来更加疯狂地掠夺东北资源。

1941年12月22日，日伪当局制定和发布了所谓"战时紧急经济方策要纲"（以下简称"要纲"）。"要纲"明确提出："进一步整顿并强化经济的战时体制，发挥自给资源的作用，加强同大陆各地间的经济联系……应以及时满足日本的战时

---

① 中央档案馆、中国第二历史档案馆、吉林省社会科学院编《日本帝国主义侵华档案资料选编·东北经济掠夺》，中华书局，1991，第261页。
② 同上书，第280页。

紧急需要作为各项经济政策的惟一目标。"①

"要纲"之要领涉及工业经济的是，"关于日本在暂时紧急需要的物资，应加强限制国内的使用消费，进而强制推行各种积极的增产措施，极力扩大对日本的贡献……对于钢铁、煤炭、液体燃料、轻金属、有色金属及农产品应极力扩大对日出口。"②

这个"要纲"将满足日本战时需要列为伪满经济工作的最大重点，为日本进一步全面统制东北经济、为所欲为地掠夺东北资源大开方便之门。它不仅是向日本无偿奉献东北的资源，而且是为日本深化其在伪满的经济体制政策提供法律保障，为其在政治体制上肆无忌惮地掠夺战争资源制造口实。日本对战争资源的掠夺进入了一个更为疯狂的阶段。

三、日本殖民统治给辽宁造成的深重灾难

1938—1944 年，日本在东北的投资总额达 100 多亿日元，日本资本已经完全控制了东北的经济。随着伪满经济进入"战时体制"，日伪当局的一切经济活动已被绑上日本军国主义的战车，带有明显的军事化特点。日伪政权在"日满中经济一体化"口号下，不遗余力地追求工矿业指数提高，彻底打乱国民经济各部门的比例平衡，竭泽而渔地掠夺战争资源，把包括交通运输、农业、金融贸易及人民生活消费各个方面都纳入"集总力完成'大东亚圣战'"目标之中。因此，伪满战时经济已不是单纯意义上的殖民经济，作为日本经济的附庸已同日本军国主义发展进程同步，从而彻底沦为日本军事化垄断资本主义经济的组成部分，带有极为鲜明的军事经济属性。

由于重工业的畸形发展，更伴随着日本帝国主义侵略战争的失败，伪满经济总体形势日渐恶化。资金周转不灵，从国外购置设备中断，物资极度匮乏，等等，造

---

① 中央档案馆、中国第二历史档案馆、吉林省社会科学院编《日本帝国主义侵华档案资料选编·东北经济掠夺》，中华书局，1991，第 287 页。

② 同上书，第 288 页。

成产业计划破产。与此相比，关东军把军需放在最优先的地位，大力推行经济统制政策。① 到执行第二次"满洲产业开发五年计划"时，形势的混乱及日本竭泽而渔式的生产，使得厂矿停业、交通瘫痪。尽管他们大喊大叫"钢铁自给"，但正是钢铁生产落得一场空。

奉系军阀主政时期，辽宁工矿业取得相当成就，其规模、速度、技术水平及设备等均居于国内先进水平。日本侵略者为达到侵占全中国的目的，把辽宁作为战略后方，大肆掠夺辽宁的宝贵资源，榨取劳动人民的血汗，变本加厉地在辽宁开矿山、建工厂。日本的"开发"和掠夺都是有重点的，与军事需要有关的少数重工业超常地快速发展，而与人民日常生活直接关联的轻工业产品普遍减少。棉纱、棉布、面粉的产量急剧下降，辽宁民族工业遭到毁灭性的打击。民族工业衰退，几近破产。

到 1943 年，在全省矿山、交通、电力等重工业部门的资本总额中，日本帝国主义的资本占 93.8%，轻工业中的日资也占 92.4%，辽宁省民族工业几乎被摧残殆尽。就连当时东北抗日救亡人士都认为，日伪在东北经济的军事性、强制性，管理的僵化与落后，对东北经济产生了深层次的破坏作用。伪满时期工矿业的"发展"、资源的"开发"，无一不是出于日本掠夺战争资源的需要。在某一时期发展速度上确实惊人，但也恰恰反映东北殖民经济畸形膨胀、严重失调的特征，这绝不是工业化的体现，而是套在东北人民头上的枷锁，更加深了对日本的经济依赖，也是东北各族人民的灾难，是以血汗与生命为代价的。②

日本对中国资源的掠夺是以对数以千万计中国工人劳力的榨取和几百万中国劳工的生命为代价而取得的。在极为恶劣的工作条件与日本人的残酷折磨下，大批劳工死于非命。这些死难者的尸体日积月累，形成骇人听闻的"万人坑"。例如在阜新矿区，日本人掠走煤 2600 万吨，留下"万人坑" 4 处，死难矿工 13 万人，平均每采集 200 吨煤就留下一具矿工尸体。日本从抚顺掠夺煤 2 亿多吨，造成"万人坑" 30 多处，死亡矿工近 30 万人。

1931—1945 年，日本掠夺的资源、财物、粮食，榨取的劳动和蓄意破坏等造成

---

① 张福全：《辽宁近代经济史（1840—1949）》，中国财政经济出版社，1989，第 437 页。

② 张洪军：《陈先舟与〈反攻〉半月刊》，《兰台世界》2010 年第 23 期，第 12 页。

的直接经济损失，总价值在 2 000 亿美元以上。

第四节

重化工业畸形发展

一、煤炭工业

　　东北沦陷后，日本为加紧掠夺辽宁的煤炭资源，对辽宁东部、西部的产煤地进行了大规模的勘探。1943 年，据伪满煤质煤量调查委员会测算，全东北煤炭总储量为 197.46 亿吨。按煤质分类，其中沥青煤占 79%，褐煤占 17%，无烟煤占 4%。而辽宁省煤炭总储量为 59.81 亿吨[①]。

　　伪满初期，辽宁地区煤炭有四大体系：一是"满洲炭矿株式会社"，包括阜新、复州等矿；二是"满铁"所属各矿，包括抚顺、烟台、瓦房店等矿，它是垄断与掠夺东北煤炭的专业司令部；三是"东边道开发株式会社"所属各矿，包括本溪湖等矿；四是"溪碱炭矿株式会社"，包括田师傅、田师傅沟、牛心台等矿。

　　1931 年 10 月 21 日，日本侵略军查封东北矿务局。1933 年，东北矿务局孙家湾阜新煤矿被伪满当局以"张学良逆产"的名义没收。10 月，"满铁"开发砟子窑煤矿。是年，抚顺古城子洗煤厂建成，年选矿 120 万吨。

　　1934 年，日本成立"满炭"，与"满铁"共同掠夺东北煤矿资源。1936 年 10 月，建立"满炭"阜新矿物所，投资 1 000 万元（伪满币），开发掠夺孙家湾和新

---

① 辽宁省地方志编纂委员会办公室主编《辽宁省志·煤炭志》，辽宁民族出版社，1999，第 25 页。

邱地区高德、太平、五龙、平安和八道壕煤矿。1931—1945 年，日伪在辽宁煤矿共开凿建设 77 对矿井、3 处露天煤矿。其中，抚顺煤矿 4 对矿井、1 处露天煤矿，阜新煤矿 44 对矿井、2 处露天煤矿，八道壕 2 对矿井，北票 6 对矿井，南票 5 对矿井，本溪 4 对矿井，烟台 2 对矿井，复州湾 3 对矿井，田师傅 4 对矿井，牛心台 3 对矿井。1933—1945 年，年生产规模 1 000 万～1 300 万吨。日本侵占东北 14 年，共掠夺辽宁煤炭 1.75 亿吨。① 1943 年 2 月 26 日，"满炭"改组，阜新、鹤岗、西安、北票 4 大煤矿相继独立运营，阜新、北票两炭矿株式会社宣告成立。

1935 年 3 月，"满炭"建设八道壕至阜新孙家湾输电线路，同年 10 月建成。线路长 40 千米，由八道壕电厂向阜新煤矿送电。从此，阜新煤矿开始使用电力。4 月，伪满当局公布所谓"满洲煤业统制方案"和"矿业法"。1936 年 10 月 1 日，"满炭"阜新矿业所成立。11 月，阜新孙家湾露天矿建成出煤，抚顺龙凤东竖井建成出煤。是年，日满商事株式会社成立，统制销售东北资源。

1937 年 9 月 16 日，阜新新邱第一露天坑剥离作业。12 月 31 日，阜新煤矿自备发电厂竣工发电，自给有余。1938 年，抚顺老虎台选煤厂建成投产，设计能力 120 万吨。12 月，抚顺第一露天（古城子露天）矿、第二露天（千金寨露天）矿、第三露天（杨柏堡露天）矿合并为抚顺西露天坑，当年产煤 407.9 万吨，为当时世界第一大露天矿。1939 年 3 月，北票三宝一井建成投产。10 月，抚顺龙凤、新屯、搭连 3 个坑合并为龙凤采炭所。1940 年 4 月 2 日，抚顺龙凤坑发生瓦斯爆炸，死亡 80 人，伤 150 人。6 月，北票冠山二井建成投产。10 月 1 日，伪满洲特殊矿株式会社收买南票大窑沟 7 个矿区，设立锦西炭矿所。②

① 辽宁省地方志编纂委员会办公室主编《辽宁省志·煤炭志》，辽宁民族出版社，1999，第 54 页。
② 同上书，第 317 页。

表5-1 伪满时期辽宁煤炭产量统计① 单位：万吨

年份	煤炭产量	年份	煤炭产量	年份	煤炭产量
1932	802.1	1937	1160.4	1942	1395.6
1933	994.7	1938	1226.2	1943	1371.4
1934	1117.0	1939	1367.8	1944	1387.2
1935	1102.6	1940	1364.0	1945	706.2
1936	1147.2	1941	1433.2		

1905—1945 年，日本从抚顺煤矿共掠夺煤炭 2 亿吨，获得总利润高达 26 亿元②。据国民政府农商部《中国矿业纪要》统计资料记载，"1920 年，仅沈阳、大连煤炭销售量即达 206 万吨，其中抚顺煤占销售总数的 39%。""从 1926 年起，抚顺煤输出量占日本进口总量的 60%~70%"。

据《中国十大矿厂调查》记载，"本溪煤矿煤炭专供日本各制铁所及海军省铁道院、'满铁'等炼铁燃料之用，余供东三省、上海等处一般需要。1913 年销于奉天、朝鲜 14.2 万吨，销于日本 6.25 万吨，向上海方面销售 4.5 万吨。"③ 东北沦陷时期，日本累计从阜新煤矿掠走煤炭 2 527.5 万吨。④ 1904—1945 年，日本从本溪煤矿掠夺煤炭 2 236 万吨，榨取利润 3 962 万元⑤。

烟台煤炭最早由唐代李姓开采。明初，煤窑开采一度活跃，用于冶炼和民用。嘉庆初年，开始开坑采煤。嘉庆十七年（1812），清政府又颁布 7 份龙票，此时共有 68 份龙票、2 份采票，开采 10 个坑口。各票世代相传，一直延续到光绪三十年（1904）⑥。

光绪二十四年（1898），俄国人从中国人手中买走龙票，开矿采煤，日产 50

① 辽宁省地方志编纂委员会办公室主编《辽宁省志·煤炭志》，辽宁民族出版社，1999，第 124 页。

② 同上书，第 266 页。

③ 同上书，第 279 页。

④ 同上书，第 11 页。

⑤ 同上书，第 301 页。

⑥ 同上书，第 302 页。

吨。1904年，日本霸占烟台煤矿并改名为抚顺炭矿烟台采矿所。1904—1945年，烟台煤矿产煤650万吨[1]。1936—1945年，八道壕煤矿共产煤炭230万吨[2]。

东北沦陷时期，煤炭由"满炭""满铁"两个系统统制，统一定价、统一配售，年产5万吨以下的小矿可以自行销售。[3] 1919—1943年，抚顺煤矿产量从64万吨增长近6倍，达到1931年的438万吨。随之而来的，被掠夺运往日本的占比也直线上升，至1931年占比接近50%；1931年之后更是远远超过50%，接近70%。随着日本侵略战争走向失败，抚顺煤矿被日本殖民者的掠夺性开采破坏日趋严重，产量也直线下降，但运往日本的占比却接近100%。这是日本在辽宁的殖民掠夺走向末路的必然。详见表5-2。

表5-2　1919—1943年抚顺煤炭出口情况表　　　　单位：万吨

年　份	抚顺煤出口量	其中运往日本	年　份	抚顺煤出口量	其中运往日本
1919	64	11.4	1930	419	171
1920	69	17.4	1931	438	187
1921	139	29.6	1932	317	179
1922	260	92.1	1933	354	239
1923	260	94.3	1934	367	272
1924	298	118.7	1935	307	239
1925	324	124.9	1936	270	205
1926	380	145.4	1937	234	171
1927	409	165.9	1938	144	96
1928	433	187	1939	93.7	78.2
1929	409	189	1940	72.1	54.6

---

[1]　辽宁省地方志编纂委员会办公室主编《辽宁省志·煤炭志》，辽宁民族出版社，1999，第302页。

[2]　同上书，第303页。

[3]　同上书，第279页。

表5-2(续)

年 份	抚顺煤出口量	其中运往日本	年 份	抚顺煤出口量	其中运往日本
1941	82.8	62.7	1943	64.9	58.3
1942	75.8	62.2	合计	6 284.3	3 250.7

日本帝国主义为了满足侵略战争的需要，采取掠夺式开采方式，抓劳工行苦役，强迫工人冒险作业，用矿工生命换煤炭。1942年4月26日，本溪煤矿中央斜井发生瓦斯和煤尘爆炸。当时采炭所日本所长和保安科长下令停止向井下送风，致使尚有生存希望的工人窒息，共死亡1594人，是世界上最大的瓦斯爆炸伤亡事故。在日本帝国主义的奴役和压榨下，矿工过着牛马不如的生活，抚顺、阜新、本溪、北票矿的"万人坑"，是日本帝国主义残害中国煤矿工人的历史铁证。辽宁煤炭工人在中国共产党的领导下，反抗日寇残酷欺压，不断与日本侵略者及其爪牙进行不屈的斗争。

1927年4—8月，本溪湖煤铁有限公司员工接连举行3次大罢工，抗议降低工人收入。1929年，中共满洲省委派杨靖宇将军到抚顺矿区任特别党支部书记，组织和发动工人进行斗争。1932年11月，李兆麟、侯薪受中共奉天特别委员会的指示，到本溪湖煤铁矿从事抗日活动。12月，成立中共本溪湖临时工作委员会。1933年2月，组成中共本溪特别支部委员会。

1940年12月，抚顺万达屋、老虎台、老万达斜坑合并为老虎台采炭所。1941年8月27日，抚顺炭矿为了镇压工人反抗，制定了《抚顺炭矿工人动向取缔计划》，当年所谓"特殊工人"达到6312人，当年有1697人逃跑。1942年9月2日，阜新煤矿夏菜园子的296名"特殊工人"举行暴动，有60多人冲出牢笼，重返抗日前线。1943年4月24日，北票炭矿株式会社台吉采炭所的"特殊工人"，夜砸"报国寮"（独身宿舍），200多名工人逃离。1944年2月，抚顺西露天坑下盘的"特殊工人"张立钧等5人组成中国共产党露天坑支部，领导"特殊工人"进行斗争，破坏电机车和铁轨。[①]

---

① 辽宁省地方志编纂委员会办公室主编《辽宁省志·煤炭志》，辽宁民族出版社，1999，第318页。

二、电力工业

九一八事变后，日本以"军管理""逼迫出让""委托管理"等手段，强行兼并了辽宁地区的中国民营电灯厂。

1932年6月，日本关东军特务部与"满洲国"傀儡政权签订协议。协议中规定，"作为推进日满经济发展的一个阶段，在满洲必须实行日满电力事业统一经营的方针。同时，开始着手电力企业的大合并及筹建统一电业管理机构等工作。

图5-2 "满洲电业株式会社"奉天支店①

1934年11月1日，日本关东军特务部与"满洲国"在长春成立"满洲电业股份有限公司"（简称"满电"）。1938年3月，易名为"满洲电业株式会社"（仍简称"满电"），负责统制整个满洲境内的中日电力企业。"满电"在辽宁设有奉天、大连、安东、营口、鞍山支店。11月20日，"满电"架设的辽宁地区第一条电压为66千伏、长31.2千米的联络线甘大线（甘井子发电所至天之川发电所）建成，并投入运行。

11月，"满电"在大连甘井子动工兴建的大连甘井子发电所（今大连第二发电厂）竣工发电。是年，"满电"决定将各地不同频率统一于50赫兹，并首先在奉天营业区域（60赫兹）和鞍山营业区（25频率）进行统一频率实验。1935年5月，"满电"架设的辽宁第一条154千伏、长130.2千米的抚鞍送电线路（抚顺至鞍山）及鞍山变电所竣工，并投入运营。12月，"满电"架设的154千伏、长79.5千米的浑鞍送电线路（浑河至鞍山）和154千伏、长78.5千米的抚浑送电线路（抚顺至浑河）相继竣工，并投入运营。

1936年，"满电"在锦县成立锦县支店（后更名为锦州支店），负责管理锦县、朝阳、绥中等地电业。1937年8月，"满电"为配合日军侵华战争的需要，相继在

---

① 沈阳市人民政府地方志办公室编《沈阳图志》，沈阳出版社，2013，第153页。

辽宁地区所属各支店中成立业务扩张委员会，并加紧对辽宁地区中国民营电力企业的兼并。11月5日，日本"关东厅"将其所属的官营电业（包括旅顺、锦州、普兰店、獾子窝等地电业）全部并入"满电"，并受"满电"大连支店管辖。

图 5-3 "满洲电业株式会社" 锦州支店旧址[1]

1936 年 8 月—1938 年 1 月，日本炭矿株式会社在阜新动工兴建的阜新发电所（今阜新发电厂）的第一台发电机（7 000 千瓦）竣工发电。到 1940 年 9 月，共装机 16 万千瓦。是年，"满电"架设的电压为 154 千伏、长 78.05 千米的鞍营送电线路及营口一次变电所建成，并投入运营。[2]

1940 年 1 月 1 日，原满洲炭矿株式会社所属的阜新发电厂移交"满电"管辖经营。1940 年 3 月，"满电"在北票动工兴建的装有 1 台 1.5 万千瓦发电机组的北票发电所竣工发电。10 月，"满电"架设的电压 154 千伏、长 63.6 千米、由浑河至本溪湖送电线路（浑本线）及本溪湖变电所建成，并投入运营。

1941 年 6 月，"满电"鞍山送电事务所（辽宁省第一个电网调度机构）成立，负责管理南满地区电网中的 220 千伏和 154 千伏超高压送电线路及鞍山、营口、浑河、抚顺等一次变电所的运行、维护及电力调度和指挥。

1941 年 8 月 16 日，"满电"架设的辽宁地区第一条 220 千伏超高压送电线路，即由水丰至鞍山的水鞍线及鞍山变电所建成并投入运营。1937 年 11 月—1941 年 8 月 25 日，由中朝两国共管的水丰发电厂第一台发电机组竣工发电。至 1945 年末，共装发电机组 6 台，装机总容量达 54 万千瓦。

1942 年 3 月 18 日，"满电"改组机构，实行统辖支店制，即按地区分设六大统辖支店。在辽宁地区设立奉天、大连两大统辖支店，其中，奉天统辖支店管辖营口、鞍山、安东、锦州支店；大连统辖支店管辖"关东州"内各地电业。12 月 28 日，"满电"架设的由安东至大连、电压 220 千伏、长 282.28 千米的东连线及大连一次变电所建成，并投入运营。12 月，"满电"原鞍山送电事务所易名为南满送电

---

① 陈少平编《图说辽西·锦州遗韵》，2006，第 50 页。

② 辽宁省地方志编纂委员会办公室主编《辽宁省志·电力工业志》，辽宁科学技术出版社，1996，第 462-466 页。

事务所，负责管理阜新、安东发电所和南满地区 220 千伏、154 千伏超高压送电线路及抚顺、浑河、鞍山、营口、安东等一次变电所的运行、维护与电力调度和指挥。

1943 年 5 月，满洲炭矿株式会社将所属抚顺大官屯发电所转让给"满电"经营，并将大官屯发电所更名为抚顺发电所。8 月，本溪湖煤铁公司将所属本溪湖煤铁公司发电所转让给"满电"经营。是年，鞍山昭和制铁所将其所属发电所转让给"满电"统一经营。至此，"满电"统一了东北各地的电气事业。

1944 年 5 月，"满电"将原设在辽宁地区的奉天、大连统辖支店分别改为南满支店和大连支店。10 月，"满电"改造机构，在奉天成立"南满总局"。该局下设：奉天、大连、锦州支社及南满送电处，负责统一管理东北南部各地电业，成为辽宁地区历史上第一个统一管辖辽宁境内发电、送电、变电、配电的管理机构。12 月，"满电"架设的 154 千伏松抚线（丰满发电厂至抚顺）输电线路建成，并投入运营，开始由丰满向抚顺送电。至此，辽宁、吉林、黑龙江三省电网联结，形成了全国第一个跨省的超高压电网。详见表 5-3、表 5-4。

表 5-3　1937—1943 年辽宁省境内主要发电厂及其发电机装机容量①

单位：千瓦

	1937 年	1938 年	1939 年	1940 年	1941 年	1942 年	1943 年
火力发电							
大连	85 280	114 280	114 280	129 280	129 280	129 280	129 280
抚顺	180 000	230 000	280 000	280 000	280 000	280 000	280 000
鞍山	32 500	32 500	58 500	98 500	123 500	123 500	123 500
本溪湖	9 000	23 000	57 000	97 000	97 000	97 000	97 000
阜新	3 200	14 500	54 000	160 000	160 000	160 000	160 000
锦县	2 500	2 500	2 200	54 000	54 000	54 000	54 000

---

① 辽宁省档案馆：伪满工矿卷 3439 号。

表5-3（续）

	1937年	1938年	1939年	1940年	1941年	1942年	1943年
安东	16 000	17 400	23 400	23 400	23 400	23 400	23 400
北票	1 500	1 500	15 000	15 000	15 000	15 000	15 000
开原	—	—	3 500	3 500	3 500		3 500
田师傅	—	—	3 000	4 500	6 000	3 500	6 000
						6 000	
营口	7 800	7 800	6 800	6 800	—		—
水力发电							
水丰	—	—	—	90 000	320 000	320 000	320 000
桓仁	—	—	—	—	—		200 000
合 计	337 780	443 480	617 680	91 980	1211680	1211680	1411680

表5-4　1931—1945年辽宁省发电设备容量表　　　　单位：千瓦

年份	中营（含中日合营）	日营	民营	"满铁"	"满电"	自备电厂	合计
1931	36 455	3 844.6		151 018	—	8 590	199 907.6
1935	—	—	3 450	—	316 129.6	8 692	328 271.6
1940	—	—	1 375	—	754 749.6	21 002	777 126.6
1945	—	—	1 375	—	758 105	42 900	802 380

　　1932年全东北的发电量为5.9亿千瓦·时，1944年达到42亿千瓦·时，其中辽宁省境内发电量占78%。[①]

①　东北电业志编纂委员会编《辽宁省电力工业志》，辽宁大学出版社，1993，第90-91页。

235

三、石化工业

日本是个贫油国，石油是日本帝国主义经济上的最大弱点，所需石油及其制品几乎全部由美英石油垄断组织供应。因此，解决液体燃料的自给问题成了日本的燃眉之急。日本曾经以巨资在中国东北勘探天然原油，但毫无结果。

经过多年研究干馏煤制油和利用油母页岩技术，抚顺页岩油就成了日本唯一的石油资源。"满铁"理事赤羽克曾经这样估算："（抚顺煤矿）其蕴藏量实达 55 亿吨，如果进行干馏，平均可得 5.5% 的原油，上述页岩所含石油约达 3 亿吨之巨。这一数量相当于美国石油藏量 15 亿吨的五分之一，足供我国加上海军年需要量 100 万吨的 300 年之用。"[1] 1921—1928 年，日本先后投入 50 万日元进行技术开发。1926 年，干馏法获得成功。1927 年改为 4 000 吨的工厂。1930 年 1 月建成开始试车。[2]

图 5-4 "满洲石油株式会社"
大连工厂[3]

最初的工厂规模为年产粗油 7 万吨。九一八事变后，日本加快了抚顺页岩油的开发速度。1933 年，用倍增的改装炉进行试验，还将数种原油送往美国，进行分解挥发油的工业性试验，取得满意结果。1934 年，日本当局决定以年产14 万吨粗油、2.8 万吨硫氨为目标，改装干馏工厂，增设蒸馏工厂和硫氨工厂，新建挥发油工厂。

1934 年 2 月，由满洲兴业银行、"满铁"、三井物产、三菱商事、日本石油、小仓石油、早山石油、爱国石油等会社与当时的伪满政府联合投资 500 万元，在原大连海猫屯（今石油七厂处）建立了"满洲石油

---

① 解学诗主编《满铁史资料·第 4 卷 煤铁篇 第 3 分册》，中华书局，1987，第 817 页。

② 中央档案馆、中国第二历史档案馆、吉林省社会科学院编《日本帝国主义侵华档案资料选编·东北经济掠夺》，中华书局，1991，第 375 页。

③ 姜晔：《图说近代大连》，文物出版社，2018，第 196 页。

株式会社"。该社设在东京，工厂设在大连甘井子[①]。

1935 年 2 月，"满石"正式投产。1936 年，"满石"进行扩建，资本金 1000 万日元。1938 年 2 月，资本金增至 2000 万日元。年加工能力 15 万吨，能生产挥发油、灯油、轻油、机械油、沥青、石蜡等 8 种初级石油产品。1936 年 12 月，基本建成。1936 年，抚顺又开始增建 60 座干馏炉，每座日处理 180 吨页岩，依次生产粗油 22 万吨、硫氨 4 万吨。1939 年，全部竣工。[②]

从 1939 年起，扩建工程被纳入"满洲产业开发五年计划"，又开始第三次扩建工程，计划将粗油生产能力再提高 20 万吨。这项计划先是因水泥和铁筋进货困难而推迟，1941 年，又因矿石供应困难而下马。1941 年，抚顺页岩油（重油）实际生产 113243 吨，只是计划目标 17 万吨的 66%，挥发油只生产 1.3 万升，只完成计划目标 2.3 万升的 57%。[③]

虽然如此，在"五年计划"期间，重油产量仍从 1936 年度的 6.6 万吨增至 11.3 万吨，即增加了 71%，挥发油年产量由 7000 升增加为 1.3 万升，即增加了 44%。1937—1941 年，历年的重油产量分别是 79346 吨、76482 吨、73503 吨、73857 吨、106931 吨，五年合计 410119 吨。历年挥发油产量分别是 11996 升、14733 升、15031 升、13032 升、14034 升，五年合计 68826 升[④]。

1942 年，"满石"生产额曾经达到 1082 万元，随后，因进口美国原油供应的中断，而基本上处于停产状态。"满石"在生产过程中，各种炼油装置的技术操作人员全部是日本人。对各种装置护卫极严，工厂四周布满铁丝网，且有宪兵站岗。中国工人只能从事土木建筑、油等重体力劳动。1945 年，抚顺炭矿制油厂资本金使用总额达 3802 万元。满洲石油株式会社大连工场公称资本金增至 4000 万元[⑤]。

1940 年 5 月，"满铁"又在露天矿东部建设东炼油厂，建 60 座干馏炉，每座可日处理 200 吨页岩。1944 年 3 月，建成东炼油厂，工业设计能力粗油 192500

---

① 中央档案馆、中国第二历史档案馆、吉林省社会科学院编《日本帝国主义侵华档案资料选编·东北经济掠夺》，中华书局，1991，第 372-373 页。

② 同上书，第 375 页。

③ 解学诗主编《满铁史资料·第 4 卷 煤铁篇 第 3 分册》，中华书局，1987，第 851 页。

④ 同上书，第 870 页。

⑤ 高品卿主编《辽宁工业百年史料》，2003，第 175-176 页。

吨。① 按日本当局规划，两炼油厂全部生产能力为 30 万吨原油，超过当时日本国内 25 万吨原油产能②。

图 5-5　20 世纪 50 年代在此基础上兴建锦州石油六厂

1939—1942 年，日伪还在锦州、锦西建立以煤为原料合成油的两个炼油厂。日本视锦州为一块宝地，是因为：第一，交通便利，地处关内外交通枢纽，又有葫芦岛港可供海上运行；第二，周边自然资源丰富，与阜新、北票、八道壕煤矿区相邻，能源供应充足，所在辽西地区及毗邻内蒙古广大农牧区生活物资供应充足；第三，具有发展工业必备的大凌河、小凌河、女儿河等水利资源；第四，具有大量廉价劳动力。

（一）"满洲合成燃料株式会社"锦州工场

1937 年 7 月 29 日，日本当局颁布 27 号敕令，正式成立"满洲合成燃料株式会社"。决定利用阜新煤矿埋藏量达 40 亿~50 亿吨的烟煤为原料，引进德国人造石油技术——费雪合成石油法，在锦州市西北郊大岭区（锦州石化公司地址）建立人造石油工厂，当时定名为满洲合成燃料株式会社锦州工场。投资 1 亿日元，占地 250 万平方米，有工人 1 040 人、职员 115 名、临时工数百人③。

1938 年 5 月 7 日，开始建厂，所需设备除合成炉等少数设备外，主要机械、仪器和建筑材料全部从德国进口，价值达 800 万马克。1941 年 6 月，苏德战争爆发，运输断绝，设备只运到 80%。由于工程难度大，器材供应困难，中间几次停工。到 1943 年 9 月，南部一期工程（年产百万吨合成石油）仅有半数原料煤气发生炉建成，计有南迪地尔炉 48 座、燃料煤气发生炉 10 座。同年 10 月，因急需燃料油，在辅助工程尚未建成的情况下，由日本运来少量催化剂匆匆开始烘炉。1944 年 4 月正式出油，生产合成石油 144 立方米。至 11 月，因连续发生煤气炉炉体烧坏、管路爆炸等重大事故而被迫停炉。以后在检修南炉的同时，重点修造北炉。到 1944

① 解学诗主编《满铁史资料·第 4 卷　煤铁篇　第 3 分册》，中华书局，1987，第 856、859 页。

② 同上书，第 844 页。

③ 《锦州通史》编纂委员会编《锦州通史》，辽宁人民出版社，2010，第 222 页。

年6月中旬，北部原料煤气发生炉一组炉48座竣工投产；7月1日烧炉；8月中旬，在炉温升到400~450℃时，日本战败投降①。

（二）陆军燃料第二制造所

20世纪40年代，日本在锦州建立年产10万吨石油的陆军燃料厂第二制造所。该所对外名称"945"部队，隶属日本陆军省燃料厂本部。计划投资1.8亿日元（1945年核定固定资产4.8亿日元），占地面积3 400万平方米〔包括今辽宁的锦炼石油化工有限公司、锦化化工（集团）有限责任公司、锦西化工机械厂、葫芦岛港及码头油库〕②。

1939年春，在锦西五里河子动工修建。1941年5月，主体工程正式动工。1943年，常压原油整流装置建成，提炼东印度群岛原油2万吨。1943—1944年，建成"鲁奇"式低温干馏炉2座；1944—1945年，共生产干馏煤10.2万吨，约产低温焦油（人造石油）6 936吨，其余润滑油等工程至投产前完成主体工程计划的70%③。1945年6月，该所并入四平染料厂。这个制造所共有职工万余人，其中包括各部门主管即日本陆军军官400多人。④ 该厂在8月15日前后，遭到日军、苏军和国民党军队的破坏。

东北沦陷时期，在辽宁省境内建有较大化工厂10家。1933—1935年，大连化学厂、大连碱厂、"大连满洲化学工业株式会社"和"满洲曹达株式会社"大连工场，分别在大连建立。其后，辽阳冶建化学厂和庆阳化学厂、奉天油脂厂、安东化学厂、铁岭选矿药剂厂先后成立。

1927年，日本谋划在我国东北建一座以合成氨为主的化学工厂。1933年5月30日，由"满铁"总裁山本条太郎发起，集资2 650万日元，在大连甘井子建立"满化"。主要股东是"满铁"、日本全购联株式会社、东洋窒素工业株式会社。1933年8月，"满化"局部动工，日本以100万马克的高价，购买当时世界上最先进的生产技术——伍德法制造合成氨的专利权，聘请德国工程师、技师同日本人员

---

① 《锦州通史》编纂委员会编《锦州通史》，辽宁人民出版社，2010，第222-223页。
② 同上书，第223页。
③ 同上书，第223页。
④ 同上书，第219-225页。

一起，进行了工厂设计和设备安装。当年生产合成氨 33160 吨、硫酸 12096 吨、硫铵 117338 吨、硝酸 1199 吨、硝铵 852 吨。1935 年 3 月，建成日产氢 33 万立方米的工厂。[①]

"满化"的主要产品是硫铵。1937 年，硫铵生产能力扩大到年产 24 万吨[②]。1938 年 9 月，新安装浓硝酸设备。1939 年 6 月，建成汽油桶车间。1940 年 1 月，建成硝化苯车间，扩建了接触式浓硝酸车间及其硝酸苏打新工厂。

该社硫铵产量，1937 年达到 169354 吨，1940 年达到 144567 吨。1940 年以后，产量逐年下降，到 1944 年仅有 30036 吨[③]。硫铵主要作为肥料销往日本、朝鲜和中国台湾。该社硝铵生产能力，1937 年为 3238 吨。以后逐年递增，1943 年达到 10812 吨，1944 年降为 8926 吨。[④] 硝铵主要销售给奉天造兵所、抚顺煤矿和南满火药会社，用于制造军用和矿山用火药。

"满化"除计划生产硫酸铵和其他化学制品外，还打算生产烧碱（即氢氧化钠）和其他在军事上具有非常广泛用途的化学原料。到 1938 年 4 月，又建成两套合成氨装置，新安装了浓硝酸设备，年产合成氨 5 万吨、硫铵 18 万吨。[⑤]

1942 年初，关东军与满洲"918"部队要求"满化"和大和燃料株式会社生产火药硝盐，即二硝基氯苯。10 月 26 日，"满化"与大和燃料株式会社签订合并合同，"满化"因此资本增加 260 万元。为了新建年产 4000 吨二硝基氯苯工厂，1941 年度，"满化"企业费预算追加 3135764 日元。[⑥] 按该项计划，制造硝盐的直接原料氯化苯由满洲曹达株式会社的开原工厂生产，而生产氯化苯所需之苯则由昭和制钢所或本溪湖煤铁公司供应。[⑦]

"满化"的原材料煤主要来自本溪、抚顺和开原，硫铁矿由日本和朝鲜提供。原材料与产品吞吐量每日达 1822 吨，耗电每小时 21159 千瓦·时，消耗蒸汽每小时 82 吨，消耗自来水和井水每日 72943 吨。1935 年，有职工 1823 人，其中日本

① 满史会：《满洲开发四十年史》下卷，东北沦陷十四年史辽宁编写组译，1987，第 203 页。

② 苏崇民：《满铁史》，中华书局，1990，第 687 页。

③ 高品卿主编《辽宁工业百年史料》，2003，第 345 页。

④ 同③。

⑤ 《大化志》编纂委员会编《大化志（1933—1985）》，大连化学工业公司，1988，第 4 页。

⑥ 同②书，第 689 页。

⑦ 同⑥。

人 868 人[①]。太平洋战争的爆发，加速了日本帝国主义灭亡。"满化"由于原材料供应不足，动力紧张，生产设备失修，产品产量急剧下降。

1932 年，日本侵略者计划在大连建一座生产纯碱（即碳酸钠）的工厂。1936 年 5 月 22 日，由"满铁"、"满化"、日本昌光株式会社、日本旭硝子株式会社投资 800 万日元，建立"满曹"。厂址选在"满化"南海岸。生产设备全部由日本旭硝子株式会社提供，采用索尔维法（氨碱法）生产纯碱。经过运土填海、设备安装，1937 年 5 月，"满曹"第一期工程完工；8 月投产，年生产纯碱 3.6 万吨。1940 年，增建一套苛化法生产烧碱装置，年产烧碱 3 000 吨。1942 年，又扩建了第二期工程，年生产能力增至 7.2 万吨[②]。

至 1940 年，由于伪满第一次五年计划的推行，同时为了获得统一经营苏打工业的特权，"满曹"又将资本增加 1 倍，至 1 600 万日元，扩建石灰法的烧碱制造设备。1942 年，"奉天曹达株式会社"局部开工，该社供应"满铁"气筒油工厂所需氯气，生产过热气筒油，再将其副产品盐酸供味之素工厂使用。1943 年，将纯碱的生产能力由 7.2 万吨提高一倍，达 14.4 万吨，同时增加烧碱年生产能力 4.1 万吨。到 1944 年，总资本增加到 2 500 万日元。[③]

241

表 5-5　1937—1944 年"满曹"烧碱和纯碱产量[④]　　　　　　单位：吨

	1937	1938	1939	1940	1941	1942	1943	1944
纯碱	11 122	46 688	58 277	64 811	61 517	57 915	58 596	50 062
烧碱	—	—	—	774	2 317	1 299	1 985	1 649

"满曹"的原料盐来自"关东州"和中国东北的固体盐，采用大连石矿厂的石灰石、焦炭，氨由"满化"就近供应。电力及蒸汽由该厂邻接的满洲电业株式会社甘井子发电所供应。1942 年，"满曹"所属的开原工厂开始利用昭和制钢所提供的苯生产一氯苯，供应"满化"大连工厂生产二硝基氯苯，再供应辽阳造兵厂作生产

① 《大化志》编纂委员会编《大化志（1933—1985）》，大连化学工业公司，1988，第 4 页。

② 同上书，第 5 页。

③ 苏崇民：《满铁史》，中华书局，1990，第 690 页。

④ 高品卿主编《辽宁工业百年史料》，2003，第 348 页。

军需火药之用。

"据 1943 年统计，大连化学工业大小厂家 129 个，投资总额 2.5 亿元，生产总额 2.07 亿元，拥有工人 9 543 人，已经跃居大连地区各类工业中之首位。以大豆为原料的油坊业，由原来占全工业成品额的 95%，到 1932 年减少到 60%，其后又降至 40%。"①

大连近代传统工业的急剧衰落和现代化学工业的急剧扩张，虽然是大连现代工业迅速发展的表征，然而这种"发展"，却是日本殖民当局为支持侵华战争的需要，更加急迫地企图扩大对东北殖民掠夺的明证。因此大连化学工业的"发展"，丝毫不能带给东北进步和发展，而只是成为帝国主义侵华战争的后方物资基地。

从 1935 年到 1944 年的 10 年间，日本侵略者共掠夺合成氨 371 960 吨、硫酸 580 163 吨、硫铵 1 152 929 吨、硝酸 50 667 吨、硝铵 56 260 吨、纯碱 409 058 吨、烧碱 8 024 吨②。

242 四、钢铁工业

九一八事变前，鞍山制铁所已建成 3 座高炉，年产生铁 2.8 万吨；③本溪湖煤铁公司已建成 4 座高炉，生铁产量达 8.5 万吨，其中低磷铁 6 000 吨。④

1932 年 12 月 20 日，日满产业统制委员会拟定了《在满洲设立制钢所计划草案纲要》。《纲要》认为，从建立伪满基础产业的角度，特别是从所谓"日满国防需要"的角度考虑，在东北建立钢铁厂"确有必要"⑤。

1933 年 1 月 7 日，"满铁"向日本政府提出申请，在鞍山设立昭和制钢所。4 月 10 日，日本拓务省批准了在鞍山设立昭和制钢所。6 月 1 日，"满铁"与昭和制钢所签订了转让与出赁鞍山制铁所设施的备忘录。东北沦陷后，关东军设想把本

---

① 顾明义等主编《大连百年史》，辽宁人民出版社，1999，第 1089-1090 页。

② 《大化志》编纂委员会编《大化志（1933—1985）》，大连化学工业公司，1988，第 5 页。

③ 解学诗、张克良编《鞍钢史（1909—1948）》，冶金工业出版社，1984，第 120 页。

④ 《本钢史》编写组编《本钢史（1905—1980）》，辽宁人民出版社，1985，第 22-23、40 页。

⑤ 同③书，第 216 页。

溪湖煤铁公司并入拟议中的满洲制铁会社，后因大仓组返回而未能实现。不久，本溪湖煤铁公司被列为伪满的准特殊会社。尽管它不是东北钢铁业的"统制者"，但在低磷铁和特殊钢生产上却处于垄断地位。[1]

日本政府为了尽快实现钢铁产量大幅度增长，在接下来的数年内连续制定了数个炼钢增产计划。截至1937年末，昭和制钢所有4座高炉，炼铁产能70万吨，具有年产钢锭58万吨、钢坯61万吨的生产能力。[2]

1938年，"满铁"将昭和制钢所移交"满业"经营。这一年，昭和制钢所日产700吨的五号、六号高炉建成投产。1939年，日产700吨的七号、八号高炉建成投产。在执行第四期增产计划的同时，1939年3月，鞍山昭和制钢所进一步制定第五期、第六期增产计划，即规定1941年达到的指标。

为完成第四期和第五期计划，鞍山昭和制钢所本计划从德国进口设备。1939年9月，第二次世界大战爆发，进口受阻，不得不将第四期计划部分转向日本和美国订货，将第五期计划推迟，第六期计划则完全被搁置。1939年后，鞍山昭和制钢所生产能力的扩大就基本停止了。

1942年，鞍山昭和制钢所为提高生产能力，采取紧急增建高炉的方针，建成第二初轧厂、第二炼钢厂和中板厂。1943年，又建成年产25万吨的大型高炉——九号高炉，第二炼钢厂的第五号、第六号各150吨的平炉也同时投产。

到1945年，鞍山昭和制钢所共拥有炼铁高炉9座，其中，日产量400吨的2座、550吨的1座、600吨的1座、700吨的5座，年生产能力196万吨。生铁产量1941年118万吨，1942年130.9万吨（这是伪满时期鞍山生铁最高年产量）。1943年和1942年持平，1944年降至80.1万吨。[3]

鞍山昭和制钢所炼铁厂的能力超出炼钢厂承受力的两倍，精轧机的能力仅是炼钢能力的一半。由此可以看出，炼钢部门明显落后。而日本国内钢铁生产能力却是钢大于铁。由此可见，日本建设鞍钢的根本目的还是为日本本土配套的殖民掠夺。1935—1944年，日本侵略者从东北掠往日本的生铁达488万吨，[4]占同期东北生铁总产量1255万吨的38.9%；钢坯达100.4万吨，占同期钢坯产量461.5万吨的

① 解学诗、张克良编《鞍钢史（1909—1948）》，冶金工业出版社，1984，第222页。
② 解学诗主编《满铁史资料·第4卷 煤铁篇 第4分册》，中华书局，1987，第1370-1371页。
③ 同①书，第317页。
④ 根据《鞍钢史》第327-328页数字计算所得。

21.8%；而钢锭较少，仅掠走 6.2 万吨。[①] 这仅是掠往日本国内的数字，而实际上掠夺数字要大得多。

本溪湖煤铁公司因盛产军工生产所必需的低炭铁，而成为日本侵略者掠夺东北钢铁资源的另一个重点企业。1938 年，本溪湖煤铁公司也和鞍山昭和制钢所一起并入"满业"，成为"满业"的子公司。在日伪两次"满洲产业开发五年计划"中，本溪湖煤铁公司也进行了大规模扩建。

表 5-6 本溪湖煤铁公司增产计划设备能力一览表 [②]   单位：万吨

产品	1939 年 8 月	第一期计划完成后 1941 年末	第二期计划完成后 1943 年末
焦炭	25	75	1 25
富矿	24	33	35
贫矿	25	190	400
普通生铁	15	40	80
低磷铁	—	15	25
钢锭	—	35	56
中型钢材	—	—	10
小型钢材	—	—	15

到 1945 年，本溪湖共有高炉 4 座，其中日产量 200 吨的 2 座、600 吨的 2 座。设备能力 57 万吨，两个初轧厂的生产能力为年产 100 万吨。[③]

1932—1945 年，本溪湖煤铁公司共生产煤 10 458 700 吨、焦炭 3 713 156 吨、富铁矿 3 629 745 吨、贫铁矿 2 610 053 吨、生铁总产量 2 602 748 吨，其中低磷铁

① 解学诗、张克良编《鞍钢史（1909—1948）》，冶金工业出版社，1984，第 330 页。
② 《本钢史》编写组编《本钢史（1905—1980）》，辽宁人民出版社，1985，第 101-102 页。
③ 同①书，第 317-318 页。

1 679 778吨、特殊钢 11 841 吨、特殊钢材 5 796 吨。① 与 1905—1931 年的总产量相比，煤炭增产 1.3 倍，焦炭增产 2.7 倍，富铁矿增产 2.7 倍，生铁增产 3.2 倍，低磷铁增产 2 倍。②

日本帝国主义在东北殖民统治十四年里，大肆掠夺东北丰富的物资资源，特别是钢铁资源，以此满足日本扩大侵略战争的需要，使东北成为日本进行军事侵略的物资供应基地，致使东北的经济资源遭受严重的损失。1944 年，在钢铁生产处于崩溃边缘的情况下，伪满当局对日出口仍比 1943 年略有增加，达 32.5 万吨。③ 而另一方面，从东北掠往日本国内的大量钢铁资源，也极大地弥补了日本国内资源的严重贫乏，促进了其钢铁业的发展。从这个角度上说，东北在促进日本近代工业发展上起到了重要作用。

五、有色金属工业

伪满时期，在辽宁地区开采的有色金属矿山，一是数量多；二是品种全；三是大部分矿山都建有选矿厂。

（一）金矿

东北沦陷时期，日本侵略者竭力控制辽宁的黄金产地和金矿，疯狂掠夺黄金矿产资源，使辽宁的黄金开采进入第二个高峰期。1932 年 3 月，日本关东军设立满洲采金事业调查部。"满铁"首先支出 60 万日元用于制定计划，组成砂金调查队。建立铁岭训练所，并在柴河堡、柏家沟砂金产地实行土法开采，并传授有关生产知识。同年，又在铁岭组成有 200 人参加的调查队，对东北地区黄金资源进行调查，辽宁地区被调查的有海城等 20 多处砂金矿产区。1933 年，日伪当局相继炮制了所谓"金输出禁止法""产金买上法""重要产业统制法"，将东北的黄金资源完全控制在手中。1937 年以后，为加强对黄金的掠夺，又先后组建了"满洲矿业会社"

① 《本钢史》编写组编《本钢史（1905—1980）》，辽宁人民出版社，1985，第 101-102 页。

② 同上书，第 106 页。

③ 东北物资调节委员会研究组编《东北经济小丛书 9　钢铁》，1948，第 84-85 页。

"满洲矿山会社"和热河开发会社，专事管理和经营黄金生产。其间由各株式会社在辽宁地区经营的较大金矿、伴生金矿、选矿厂、制炼所等有16座。[1]

图5-6 "国立金矿精炼所"[2]

1936年8月，日伪在奉天（今沈阳）等建立"国立金矿精炼所"，计划年处理金矿7万吨。翌年秋，在营口县分水建成日处理黄金矿石500吨的选矿厂。1937年，"满洲矿山会社"清原矿业所侵占枸乃甸子金矿和苍石金矿后，在清原建立一座150吨/日选矿厂。[3] 到1939年，日采矿石量最高达300吨，有生产工人1500人。

1938年，"满洲矿山会社"建立苍石矿业所，下设王家大沟和下大堡两个坑口，年产黄金200余两。1939—1941年，"满洲矿山株式会社"在安东开办黑山、元宝、六道沟、安东、五龙、五道沟、板石、东洋河8座金矿，共产金18274两。热河开发株式会社在朝阳地区开办了五家子、青沟梁、孟家沟等金矿。1938年，东亚矿山会社在喀左县境内开办从元昌金矿。翌年，又开办建平县瓦房店金矿。同年，"国立金矿精炼所"归属"满洲矿业株式会社"，更名为奉天制炼所（原沈阳冶炼厂）。

太平洋战争爆发后，日本出于侵略战争的需要，由"满洲矿业株式会社"出资收购了五龙金矿。1941—1945年，日本从五龙金矿共掠走高品位矿石7万吨，仅1944年就掠走黄金5103两。据统计，东北沦陷期间，全省被开采过的大小脉砂金矿有200多处。1934—1937年的4年里，仅"满洲矿业株式会社"就生产黄金28394两。1937—1944年，五龙、分水、清原、盘岭、五家子、华桐、夹山、芙蓉8座金矿共生产黄金51693两。日本在侵占辽宁的14年里，掠走黄金约10吨。[4]

（二）银矿

海城县的分水矿和复县的华铜矿产银较多。1936年，全地区银矿实收量1046

---

[1] 辽宁省地方志编纂委员会办公室主编《辽宁省志·黄金工业志》，辽宁民族出版社，2001，第697页。

[2] 沈阳市人民政府地方志办公室编《沈阳图志》，沈阳出版社，2012，第153页。

[3] 同[1]书。

[4] 同[1]书，第698页。

千克；1943 年达到 22 575 千克，增加 10 倍多；1944 年减产。

（三）铜矿

辽宁东部山区各县均有铜矿开采。主要有复县的华铜矿、芙蓉铜矿，其中复县华铜矿由于储量较多，成为当时东北最有前途的铜矿。1938 年，由日本人山崎长士与"满洲矿山株式会社"经营，芙蓉铜矿年采矿能力为 7.8 万吨，初选能力 5 万吨[①]。清原金矿也产铜，使用机械开采，年产能力为 3.6 万吨[②]。

辽南和辽西也有不少铜矿开采，采铜量和收铜量最多的是海城、本溪和庄河。1932 年，全地区铜矿实收量 23 吨，1944 年增加到 1 617 吨。1939 年 10 月，日本人成立"清水矿业所"，经营接梨树铜矿和安东元宝金矿，后改称"接梨树铜矿"。采用机器开采，年采矿 26 万吨[③]。

（四）铅锌矿

辽宁地区当时主要有桓仁铅锌矿、青城子铅锌矿、岫岩铅锌矿、杨家杖子铅锌矿。伪满时期采矿量和收矿量最多的是凤城县青城子矿和锦西县杨家杖子矿。九一八事变前，青城子铅锌矿由中日合办"精炼所"。后由日本久原矿业经营，1938 年归"满洲矿业株式会社"开采。年采能力 13 万吨，选矿 12 万吨[⑤]。

图 5-7　伪满时期铅电解工程[④]

九一八事变后，杨家杖子铅锌矿被日伪没收。1933 年，伪满当局委托日满矿业株式会社负责经营。1935 年，成立"满洲铅锌矿株式会社"负责经营。使用机械开

---

① 高品卿主编《辽宁工业百年史料》，2003，第 209 页。

② 同上书，第 209 页。

③ 同上书，第 209-210 页。

④ 沈阳市人民政府地方志办公室编《沈阳图志》，沈阳出版社，2012，第 153 页。

⑤ 张福全：《辽宁近代经济史（1840—1949）》，中国财政经济出版社，1989，第 554 页。

采，年采矿能力 16.8 万吨，选矿能力 24 万吨①。

1939 年，岫岩铅锌矿归"满洲矿业株式会社"经营。使用机械开采，年采矿能力 9 万吨，选矿能力 7.2 万吨②。1938 年"满洲矿山株式会社"勘探桓仁铅锌矿，1941 年建成年产 1.8 万吨的选矿厂，年采矿能力为 3 万吨。

（五）钼矿

钼矿盛产于锦西杨家杖子矿和本溪马鹿沟矿。1937 年，全地区钼矿实收量 10 吨，到 1944 年达到 902 吨。钼矿大部分输出，1941 年输出量占产量的 87%，1942 年占 67%③。

1933 年 3 月，成立抚顺炼铝实验厂。1936 年 11 月，成立"满洲轻金属制造株式会社"，确定年产铝 4 000 吨。1938 年 7 月，"满业"和"满洲轻金属制造株式会社"投资，成立"满洲轻金属制造株式会社"营口镁工厂，以菱土矿为原料、卤水为辅助材料，试制镁产品。1942 年 2 月，"满洲轻金属制造株式会社"营口镁工厂合并到"满轻"，年生产金属镁 800 吨、溴素 20 吨，主要供伪满洲国制造飞机机体和机械用。1943 年 11 月，成立"满洲矾土矿业株式会社"，不久吞并了"满洲轻金属制造株式会社"。

第五节
机械和电子工业军事化

1934 年后，日伪当局实行"经济统制"和"物资统制"，从钢铁、煤炭、硫酸等生产资料到煤油、食盐、火柴等生活资料，均实行严格控制，使民族工业陷入绝

---

① 张福全：《辽宁近代经济史（1840—1949）》，中国财政经济出版社，1989，第 555 页。

② 同上。

③ 同上书，第 550 页。

境。据1934年统计，沈阳有民族工业工厂1510家，多为设备简陋的小工厂。到1942年已有半数倒闭，剩下的也多数被日本帝国主义控制，成为日本企业的附属加工厂。[①] 例如，1933年，日伪通过大满铸铁工厂给东北大学工厂提供原材料，由其铸造加工成产品，再交给大满铸铁工厂组装、打压、销售。东北大学工厂实际上变成大满铸铁工厂的附属工厂。在日本残酷统制政策影响下，1936年，华北机器厂破产倒闭。兴奉铁工厂在一度萧条之后，被迫接受日资商会的5000元（伪满币）投资作为股份，其产品由日资商会包销，实际上变成日本操纵的合资企业。[②]

1935年，日伪当局强征沈阳铁西民田2万余亩，辟为工业区。日本国内中小资本家和一些财团，先后前来投资建厂。九一八事变前，铁西区只有日资工厂11家。1940年8月发展到233家，其中机械制造、金属和化工等重工业工厂104家，年总产值占沈阳市工业总产值的48%。1936年，日本帝国主义在沈阳开办的工厂为175家，1941年就增至423家。这些工厂主要是军

图5-8 铁西工业区[③]

事工业及与军事工业有关的工业，具有明显的为侵略战争服务的特点。[④]

1941年，太平洋战争爆发后，原本资源贫乏的日本，其国内经济状况异常紧张，日本在沈阳经营多年的工业迅速衰落，沈阳工业也转向"资源回收"及"代用品工业"生产。这一时期的工业是殖民地性质的修配工业，设备陈旧、工艺简陋，技术水平低下，劳动条件恶劣，生产发展非常缓慢。"日伪时期工业生产水平最高的1943年，全市工业总生产额只有9亿元伪满币。"[⑤]

---

① 沈阳市人民政府地方志编纂办公室编《沈阳市志·机械工业志》，沈阳出版社，2000，第5页。

② 同上书，第345页。

③ 沈阳市人民政府地方志办公室编《沈阳图志》，沈阳出版社，2012，第148页。

④ 同①。

⑤ 同①。

一、机械工业的军事化发展

（一）机车车辆业

九一八事变后，"满铁"沙河口铁道工场不仅制造、组装和修理机车车辆，而且接受"满铁"会社内外的各种订货，特别是铁道装甲车、装甲汽车生产大量增加，还制作冷藏车、保温车、摩托车等军事车辆和军刀等军用物资。

1934年，沙河口铁道工场试制了由大连开往长春的"亚细亚号"特快列车。同年，生产任务量达到最高期。七七事变后，日本对车辆的需求急剧增加，沙河口铁道工场生产规模继续扩大，机车车辆生产成倍增长。1938年后，年组装新造蒸汽机车达40余台，修理蒸汽机车200余台。太平洋战争爆发后，生产继续增长。1943年全厂职工高达9 000人，生产也达到日本侵占时期最高水平，全年组装新造机车47台、客车12辆、货车311辆，修理蒸汽机车241台、客车614辆、货车3 739辆。

日本侵占时期，蒸汽机车生产有太平洋系列（客车）、米卡衣系列（货运）和草原系列，以米卡衣系列为主。日本侵占工场期间，新造组装蒸汽机车516台、客车775辆、货车5 355辆，修理蒸汽机车6 904台、客车14 345辆、货车93 893辆。他们利用这些机车车辆对我国进行军事侵略和经济掠夺，从我国攫取了大量财富。沙河口铁道工场成为日本侵略我国所用铁路交通工具的重要源地。

日本侵占工场期间，制定的规章制度都是为了压迫和剥削工人。特别是针对中国工人，建立了搜身制度，设立了防卫系、劳务系等机构，镇压抗日活动和监视中国工人。中国工人的收入只占日本人的七分之一。技术工作全部由日本人掌握，中国工人只能从事繁重苦累的劳动和辅助工作。日本投降前夕，烧掉了全部管路、设备图纸和技术资料，使工场遭到严重破坏。

1945年日本投降后，根据《中苏友好同盟条约》《中苏关于大连之协定》《中苏关于旅顺口之协定》等有关规定，8月22日，苏联红军进驻旅顺地区实行军事管制。9月，苏联红军进驻"满铁"沙河口铁道工场，工场易名为中长铁路大连铁路工厂，由苏联铁路专家管理工厂。全厂有职工6 800人，其中中国工人3 800人、日本人3 000人。

1938 年，皇姑屯修理工厂成为修理机车、客车、货车的综合性企业。1942 年，全厂员工增至 3868 人，其中日本人 1077 人，生产工人 2446 人。1942 年，局修或一般修机车 302 台、客车 716 辆、货车 3098 辆，但生产能力不配套，组装能力较大，制备能力远不能满足生产需要。①

1932 年 5 月 22 日，日本野村财阀系统的根本富士雄收购了大亨铁工厂，改名为满洲工厂。以 150 万日元资本制造车辆、桥梁、矿山机械等，增设机械、车辆、铸钢和桥梁厂。1936—1937 年，该厂又新设制罐、制铁锻两厂。1943 年，该厂与"满洲铸物株式会社"合并。1944 年，该厂又收购了高砂铁工所和大东铸造所，规模日益扩大，拥有设备 1330 台、职工 3000 人。② 1941 年，生产 30 吨级货车 1440 辆、油桶 54 万个、矿山机械 3500 吨。③

（二）汽车工业

东北沦陷后，日本占领了民生工厂，抢走了工厂已组装完毕的 40 辆汽车和工厂设备。1934 年 3 月，伪满实业部在辽宁迫击炮厂旧址设立"同和自动车工业株式会社"。该会社总资本为 620 万元（按银元计），其中，日本国内汽车工业资本家投资 310 万日元，"满铁"投资 290 万日元，伪满当局投资 20 万元。由此可见，"同和会社"不过是日本汽车工业垄断集团设在辽宁境内的子公司。

到 1938 年，"同和自动车工业株式会社"已拥有 3 个附属工厂：第二工厂组装整车，第一工厂装配底盘，第三工厂生产底盘零件。3 个工厂共有工人 1172 人，其中日本技工 150 人、中国技工 885 人、学徒工 137 人，占当时伪满洲国汽车工业工人总数的 76.2%。依照当时日本的汽车生产状况，同和自动车工业株式会社生产的大概是载货重量 4 吨以下的轻型载货汽车。生产能力为月组装载货汽车 464 辆④、客车 64 辆。还有 43 个汽车修理厂。其中，奉天 17 个，安东 6 个，抚顺 4 个，锦州 3 个，鞍山 2 个，营口 2 个，各县 9 个。1942 年 3 月，"同和自动车工业株式会社"并入总部设在长春的"满洲自动车株式会社"，其他汽车车体工厂和汽车修理厂相

251

---

① 沈阳市人民政府地方志编纂办公室编《沈阳市志·机械工业志》，沈阳出版社，2000，第 442 页。

② 同上书，第 156 页。

③ 同上书，第 114 页。

④ 辽宁省地方志编纂委员会办公室主编《辽宁省志·机械工业志》，辽宁民族出版社，2004，第 191 页。

继停产、停业。①

（三）自行车业

图 5-9　满洲宫田制作所②

20 世纪初，英国、德国和日本先后向沈阳输入自行车。1917 年，沈阳小西关、大西关一带先后出现义兴、双轮、森记、茂盛等自行车场，从事自行车装配和修理。到 1933 年，沈阳自行车拥有量已达 8 300 余辆，修配厂有 135 家，从业人员有 400 人。

1936 年 4 月，日本商人宫田荣太郎投资 150 万元在铁西区建成宫田制作所第一工场、第二工场，生产自行车零件并组装成车。1936 年 6 月，日商小岛和三郎在沈阳铁西区建立昌和自行车制作所。1937 年 12 月，改成株式会社，投资 48 万日元增建厂房和设备。1942 年，再次投资 52 万日元，形成年产 5 万辆自行车的生产能力，工厂占地面积 9 600 平方米，建筑面积 6 490 平方米，有员工 388 人，生产 28 型号和 26 型号手闸自行车。1944 年，昌和自行车制作所实有资本 100 万日元，有机械设备 300 台、工人 350 人，年产自行车零件 1 100 吨，仅占工厂产品总量的 35%。③

1937 年 12 月，日本人吉崎民之介创办了协和工业株式会社（原沈阳第三机床厂前身），主要生产自行车零件、柴油机、水泵、航空机械零件等。1942 年建成投产，使日资自行车厂达到 3 家，垄断了东北地区的自行车制造业。

3 家企业都配备了专门生产链条、车圈、车把、车架等主要部件的专用设备，但都不是全能厂，自产零部件较少，大部分依托外部协作。昌和自行车制作所生产的 "铁锚" 牌自行车，自身只产车架、车把、车圈、挡泥板等主要部件，其余大部分零部件从日本国内运来，或委托中国的其他工厂生产；只有 26、28 两种规格，而且车体笨重、质地粗糙。

1943 年以后，日资自行车厂都被 "满洲飞行机株式会社" 收拢为协力工厂，从事飞机零件、军用卡车零件生产，为日本帝国主义的侵略战争服务。1945 年，基

---

① 辽宁省地方志编纂委员会办公室主编《辽宁省志·机械工业志》，辽宁民族出版社，2004，第 187 页。

② 沈阳市人民政府地方志办公室编《沈阳图志》，沈阳出版社，2012，第 48 页。

③ 沈阳市人民政府地方志编纂办公室编《沈阳市志·轻工业志》，沈阳出版社，1994，第 63 页。

本上停止生产。①

1946 年 6 月，国民党当局接管 3 家日资自行车厂，以昌和自行车制作所为主体，合并宫田制作所、日满钢铁株式会社、"满洲星金属株式会社"，组成沈阳制车厂。11 月 9 日开始生产自行车零部件。至 1947 年 7 月，形成月产自行车 300 辆的能力，商标为"中"字牌。② 1948 年 4 月停产，其间仅生产 695 辆。1948 年 11 月，沈阳解放并接收该厂。1949 年 1 月划归沈阳第一机器总厂，更名为第一机器总厂第四分厂，并恢复自行车生产，当年生产自行车 2 806 辆。③

（四）动力工业

1931 年，"满洲铸物株式会社"在沈阳大东、铁西等地开设工厂，为日本制造军需特殊铸物。日本高砂铁工株式会社在铁西兴建株式会社高砂制作所，生产铸铁低压锅炉、螺旋送炭机和散热片。到日本投降时，类似株式会社高砂制作所的工场在沈阳已有 30 多家，产品多为水暖器材、铸铁锅炉等。

图 5-10　日本高砂制作所旧址（在沈阳）

1920 年，日本人建立株式会社大连铸造厂，建厂初期有工人 130 人，主要生产铸铁管、可锻铸钢件。到 20 世纪 30 年代末 40 年代初，已发展成为较完整的综合性工厂，有车床、铣床、镗床等 20 余台，职工 400 余人，主要生产大型阀门④。

1935 年初，大连新民铁工厂首次承建了北京王公馆 30 吨制冰机。这座制冰机的制冷系统除氨制冷压缩机从日本购进外，其他设备均由该厂制造。同年 10 月，该厂又为山东威海晶明制冰厂制造了 10 吨制冰设备。1936 年，开始仿制日本小型活塞式氨制冷压缩机。1936 年 6 月，该厂为通化制冰厂建造了一座日产 10 吨冰的制冰机。其制冷系统的主机和配套设备及整个工程全部由该厂提供安装和调试。⑤ 1936 年 8 月，该厂制造出首台仿日本产 83×83 型活塞式制冷压缩机，转速为 300 转/分

①　沈阳市人民政府地方志编纂办公室编《沈阳市志·轻工业志》，沈阳出版社，1994，第 64 页。

②　辽宁省地方志编纂委员会办公室主编《辽宁省志·轻工业志》，辽宁民族出版社，2005，第 260 页。

③　同上。

④　辽宁省地方志编纂委员会办公室主编《辽宁省志·机械工业志》，辽宁民族出版社，2004，第 291 页。

⑤　同上书，第 85 页。

钟，制冷量为4.2千瓦。1938年，又仿制生产了日式90×90型（制冷量为5.5千瓦）和127×127型（制冷量为11千瓦）活塞式制冷压缩机。[1]

（五）机床业

图5-11　满洲工作机械株式会社旧址

1939年9月，日本野村财阀系统的资本家根本富士雄出资2000万元，与日本国内五大工作母机制造业之一的池贝铁工所合作，在今沈阳大东区珠林街建立了满洲工作机械株式会社，开始生产池贝式机床，计划月产20台。1941年开工生产，有员工800人、机器设备700台，先后生产自动车床、皮带式普通车床、平面铣床和立式钻床、桌上车床等，年产1200台左右[2]。

1940年，满洲工作机械株式会社与美国HERDEY公司订立技术合作合同，在HERDEY派来的4名技师指导下，开始生产HERDEY式车床、铣床和牛头刨床。1942年，该会社又与日本东洋机械会社订立合同。从当年10月起，制造TNDEX型24号单轴自动车床。1944年，共生产各种机床677台，其中车床180台、钻床90台、悬臂钻床120台、铣床76台、刨床26台、磨床185台。苏军接手后，掠走主要生产设备。[3]

1939年，日本人建立私营铁西机械制造所，当时有职工35人、皮带车床7台，主要为矿山机械加工零部件[4]。1940年，日本人在沈阳苏家屯开设株式会社满洲吴制砥所。此后，又有日本人在安东开设兴亚制砥所，开始了辽宁生产磨床、磨料的历史。当时，这两个厂规模很小，设备也很简陋，只能生产直径小于600毫米的砂轮，最高年产量180吨。[5]

---

① 辽宁省地方志编纂委员会办公室主编《辽宁省志·机械工业志》，辽宁民族出版社，2004，第81页。

② 同上书，第33页。

③ 同上书，第220页。

④ 同上书，第290页。

⑤ 同上书，第239页。

1938 年 6 月，民族资本家尹子宽等 13 人在奉天市铁西区合资创办了大陆工作所（原沈阳高压开关厂前身），厂址位于铁西区增荣路，有员工 100 余人，为沈阳第一家批量生产机床的工厂。1943 年 6 月，日本人强行向该厂投资，又兼并西邻的振东制作所和奉天铆焊厂，改大陆工作所为大陆机械工业株式会社，厂区占地面积 11 340 平方米，有员工 248 人，有机器设备 100 台，生产 6 英寸、8 英寸皮带车床和牛头刨床，并生产暖气器材。机床最高年产量 400 台①。

（六）机械材料业

1931 年后，为了侵华战争的需要，日本陆续在沈阳铁西区开办标准紧固件生产专业厂和兼营厂，主要生产黑皮螺丝玳瑁、镀锌螺丝以及铆钉等紧固件，年生产能力约 1 000 吨。②

1933 年，日本私人资本建立前田铁工所（原沈阳第三机床厂前身）。③ 当时主要生产锅炉、暖气片、特殊器械、精密器械、飞机零部件、自行车、手推车、军火等。1942 年有职工 943 人。④

1934 年 4 月，日本资本家开设日满钢材株式会社（原沈阳鼓风机厂前身），这是一个生产钢窗、铁门及矿山机械配件的小工厂。1946 年，国民党接手后改名为沈阳制车所。⑤

据 1934 年统计，沈阳有民族工业企业 1510 家，多为设备简陋的小厂。到 1942 年，这些民族企业多数倒闭，剩下的也为日本侵略者所控制，成为日本企业的附属加工厂⑥。

1935 年，民族资本家李成海等在沈阳创办成发铁工厂，同年生产出辽宁省第一台直径 75~200 毫米的铁水汽门。这是辽宁省最早的阀门生产厂⑦，主要承揽加工

255

---

① 沈阳市人民政府地方志编纂办公室编《沈阳市志·机械工业志》，沈阳出版社，2000，第 33 页。

② 同上书，第 347 页。

③ 同上书，第 93 页。

④ 同上书，第 95 页。

⑤ 同上书，第 187 页。

⑥ 辽宁省地方志编纂委员会办公室主编《辽宁省志·机械工业志》，辽宁民族出版社，2004，第 5 页。

⑦ 同上书，第 86 页。

机械、水暖零件。

1935年2月，东盛铁工厂（原沈阳小型拖拉机厂前身）在沈阳市东亚街建立，主要生产铜制阀门。同年，政纪铁工厂（大连机床厂前身）在大连市秋月町18号建立，有工人156名，生产船用机械器具。3月，恒发兴铁工厂（原鞍山自动化仪表厂前身）在鞍山八卦沟开工，以打马掌为业。7月，富兴源铁工厂（原营口仪器厂前身）在营口市建立。

1935年11月20日，日本三菱合资会社、三菱重工业株式会社、三菱电机株式会社、三菱商事株式会社合资成立满洲机器股份有限公司（原沈阳第一机床厂前身），主要制造和修理一般机械和电器。1938年5月，工厂更名为满洲三菱机器株式会社。① 到1941年发展为7个制造厂，有员工2062人、设备972台，主要生产矿山设备机械、化工机械和火车用弹簧等产品。②

1936年，日本资本家隆和开设隆和铁工厂，当时有职工60人、机械设备10余台，主要生产纺织机械配件和军需机械。1945年日本投降后工厂停工。③ 1937年，日本人经营的渡洋行医理化器械制罐纸器工厂，有工人40余人，主要制作铁罐、纸盒，修理医疗器械。④ 1936年，日本人川齐梅一开办隆和铁工部（原辽阳锻压机床厂前身），主要生产纺织机械零配件。⑤

1937年5月，日本财阀大阪金属株式会社在沈阳创立满洲金属工业株式会社（原沈阳风动工具厂前身），主要生产矿山机械及一般机械制造与维修。包括机床主架、货车车轮、外轮、轮芯、铸钢件、手榴弹壳、雷管、60迫击炮筒等。1940年，生产煤车及矿车2000辆、凿岩机120台、矿山机械35台、枪弹壳7万个。⑥

1937年，日本住友财阀投资开办满洲住友金属工业株式会社奉天工场（原沈阳重型机器厂前身），主要生产矿山用机械、机车立架、货车车轮、外轮、轮芯和

① 辽宁省地方志编纂委员会办公室主编《辽宁省志·机械工业志》，辽宁民族出版社，2004，第248页。
② 沈阳市人民政府地方志编纂办公室编《沈阳市志·机械工业志》，沈阳出版社，2000，第90页。
③ 同①书，第256页。
④ 同①书，第350页。
⑤ 同①书，第460页。
⑥ 同②书，第114页。

铸钢部件①。

1938 年 3 月，日本财团合资兴建了满洲轴承制造株式会社（原瓦房店轴承厂前身）。该厂是日本在东北兴建的唯一一家轴承制造装配厂，隶属于日本东洋轴承制造株式会社，是一个典型的殖民性质的企业。主要装配和生产向心球轴承和推动力轴承两大类，主要配件钢球、保持器都从日本进口②。

1938 年 7 月，日本帝国主义为了满足军火生产的需要，在沈阳铁西创办满洲蹄铁株式会社，主要生产军用蹄铁，兼造少量的轻合金铆钉。1939 年 8 月，更名为满洲钢机株式会社，这是沈阳第一家生产刃具的工厂。当时有职工 245 人，除生产铸件、蹄铁、蹄钉及轻合金铆钉外，还生产钻头、铣刀等工具产品，成为满洲飞机制造公司的附属厂。产量很低，直到 1940 年才形成小批量生产，当年生产直柄麻花钻头 15 万件、锥柄钻头 1 万件、铣刀 0.8 万件、铣绞刀 0.2 万件。1941 年，生产直柄钻头 20 万件、锥柄钻头 1.3 万件、铣刀 0.9 万件、铣绞刀 0.3 万件。1944 年产量有所增加，1945 年工厂停产③。

1938 年 9 月，日资日满锻工株式会社（原沈阳第二锻造厂前身）在沈阳兴建。这在当时沈阳地区是比较大的近代锻造生产厂。拥有设备 17 台，其中 3 吨蒸汽自由锻锤和 3 吨皮带锤各一台，有人员 100 名，主要为日本航空部门生产军用锻造产品，年锻造生产能力近千吨④。

1933—1939 年，日资先后建立大阪精机工业所、满洲捻子制作所、东亚酸素株式会社等 12 家私人小工厂，主要生产黑皮螺钉、木螺丝、氧气等⑤。

1938 年，大阪精机工业所株式会社有职工 100 多人、设备 77 台，生产黑皮螺钉、道钉、铆钉、汽车防滑链子等。满洲捻子制作所有设备 27 台，生产木螺丝。伊藤商店铁工部，职工不足 60 人，生产飞机用精密螺丝及发动机零件。其他 9 个小工厂，职工都在 100 人以下，年产紧固件约 1000 吨。产品除部分销往日本本土

257

① 辽宁省地方志编纂委员会办公室主编《辽宁省志·机械工业志》，辽宁民族出版社，2004，第 461 页。
② 同上书，第 361 页。
③ 沈阳市人民政府地方志编纂办公室编《沈阳市志·机械工业志》，沈阳出版社，2000，第 43 页。
④ 同上书，第 201 页。
⑤ 同①书，第 359 页。

外,其余在东北、华北地区销售。①

20世纪30年代末期,日商先后在铁西区开办3家铝制品厂。1939年12月,满洲铝工业株式会社投产。它是日资最大的铝制品厂,年生产能力为596吨。② 1941年8月,大陆铝工业株式会社正式投产。两家均是日本关东军指定的军用铝制品专业生产厂,所产铝制锅、壶、盆、饭盒及水瓶,主要供日本侵略军使用。近代沈阳铝制品最高年产量约300吨,其中平型锅产量约30万口,其他铝制品约50万个。③

1939年,民族资本家姜子源等12个股东在沈阳市建立贴息机械制造所(原沈阳柴油机厂前身),后改为成源铁工厂,主要生产矿山设备零部件。

1939年,以民族资本家阎成祥为首的23个股东合资创办东洋金属机工株式会社(原沈阳锻压机床厂前身),主要承揽对外加工铸钢、铸铜、水暖件(水门、汽门)。④

1940年8月,信昌制镔铁工所(鞍山矿山机械厂前身)在鞍山市立山区孟家沟建立,主要生产螺丝、螺钉、道钉。

1940年11月,日本为满足军火生产和飞机制造的需要,在苏家屯南郊开办满洲吴制砥所。建厂初期,只有工人60人,只能生产直径小于600毫米的普通砂轮。1942年,生产能力有所扩大,工人增至200多人。

1945年10月,锦州大陆机械厂(原辽宁自动化仪表成套厂前身)开工生产。⑤ 1941年,满洲重机株式会社金州工场(金州重型机器厂前身)建立,主要生产铸锻件、吊车挂钩、内燃机曲轴、船舶用中轴、尾轴以及自用的机床附件等⑥。

1941年8月,日本帝国主义为了扩大侵华战争,利用沈阳的工业基础,在铁西区云峰街开办株式会社满洲荏原制作所,专门制造各种抽水机(水泵)。制作所每年投资300万元,到1944年共投资1 200万元,共有职工216人,有各种机械设备

---

① 沈阳市人民政府地方志编纂办公室编《沈阳市志·机械工业志》,沈阳出版社,2000,第202页。

② 沈阳市人民政府地方志编纂办公室编《沈阳市志·轻工业志》,沈阳出版社,1994,第244页。

③ 同上书,第243页。

④ 辽宁省地方志编纂委员会办公室主编《辽宁省志·机械工业志》,辽宁民族出版社,2004,第461页。

⑤ 同上书,第462页。

⑥ 同⑤。

37 台。到 1945 年 8 月，实际生产 780 台。①

1942 年，私营三星铁工厂成立（原沈阳空气压缩机厂前身）。建厂初期仿制日本的 1-10/7（100HP）型卧式压缩机和一些小型压缩机。②

1943 年，由日本人投资合办振东工作所及奉英铆焊厂，更名为大陆机械株式会社，工厂面积 1.13 万平方米，有工人 248 人、设备 100 台左右，年产各式机床 460 台。③

二、电器电子工业渐趋军事化

（一）通信业

1931 年，大华窑业公司开始制造通信电瓷，最高年产约 600 吨（250 万只）低压电瓷④。1936 年 3 月，松风工厂（原抚顺电瓷厂前身）正式建立，由日本京都市松风工业株式会社和满洲窑业株式会社共同投资兴建，有职工 180 名，主要生产低压电瓷，年产量 250 吨。⑤

1936 年，满洲通信机株式会社第二工厂正式投产，由日本住友财阀投资建立，主要生产电话机、交换机、广播器材及无线电收发报机、移动式通信设备等。⑥ 1937 年 10 月，奉天制作所正式建厂，由日本东京芝浦株式会社投资，主要生产中小型电动机和起重机等产品，最高年产量 357 吨。⑦ 生产的主要产品有裸铜线、橡皮绝缘线、纸绝缘电力电缆（10 千伏以下）及电磁线、军用电话线等，水平很低，

---

① 沈阳市人民政府地方志编纂办公室编《沈阳市志·机械工业志》，沈阳出版社，2000，第 176 页。

② 同上书，第 191 页。

③ 同上书，第 193 页。

④ 辽宁省地方志编纂委员会办公室主编《辽宁省志·机械工业志》，辽宁民族出版社，2004，第 177 页。

⑤ 同上书，第 155 页。

⑥ 同上书，第 168 页。

⑦ 同上书，第 167 页。

产量很少。

（二）电线业

1937年，日本古河、住友、藤仓、昭和、日立等企业共投资500万日元在沈阳市铁西区建立满洲电线株式会社。1938年，日本东海电线等4个株式会社又入股投资。到1943年，日本投资企业已达11家，共投资2500万日元。日本投降前，厂区总面积达12.96万平方米。共有30吨容量的熔铜炉、3吨容量的熔铝炉、压延生产流水线、玉铅机、装铠机、金属切割机床、桥式起重吊车等设备1109台，有职工2380人。①

满洲电线株式会社在成立之初，生产的产品有裸电线及其附属品、棉纱被复电线、橡皮绝缘电线、通信电线电缆。各投资期月生产能力，初期（1937—1939）为铜300吨，中期（1939—1941）为铜500吨，后期（1941—1945）为铜200吨、铝300吨。这些产品供应分布情况为：满洲电业株式会社40%，满洲铁路株式会社20%，满洲电信株式会社20%，满洲重工业株式会社10%，其他10%。②

（三）电灯业

从1937年起，日商先后在沈阳开办了3个灯泡厂。一是美德电器株式会社。由日本富士真空工业株式会社和满洲电业株式会社投资。1939年，生产灯泡200万只、其他照明器具7万个。1943年，生产灯泡255万只。1945年3月，改称满洲真空工业株式会社。二是满洲东京芝浦电器株式会社奉天工场。1937年12月，由日本东京芝浦电器株式会社投资兴建，1939年7月投产，年生产灯泡128万只。1942年，产量达474万只。三是奉天电球工厂。1938年开办，1940年投产，1944年生产灯泡400万只。此外，还有生产灯泡零配件的太阳电气株式会社。1944年，3家日资灯泡厂共有资本700万日元，有设备160台、职工630人，产品几乎垄断了东

---

① 沈阳市人民政府地方志编纂办公室编《沈阳市志·机械工业志》，沈阳出版社，2000，第278页。
② 同上书，第303页。

北地区的灯泡市场。①

（四）电机业

1938 年，日资兴建富士电机株式会社（原沈阳气体压缩机厂前身）。当时只有 2 座厂房、20 余台皮带车床、500 多名员工，主要生产小型电机、变压器、配电盘、电话机等。②

1933、1935 年，周斌、孔作民等人分别在小西街开设明明、中央电池厂。到 1942 年，沈阳民族资本开办的干电池工厂共有中央、永和、永明、协和等 4 家。

日伪统治时期，沈阳的变压器产量很低。1939 年，"东芝"开始生产。1940 年生产 50 千伏安以下小型变压器 143 台。1938 年 3 月，日资创办满洲日立制作所（原沈阳变压器厂前身）。1939 年，"日立"开始生产。1941 年以后，年产 50 千伏安以下小型柱上式变压器 20~22 台。满洲变压器厂是一个生产变压器的专业厂，1940 年开始生产，主要生产 3~50 千伏安单相、三相柱上式配电用变压器及其零件，年产最高百余台。③

1939 年，日商开办满洲樱田机械制作所。1941 年，被伪满电业株式会社收买，改名为满洲电业株式会社奉天工场，当时工场占地面积 2.9 万平方米，建筑面积 2 510 平方米，下设翻砂、机加、铆焊 3 个现场；拥有各种机床 65 台、电动机 38 台；有职工 200 人，主要从事丰满、抚顺等发电厂辅机管路的修理任务。④

1943 年 1 月，日本财团在大连创办满洲电机制造株式会社，全厂约 60 人，日本人占一半，主要修理电机。抗日战争胜利后，人民政府将其接管，成立光华电器工厂（原大连电机厂前身）。⑤

1943 年是新中国成立前辽宁机械工业年产值最高的年份，其修配产值占绝大比

261

---

① 沈阳市人民政府地方志编纂办公室编《沈阳市志·轻工业志》，沈阳出版社，1994，第 104 页。

② 沈阳市人民政府地方志编纂办公室编《沈阳市志·机械工业志》，沈阳出版社，2000，第 190 页。

③ 同上书，第 232 页。

④ 辽宁省地方志编纂委员会办公室主编《辽宁省志·机械工业志》，辽宁民族出版社，2004，175 页。

⑤ 同上书，第 132 页。

重，达 75%；制造产值只占 25%。当时辽宁省所需机器设备 70%以上依赖进口。①

（五）电池业

图5-12 满洲干电池株式会社旧址

20 世纪 30 年代中期，日本先后在沈阳开设 5 家电池厂，主要有满洲干电池株式会社、满洲汤浅电池株式会社、三井汤浅电池厂和满洲电池厂，垄断了沈阳电池市场。

1937 年，满洲干电池株式会社成立。1939 年，生产通信电池 11.2 万只、无线电池 12.1 万只、灯用电池 79 万只。

1939 年 7 月 18 日，日本大阪汤浅株式会社在沈阳市投资建立满洲汤浅电池株式会社（原沈阳蓄电池厂前身），主要生产制造汽车用蓄电池和部分电话用蓄电池②。蓄电池产品共有 8 类 30 个规格，每月能生产 500～600 只蓄电池。③ 1940—1941 年，又在铁西励工街建成蓄电池厂，生产汽车用蓄电池。

三井汤浅电池厂是满洲汤浅电池株式会社投资 100 万元另建的电池厂。日本投降以前，5 家日资电池厂共有职工 1 100 人，电池年生产能力为 553 万只。④

① 辽宁省地方志编纂委员会办公室主编《辽宁省志·机械工业志》，辽宁民族出版社，2004，第 5 页。

② 同上书，第 461 页。

③ 沈阳市人民政府地方志编纂办公室编《沈阳市志·机械工业志》，沈阳出版社，2000，293 页。

④ 同上书，第 112 页。

第六节

凋敝的轻工业

九一八事变后，辽宁大多数中小工厂受到冲击。就沈阳市民族工商业来看，事变前约有14000家，事变后仅存7600家，比之前减少近一半。"满铁"调查报告记载，九一八事变后，在民族资本工业较为集中的小西边外的工业区，到1931年11月时，仍有210家民族资本经营的工厂休业。九一八事变前沈阳有1081家工厂，到1937年减少为727家。原有的官僚资本工厂，一部分被吞并，一部分变为汉奸资本而与日伪统治相结合，民族资本工业的发展受到极大限制。到1945年6月，在伪满工矿、交通部门"特殊会社"与"准特殊会社"实缴资本额中，中国一般私人资本额只占0.3%，在矿业中根本没有中国人经营的企业。据1939年10月对营口、锦州中国人经营的最有实力的工厂的调查，每家平均实缴资本额仅为5万余元。东北沦陷时期，民族工业在长达十四年的法西斯殖民统治和残酷的经济掠夺中艰难度日，备受摧残，日益衰败，濒临破产。

一、纺织工业

东北沦陷后，中国民族资本纺织业失去了一个重要的国内市场，进入沈阳的关内纺织品减少63%。主要依靠东北市场的上海纺织业者，积极参加中国共产党号召的全国大规模的抗日救国运动。

东北沦陷时期，辽宁地区纺织工业所有权、原料和纱布供应与分配、技术骨干、纺机零配件供应，全部由日本侵略者控制和垄断。其策略是利用辽宁市场的廉价劳动掠取高额利润，为其侵略战争服务。民族工业只在染坊、缫丝、织袜等小行业中占有一席之地，但备受日本殖民当局控制和盘剥，处境十分艰难。

（一）棉纺织业

日伪统治初期，由于关内纺织品货源断绝，沈阳市场上的纺织品价格昂贵，先期来沈设立的日资纺织企业乘机大发横财，获利甚丰。日本侵略者为进一步加强对辽宁的经济掠夺，不仅扩建原有的 5 个棉纺织厂，又新建了瓦房店、沈阳和锦州 3 个大型棉纺织厂以及辽阳纺麻株式会社，还先后建成 6 个印染厂、7 个丝绸纺企业，并建成当时中国规模最大的人造纤维工厂——安东人造纤维株式会社。

1935—1942 年，日资在东北建立的棉纺和棉织株式会社达到 26 家，其中在沈阳有 12 家，主要有 1936 年投产的恭泰纺绩株式会社、1939 年创办的南满纺绩株式会社，以及钟渊纺绩株式会社奉天纺纱厂。这些日资企业设备精良、技术先进，月产棉纱 3 000 余件（合 340 余吨）、棉布 3 万多匹。产品除满足日本侵华战争需要外，其余均销往沈阳市场。①

1934 年，日资朝鲜釜山纺绩株式会社兼并营口纺织股份有限公司，改名为营口纺绩株式会社（营口纺织厂前身）。1933 年，日本钟渊纺绩株式会社将其国内的旧设备迁至沈阳，成立康德染色株式会社，有各种染色机 41 台。②

联合帝国产业株式会社、轴线株式会社等合资 1 290 万日元在瓦房店建立满洲制系株式会社（原瓦房店纺织厂），1937 年 11 月 3 日正式投产。当时有纺锭 15 960 枚、捻线锭 15 244 枚、轴线机 65 台，主要生产棉纱和蜡光轴线。③ 同年 12 月，日资恭泰莫大小纺绩株式会社在沈阳创立。④ 1938 年，日资东洋轮胎工业株式会社在沈阳建立，有纺锭 9 840 枚、特殊织机 26 台。

1939 年 9 月，日本东洋纺绩株式会社出资 1 000 万日元在安东动工兴建东洋人纤株式会社安东工场。之后又在厂区内建成一座纺织厂，取名天满纺绩株式会社。1943 年 11 月，这两家日资企业合并为满洲东洋纺绩株式会社。1944 年，第一期工

---

① 沈阳市人民政府地方志编纂办公室编《沈阳市志·轻工业志》，沈阳出版社，1994，第 356 页。

② 辽宁省地方志编纂委员会办公室主编《辽宁省志·纺织工业志》，辽宁民族出版社，2001，第 435 页。

③ 同上。

④ 同上书，第 43 页。

程黏胶纤维生产能力扩充为日产 12 吨。但至日本投降前，实际日产量仅有 1~2 吨。[①]

七七事变后，日本侵略者为了适应侵华战争的需要，除在原有工厂增加纺锭、织机外，又在辽宁新建了 5 个日资工厂。1937 年 10 月，日商投资 1 000 万日元在锦州建立东棉纺绩株式会社（原锦州纺织厂前身）。1938 年 2 月动工，1940 年 12 月建成，是当时东北最完善最新设备的棉纺织印染联合企业。

1939 年 12 月，日资南满纺绩株式会社在苏家屯创立。1941 年 7 月，日资满洲纤维工业株式会社在安东建立。

至 1945 年 8 月，辽宁的 12 个棉纺织全能工厂中除少数工厂有部分中国资本外，其余全是日资。日本资本在辽宁开办棉纺织厂，掠夺了大量利润，1941—1942 年，仅内外棉株式会社金州支店纯盈利即达 912.38 万元。[②] 同时，辽宁共有织布机 23 090 台。因原料不足，仅能发挥生产能力的 21%。[③]

东北沦陷后，日本侵略者对民族资本纺织厂采取"军管""委任经营"或"租赁""收买"等手段，强令实行"组合"，仅配给少量棉纱，控制其发展，或者分配给日商经营，所有权属日本关东军司令部。沈阳最大的民族资本奉天纺纱厂在九一八事变后，先是被日本关东军占领，继而由日本纺纱托拉斯钟渊纺绩株式会社"接收"。[⑤]

图 5-13　1938 年内外棉株式会社金州支店鸟瞰图[④]

1942 年，全东北棉布产量为 667 万匹，其中全能厂棉布产量 322 万匹。按辽宁布机比例计算，辽宁织布产量在 600 万匹左右。1944 年，辽宁棉布产量下降，织布

---

① 辽宁省地方志编纂委员会办公室主编《辽宁省志·纺织工业志》，辽宁民族出版社，2001，第 9 页。

② 同上书，第 43 页。

③ 同上书，第 44 页。

④ 同上书，插图。

⑤ 沈阳市人民政府地方志编纂办公室编《沈阳市志·轻工业志》，沈阳出版社，1994，第 348 页。

产量 453 万匹左右，其中全能厂生产 163.8 万匹，单织厂生产 290 万匹左右。①

1939 年 3 月，日伪当局公布了《原棉、棉织品统制法》，规定有 100 台机器的业户方能参加组合，个体针织手工业者和较小的针织工场被迫停产或转产。到 1945 年 7 月，辽宁境内安东、营口、大连、沈阳 4 个棉线针织组合有 252 家工场，职工 3 898 人，织袜机 11 002 台，其中电力袜机 1 071 台，年产军用袜子 1 824.9 万打，还生产部分手套；丝针织组合有工场 63 家，职工 979 人，织袜机 3 840 台，年产丝袜 280 万打。②

（二）丝织业

东北沦陷后，日资大量侵入辽宁丝绸业。1937 年，日资在复县松树镇设立缫丝工厂，投资伪满币 2 万元，设缫丝机 320 台，年产丝 18 吨。1939 年又增设丝绸机 20 台，生产一六绸。

1939 年 8 月，日本侵略者为了控制丝绸业，成立满洲柞蚕株式会社，并在沈阳、安东等地设立分社，在凤城、岫岩、庄河、复县、盖平、海城等地设立出张所。满洲柞蚕株式会社为加强经济统制，对茧农压低茧价，强行收购；对茧、丝实行配给；对缫丝、织绸业者强行派购，不按合同交售者视为"反满抗日"，致使蚕场面积不断缩小，民营缫丝厂、丝栈纷纷倒闭。1944 年，辽宁产柞蚕丝 1 000 吨，比 1934 年下降 65.7%。③

1940 年，日资在安东五龙背设立满洲人造毛株式会社，有毛皮机 20 台，以柞蚕丝为原料，年产人造毛皮 6 万米。在海城建立兴亚制丝株式会社，安装水缫机 7 台，并设有丝绸部、针织部，年产丝 56 吨、茧绸 1.7 万米、丝袜 4.5 万打。

1940 年 4 月，东洋针织株式会社在沈阳成立，生产柞绢针织内衣。1941 年，日伪当局为加强经济统制和垄断，颁布所谓"纤维及纤维制品统制法"。由于加工任务不足，大部分民族染色工厂纷纷倒闭。

据 1940 年安东工商公会调查，当时辽宁有织绸厂 624 个，有织绸机 4 175 台，

---

① 辽宁省地方志编纂委员会办公室主编《辽宁省志·纺织工业志》，辽宁民族出版社，2001，第 73-74 页。

② 同上书，第 187 页。

③ 同上书，第 116 页。

其中电力织绸机 618 台、手工织绸机 3 557 台，以安东、海城、盖平为最多。[1] 1926 年辽宁织绸生产能力为 276 万米，1945 年截至 7 月为 470.22 万米。

东北沦陷时期，对辽宁柞蚕茧产量下降。1932—1945 年，年平均产量 38 亿粒，1936 年为 61 亿粒，1941 年为 9.07 亿粒。[2] 1929 年，辽宁输出柞蚕丝 26 733 担，价值白银 9 096 600 海关两。[3] 1932—1937 年，输出柞蚕丝 13 896 吨。[4]

（三）毛纺织业

东北沦陷时期，对毛织物和毛织品的需求逐渐增多。1938 年，东北各地羊毛销量为 1 970 吨，其中锦州 410 吨、赤峰 380 吨、沈阳 140 吨。[5]

1937 年 11 月，日资成立以生产毛织物和毛线为主的满洲制绒所（1942 年建苏家屯工场）。1939 年 12 月，日资在沈阳成立以生产特殊毛织物（人造毛皮，船舶车辆用平布，平斜纹布类）和以毛线为主的满洲住江织物株式会社。当时日资建立的满蒙毛织株式会社、满洲制绒所、满洲住江织物株式会社以及在哈尔滨的康德毛织株式会社，被称为东北毛纺织工业的 4 个支柱。

四家企业中，以满蒙毛织株式会社规模最大。1945 年 7 月，该厂有纺毛机 39 台、精纺机 39 台、织机 273 台、染色糟 40 台、烘干机 4 台，另有梳毛机 11 台，年生产能力为毛呢 72.3 万米、哔叽 84 万米、毛毯 60 万米、毯子类 97.2 万米、更生棉毯 96 万条。

满洲制绒所有精纺机 1 600 锭、织机 50 台，还有和纺机 5 120 锭、织机 25 台。年生产能力为：毛线 13.38 万磅、衣服料子 3 350 匹、地毯 32 000 米、毛针织品 13 500 打。

满洲住江织物株式会社有纺机 2 台（840 锭）、织机 45 台。1945 年，生产能力为椅子用绒料（含毛织物）27.24 万米。1945 年，沈阳掘义洋行生产制造各种毡子 12.2 万条。1941 年，满洲制毡株式会社生产牛毛毡子 7.2 万米。1943 年，锦州东

---

[1] 辽宁省地方志编纂委员会办公室主编《辽宁省志·纺织工业志》，辽宁民族出版社，2001，第 129 页。
[2] 同上书，第 119 页。
[3] 同上书，第 127 页。
[4] 同上书，第 128 页。
[5] 同上书，第 149 页。

棉纺绩株式会社有梳毛纺（精纺）4 056 锭、纺毛纺（粗纺）800 锭、织机 60 台及整理设备。[1] 至 1945 年 8 月，辽宁有梳毛纺锭 9 306 枚、纺毛纺锭 8 070 枚、毛织机 402 台，占东北地区毛纺锭总数的 88%。[2]

（四）麻纺织业

1919 年前，辽宁麻纺织以线麻、青麻为生产原料，以手工作坊加工麻线和绳索，市场所需麻袋全部依赖进口。1917 年、1919 年、1937 年，日本三井物产株式会社、安田系帝国制麻株式会社和小泉制麻株式会社在辽宁分别开办满洲制麻株式会社（原大连麻纺厂前身）、奉天制麻株式会社（原沈阳麻袋厂前身）和辽阳麻纺株式会社（原辽阳麻纺厂前身）。

九一八事变后，日商凭借侵略势力先后在海城、开原、沈阳等地开办亚麻纺绩株式会社，生产亚麻布、帆布水龙带和缝纫线。同时又在瓦房店、新台子、周水子、大连、沈阳和辽阳等地开办制绳工业株式会社，生产麻绳。

1945 年 8 月，日伪遗留在辽宁的各类麻纺织工厂有 13 个，其中大连、沈阳、辽阳 3 个麻袋厂拥有麻纺锭 10 700 枚、麻袋织机 423 台，麻袋年生产能力 1 940 万条（其中满洲制麻株式会社 540 万条、奉天制麻株式会社 850 万条、辽阳麻纺株式会社 550 万条），有职工 4 292 人。海城、开原、沈阳有 3 个亚麻纺织厂，有亚麻纺锭 1 378 枚、织布机 374 台（其中水龙带织机 28 台），月产亚麻布 3 万米、水龙带 260 米、缝纫机 42.5 吨，有职工 476 人。瓦房店、新台子、周水子、大连、沈阳和辽阳等地有 7 个制绳厂，拥有纺纱机 395 台（其中手动 345 台、机动 50 台）、制绳机 51 台，年产麻绳 218.5 吨，有职工 840 人。[3]

---

[1] 辽宁省地方志编纂委员会办公室主编《辽宁省志·纺织工业志》，辽宁民族出版社，2001，第 147 页。

[2] 同上。

[3] 同上书，第 167 页。

（五）针织业

东北沦陷后，由于津沪等地针织品不能出关，辽宁地方针织品有所发展。1933年，奉天有针织手工业作坊46家，袜机263台，每天生产袜子1019打。1938年，奉天有针织个体户200户，从业人员700人；有工厂手工业者100户，从业人员1500人，年产袜子100万打。1939年10月1日，奉天协和染色株式会社投产，该厂以染色为主，并设有93台袜机，年产棉线袜8.3万打。[①]

1934年，东北地区有毛巾工场44个，年产毛巾224788打。其中，沈阳有毛巾工场26家，年产毛巾120812打；安东有10家，年产毛巾39007打。1936年，沈阳、营口、安东地区有毛巾织机133台，全部为足踏手织机。

在新中国成立以前，辽宁没有专业的床单工厂。1921年，锦州集成织布工厂年产敷布500匹（每匹布长40码）。据统计，1934年，生产敷布的工场沈阳有6家，年产敷布1546匹；安东有1家，年产30匹。[②]

1937年12月，日资在沈阳创办专门生产内衣的针织工厂——恭泰莫大小股份有限公司，有针织及缝纫机150台。1942年，改名为恭泰纺绩株式会社，资金增加，是当时辽宁唯一的针织内衣专业工厂。[③]

1937年10月，日资在锦州创建东北唯一的机械印染厂，有卷染机21台、印花机4台、其他辅机百余台，每日浸染2000匹、印染700匹。1943年，该厂由东棉纺绩株式会社接管经营[④]。1940年3月，内外棉株式会社在熊岳建设印染加工场，翌年3月26日投产。新中国成立后，熊岳印染厂发展成为省内最大的印染企业及出口创汇大户。

1941年，日伪当局为了加强统制和垄断，颁布了所谓"纤维及纤维制品统制法"，组成了安东、沈阳、大连、长春、哈尔滨5个机械染色组合，在纤维联合会指导下生产。纤维联合会对染色组合生产的产品实行收贩制度。1942年，又改为委

---

① 辽宁省地方志编纂委员会办公室主编《辽宁省志·纺织工业志》，辽宁民族出版社，2001，第186页。

② 同上书，第204页。

③ 同上书，第436页。

④ 同上。

托加工制。由于加工任务不足，大部分民族染色企业纷纷倒闭。

二、造纸行业

1934—1945 年，日本侵略者在辽宁相继建立了 18 个机制纸厂，其中较有规模的有 10 家，分别是：抚顺制纸株式会社、满洲豆秸浆株式会社开原工场、安东制纸株式会社、满洲纸工株式会社、钟渊制纸株式会社营口工场、丸三造纸厂、锦州巴尔布株式会社、满洲制纸株式会社、大满制纸株式会社、满洲林产化学工业株式会社辽阳工场。[①]

到 1934 年，辽宁纸坊发展到 32 家，其中沈阳有 24 家，锦州有 8 家。当时纸坊营业不兴旺，面对逐年增加的进口的日本纸、高丽纸和机制纸，辽宁手抄纸逐渐失去了竞争力，大部分被淘汰，小部分因为产品质量尚好，民间习惯使用，仍继续生产。1918 年，辽宁手抄纸和机制纸产量各占 50%。到 1934 年，机制纸产量占 91%，手抄纸产量仅占 9%。

图 5-14　锦州金城造纸厂[②]

1939 年 6 月 2 日，日本王子制纸株式会社投资建立锦州巴尔布株式会社（金城造纸厂前身），投产设计能力为年产纸浆 17 000 吨。该厂以盘山、锦县所产芦苇为原料混以 20% ~ 30% 木浆，生产模制纸、包装纸、印刷纸、制图纸等，居日伪纸厂第一位。[③] 1945 年，日满巴尔布株式会社与锦州巴尔布株式会社合并，有职工 1 788 人（其中日本人878 人），建厂初期平均日产纸张 43.8 吨。[④]

---

① 辽宁省地方志编纂委员会办公室主编《辽宁省志·轻工业志》，辽宁民族出版社，2005，第 16 页。

② 陈少平主编《图说辽西·锦州遗韵》，2006，第 54 页。

③ 《锦州通史》编纂委员会编《锦州通史》，辽宁人民出版社，2010，第 137 页。

④ 同①书，第 248 页。

1936 年 12 月 4 日，日本康佳苇浆株式会社营口工场建立。1948 年 11 月 2 日，营口解放，工厂回到人民手中。该厂当时有职工 400 人，年产纸浆 2 000 吨。①

1936 年 4 月 6 日，日本人二藤雄助和中国人孙培梓等 8 人集资 35 万元（伪满洲国币）合办了安东造纸股份有限公司。1938 年，该公司与日本王子制纸株式会社合并，更名为安东造纸株式会社，资本金增至 300 万元，1945 年更名为安东制纸工业第三工场。1938—1944 年，该工场年产量为 1 099～1 496 吨。日本投降后，日本人烧毁了大部分图纸、档案和技术资料，工场停产。11 月 2 日，安东省政府接收工场，改名为安东造纸厂。工厂很快恢复生产，日产近 4 吨。②

1942 年，民族资本家任子勤、丁显章在凤城县创办的同记造纸厂，设备简陋，只能生产祭奠用的烧纸。1947 年 8 月，凤城县解放，该厂改名同裕造纸厂。20 世纪 50 年代初改名为凤城县造纸厂。

1938 年 4 月 30 日，日资兴建满洲豆秸浆株式会社开原工场。建立初期以豆秸为原料，生产人造绢。后因人造绢经营不利，1941 年 6 月停产，改用豆秸、木材为原料制纸浆、生产印刷纸和牛皮纸。产品 45% 销往日本。③

1934—1945 年，日本侵略者大肆掠夺辽宁造纸原料资源。仅 1941—1945 年，就掠夺木材 22.5 万立方米、芦苇 48 万吨、豆秸 27.7 万吨、生产纸浆 24.6 万吨，其中木浆 7.1 万吨、苇浆 12.5 吨、豆秸浆 5 万吨。5 年中掠走原料占总产量的 66%，其中运回日本的占 58%④。1942 年，日伪当局设置管理造纸机构——“满洲纸业协会”，对造纸实行统制。1943 年，辽宁产浆、纸产量达到 7.63 万吨。但到 1948 年辽宁解放前夕，全省仅剩下造纸厂 16 家，年产纸浆 1 万吨、纸盒纸板 2.28 万吨，且产量低、品种少、质量差。⑤

---

① 辽宁省地方志编纂委员会办公室主编《辽宁省志·轻工业志》，辽宁民族出版社，2005，第 249 页。

② 同上书，第 250 页。

③ 同上书，第 254 页。

④ 同上书，第 17 页。

⑤ 同上书，第 14 页。

三、制盐工业

图 5-15　大连貔子窝盐场①

伪满时期，日本侵略者在辽宁地区的海盐业加速扩张，实行高度垄断，严格控制。1934 年，为强化原盐垄断，日伪成立了伪满洲盐业株式会社，由日本军、政、民合办，经营盐的生产、加工、贩卖和购买业务，以及副产品的加工、贩卖、购买等业务。1937 年，伪满当局废止以往办法，施行专卖制度。

1936 年 4 月，伪满当局再次公布所谓"满洲盐业株式会社法"，把该公司列入特殊会社，作为伪满当局盐业政策的实施机关。详见表 5-7。

表 5-7　1931—1935 年伪满六大盐场的盐产量②　　　　　单位：万斤

盐场	1931 年	1932 年	1933 年	1934 年	1935 年
营盖	21 063	23 930	31 944	10 244	29 343
复县	6 008	10 580	16 061	13 529	26 900
庄河	1 873	1 406	1 493	1 160	3 385
盘山	641	106	753	346	857
锦县	2 486	889	2 497	1 316	2 738
兴绥	1 109	603	709	1 447	2 830
总计	33 180	37 514	53 457	28 042	66 053

---

① 《近代中国分省人文地理影像采集与研究》编委会编《近代中国分省人文地理影像采集与研究·辽宁》，山西人民出版社，2019，第 228 页。

② 高品卿主编《辽宁工业百年史料》，2003，第 495-497 页。

四、卷烟工业

东北沦陷后，沈阳卷烟业形成三大体系：一是英美卷烟业的启东烟草股份有限公司；二是日本开办的东亚烟草株式会社奉天工场；三是以奉天烟草公司为主的沈阳、远东、兴盛、胜利等 10 余家民族卷烟厂。

1931 年后，日伪当局接管英美烟草公司在辽宁的企业，实行专卖和经济统制，民族卷烟业受到严重打击。1937 年，辽宁地区有 10 家主要烟厂，年产卷烟 3.02 万箱（每箱 5 万支）。1943 年，辽宁卷烟生产能力达到 4.44 万箱，占东北全部卷烟生产能力的 72.4%。1945 年日本投降后，国民党政府接管营口东亚烟草公司和沈阳大安烟草公司，所产卷烟销往东北、华北。当时全省有烟厂 52 家、手工卷烟厂 300 余家。①

在东北沦陷时期，能与日资烟厂抗衡的是太阳烟公司。1932 年，民族资本家陈子和以 5 万元资金创办太阳烟公司，当时仅有 2 台卷烟机，年产量 3500 箱。1937 年，公司改名为太阳烟草会社，资本增至 100 万元，有卷烟机 28 台。1942 年生产卷烟 5.2 万箱②。其产品除销售沈阳地区外，还扩展到齐齐哈尔、吉林、敦化、延吉、西丰、铁岭等地，成为日资烟厂的竞争对手。为增强抗衡实力，太阳烟草会社兼并兴成、中央、奉天 3 个小型烟厂，并在销售上采取灵活措施。太阳烟草会社生产的卷烟品牌主要有"三光""仙鹤""太阳""美女""三羊""白马""足球"等。

1936 年 6 月，日本东亚烟草株式会社增加投资 2500 万日元扩建奉天烟场（即解放后的沈阳卷烟厂），厂区占地面积 17522 平方米，建筑面积 17065 平方米。当时工厂拥有卷烟机 31 台，职工最多时有 1050 人，日产量最高 200 箱（每箱 5 万支）。1940 年产量为 94036 箱，是最高年产量。品牌有"织女""大楼""骆驼"

273

---

① 辽宁省地方志编纂委员会办公室主编《辽宁省志·商业志》，辽宁人民出版社，2001，第 99 页。

② 沈阳市人民政府地方志编纂办公室编《沈阳市志·轻工业志》，沈阳出版社，1994，第 40-41 页。

"蝙蝠""人寿""寿花""双花""三星""金宝""小金枪""金枪王"等 16 种。①

五、食品、饮品业

九一八事变后，沈阳八王寺啤酒汽水公司产量逐年下降。1935 年，日本侵略者以低价强行收买八王寺啤酒汽水公司的全部股票，并改名为奉天八王寺酿造工业株式会社，但仍然使用八王寺金铎商标出产汽水。1940 年，该公司产量曾高达 13.5 万箱。②

图 5-16　1937 年，辽东半岛南部酿酒业③

白酒酿造是中国传统的民族工业，向来由民族资本经营。日本帝国主义侵占沈阳后，民族酿酒业发展缓慢。1939 年，尚存 8 家烧锅，产量为 2 725 吨。1942 年后，日本强令推行所谓"共同组合"，由日本人任"组合长"，日本人不出分文资本，却具有支配民族资本酒厂的权利。以经济掠夺为目的的日资企业以中国廉价的农副产品作为原料，同时残酷地剥削中国工人，夺走大量财富，也沉重打击了民族轻工业的发展。④

与此同时，日商在沈阳大肆开办白酒厂和清酒厂。1933 年，满洲造酒株式会社、樱屋酒株式会社、满泉酒造场先后投产。到 1940 年日资酒厂已多达 15 家。日资造酒厂资本雄厚，大多采用机械化生产，仅满洲千福酿酒株式会社年产量即有

---

① 　沈阳市人民政府地方志编纂办公室编《沈阳市志·轻工业志》，沈阳出版社，1994，第 41 页。

② 　同上书，第 33 页。

③ 　《近代中国分省人文地理影像采集与研究》编委会编《近代中国分省人文地理影像采集与研究·辽宁》，山西人民出版社，2019，第 212 页。

④ 　同上书，第 4 页。

1 800 吨。①

1936 年，日本"麒麟"和"太阳"两家麦酒株式会社合伙兴建满洲麦酒株式会社（沈阳啤酒厂前身），年产啤酒 2.6 万吨。东北沦陷时期最高年产量为 16 038 吨，全部供应侵华日军。日本投降后最高年产量仅有 1 286 吨，为设计能力的 5%。1949 年产量 1 545 吨②。

图 5-17　满洲麦酒株式会社旧址

1940 年，沈阳汽水厂发展到 15 家，其中民族资本厂 7 家、日资厂 8 家。

1929 年，大连日本昭和工业株式会社成立，这是辽宁第一家味精生产企业。1932 年建成投产。当时以小麦粉为原料，以水解法生产味精，平均月产味精 4 吨，品质优良，味道鲜美，畅销于世，营业日渐发达。为了扩大和寻找替代原料，1937 年着手研制，结果表明以东北大豆代替小麦为最佳。1939 年投资 100 万日元在沈阳建立工厂（原沈阳味精厂前身）。③ 1941 年建成

图 5-18　沈阳日本昭和工业
株式会社旧址

投产。④ 1943 年两厂合并，产味精 75 吨，为最高产年份。⑤ 1946—1947 年生产味精 7 吨，1948 年生产味精 2.525 吨。1949 年恢复生产，年产味精 13 吨。⑥

1937 年，满洲明治制果株式会社奉天工场投产，这是日资开办的最早的食品企业。主要生产饼干、牛奶糖、咖啡糖、糖球、羊羹等。1943 年，生产饼干 1 600 吨、糖果 3 100 吨，是当时东北最大的食品厂，在大连、长春、哈尔滨等地设有分厂。1940 年，沈阳共有糕点糖果作坊和工厂 125 家，其中民族资本开办的有 107

---

① 沈阳市人民政府地方志编纂办公室编《沈阳市志·轻工业志》，沈阳出版社，1994，第 23 页。

② 辽宁省地方志编纂委员会办公室主编《辽宁省志·轻工业志》，辽宁民族出版社，2005，第 283 页。

③ 同上书，第 103 页。

④ 同上书，第 102 页。

⑤ 同上书，第 103 页。

⑥ 同上书，第 281 页。

家，日资有 18 家。①

到 1940 年，日资食品酿造企业增至 52 家，其中食品业 20 家、饮料业 31 家、卷烟业 1 家。日资企业已经完全垄断沈阳的制糖、味精、啤酒、罐头、制冰生产。向来由民族资本经营的白酒业，也受到日本资本的支配②。

六、陶瓷和日用器皿

图 5-19 大连窑业株式会社③

东北沦陷后，杜重远在日军追捕下被迫进入关内，从事抗日活动。1932 年，日本侵略者强行没收张学良等人在肇新窑业公司的股份④，然后转卖给日商。至此，肇新窑厂被日资操纵。

1936 年，省内窑厂骤增，产品滞销。肇新窑厂联合各厂组成陶瓷业共同贩卖处，实行分类分等统一定价，联合推销，才有新的转机。次年，肇新窑厂生产瓷器 1 100 万件，创历史纪录。1941 年，日伪当局颁布"物价停止令"，瓷器销售严重受阻，肇新窑厂几乎破产。

近代，沈阳生产日用陶瓷的企业还有东北窑业总厂和一新窑业公司新城子工厂。1929 年，东北窑业总厂建立。1947 年，增设陶瓷窑，制作粗瓷碗。1940 年，一新窑业公司新城子工厂建立，时称新泰制陶厂，1942 年出兑给营口一新窑业公司，以制缸为主。⑤

20 世纪 20 年代初，辽宁近代日用硅酸盐工业开始起步。1922 年，日本殖民侵略机构"满铁"在大连建立中国最早的玻璃制品厂。东北沦陷后，民族资本开办的

---

① 沈阳市人民政府地方志编纂办公室编《沈阳市志·轻工业志》，沈阳出版社，1994，第 35 页。

② 同上书，第 10 页。

③ 姜晔编《图说近代大连》，文物出版社，2018，第 195 页。

④ 同①书，第 101 页。

⑤ 同①书，第 102 页。

玻璃制品厂主要有春兴、振兴、福光、绥昌、东北等 5 家，均为生产规模很小的手工业作坊。

东北沦陷时期，随着啤酒、清酒、汽水、化妆品及灯泡制造业的发展，日用玻璃品业发展也较快。1934 年，日商在沈阳先后开办 5 家规模较大的玻璃制品厂，即株式会社柏内制瓶工场（1934 年开办）、奉天硝子株式会社（1938 年开办）、满洲麦酒株式会社制坛工场（1938 年开办）、满洲岩城硝子株式会社（1938 年开办）、奉天德永硝子株式会社（1943 年开办）。日资玻璃制品厂在生产技术和规模上都比民族资本玻璃厂更有优势。到 1943 年，全市除上述日用玻璃制品厂外①，还有 26 家小型玻璃制品厂。②

1936 年，日商小泽退造等在沈阳市铁西区合资开办满洲珐琅合资会社（沈阳市搪瓷厂前身）。当时拥有资本 15 万元，建有机械、酸洗、药炉、珐琅 4 个厂房，装备机械 60 台，有职工 120 人，月产搪瓷面盆 2.4 万个。③

1932 年，玻璃制镜业发展到 30 家，有作坊 91 间，资本金为银元 1.3 万元，有从业人员 136 人，其中工匠 111 人，月销售额为银元 7 450 元。此外，还有单人小本经营者 30 余户，多聚集在小西门一带。产品由过去单一的方镜、圆镜发展为条镜、穿衣镜、对联镜、门斗镜、炕柜镜等新品种。镜面在原有的清一色素面的基础上，增添山水、花鸟、鱼兽、人物等图案，色彩鲜艳，题材丰富，以"桃源三结义""吕布戏貂蝉""麒麟送子""嫦娥奔月""麻姑献寿"等历史题材居多，具有浓郁的民族风格。

东北沦陷时期，日本的玻璃电刻工艺传入沈阳，并逐渐盛行起来。运用雕刻技法制作的镜面，人物、图案更加简练、生动，因而极为畅销。当时的镜铺大都采取前店后厂的经营方式，主要靠手工劳动。④

1933 年，市内生产玻璃灯具的手工作坊增加到 5 家，从业人员达 104 人。1939 年，大连三盛铁工厂迁至沈阳，在铁西区保工街北四马路建厂，生产花灯、门灯、链子灯、防尘灯等 10 多个品种 50 多个规格的铜制灯具，月产值约为 20 万元，有

---

① 沈阳市人民政府地方志编纂办公室编《沈阳市志·轻工业志》，沈阳出版社，1994，第 85 页。

② 同上书，第 402 页。

③ 同上书，第 97 页。

④ 同上书，第 91 页。

从业人员 100 余人。这是沈阳第一家制作金属灯具的工厂。该厂生产的灯具的反光罩用铜板拉伸制作成型，罩里镀银，罩外抛光，[1] 精致美观，经久耐用，使得灯具制作技术向前发展了一大步。1942 年，日本加紧排斥和打击中国的民族工业，三盛铁工厂因铜材来源断绝而倒闭。1945 年日本投降后，玻璃灯具业一度复苏，但 1947 年以后生产不甚景气[2]。

七、日化产品

东北沦陷时期，化妆品生产是日资投向的主要产业之一。1935 年，相继开设林若公司、资生堂贩卖株式会社、奇在洋行等 3 家化妆品厂。到 1939 年，日资化妆品厂增至 6 家，总资本达 110 万元。[3]

从 1938 年起，日本帝国主义先后开办 4 家近代化肥皂工厂：一是奉天油脂株式会社，1944 年生产肥皂 2 900 吨、香皂 1 178 吨、甘油 414 吨、硬脂酸 406 吨，是当时规模最大的制皂厂；二是满洲花王石碱株式会社；三是满洲协同油脂株式会社，在铁西区嘉工街、卫工街、云峰街的 3 处厂房生产，1944 年生产肥皂 1 448 吨；四是康德油脂株式会社，1944 年生产肥皂 854 吨、洗发粉 347 吨、橡胶用硬化剂 135 吨。1944 年，上述 4 家日资企业共生产肥皂、香皂、皂粉约 8 000 吨。[4]

辽宁香皂生产始于 20 世纪 30 年代。1937 年，日商花王商会在沈阳建立花王石碱株式会社，主要生产香皂，品牌有"花王""卡美"等牌号。当时香皂生产工艺落后，产品常出现开裂斑点、花道等质量问题。1938 年，奉天油脂株式会社也开始生产香皂。1944 年，两厂产量为 1 178 吨。1948 年 11 月沈阳解放后，花王石碱株式会社更名为沈阳油脂工厂，很快恢复生产，品种有"花王""明星""东北""力士""卡美""大象"等品种，产量为 270 吨，产值为 40 万元。[5]

---

① 沈阳市人民政府地方志编纂办公室编《沈阳市志·轻工业志》，沈阳出版社，1994，第 115 页。

② 同上书，第 116 页。

③ 同上书，第 126 页。

④ 同上书，第 121 页。

⑤ 辽宁省地方志编纂委员会办公室主编《辽宁省志·轻工业志》，辽宁民族出版社，2005，第 73 页。

"三胶"包括骨胶、皮胶、明胶，是用动物的皮、骨、肌腱和筋膜等制取的。它是为食品、火柴、纺织、印刷、照相、造纸、医药等30多个行业产品配套的原料。1941年，日本人大高岛在开原县创建了私人企业——"康德"化学株式会社，主要以畜骨为原料，加工生产骨胶和骨粉。同一时期，日本人岩井在大连市也开办了一个以牛骨和畜骨为原料，加工皮革、骨粉、骨胶的私人企业。此外，在沈阳柳条湖地区，有同盛远、宝顺成等私人胶房。这些工厂和胶房的产品，产量低、质量差，设备陈旧、工艺落后，全部是手工操作，骨胶产量不足200吨，骨粉年产量2000吨左右，皮胶产量不到20吨。

1929年，日本人在沈阳建立"三省胶皮工厂"，以生产胶鞋为主。1930年，日本胶鞋独占沈阳市场。安东市场有日本胶鞋、朝鲜胶鞋、地产胶鞋。1931—1934年，大连从日本输入各种胶鞋978万双。[①]

20世纪30年代至40年代初期，制蜡业仍有发展。1941年，全市有11家制蜡厂，拥有制蜡机191台，日产量达到930箱。1942年后，随着民用电业的发展，以及日本煤油大量涌进沈阳市场，电灯和煤油灯开始普及，制蜡业逐渐衰退。[②]

八、五金制品

1933年，沈阳市有铁炉业户191家，从业者902人，月产铁锅25400口、铧子9600条、铁锹10320把、煤炉790个、刀剪9300把；白铁铺（又名洋铁铺）84户，从业者241人，生产水壶、水桶、炉筒等。1935年，全省金属制品业户有531家，从业者4273人，开业者绝大多数是从天津、河北、山东等地来辽宁的匠人。大者十数人，小者一二人。铁炉业用生铁铸铧、铸锅等，用熟铁打制刀、剪、斧、镐、锄、镰刀等用品。铁铺用薄铁生产各种用具，在市场上销售。[③]

辽宁铁锹制造有较长的历史。1930年前后，铁锹厂开业4家，有工人105人。

---

① 辽宁省地方志编纂委员会办公室主编《辽宁省志·商业志》，辽宁人民出版社，2001，第22-23页。

② 沈阳市人民政府地方志编纂办公室编《沈阳市志·轻工业志》，沈阳出版社，1994，第131页。

③ 辽宁省地方志编纂委员会办公室主编《辽宁省志·手工业志》，辽宁民族出版社，2005，第370-371页。

1932 年，开业 7 家，有员工 78 人。1934 年，开业 1 家，有员工 5 人。4 年间开办铁锹厂计 12 家，分布在沈阳、朝阳等地。太平洋战争爆发后，铁锹厂纷纷倒闭。1932 年，沈阳权益发炉开始仿制国外样品生产钢丝钳。[①]

近代，沈阳仅能生产质量粗糙的剃头刀。1932 年前后开业的双发、天顺合、天巨东、同顺永等铁匠铺，年产量 3 400 把。[②]

1931 年，大东关开设大成德铁工所，从事缝纫机修配业务，有从业人员 7 人。1936 年 3 月，方振兴开办福兴机器厂，有雇工 16 人，专营缝纫机修配业务。到1942 年，民族资本开设的缝纫机修配厂共有 5 家，即东亚机器厂、多闻机械厂、福祯机器厂、恒大铁工厂和惠渊通铁工厂等。除了从事修配业务外，部分厂已经转入零件制造。修配厂大都薄本经营，自产自销，生产工艺无标准，装配基本靠手工敲、打、锉、磨，成机装配多由具有丰富操作经验和调试能力的老技工来进行。1943 年后，由于金属材料受到日本帝国主义的严格控制，民族资本开办的缝纫机修配业大多因原料匮乏而倒闭，或者转向他业。

1937 年，美国胜家缝纫机公司退出沈阳市场，被日本资本取代。日商先后开办满洲、福昌两家缝纫机制造厂，共有资本 300 万元、机器 250 部、工人 500 人，缝纫机零件年产能力为 230 吨。两家制造厂均未生产出整机，日本投降前停产。[③]

1941 年，日本发动太平洋战争后，对金属原料实行配给制，使民间五金制品业遭到沉重打击和破坏，经营户数、人数均有下降。例如沈阳市的铁锹业，由 11 户下降到 5 户，人数减少 50%。到 1943 年，沈阳金属制品户数减少 11%，人数减少28%。到 1945 年所剩无几，过去最兴旺的薄铁业也因为"薄铁组合"生产锐减，多数倒闭[④]。

1933 年，日商进和商会在沈阳开办制钉厂。翌年，又开办中山钢业所，生产元钉等五金器材。1936 年，元钉产量 2 100 吨，仍满足不了市场需要。是年，进口铁丝元钉、铁钉 1 320 吨，其中日本进口占 94.4%。1941 年，开办义发隆、义盛永等3 户私营制钉厂。[⑤]

---

① 辽宁省地方志编纂委员会办公室主编《辽宁省志·手工业志》，辽宁民族出版社，2005，第 389 页。

② 沈阳市人民政府地方志编纂办公室编《沈阳市志·轻工业志》，沈阳出版社，1994，第 238 页。

③ 同上书，第 79 页。

④ 同①书，第 372 页。

⑤ 辽宁省地方志编纂委员会办公室主编《辽宁省志·商业志》，辽宁人民出版社，2001，第 71–72 页。

九、印刷业

东北沦陷时期，日资印刷厂在设备、技术和人员上都超过了民族资本印刷厂。1940 年，沈阳共有印刷厂 101 家，人员 4 019 人，产值 2 547 万元。其中，民族资本印刷厂 69 家，1 425 人；日资印刷厂 32 家，2 594 人；百人以上的都是日资企业。在印刷技术上，日资印刷厂大部分拥有比较先进的胶印机械，并已采用照相分色、网目版等技术。抗战胜利后，除国民党政府东北生产管理局造纸公司所属第一印刷厂、第二印刷厂勉强维持生产外，其余印刷厂都先后倒闭。①

十、手工业

（一）家具制造

1935 年，辽宁共有木家具生产工厂 153 家，生产额为 647 624 元（伪满币），产量为 105 543 件。生产的产品主要为满家具、和家具、洋家具。其中满家具工厂有 123 家，生产额为 402 543 元，产量达 24 168 件。②

东北沦陷时期，日资涌入东北，纷纷在沈阳开设木器厂，家具及木器品产量有所增长。1933 年，木器家具企业增至 180 家，拥有资本 18.3 万元。1939 年，增至 419 家，从业人员达 2 220 人。当时，日用木制品业最为兴旺，有 170 家，从业人员有 730 人；其次是大车制造业，有 120 家，从业人员有 610 人。③

日本全面发动侵华战争后，整个民族工业和手工业几乎全部覆灭，木家具工业也不例外。据《辽宁手工业的社会主义改造》记载，"1943 年，辽宁地区的手工业

---

① 沈阳市人民政府地方志编纂办公室编《沈阳市志·轻工业志》，沈阳出版社，1994，第 266 页。
② 辽宁省地方志编纂委员会办公室主编《辽宁省志·手工业志》，辽宁民族出版社，2005，第 414 页。
③ 同①书，第 222 页。

被破坏了42%。其中木材制品业户比1929年减少18%，从业人数减少41%。"①

（二）服装鞋帽

1933年，沈阳市共有中式服装铺262家，从业人员为1021人，拥有本金24 150元，有门市房321间、缝纫机313架，每月加工服装17 875件；有西式服装店107家，本金53 230元，占用门市房389间，有缝纫机495架、从业人员991人，每日制作西服、军衣4 230件。1937年以后，服装店纷纷倒闭。②

到1940年，沈阳的"洋服店"已达106家，有职工1 215人，主要是为顾客带料加工。③ 新中国成立前，辽宁人民所穿用的布鞋大多是靠家庭妇女制作，只有少数大中城市生产少数中高档布鞋，并有一些零活加工点。④

1936年，辽宁省有缝纫业243户2 350人。其中，日本人在旅顺、大连、金州、营口、辽阳、沈阳、抚顺等地共开设缝纫企业30户，从业人员有1 001人（其中女工114人），主要生产洋服。⑤ 其中最大的是在大连开设的大连工业株式会社，有441人；其次为日本人在沈阳市钟楼开设的毛源被服工厂，有110人。1941年后，多数缝纫业户纷纷倒闭。⑥

1939年，丹东刺绣业兴起，有从业人员4 000人。1941年，由于原料短缺，逐步衰落。1929年，沈阳刺绣行业有8户，从业人员为80人。1932年，有9户，从业人员110人。1945年，仅剩下6户，从业人员为50人。⑦

1933年，沈阳市共有145家鞋铺，资本为92 390元，有从业人员1 157人，日产呢鞋、布鞋3 000余双。当时著名的鞋铺有内金生鞋店和安鞋铺⑧。内金生鞋店的工厂有职工45人，日产200双，以制作礼服呢鞋著称，技艺精湛，做工精细。1894年，安鞋铺开业，以制作双脸兆鞋、靸鞋等布鞋著名，生意兴隆。1939年，内生金鞋店的职工曾达125人，是当时108家鞋铺中从业人员最多的；其次是大兴

① 辽宁省地方志编纂委员会办公室主编《辽宁省志·手工业志》，辽宁民族出版社，2005，第411页。
② 沈阳市人民政府地方志编纂办公室《沈阳市志·轻工业志》，沈阳出版社，1994，第203页。
③ 同上书，第406页。
④ 同①书，第382—408页。
⑤ 同②书，第403页。
⑥ 同①书，第382—404页。
⑦ 同①书，第428页。
⑧ 同②书，第209页。

顺鞋铺，有职工 88 人。品种以呢鞋和布鞋居多。高档鞋多用法兰皮作鞋底，以礼服呢、各色花缎、白帆布为面料。此外，还有用毡片制作的毡鞋、毡靴、毡疙瘩鞋，具有浓郁的地方特色。1943 年有毡鞋业户 14 户。

1933 年，沈阳共有帽铺 45 家，日产各种帽子 5 265 顶，以布帽、缎帽、呢帽、皮帽居多。1938 年，帽铺发展到 105 家，其中，生产布帽、皮帽、纱帽的 64 家。生产规模有所扩大，5 人以上的帽铺有 42 家。1939 年，日资开设的制帽厂有 5 家，开业较早的是满洲制帽工厂。[①]

（三）乐器、衡器、钟表、消防

1932—1945 年，沈阳有 8 家生产各民族乐器的厂家。这期间除了原有的品种外，又有开明琴、大正琴等新品种出现。[②]

1936 年，日本人成立满洲计器株式会社奉天支店，1937 年正式投产，开始生产台秤、案秤，年产 1 000 台左右[③]。该会社拥有资本 800 万元。在中国东北和日本设有 13 个支店，在沈阳、长春、哈尔滨、大连各设立 1 个工厂，以沈阳的生产规模最大。该会社垄断整个东北地区度量衡器产销。1938 年，木杆秤的总产量为 183.4 万支。1944 年，产量为 131 万支。

1941 年，刘韧千在大北街 4 段 13 号开办新明时钟厂，手工制作闹钟。1940 年 12 月，日商沼浅谦三在大西街 3-178 号开办盛京精工厂，生产挂钟和闹钟。1944 年，挂钟产量达到 5.5 万架，有职工 188 人。沈阳解放前，制钟厂已经不复存在。1949 年，沈阳市内仅有两家生产表带、表壳、表条、表蒙的手工作坊，以皇姑区义增工业社最为有名。[④]

1940 年，日本人在沈阳开设满洲机材工业株式会社，专门生产警防器材及消防器材。1941 年，生产消防车 24 辆。1942 年，生产 36 辆。[⑤] 1933 年，沈阳有刷子铺 20 家，资本为现洋 2 120 元，每天制作鬃刷、草根刷 60 把，牙刷 91 打。[⑥]

① 沈阳市人民政府地方志编纂办公室编《沈阳市志·轻工业志》，沈阳出版社，1994，第 221 页。
② 辽宁省地方志编纂委员会办公室主编《辽宁省志·手工业志》，辽宁民族出版社，2005，第 443 页。
③ 同上书，第 445 页。
④ 同①书，第 72 页。
⑤ 同②书，第 469 页。
⑥ 同②书，第 471-472 页。

第七节
残破的农业和农村

东北沦陷后，日伪当局在辽宁农村推行封建所有制，扶持地主阶级。日伪当局和封建地主共同剥削和压迫辽宁广大劳动群众，辽宁地区的农民受到沉重的奴役和压迫，生产、生活逐渐陷入绝境。

一、侵占辽宁土地

九一八事变前，日本殖民者以修铁路和经营附属地为名，强买和霸占大片土地。到 1919 年，"满铁"附属地已占地 408 400 余亩①。

1922 年，日本殖民者设立东亚劝业株式会社。这是日本在东三省专管收购土地的机关，总部设在沈阳。当年收购土地达 12.5 万町步（一町步合 0.991 74 公顷），折合 1 859 512 亩②。1929 年，又设立大连农事株式会社，主要从事农业移民。1929—1931 年，日本向旅大地区的貔子窝、普兰店、杨树房、金州小莲泡等多处移民，占地 6 万多亩。

九一八事变后，日本殖民者把移民作为对东北殖民"战略"的一个重要组成部分。1932 年，日本开始组织"开拓团"，向东北武装移民。给移民配备武器，防御中国人民的反抗。"开拓团"侵占东北农民的熟地，迫使农民去开荒或逃荒到其他

---

① 辽宁省地方志编纂委员会办公室主编《辽宁省志·农业志》，辽宁民族出版社，2003，第 33 页。

② 同上。

地方。至 1933 年，"开拓团"已向东北移民 5 批，占地 22 万公顷。

此外，日本帝国主义还迫使朝鲜贫民移居中国东北。1933 年，移居东北的朝鲜移民达 27.7 万人，其中落在辽宁的有 14.3 万人，占地 3.5 万町步[①]。1936 年，日本建立了移民的具体实施机关"满洲拓殖股份公司"（后改名"满洲拓殖公社"）和"满鲜拓殖股份公司"，拟定《满洲移民百万户移住计划》草案，并由"满洲拓殖股份公司"全面实施。日伪当局全面配合，将原"拓政司"扩大为"开拓总局"，并制定有关法令。1938 年，制定"开拓团法""开拓农业协同组合法""开拓农场法"，即所谓"开拓三法"，使日本"开拓团"进驻合法化。百万移民计划分四期实施，计划占地 1 000 万町步。到日本投降时，只实施两期，向全东北共移民 30.7 万人，占地 320 万町步[②]。

二、强迫种植

东北沦陷后，日伪对农产品进行疯狂掠夺，采取高压政策和强制手段强迫农民开荒种粮，1942 年比 1932 年增加耕地面积 1 000 多万亩。到 1943 年，辽宁的粮食产量达到 517.2 万吨，棉花产量为 6.7 万吨。但辽宁的农业生产力并未提高，粮食亩产水平下降，1943 年粮食亩产仅为 72.5 千克，比 1932 年下降 174 千克。[③]

"1932—1945 年，辽宁平均年种植大豆 1 322.2 万亩。平均年产大豆 100 万吨左右。1936 年，大豆种植达到 1 522 万亩。"[④] 详见表 5-8。

---

① 辽宁省地方志编纂委员会办公室主编《辽宁省志·农业志》，辽宁民族出版社，2003，第 33 页。

② 同上。

③ 同上书，第 6 页。

④ 同上书，第 135 页。

表5-8 1932—1945年辽宁地区大豆生产情况表①

年份	面积/万亩	总产量/万吨	年份	面积/万亩	总产量/万吨
1932	1 110	87.8	1939	1 522	92.3
1933	1 175	103.3	1940	1 417	103.6
1934	1 109	92.3	1941	1 470	104
1935	1 342	103.9	1942	1 384	72.5
1936	1 522	129.1	1943	1 205	74.7
1937	1 447	99.6	1944	1 172	78.2
1938	1 423	117.6	1945	1 213	83.2

日伪当局为满足日本帝国主义扩张需要，采取高压和强制手段，强迫农民种植棉花、甜菜、蓖麻籽等军需物资。棉花是日伪当局十分需要的战略物资，东北地区只有辽宁生产棉花。当时日伪当局就强迫辽宁农民生产棉花。

伪满洲国制订增产棉花的长期计划，组建"满洲棉花协会"（后改为"满洲棉花株式会社"），并采取一些强制手段，推行植棉的技术、经济措施，增产棉花。1940年，日伪将各县的棉花技术人员由64人增加到1 158人，同时，把兴农合作社的棉花技术人员划归"满洲棉花株式会社"领导，以加强植棉力度。

1942年，辽宁棉花种植面积达到231.5万亩。1944年，达到242.5万亩。1945年，达到333.6万亩。植棉县份达38个。植棉面积最多的是辽阳、海城、盖平、辽中、黑山、北镇、义县、锦县、台安等县。这些县植棉面积都超过合理的种植面积。在辽阳等县又强迫农民种植洋麻。日伪还在辽西一些县强制种植甜菜、蓖麻籽等战略物资，造成这部分地区粮食减产，油料、小杂粮生产大幅度下降，而棉花又全部被日伪当局收去。

1944年，日伪当局从农民手中强行收购的棉花占棉花产量的94%。日伪当局还强迫农民种植罂粟。1935年，在阜新、朝阳、建平、凌源四县种植罂粟12 856亩，产量达166.6万两，毒害人民。据统计，1937年，全东北染上鸦片烟瘾的达

---

① 辽宁省地方志编纂委员会办公室主编《辽宁省志·农业志》，辽宁民族出版社，2003，第135页。

81 万余人[1]。

三、强制收购

伪满初期，日伪当局并未对农业产品实行统制政策，一般通过贸易进行买卖。随着侵华战争的扩大，日伪当局将粮谷自由贸易转变为强制购销，采取强制收购政策。从 1938 年开始先后通过了对稻米、小麦、大豆等主要粮谷统制法。1939 年，日伪当局实行特产统制，特别是强化棉花收购，私自留用棉花是"犯法的"，其罪名是"经济犯"。

太平洋战争爆发后，日伪当局确定对粮谷实行彻底"搜荷"政策。每年秋季倾巢出动，用搜查、翻、打、捕等手段，胁迫农民交"出荷"粮。"出荷"粮的数量占粮食产量的 30%~40%，"出荷"粮的价格仅及市价的一半。1942 年 1—4 月，伪奉天省以不交"出荷"粮为名逮捕农民 1 136 人；1943 年同期逮捕 3 035 人。[2]

1942 年，日伪当局又采取强力统治政策，实行彻底"搜荷"和"村落集团出荷"制度。"搜荷"即强行收购，将原来定的"先钱"制度（即每百千克预付伪满币 1 元）改为不付现金，只配给更生布、棉纱，"出荷"量加倍。"村落集团出荷"即全村共同完成规定的"出荷量"。粮谷"出荷"是当时农民最难过的一关。每年秋季，各县以伪县长为头头，各部门参加，组织"收荷工作班"，大批人马出城，逼迫农民交粮。交不齐"出荷"粮的农民，就被他们施以"灌辣椒水"、"压杠子"、毒打等酷刑，其状况十分凄惨。通过这些强制抢购手段，日伪当局从农民手中夺走的粮食越来越多。1942 年，伪奉天省、伪锦州省、伪安东省共掠夺"出荷"粮谷 660.512 吨[3]。

1943 年，辽宁粮谷"出荷"量达 155 万吨，占粮食产量的 31.6%。[4]"出荷粮"多的昌图县达 17.4 万吨，开原县为 9.1 万吨，分别占其粮食产量的 50.6% 和

---

① 辽宁省地方志编纂委员会办公室主编《辽宁省志·农业志》，辽宁民族出版社，2003，第 34 页。

② 张福全：《辽宁近代经济史（1840—1949）》，中国财政经济出版社，1989，第 477 页。

③ 辽宁省地方志编纂委员会办公室主编《辽宁省志·粮食志》，辽宁大学出版社，2000，第 30 页。

④ 同上书，第 31 页。

48.7%[1]。其次是彰武、铁岭、西丰、抚顺、清原、桓仁等县，"出荷"量都占粮食产量的40%以上。沈阳、辽阳、安东、新宾、法库、黑山等县"出荷"量占粮食产量的30%以上。[2]

农村人均粮食占有量，1944年比1940年减少130.5千克，减幅为29.1%。农民严重缺粮，大牲畜大量减少。1932年，大牲畜为137.1万头；1942年则剩118.1万头[3]。广大农民秋收后除了交租、"出荷"所剩无几，只得以稀粥野菜充饥，连简单再生产都难以维持，饿死人的现象到处都有。

随着日本侵华战争的扩大，东北地区被迫向日本、朝鲜提供足够的粮食。1940—1943年，东北向日本输出的粮油总计达375万吨，平均每年126万吨。

第八节
沦陷期的金融、财政与居民收入

一、金融统制与通货膨胀

九一八事变第二天，日军即派兵占领了东三省官银号等主要行号。1932年6月15日，又将东三省官银号、东北边业银行、吉林永衡官银号和黑龙江省官银号吞并，在辽宁组建伪满中央银行奉天分行。同时，实行统制通货政策，强制发行不兑换的伪满中央银行币，并限期压价收购市场流通的各种货币。1935年，实行伪满币

---

① 辽宁省地方志编纂委员会办公室主编《辽宁省志·粮食志》，辽宁大学出版社，2000，第34页。

② 张福全：《辽宁近代经济史（1840—1949）》，中国财政经济出版社，1989，第475页。

③ 同上书，第444页。

与日本币比值等价，开始向"日满经济一体化"迈步。

1933 年 11 月，伪满当局公布所谓"银行法"，对原有的银行、钱庄强行登记，将中、交两行的大量黄金、现款和其他资财充作伪满中央银行资金，并剥夺了两行发行和经营国库权。在日伪统治下，中国银行奉天支行的经营状况急剧恶化，1938 年吸收存款 198.8 万元，比 1934 年下降 77.9%；放款 220.5 万元，下降 42.85%；汇款停止。①

1937 年，日本侵略者组建了以横滨正金银行、东洋拓殖株式会社为后台，以伪满中央银行、伪满兴业银行、伪满兴农金库，伪满保险会社和伪满大兴公司在辽宁的分支机构为主体的殖民金融体系。日伪以"金融统制"的名义，一方面对欧美银行（公司）进行排挤，威逼其停业或撤离；另一方面对华资民族银行、典当行、钱庄及保险业进行所谓"整顿"，强迫其合并或关闭。九一八事变前，辽宁有普通银行 13 家，实有资本 2 858 万元（大洋）。1937 年，虽然增加到 26 家，但实有资本却减为 958 万元（伪满币）。到日本投降时，只剩下 6 家。

七七事变后，日伪对辽宁实行"战时统制经济"，从城市到农村强行开展所谓"国民储蓄运动"，强制城乡居民购买各种"储蓄券""公债券"，同时还巧立名目，以组织"银行协会""共同融资团"等名义，把各银行、当铺、钱庄和保险公司的资金集中起来，一部分直接用作侵华军费，另一部分以垄断放款和外汇的方式转手投向军工企业，用于生产军用物资，迫使辽宁的金融业为侵华战争服务。②

二、财政破产

伪满洲国成立后，同时成立了伪财政部，熙洽为伪财政部总长，1937 年更名为"经济部"。1934 年 10 月，伪满当局将东北三省划分为 14 省，其中辽宁被一分为三，划分为"奉天"、"安东"和"锦州"三省，基本上等同于今辽宁省辖境。为了严密控制辽宁经济，1932 年，日伪当局设立了与地方财政不相隶属的伪奉天税务监督署，撤销伪奉天省财政厅，统制税权。"东北沦陷时期，'奉天省''锦州省'

① 辽宁省地方志编纂委员会办公室主编《辽宁省志·金融志》，辽宁科学技术出版社，1996，第 40 页。
② 同上书，第 5 页。

'安东省'的财政是殖民地性质的财政，经济命脉完全控制在日本侵略者手中，为其掠夺和扩展侵略服务。"[1]

日伪当局赋税名目繁多，税率连年暴涨。日伪当局在财政上从整理税务开始，划定所谓"国税"和地方税。1932年公布所谓"国地税划分纲要"，规定田赋、营业税、牙当税、烟酒牌照税、牲畜交易税及其附征的各项捐费，均划入"国税"。详见表5-9、表5-10。

表5-9　1932—1933年伪奉天省税入、税出情况表[2]　　　　单位：万元

年度	税入	税出	差额
1932	1 903	2 769	-866
1933	1 930	2 458	-528

表5-10　1934—1936年伪奉天省、伪安东省、伪锦州省财政收支情况表[3]

单位：万元

年度	省名	岁入	岁出	差额
1934	伪奉天省	1 451	2 485	-1 034
	伪安东省	315	315	0
	伪锦州省	298	298	0
	计	2 064	3 098	-1 034
1935	伪奉天省	545	899	-354
	伪安东省	143	143	0
	伪锦州省	152	152	0
	计	840	1 194	-354

[1]　辽宁省地方志编纂委员会办公室主编《辽宁省志·财政志》，辽宁人民出版社，2000，第119页。

[2]　同上书，第149页。

[3]　同上书，第149-150页。

表5-10(续)

年度	省名	岁入	岁出	差额
1936	伪奉天省	1 457	2 487	-1 030
	伪安东省	680	680	0
	伪锦州省	509	509	0
	计	2 646	3 676	-1 030

三、收入、消费、物价

1943年，辽宁城市居民家庭平均每户每月总收入为379.47元，相当于1935年121.06元的313.46%，如果剔除同时期物价上涨346.1%的因素，实际总收入下降了9.43%。在总收入中，基本收入所占比重由1935年的60%下降到1943年的50%，而临时收入却由1935年的40%上升到50%。这说明，不少家庭只靠基本收入已经不能维持其家庭正常收支，还需要靠借贷和典当来维持生活。在1943年临时收入中，借贷收入为51.14元，占临时收入的27.5%；典当收入为12.4元，占临时收入的6.7%。[①]

此外，在基本收入中，户主收入所占比例由1935年的80%以上下降到1943年的70%左右，而妻女等家属收入则由1935年时不足20%增至1943年的30%左右。[②]这说明，在东北沦陷时期，男劳动力的收入已经不够养活全家，而要靠妻女到工厂去做临时工来补贴家庭生活收入的不足。

1943年，辽宁农村平均每户总收入为624元，相当于1936年时176元的354.55%，如果剔除同时期物价上涨346.1%的因素，实际反而下降了7.83%。其中，经常性收入下降9.44%。在经常收入中，除了农作物出售收入在10年中微增18%外，劳赁收入和临时收入中借入金的增加均说明农民在生活困苦情况下，不得

---

① 黄锡、赵岐明主编《辽宁人民生活与物价百年史料》，沈阳出版社，2005，第16页。

② 同上。

不靠出卖劳动力和借贷来维持其生产和生活。①

东北沦陷时期，辽宁城市居民在日伪当局的蹂躏下生活水平低下，社会上物资匮乏、通货膨胀、物价暴涨，居民衣食住行均处在无可再简、无可再陋的悲惨境地，各项消费水平全面下降。根据当时的调查资料，1935 年，只有收入在 60 元以下的调查户（约占总户数的 24%）入不敷出；而到 1943 年，收入在 300 元以下的调查户（约占总户数的 94%）也出现入不敷出的局面。这说明，1943 年辽宁城市居民生活水平已经滑到了谷底。②

民国时期原本就很低下的辽宁农村家庭消费水平，在东北沦陷时期，在日伪当局的统治和奴役下就更加恶化了，生活消费出现了全面下降的局面。

辽宁农村平均每户每月支出额由 1936 年的 162.75 元增加到 1943 年的 537.08 元，增长 230%，如果剔除同时期物价上涨因素，反而下降了 14.2%。这预示着入不敷出的短缺户增加了。在农民总支出下降的情况下，用于生产性消费支出的比重缩小，用于生活性消费支出的比重扩大。生产性消费支出由 1936 年的 57.2% 缩小到 1943 年的 38.4%，生活性消费支出所占比重由 42.8% 扩大到 61.6%。东北沦陷时期，辽宁农村所出现的这种双向支出比重的变化状况，说明是在生产进一步萎缩的情况下，农民拿出有限的生活费来维持其自身的生存。③

第九节
沦陷期殖民与移民

日伪统治时期，辽宁人口增长较快。1932—1945 年，辽宁人口增加 620 多万，

---

① 黄锡、赵岐明主编《辽宁人民生活与物价百年史料》，沈阳出版社，2005，第 60 页。
② 同上。
③ 同上。

即增长 46% 以上。在这个历史时期，辽宁人口增长的一个最重要特点是日本人与朝鲜人大量移入辽宁。

"日本拓务省对移植日本、朝鲜人口的决策做过说明：'满洲国虽以五族协和为主义，但目前尚无奖励华人出关之必要，五族协和之真正目的为尽量容纳素质优良之日本人。'此项政策在 1939 年以后虽有变动，但移植日本、朝鲜之民于东北的政策始终占着重要地位。"①

为此，日本殖民主义者制定和推行了 20 年移植百万户的计划。1930 年，辽宁省境内的日本人不过 20 万人，到 1940 年时增至 55 万人，到日本投降前夕达到 132 万人。此间，日本人遍布全省城镇和铁路沿线，特别是沈阳、鞍山、抚顺、丹东、锦州等地。1944 年，仅沈阳市就有 19 万日本人。②

日本侵略者为了统治东北，竭力制造民族对立，驱使大批朝鲜人来东北。九一八事变前，辽宁的朝鲜人人数不足 10 万，到 1937 年增至约 14 万人，1945 年达到 30 万人。他们主要分布在辽东地区。③

九一八事变后，山东、河北等省向东北移民活动开始减弱，移入与移出之差很小，甚至出现负数。太平洋战争爆发后，为了支撑战争，日本大力掠夺辽宁资源而发展重工业，转而采取鼓励华北移民进入东北的政策。

1936 年，从关内进入东北的有 35.8 万人，留居辽宁省的为 20 万人。1938 年，关内移入东北 49.2 万人，其中 30 万人在辽宁谋生。1941 年，出关的"苦力"增至百万人。1942 年，关内移民达到 120 万人。其中留居辽宁的一直为多数，并多聚集于工商业城市和工矿区。同时劳务移民比重增大，农业移民比重下降。据统计，1936 年移民人口中从事制造业、土木建筑业者占 52%，从事农业者仅占 12%④。

这一时期，辽宁的人口流出同样不少。一方面，山东、河北移民返回原籍；另一方面，原籍辽宁的向外省流出。首先是九一八事变后，辽宁大批知识分子、青年学生、爱国工农群众以及原辽宁省军政人员及其家属流亡和退入关内；其次，辽宁地区人口稠密，可耕土地逐渐减少，同时辽宁农民也和关内人民一样深受日本帝国主义者的压迫和剥削，生计艰难，不得已向人口较稀的吉林、黑龙江一带迁移谋

293

---

① 宋则行、刘长新主编《中国人口·辽宁分册》，中国财政经济出版社，1987，第 44 页。

② 同上。

③ 同上。

④ 同上书，第 45 页。

生。虽然如此，但移入仍然远远超过移出。

人口增长的另一个原因是自然增长。以年均总人口为 1 750 万人和人口自然增长率 8.2‰估算，平均每年增加 14.3 万人，14 年共增加 200 万人，其余 420 多万人就是辽宁人口迁移的增加数量。与民国时期迁移增加和自然增加同步上升不同，此时迁移增加部分大于自然增加部分。

伪满统治时期，辽宁人口具有以下典型特点：

第一，辽宁境内的 100 多万日本移民残酷地压迫和剥削中国汉族、满族、蒙古族等民族，民族剥削压迫十分露骨残忍。被压迫的汉族、满族、蒙古族等民族进一步融合，他们团结起来，共同反抗日本帝国主义的野蛮统治。

第二，日本帝国主义为掠夺辽宁省资源，大力发展以矿山和军火工业为主体的重工业，形成了所谓烟囱林立、电线如网、港埠如云的"繁荣"景象，使辽中、辽南成为全国三大工业区之一。而辽宁的工业约有 80%集中在沈阳、抚顺、本溪、鞍山、大连五市，从而使城市人口迅速增加。

第三，1931—1932 年，辽宁省流出人口超过百万，之后人口流入逐渐增加。1941—1942 年流入人口超过百万。这样大规模的人口流动在辽宁人口发展史上是罕见的。在流入人口中，全家移居的少，单身男性青壮年移民的多，很多人过着妻离子散的生活。

第四，高出生率、高死亡率，平均寿命短。当时辽宁人口出生率很高。[1] 与此同时，辽宁人口的死亡率也很高，人口自然增长率出现负数。这是辽宁由半殖民地半封建社会过渡到日本进行殖民统治时在人口发展变化方面的一个重要特征。高出生率、高死亡率必然造成人口平均寿命短。据统计，当时中国人平均寿命仅为 35 岁，而欧美各国人民平均寿命在 50 岁以上。欧美人平均有 30 多年劳动时间，而辽宁人民平均只有 10 多年劳动时间。这是难以估量的巨大的社会浪费，也是帝国主义给辽宁人民带来的一种灾难。[2]

---

[1] 宋则行、刘长新主编《中国人口·辽宁分册》，中国财政经济出版社，1987，第 47 页。
[2] 同上书，第 48 页。

第十节
沦陷期城乡商业

1931—1942 年，日本操纵伪满当局，利用中国的资源和廉价劳动力，输入技术，开矿办厂，移倭经商，倾销日货，省内五金、交电、化工业的中国商号增至 1 147 户，日商 364 户。英美德等国外商被排除，营业日趋衰落。到 1948 年 11 月沈阳解放时，辽宁全省五金、交电、化工仅剩 559 户。[①]

1900 年，沙俄将太原街所在地占为"铁路用地"。日俄战争后，日本人强行接管该地，改称为"满铁附属地"。1919 年改称为"春日町"。"1937 年，侵占沈阳的日本人增加到 1.6 万户 7.01 万人，比 1907 年增加了 26 倍。"[②] 此时，日本开办的洋行、商店有 50% 聚集在"春日町"（太原街），"春日町"成为殖民地式的商业经济区。

图 5-20 沈阳火车站

1941 年，"春日町"有外国商号 117 家，其中日本商号 114 家、印度商号 1 家（大隆洋行）、苏联商号 2 家（秋林公司、苦路陶拉文具店）。1933 年，伪满奉天市当局在大东门城外修建方型市场，称为大东菜行。原东关市场的 100 多家商号搬进此菜行，部分业务迁到大西菜行。[③]

1933 年，秋林洋行被英国汇丰银行接管，改为秋林股份有限公司沈阳分公司。

---

① 辽宁省地方志编纂委员会办公室主编《辽宁省志·商业志》，辽宁人民出版社，2001，第 65 页。

② 同上书，第 213 页。

③ 同上书，第 218 页。

1937 年，被日本人接管。1945 年，公司被苏联接管，改为秋林股份有限公司沈阳分公司，开设秋林公司营业厅、秋林酒家、舞厅等，专为外国人服务。1932 年，印度商人巴古江在沈阳开设大隆洋行，经营印度丝绸、英国大衣呢与西服料、法国丝绒与香水等。同时设服装加工厂，生产的西服、舞服独具一格，远近驰名。

1933 年，沈阳市有剃头铺 281 户店员 897 人①。1933 年前后，沈阳市澡堂业有 34 户店员 863 人。② 1939 年，沈阳市澡堂业有 43 户，另有日本人开设的"汤屋" 15 户。③ 1933 年，沈阳有洗染店 58 户，从业人员 200 人；洗衣业发展到 58 户，从业人员 162 人。④ 1937 年，沈阳市照相馆达到 130 户⑤

1933 年，沈阳市当铺减少至 33 户 439 人。⑥ 1931 年后，沈阳市有油漆商号 27 户，其中日商 5 户、英商 2 户、中国商号 20 户。1933 年，日本在沈阳开办油漆株式会社奉天分厂。1938—1939 年，日本又在沈阳开办 4 户油漆会社。1934—1944 年，这 5 户油漆会社共生产低档油漆 5.683 万吨、高档油漆（磁漆、喷漆）2 253 吨。⑦

图 5-21　1935 年时的大连菜市场⑧

1920 年，大连商业网点增至 3 839 户，其中日本商号 2 566 户、华商 1 258 户、国外其他商号 15 户。⑨ 与此同时，北京、天津、上海、广东等地商人纷纷来大连设立商号或支店。1929 年，大连批发和零售市场已有相当规模。同年，中国商号已经增至 2 300 户，多数为日本进口贸易商服务。

---

① 辽宁省地方志编纂委员会办公室主编《辽宁省志·商业志》，辽宁人民出版社，2001，第 183 页。

② 同上书，第 186 页。

③ 同上。

④ 同上书，第 189-190 页。

⑤ 同上书，第 179 页。

⑥ 同上书，第 194 页。

⑦ 同上书，第 191 页。

⑧ 同上书，封面。

⑨ 同上书，第 228 页。

1937 年，大连市照相业户发展到 50 家。① 1937 年，大连市有理发业户 240 家。② 1938 年，本溪湖有理发业户 22 家，其中中国商户 17 家、日本商户 5 家③。1937 年，大连澡堂业户有 26 家，其中日本人开设的居多。④ 1943 年，大连有中国人、日本人开设的染坊、洗衣所、浆洗房 90 多家，店员有 800 多人。⑤

1908 年，"南满"铁路的兴建和采矿冶铁业的发展，促使千山、铁西、立山等地增设豆腐坊和肉类、食品店铺。1917 年，日本为掠夺铁矿资源，建立鞍山制铁所，商业随之兴旺起来。1918—1930 年，民族商业增至 20 个行业 69 家，日商有 11 个行业 61 家。⑥ 到 1941 年，民族商业增至 30 个行业 1 441 家，日商有 15 个行业 211 家。1946—1948 年，鞍山的工矿停产，工人失业，物价飞涨；鞍山商业的 31 个行业 1384 家店铺和作坊中，有 622 家歇业。⑦ 1938 年，日本人在鞍山市开设当铺 3 家，典当利息 4 分，当期 1 年。⑧

日俄战争后，日本霸占抚顺煤矿，抚顺的半殖民地商业开始兴起。到 1911 年，抚顺共有商业店铺 1 534 家，商贩 1 413 个，从业人员近 4 000 人。同时，日本人在抚顺设有千金寨商业组合和抚顺料理业组合，仅在千金寨一处就有日本人开设的各种公司、洋行、商号、店铺 31 家。1912 年后，在抚顺设立商务分会，千金寨、抚西城、搭连嘴子和营盘等街道的工商户达到 1 287 家，有从业人员 2 882 人。1937 年后，中国人开办的工商业减少到 950 家左右，其中商业饮食服务业只剩下 700 家左右，从业人员减少到 2 382 人；而日本人经营的商业饮食服务业发展到 462 家。1945 年日本投降前夕，全市工商户仅剩下 600 家左右。⑨

1932 年，日本侵占锦州。到 1940 年，日本人在锦州移民 1.13 万人，占锦州当年人口的 12.3%，日本人的"三井""三菱""住友"等洋行和株式会社达到 44

---

① 辽宁省地方志编纂委员会办公室主编《辽宁省志·商业志》，辽宁人民出版社，2001，第 179 页。

② 同上书，第 183 页。

③ 同上。

④ 同上书，第 186 页。

⑤ 同上书，第 189–190 页。

⑥ 同上书，第 235 页。

⑦ 同上书，第 23 页。

⑧ 同上书，第 194 页。

⑨ 佟明宽主编《抚顺商业志》，辽沈书社，1993，第 8 页。

处，日本人经营的大小商店、料理店、酒馆、妓院有1190家。到1941年，全市工商企业有3861家，其中日商及朝鲜商1241家，日货充斥市场。到1945年，锦州商业仅剩下1480家。1947年有商号4397家，其中金店、银号、布庄、粮栈成为官商勾结的四大投机行业，至1948年9月仅有商号1704家。①

图5-22　日伪统治时期锦州商业街老字号②

1931年，孙家湾煤矿扩大开采，山东、河北的一些商人来此做生意。1937年，新义铁路开通后市场规模日益扩大，商业中心逐步从孙家湾转移到海州。1940年，阜新县改为阜新市，当年有商号1789家，其中民族商业1422家、日商367家。③九一八事变后，随着日货大量倾销，民族商业纷纷倒闭。1931—1932年，各类店铺共歇业166家，城内的商业中心逐步由东部移向西部，形成以古楼西部及南马路租借地一带为中心的商业区。1939年，日商增至163家。④

1937年，朝阳城内有中国人开设的商号281家，资本金为34.7万元，年销售额为3279万元。日本开设的洋行有17家。⑤1933—1934年，日本从盘锦掠走大米、大豆、高粱、鲜蛋等物资达17.32万吨。1934年，盘山（今盘锦）县城有粮栈、盐栈、绸缎庄、杂货庄43家，共计27个行业152家店铺。到1945年，县城仅剩商业网点101家，比东北沦陷前减少47家。到盘山县解放前夕，仅剩下87家。⑥

1943年，辽阳有私营鲜菜业51家、豆腐坊33家、日本人开设的鱼菜业4家、鱼菜市场1处。此外，还有众多商贩和菜农沿着居民区叫卖，他们经常遭到地痞、军警的勒索和迫害，或被抓去当劳工。⑦

---

①　辽宁省地方志编纂委员会办公室主编《辽宁省志·商业志》，辽宁人民出版社，2001，第262页。

②　陈少平主编《图说辽西·锦州遗韵》，2006，第86页。

③　同①书，第274页。

④　同①书，第285-286页。

⑤　同①书，第289-290页。

⑥　同①书，第294页。

⑦　同①书，第143-144页。

1931 年，辽宁地区日本移民增多，其所需要的特殊豆酱主要由日本输入。1934 年，仅沈阳一地就输入 413 吨，价值 5.4 万元。① 1935 年，辽宁有日本工厂 40 家，年产酱油 4 万石。1939 年，大连市共有生产酱油的坊、社、店、所 22 个，其中日本人开设的 19 个；沈阳市共有厂家 55 个，年产 5 700 吨（其中日本人开设的 7 个，年产 3 000 吨，占 52.6%）。②

1942 年，日商在安东以大米和白酒为原料生产塔醋。该醋透明澄清、酸而不涩、风味独特，在国内堪称一绝，风靡各地。③ 1934 年，浙江绍兴人张舞石在沈阳市北关区集资成立综合性的天生酱园，以生产腐乳为主，年产量达 200 万块。1937 年，绍兴人冯俊山在北关区集资成立谦豫酱园，以腐乳生产为主营。④ 1934 年，沈阳市有日商豆腐坊 67 家。⑤ 1933 年，沈阳市有益德永、会顺和、庆丰元、宝隆元、大同 5 家酱园，品种有虾油小菜、虾油辣椒、八宝菜等，销售给社会上层，一般市民很少购买。⑥

1941 年，日本人在营口开办洗染店 5 家，设备先进，导致中国商人的染坊受到冲击。⑦ 到 20 世纪 40 年代初，营口市有 50 多家洗染店。⑧

---

① 辽宁省地方志编纂委员会办公室主编《辽宁省志·商业志》辽宁人民出版社，2001，第 157 页。

② 同上书，第 158 页。

③ 同上书，第 159 页。

④ 同上。

⑤ 同上书，第 160 页。

⑥ 同上书，第 162 页。

⑦ 同上书，第 189-190 页。

⑧ 同上书，第 179 页。

第十一节

沦陷期对外贸易

东北沦陷时期，日本疯狂掠夺辽宁资源性产品。1933—1935 年，辽宁地区出口总额为 126 446.1 万元（伪满洲国币），其中出口到日本 52 719.1 万元，占 3 年出口总额的 41.69%。出口的主要商品结构中，粮油仍占第一位，1932—1939 年出口比重达 76.85% ~ 89.34%；其次是五金矿产，1932—1936 年出口比重在 5.1% ~ 16.23%，呈上升趋势。1937 年，日本侵略者对东北的钢铁销售实行统制政策，将大部分五金矿产直接就地用于军工生产，致使五金矿产品出口减少，1937 年五金矿产品出口比重降至 11.15%，1938 年降至 1%；1932—1939 年出口的纺织、丝绸、化工产品均占出口额的 2% ~ 3%。[①]

一、出口贸易

（一）出口商品金额

1932 年伪满洲国建立后，对外出口额比民国时期有所下降。但由于日本侵略者采取疯狂的掠夺政策，对日出口逐渐增加。仅从辽宁掠夺的煤炭、钢铁、镁矿、镁砂等几项资源，就使日本侵略者获得了近亿元的国库收入。

---

① 辽宁省地方志编纂委员会办公室主编《辽宁省志·对外经济贸易志》，辽宁民族出版社，2003，第 4 页。

1933—1934 年，伪满洲国进行了两次关税改革，降低或减免了日本进出口货物税率，以使日本侵略者充分利用港口掠夺东北的粮食和矿产资源，适应日本侵略战争的需要。

1933 年，辽宁地区出口额为 42 715.2 万元（伪满洲国币，下同）。1934 年，辽宁地区出口额为 41 623.2 万元。1935 年，出口额为 42 107.7 万元。

1937 年，大连、安东、营口海关商品出口额为 55 951.7 万元，其中大连海关 48 485 万元、安东海关 3 329.6 万元、营口海关 3 637.1 万元。

1940 年，辽宁各海关出口总额为 57 474.7 万元，其中大连海关 49 402.8 万元、安东海关 5 425.2 万元，营口海关 2 646.7 万元。1943 年，辽宁各海关出口总额为 68 650.5 万元，其中大连海关 42 649.7 万元、安东海关 25 696.1 万元、营口海关 304.7 万元[1]。

（二）出口商品结构

东北沦陷后，日本侵略者进一步掠夺东北的农产品，将大豆、豆饼、高粱、玉米等大量运回日本，其中对日本出口第一位的是粮油。

在粮油出口中，主要是大豆出口占较大比重。1932 年，出口大豆 2 695.1 万担，价值 15 414 万元，占当年出口总值（33 359 万元）的 46%；

图 5-23 大连港等待外运的农产品[2]

1938 年，大豆出口 4 127.5 万担，价值 22 234 万元，占当年出口总值的 49%，仍居当年出口的第一位。

豆饼出口量仅次于大豆，居当年出口的第二位。1932 年，豆饼出口 2 337 万担，出口金额 601 万元，占当年出口额的 18%；1934 年，豆饼出口占当年出口额的

---

① 辽宁省地方志编纂委员会办公室主编《辽宁省志·对外经济贸易志》，辽宁民族出版社，2003，第 17 页。

② 《近代中国分省人文地理影像采集与研究》编委会编《近代中国分省人文地理影像采集与研究·辽宁》，山西人民出版社，2009，第 217 页。

9%；1939 年，占当年出口额的 22%。

其次是五金矿产出口。昭和制钢所自 1933 年实现铁钢连续作业后，1934—1935 年共计生产生铁 905.64 万吨、钢锭 547.43 万吨、钢材 327.82 万吨。1938 年前，每年被日本掠运回国的钢坯一直占生产总量的 1/3，约 10 万多吨。

1932 年，五金矿产品出口额占当年出口总额的 7.1%。1934 年升至 13%，1935 年升至 16.2%。

1937 年，日本侵略者对东北钢铁销售实行统制政策，为就地发展军工生产，增加了轧钢能力，钢坯出口量开始减少。1937 年，五金矿产品出口额占当年出口总额下降到 11.15%。1938 年，下降到 1.62%。1932—1939 年，出口的纺织、丝绸、化工产品均占年出口额的 1%~3%，土产品、轻工产品则出口较少①。

1930—1940 年，辽宁出口生熟皮张 2 253.22 万张，出口额为 5 203.6 万美元，主要品种有灰鼠皮、艾虎皮、貉子皮、野生貂皮、猞猁皮、獾子皮、狼皮、马驹皮、香鼠皮、猪鬃、马鬃尾等。出口市场遍及世界各地。1933—1937 年，对日本出口元皮 156.4 万张，出口额 351 万元（伪满洲国币，下同）②。1932—1936 年，辽宁地区出口猪鬃 25 000 担，出口额 943.4 万元③。

1936—1937 年，辽宁出口棉织品 3 749 万元。1937—1940 年，出口毛织品 6 693 万元，出口市场为日本和朝鲜④。

1932—1945 年，辽宁出口滑石 74 万吨、煤炭 2 151 万吨、菱镁矿石 665 万吨，出口生铁 1 097 万吨、水泥 342 万吨。1935—1944 年，出口钢材 104 万吨，商品主要销往日本、朝鲜、菲律宾和东南亚国家⑤。

（三）出口商品市场

日本侵占东北后，疯狂掠夺辽宁资源，辽宁出口迅速增长。东北沦陷时期，辽

---

① 辽宁省地方志编纂委员会办公室主编《辽宁省志·对外经济贸易志》，辽宁民族出版社，2003，第 18 页。
② 同上书，第 29 页。
③ 同上书，第 34 页。
④ 同上书，第 127 页。
⑤ 同上书，第 142 页。

宁商品主要出口日本，其次是欧洲市场。

1933年，辽宁对外出口总额为42 715万元，出口到世界上50多个国家和地区。其中，对亚洲出口占出口总值的68%，对欧洲出口占21%，对美洲出口占2%，对非洲出口占出口总值的9%。从出口到的国家看，占出口比重最大的国家是日本，占出口总额的41%；其次是德国占16%，朝鲜占7%，埃及占9%，英国占2%，其他国家占比较小[1]。

二、进口贸易

同期进口贸易中，纺织品进口仍占第一位，但已经不占绝对优势，其进口比重为22.4%~46.5%；粮油食品进口比重已经达到12.1%~31.2%；战争所需的医药用品和军事所需的材料进口额迅速增加，营口港进口医药用品从1932年的1 023吨增加到1939年的129 772吨，增长了125.9倍；部分年份五金矿产进口比重达到了16%~18%。进口市场，从日本进口产品占绝对优势，1933年从日本进口商品占辽宁地区进口总额的63%，1935年占67%；其间，从美国、德国、朝鲜、印度、英国等国进口的商品占辽宁地区进口贸易总额的12%~21%[2]。

1932年伪满洲国建立后，在日本侵略者的操纵下，首先宣布东三省断绝与中国政府的关系，并宣布中国内地沿海口岸对东三省传统的国内贸易属于外国贸易，在管理上收取进出口贸易税，限制中国商人、美英等国商人与辽宁各港口的贸易联系，使进口贸易受到严重影响。1933—1934年，伪满洲国进行了两次关税改革，降低和减免了对日进出口货物的税率，以便日本侵略者充分利用港口掠夺东北粮食和矿产资源，适应日本侵略战争的需要。

1936年，日本在东北实施殖民地第一个五年产业开发计划，进口了一批铁路建设用的枕木、铁道器材，进口了鞍钢制铁所需用的平炉矿石以及军事工业用的钢材、水泥。在生活用品方面，进口了日本移民和伪满傀儡当局高级官员所食用的面

---

① 辽宁省地方志编纂委员会办公室主编《辽宁省志·对外经济贸易志》，辽宁民族出版社，2003，第19页。

② 同上书，第4页。

粉、糖及日用品。

1937年，日本发动全面侵华战争。为了适应侵略战争的需要，日本对伪满洲国的钢铁、矿山、交通运输业投资提高到33%，并向日本人所占有的"满铁"所属矿山、港口不断增加投资。因此一些建筑材料、器材、枕木、金属、钢材等增加了进口。

1939年，军事工业所需材料和武器增长了5倍。1932—1939年，各年度进口总值不断上升，由1932年进口13 936万元（伪满洲国币）增至最高年份1937年的72 713万元，增长4.2倍，平均年进口总额为45 712万元[1]。

---

[1] 辽宁省地方志编纂委员会办公室主编《辽宁省志·对外经济贸易志》，辽宁民族出版社，2003，第234页。

第六章　解放战争时期的辽宁经济

第一节
国民党统治时期的辽宁经济

一、国统区人口

1945 年至 1948 年 11 月，辽宁人口从 1945 年的 1974 万人先后降至 1947 年的 1 812.12 万人和 1948 年 11 月的 1 463 万人。[①] 1948 年 11 月辽宁全境解放后，人口数量迅速回升，至 1949 年 5 月已达到 1 751 万人。[②]

辽宁人口出现大幅度波动的主要原因是人口出现逆流动，即迁出人口大大超过迁入人口。1948 年底，130 万名日侨被遣送回国。其次，由于国民党当局的反动统治，辽宁工农业生产遭到严重破坏，经济出现深度萧条。据统计，1948 年 11 月之前，沈阳市工业产值仅有日伪统治时期的 5%。由于工商业破坏特别严重，故城市人口减少尤为突出。沈阳、大连、鞍山、锦州、抚顺、本溪、营口、丹东、辽阳九大城市，人口由 1945 年的 4 184 504 人减至 1948 年的 2 162 328 人，降幅 50% 左右。[③] 辽宁人民挣扎在饥寒交迫的死亡线上，因此大批人口离开辽宁，进入关内。辽宁解放后，辽宁人口发展也进入一个新的历史时期。

---

① 宋则行、刘长新主编《中国人口·辽宁分册》，中国财政经济出版社，1987，第 48 页。

② 同上。

③ 同上书，第 49 页。

二、国统区工业

国民党统治时期，辽宁工业生产能力遭到严重破坏和损失，残存能力仅有原来的 30%~50%。日本投降前，炸了一些矿山，毁掉了一些工厂和机器。其后，苏联红军拆走一部分比较新式的工业设备。再后来，国民党当局占领时期，又将一些贵重器材、设备和技术资料运往关内。国民党军队败退的时候还毁掉一部分设备，致使辽宁绝大多数企业被迫停产。

抗战胜利后，国民党资源委员会接收了抚顺、阜新、北票、本溪、烟台等煤矿。由于各主要煤矿的机械及器材被苏联拆走，损失达 4500 万美元，生产能力减少 80%~90%。1946 年，上述五个煤矿的原煤产量仅为 237.6 万吨，1947 年为 332.1 万吨，1948 年为 128.3 万吨，分别为 1944 年的 20.8%、28% 和 11%①。

随着解放战争的推进，辽宁各地的工矿企业又成为国民党战时征用的"原料仓库"②。1947 年 6 月，仅沈阳城防工事征用的构筑材料就有钢筋 50 吨、铁丝 13 吨、水泥 1413 吨。同年 8 月，沈阳制车厂被国民党以修筑城防工事名义强行征去 30 万吨钢材。③ 沈阳第三机器厂由国民党政府经济部接收，"凡精密工具仪器大都遗失。"④ 后来虽有部分复工，但只制手榴弹木柄及引信体等。⑤ 许多工厂被国民党作为兵营和堡垒，列车被作为作战城墙，铁轨与枕木被拆卸用于修筑碉堡，房屋的钢筋铁板被拆去为修建集团工事所用。沈阳第四机器厂"精良机器尽被拆走，所余无几"⑥，国民党军又占领厂房并作为马棚，摧毁工厂，以致拆损甚巨。⑦ 机器设备、原料器材等在南迁、拍卖、征用过程中被遗失丢弃，还有许多工厂在蒋军败退撤离

---

① 高品卿主编《辽宁工业百年史料》，2003，第 148 页。

② 陈佳秀：《解放战争时期党接管辽宁工业工作研究》，硕士学位论文，沈阳师范大学，2019，第 17 页。

③ 中国第二历史档案馆藏：《国民党政府资源委员会档案》，卷 480-60。

④ 沈阳市地方志办公室：《沈阳地区工厂沿革资料》，沈阳市地方志编纂办公室编印，1985，第 15 页。

⑤ 张志强：《沈阳城市史》，东北财经大学出版社，1993，第 252 页。

⑥ 同④书，第 19 页。

⑦ 同⑤。

时用飞机炸毁，遭受着极大的破坏。在国民党统治时期，辽宁工业残存的生产能力只有原来的 30%~50%①。

国民党资源委员会接管辽宁企业后，一是把原抚顺煤矿制油工场改称抚顺矿务局工务处制油厂，1947 年该厂生产粗油（即页岩油）8 798 吨；二是把抚顺煤矿化学研究所改称抚顺矿务局工务处第一化学工厂；三是把原（伪）满洲人造石油株式会社抚顺工场改称抚顺矿务局工务处第二化学厂；四是把原日本陆军第二燃料厂改称东北炼油厂锦西总厂（日本投降后，曾把煤炭低温干馏设备破坏了），并按原设计完成葫芦岛至厂内的地面输油管，从伊朗转运原油 3 300 吨到厂分馏；五是把原（伪）满洲合成燃料株式会社改称东北炼油厂锦州工厂。②

1945 年 9 月下旬至 11 月上旬，苏军拆走原鞍山昭和制钢所 60% 以上的生产设备③。尽管遭到严重破坏，但由于鞍钢在东北和全国地位举足轻重，出于维持统治的需要，国民党当局仍要设法恢复生产。

1946 年 10 月 1 日，国民党当局正式宣布成立资源委员会鞍山钢铁有限公司，并制定了所谓"雄心勃勃"的鞍钢修复计划。然而，这些所谓计划最终证明不过是纸上谈兵而已。"其目的是恢复生产或大量加工库存的钢铁半成品，以便销售，获取利润，以维持局面。"④

1946 年 9 月，国民党当局修复鞍钢发电厂并正式发电。其后氧气厂、钢绳厂先后复工。1947 年 1 月，又修复一座 3 吨电炉和铁塔厂、亚铅镀厂。2 月，鞍钢薄板厂开工。4 月，第一炼钢厂修复 1 座 100 吨平炉，鞍钢钢板厂开工。5 月，鞍钢炼焦炉开始烘炉，中型轧钢厂开工。这样，所谓鞍钢修复工程就全部结束了。

"1946—1948 年，国民党接管鞍钢的 22 个月内，仅生产钢锭 9 500 吨、生铁 12 500 吨、焦炭 2 万吨。"⑤ 由于销售的都是伪满时期的成品、半成品，根本谈不到什么成本，所以鞍钢这个时期利润率高达 50%。⑥

---

① 鲍振东、李向平等：《辽宁工业经济史》，社会科学文献出版社，2014，第 307 页。

② 张福全：《辽宁近代经济史（1840—1949）》，中国财政经济出版社，1989，第 774 页。

③ 高品卿主编《辽宁工业百年史料》，2003，第 194 页。

④ 解学诗、张克良编《鞍钢史（1905—1948）》，冶金工业出版社，1984，第 401 页。

⑤ 同上书，第 409 页。

⑥ 同上。

从 1947 年 5 月开始，鞍钢开始修筑城防工事，生产更是每况愈下，大多数职工被迫出劳工。国民党发动反共、反人民的内战，进而导致在全国范围内政治、经济的全面崩溃。这是其在鞍钢所谓"修复计划"失败的根本原因。

抗战胜利后，本溪各主要厂矿设备被苏联拆走的达 14 385 吨。其中包括：两个选矿厂的 15 台选矿机、日产 600 吨高炉 2 座、日产 1 200 吨炼焦炉 2 座、日产 1 400 吨团矿炉 14 座、日产 200 吨烧结机 12 座、日产 280 吨硫氨和日产 17 吨油类的主体设备 6 409 吨。此外还有发电设备、机械设备、运输设备等大部或全部被拆走。①

从 1946 年 6 月至 1948 年 10 月，国民党当局经营本溪煤铁有限公司共计 29 个月，生产了一些煤、钢和轧钢。

表6-1　国民党当局经营本溪煤铁有限公司主要产品产量②　　　单位：吨

产品	1946 年	1947 年	1948 年
原　煤	75 102	261 380	290 540
焦　炭	3 396	15 860	4 502
钢　锭	2	281	182
轧钢品	78	346	75

国民党统治辽宁时期，华铜铜矿、青城子铅锌矿、桓仁铅矿虽然在日伪时期已开采出矿，但在 1949 年前遭到严重破坏。国民党当局成立东北金属矿业公司，接收了一部分矿山，其中青城子、杨家杖子等矿修复并开了工，但由于严重破损，加之电力不足，最后被废置保管。

（一）有色金属冶炼及其压延加工业

日本投降后，"奉天制炼所"被国民党政府接收，1946 年 10 月更名为沈阳冶炼厂。产量很低，工人失业，工厂处于奄奄一息、濒临破产的境地。1947 年，沈阳冶炼厂生产电解铜 237 吨、电铅 54 吨、熔烧镁铝 422 吨。1948 年，仅生产电铜 70

① 高品卿主编《辽宁工业百年史料》，2003，第 193-195 页。

② 根据《本钢史（1905—1980）》第 115 页、155 页整理。

吨、电金 12 千克、电银 400 千克、硫酸 1994 吨。①

被国民党接收后，抚顺铝厂的生产设备仅剩下生产电石的电气炉 2 台，一直没有开工。厂区内满目荒草，遍地残垣。原为伪满洲轻金属株式会社的营口镁工厂，除苏军拆走一部分，剩余部分被国民党以 40 亿元卖给上海方面。葫芦岛锌厂只生产一点酸。辽宁地区非金属矿开采均处于瘫痪状态。

"1947 年 4 月，抚顺窑厂开始恢复生产，每月正常产量为耐火砖 250 吨。据 1947 年 6 月统计，辽阳窑厂月平均生产瓷器 18 万件；同期，锦州陶瓷厂也有一定产量。"② 锦西塔山站白灰厂，生产建筑用的细白灰粉，拥有正式连续工作窑 5 座，并配备有新式粉碎机 3 部，"据 1947 年 6 月统计，每日平均可产质量良好的细白粉 30 吨。"③

国民党当局统治时期，辽宁机械工业生产能力丧失 90% 以上，飞机、汽车工业全被摧毁。1947 年，国民党当局"经济部"接收沈阳机车车辆制造有限公司皇姑屯总厂。"1946 年，该厂生产机车（30 吨）4 辆、货车（30 吨）1 辆、货车（60 吨）48 辆、金钢货车（30 吨）10 辆；1947 年，生产机车（30 吨）9 辆、货车（30 吨）6 辆、货车（60 吨）65 辆、倾倒车 72 辆、金钢货车（30 吨）50 辆。"④

1947 年初，抚顺矿务局制油厂和东北炼油厂锦西分厂恢复生产，但开工规模有限。1947 年 9 月以后，锦西分厂因原料断绝而停工；东北炼油厂在四平、永吉各有 1 个工厂，却始终未开工。

1945 年 11 月 27 日，国民党政府接收沈阳后，营口、锦州、辽阳、安东、苏家屯、沈阳等纺织厂的设备被大肆拍卖和拆迁。1947 年，各纺织厂的宽幅织布机有 4 829 台（实际开工运转 1 750 台），比 1945 年减少 52.86%⑤。许多工厂处于停产或半停产状态。同年 2 月，国民党当局发布训令，禁止棉花、纱布、皮货和粮谷进入解放区，并在各交通要道设立检查哨所，对私运物品一律没收。当时，国民党官员和私营棉布商把棉布作为投机倒把、囤积居奇的主要商品。国民党各级官员以接收敌伪财产为名，从中大发横财。他们贪污腐化，工业生产管理一塌糊涂。

---

① 高品卿主编《辽宁工业百年史料》，2003，第 221 页。

② 东北经建编辑委员会：《东北经建》月刊，1947 年第 24 期。

③ 同②。

④ 同①书，第 313 页。

⑤ 辽宁省地方志编纂委员会办公室主编《辽宁省志·商业志》，辽宁人民出版社，2001，第 38 页。

1946—1948 年，辽宁纺织业三分之二的设备严重受损，只有金州、大连两地得以维持。当时沈阳有 4 个棉纺织厂，沈阳纺织厂原有纱锭 29 144 枚、织机 1 000 台，1945 年 8 月 20 日突发大火，纺纱设备全部被火烧。1948 年 11 月 3 日，东北纺织管理局接管时，能用的纱锭仅 15 200 枚。恭泰纺织厂原有纱锭 35 280 枚、织机 1 000 台，全部被火烧毁；苏家屯纺织厂原有纱锭 35 000 枚，工厂被焚，接管时能用的纱锭仅有 4 872 枚，织机全部不能用；东洋轮胎工厂的纱锭全部被拆走。[①]

锦州纺织厂是当时东北最大的纺织染联合厂，原有纱锭 51 000 枚、织机 700 台（另有大尺布织机 1 600 台）[②]，都毁于战火。解放战争时期，在国民党反动政权肆意破坏下，辽宁纺织工业纱锭被毁 396 032 枚，占纱锭总数的 67%。[③]

国民党统治时期，辽宁省棉纱产量 1946 年为 3 712 件，1947 年为 5 592 件，1948 年为 7 638 件。[④]

（二）造纸工业

1945 年 12 月，国民党资源委员会成立了辽宁纸浆造纸有限公司，该公司接收 5 个厂。在国民党统治时期，1946 年，辽宁省机制纸产量为 133 吨；1947 年，辽宁省机制纸产量为 975 吨。[⑤]

（三）日用橡胶工业

国民党资源委员会接收 6 个工厂。安东省政府统计室上报的 1946 年三季度胶鞋产量为 256.8 万双[⑥]。

---

① 辽宁省地方志编纂委员会办公室主编《辽宁省志·纺织工业志》，辽宁民族出版社，2001，第 93 页。

② 同上。

③ 同上。

④ 高品卿主编《辽宁工业百年史料》，2003，第 434 页。

⑤ 同上书，第 482 页。

⑥ 同上书，第 403 页。

（四）日用化学品

1946 年三季度，安东省政府统计室上报的肥皂产量为 57.89 万箱。[1]

1948 年的国统区，很多工业部门主要是为了满足军事上的需要。沈阳机车车辆公司的主要工作是把运输机车改装为装甲军车，机械生产往往从事兵工器材（如迫击炮等）制造。石油类首先满足军事需要，沈阳橡胶厂专门制造汽车轮胎、轻车胎以供军用，水泥事业则主要满足城防工事的需要。总之，在解放战争时期的国民党统治区，辽宁的工业生产百废待兴，坚持生产的企业寥寥无几。

三、国统区金融

东北光复后，国民党东北区特派员王钟到辽宁组建分行。1945 年 12 月 27 日，中央银行沈阳分行成立。当年 12 月，根据国民党《东北金融复员计划纲要》《中央银行东北九省流通券发行办法》，分行发行了东北九省流通券。流通券与法币的比值初定为 1∶13，1948 年 1 月调整为 1∶10。流通券刚发行时只有 5 元、10 元、50 元和 100 元 4 种面额。1947 年 6 月，由于物价飞涨，增发了 500 元券。1948 年 1 月，由于物价暴涨，又发行了 1000 元券；3 月，发行 2000 元券；4 月，发行 5000 元券；5 月，发行 10000 元券，同时发行流通券 10 万元、50 万元、100 万元 3 种大面额票。尽管如此，仍难以控制通胀。7 月 27 日，又发行 300 万元和 500 万元 2 种东北九省流通券定额本票。8 月 22 日，发行金圆券，停止其他货币发行。据 10 月末统计，累计发行金圆券 25 200 万元。[2]

由于纸币面额越发越大，银行存款数成百倍增长。1948 年 6 月末，国民党中央银行沈阳分行活期存款余额 2645 亿元，较 1946 年 6 月末增长 189 倍；同业存款 2 777 亿元，增长 925 倍。3 种存款合计 6405 亿元，增长 579 倍。截至 1948 年 5 月，累计发行量 1 亿亿元。同时，从 1948 年 3 月起，国民党当局又准许关内"法

---

[1] 高品卿主编《辽宁工业百年史料》，2003，第 382 页。

[2] 辽宁省地方志编纂委员会办公室主编《辽宁省志·金融志》，辽宁科学技术出版社，1996，第 54 页。

图6-1 东北九省流通券①

币"出关（1935年发行的一种货币），其比值是"东北九省流通券"1元兑"法币"10元。这时的"法币"已成废币。沈阳解放后，国民党中央银行沈阳分行宣告垮台。② 据沈阳市居民说，国民党垮台前夕，一斤货币买不了一斤高粱米。因此，在国统区学生多次掀起了"反饥饿、反内战、反迫害"的声势浩大的游行示威。工人阶级则以罢工支持学生运动。国统区的经济由长期滞胀导致了最终的崩溃。

四、国统区财政

1946年，在国民党统治区，国民党当局接收伪锦州税务监督署及所管辖的税监局。实行1941年南京国民政府公布的《改订财政收支系统实施纲要》，国民党当局的国家税由"财政部"设立的辽东税务管理局征收，省和市县只收营业税、田赋、屠宰税、房捐等。

1946年，"国统区的省级和30个县财政收入为东北流通券（下同）60.9亿元，其中省级财政收入（9—12月为预算数）14.2亿元，市县收入46.7亿元。"③ "1946年，国民党财政支出东北九省流通券26.8亿元。"④ 解放战争初期，辽宁境内的主要城市与铁路线被国民党当局占据，他们接办了东北沦陷时期的各类学校和卫生医疗单位。

---

① 辽宁省地方志编纂委员会办公室主编《辽宁省志·金融志》，辽宁科学技术出版社，1996，插图。

② 同上书，第55页。

③ 辽宁省地方志编纂委员会办公室主编《辽宁省志·财政志》，辽宁人民出版社，2000，第171页。

④ 同上书，第198页。

1947年，国民党在"辽宁省政府工作报告"中称，当年省级岁入299 829万元，岁出410 263万元，赤字110 434万元，仍由国民党东北行辕补助。5月后，物价大涨，难以维持。22个市县中，除海城、抚顺、辽中、兴城、法库、锦西6个县可以维持外，沈阳、辽阳、锦县、盖平、义县、本溪、绥中、盘山、黑山、彰武、北镇、台安、康平13个县和沈阳、鞍山、锦州3个市入不敷出。"22个市县岁入681 360万元，岁出1 181 113万元，赤字499 753万元。其中沈阳岁入234 630万元，岁出470 867万元，赤字236 237万元。"①

1947年，"国民党统治区预算支出教育费39.8亿元，占财政支出的36.2%；文化费1.1亿元，占财政支出的1%；卫生费0.8亿元，占0.7%。"②"1947年，国民党辽宁省建设厅所属事业单位的经费预算为14.2亿元，占其总岁出预算的12.8%"③

1948年，辽宁境内国民党统治区进一步缩小，国民党统治濒临崩溃，其财政收支数字已经无据可考。

五、国统区商业

1946年，国民党军队先后占据辽宁大中城市，官僚资本接收日本和伪满企业，东北物资调节委员会垄断关内外贸易，东北行辕经济委员会下令封锁解放区经济，并在市场上倾销美国货和出售日伪遗留下来的旧物资。苛捐杂税种类繁多，各大商企税负沉重，大批失业工人流落街头，以小商贩为谋生手段。

1947年后，国民党军队收缩于长春、沈阳、锦州等几个孤立据点之内，国统区经济全面崩溃。沈阳市商业一蹶不振，当年3月倒闭商号520家。1948年，国统区物价暴涨，"沈阳市大米由法币6万元/斤涨到9万元/斤，高粱米由3.8万元/斤涨到4.5万元/斤。"④ 1947年9月，沈阳零售物价指数比1945年上涨5.4万倍。一般

---

① 辽宁省地方志编纂委员会办公室主编《辽宁省志·财政志》，辽宁人民出版社，2000，第208页。

② 同上书，第199页。

③ 同上书，第198页。

④ 辽宁省地方志编纂委员会办公室主编《辽宁省志·商业志》，辽宁人民出版社，2001，第6页。

市民以豆饼、豆面为食，或以糠麸、树叶充饥。

"到 1948 年 11 月，辽宁省五金交化企业仅剩 559 户。"① 日本投降后，国民党政府接管营口东亚烟草公司和沈阳大安烟草公司，所产卷烟销往东北、华北。当时全省有烟厂 52 家、手工卷烟 300 余家。②

日本投降后，沈阳、抚顺、本溪、安东、辽阳、营口、阜新、铁岭、盘锦饮食业有所复苏；鞍山、盘锦、朝阳饮食业经营不景气；大连市的泰华楼、共和楼、群英楼、协和饭店等大型饭店，因顾客不多，全部歇业。1947 年，国民党当局封锁大连，许多工厂停产，失业工人纷纷开设饭馆、小吃部、饮食摊位，使大连饮食业一度畸形发展。"至 1949 年 5 月，全市各类店、馆、楼、居饮食业和小摊贩 1 191 个网点，其中 80% 是夫妻小店，有从业人员 2 340 人。"③ 1947 年，鞍山、抚顺、本溪、锦州、辽阳、阜新、铁岭、盘锦等地饮食业多数倒闭。当年 3 月，沈阳饭馆业倒闭 179 家；6 月、10 月中国人民解放军先后解放安东、朝阳，这两地饮食业得到恢复和发展。1948 年，安东市鸭绿江饭店开业。

1946 年 3 月 21 日，国民党占领抚顺，置抚顺市和抚顺县。当时抚顺人民欢庆抗战胜利，渴望和平与民主，恢复经济，以求休养生息，过安定生活。是年 7 月 17 日，抚顺市成立商会后，工商业得以恢复。1946 年末至 1947 年初，全地区人口减至 60 万（市区 17.44 万），商饮服网点恢复到 1 700 多个，从业人员恢复到 3 800 余名。到 1947 年，由于捐税繁多，财政金融混乱，"法币""定金""金圆券"等纸币换来换去，物价上涨，以及内战等，抚顺市场萧条，商饮服务业纷纷倒闭，最后全地区仅有工商户 822 家、从业人员 169 名。这时，抚顺人民生活必需品供应十分紧张，城乡商业步入山穷水尽的境地。④

1946—1948 年，国民党当局统治鞍山时期，鞍山的工矿停产，工人失业，物价飞涨。"鞍山商业的 31 个行业 1 384 个店铺和作坊中，有 622 户歇业，余者处于半开半停状态。"⑤

到 1947 年，市区人口由 1945 年的 29.4 万减至 17 万（减少数含日本人回国 5

---

① 辽宁省地方志编纂委员会办公室主编《辽宁省志·商业志》，辽宁人民出版社，2001，第 64 页。

② 同上书，第 99 页。

③ 同上书，第 163 页。

④ 佟明宽主编《抚顺市商业志（1840—1985）》，辽沈书社，1993，第 8 页。

⑤ 同①书，第 235 页。

万余人），有 13 万居民处于饥饿和半饥饿状态①。

"抗战胜利后，抚顺市区工商业恢复到 1 289 户。1947 年，国民党政府税负繁多，财政金融混乱，物价上涨，商户纷纷倒闭，最后仅剩商户 822 户从业人员 1 060 人。"②

1946 年 3 月，国民党军队占领辽阳，平津沪商品和美国货逐渐涌入辽阳市场。不久，因国内战争加剧，物资奇缺，通货膨胀，物价飞涨，农业遭受严重灾害，民不聊生，商业凋敝，市场萧条。③ "当时有工商业店铺 40 个行业 1 491 户。到 1948 年，多数濒临倒闭。"④ 国民党统治朝阳期间，贪官污吏横征暴敛，致使大商号外逃，"只剩一个钱庄、3 个米店、10 户小商铺和一些手工作坊、旅店、饭店等；城乡行商增加，市场管理混乱。1948 年盘山解放前夕，县城商号只有 87 家。"⑤

第二节
解放区经济恢复

一、土地改革

土地改革是中国共产党领导农民消灭封建土地所有制，实现农民土地所有制的

---

① 鞍山市人民政府地方志办公室编《鞍山市志·商业卷》，沈阳出版社，1997，第 3 页。

② 辽宁省地方志编纂委员会办公室主编《辽宁省志·商业志》，辽宁人民出版社，2001，第 241 页。

③ 辽阳市商业志编撰委员会：《辽阳市商业志》，1994，第 5 页。

④ 同②书，第 278 页。

⑤ 同②书，第 294 页。

革命。从 1946 年春到 1950 年，辽宁地区完成土地改革。全省有 150 多万户贫雇农分得 4 000 多万亩土地，建立了农民土地所有制，实现耕者有其田。辽宁全省土地改革情况比较复杂，有老区改革、新区改革和大城市郊区、旅大地区土改。

1947 年，人民解放军在辽宁收复的地区和以前接收的地区称为"老解放区"（简称"老区"），主要是辽东地区（包括辽西、辽北部分地区）。老区的土改工作从 1946 年秋开始，1948 年春耕前结束。

1948 年辽沈战役解放的地区称为"新解放区"（简称"新区"）。新区的土改从 1949 年 1 月开始，到同年春耕前基本结束。旅大地区（当时由苏联红军进驻）和大城市郊区这类地区因情况特殊、土改政策稍有不同，土改进行得也较晚，在全国解放后才完成土改工作。

（一）老区改革

1. 反奸清算、减租减息

1945 年 10 月下旬，中共中央东北局在沈阳召开工作会议，确定"在农村要组织发动群众，开展反奸反霸、减租减息斗争"。1946 年 3 月 20 日，中共中央东北局发布《关于处理日伪土地的指示》，规定："所有东北境内一切日伪地产、开拓地、满拓地以及日本人和大汉奸所有地，应立即无代价地分配给无地和少地的农民、贫民所有。"

根据中共中央和东北局指示，辽宁全面执行抗战时期的"反奸清算"和"减租减息"土地政策，普遍开展了反奸清算和清匪反霸斗争，逐步解决农民的土地问题。据不完全统计，辽宁地区共清算了 6 500 多人，清算出现款 2.2 亿元（当时东北币）、土地 78 万多亩、粮食 1.39 万石，以及大批房屋、车马等物资①。"到 1946 年 6 月，辽宁减租减息告一段落。据不完全统计，共减租 24.7 万石，退还押金 779.4 万元（东北币）"②。

---

① 辽宁省地方志编纂委员会办公室主编《辽宁省志·农业志》，辽宁民族出版社，2003，第 35 页。
② 同上书，第 36 页。

图 6-2　房产执照①

2. 斗地主、分田地

　　1946 年 5 月 4 日，中共中央发出《关于土地问题的指示》（即"五四指示"）。7 月，东北局通过了《关于形势与任务的决议》（即"七七决议"）。8 月 29 日，东北局又发出了《关于深入进行群众土地斗争的指示》。按照这些具体政策，辽宁各地进行分地斗争，解决农民土地问题。至 10 月，"庄河县已有 130 多个村分了土地，共有 16 000 户农民分到 16 万亩耕地；盖平县有 279 个村分了土地；岫岩县有 115 个村分了土地；复县已分地 20 多万亩。"② 据不完全统计，"截至 10 月末，辽宁、安东两省分地达 374 万亩，辽北地区也分地几百万亩。"③

3. 实施《中国土地法大纲》，平分土地

图 6-3　1947 年 12 月本溪县委干部宣传
《中国土地法大纲》④

图 6-4　锦州翻身农民烧掉地契⑤

---

① 陈少平主编《图说辽西·锦州遗韵》，2006，第 23 页。

② 辽宁省地方志编纂委员会办公室主编《辽宁省志·农业志》，辽宁民族出版社，2003，第 36 页。

③ 同上书，第 35 页。

④ 盖成立等主编《本溪记忆》，中国摄影出版社，2009，第 15 页。

⑤ 同①书，第 24 页。

1947 年 10 月，中共中央发布《中国土地法大纲》，明确规定："废除封建性及半封建性的土地制度，实行耕者有其田的土地制度。"辽宁各地对照文件检查了前一阶段的土改工作，针对土地分得不彻底、干部队伍不纯和群众发动不充分的问题，各地党政领导着重抓了整顿干部和进一步发动群众，彻底解决平分土地问题。

从 1947 年底到 1948 年春，辽宁老解放区大部分地区分完了土地，完成了"斗地主、分田地"的任务。据全省不完全统计，这个阶段共分地 1486 万亩，分大牲口 24.65 万头、粮食 446.9 万石、衣物 185.74 万件。至此，辽宁老解放区已全部废除封建土地所有制，推翻了地主阶级的反动统治。①

（二）新区改革

辽沈战役解放的地区称为"新区"，在辽宁地区有沈阳四郊（即原沈阳县），辽中、台安、盘山三个县，辽阳、海城的一部分，安东省 10 个区，辽西省 48 个区，还有热河、辽北一部分地区。

1948 年 11 月至 1949 年 3 月新区改革期间，原辽宁、安东各地区完成了土改工作，辽西和热河部分地区在春耕前夜基本完成了土改工作。经过改革，基本上消灭了地主阶级的经济基础，使农村中的基本群众获得了土地：一般在地少人多的地方，每人分得耕地 3 亩；在地多人少的地方，每人分得 5 亩。②

1949 年，辽宁地区农村（包括老区和新区）土改基本结束。据统计，"辽宁地区 154 万户贫雇农分到了土地，共分地 4000 多万亩，每年免除地租剥削达 20 亿公斤粮食。辽宁地区农村平均每人占有耕地 4.9 亩。"③

（三）大城市郊区、旅大地区土改

大城市郊区土地数量不多，又多是菜园、果园和水田，其经营方式也较为先进，主要为城市服务，不适宜平分土地。沈阳市郊有耕地 13 万亩，其中公地 4 万

---

① 辽宁省地方志编纂委员会办公室主编《辽宁省志·农业志》，辽宁民族出版社，2003，第 37 页。

② 同上书，第 38 页。

③ 同上书，第 39 页。

亩、私地 9 万亩。公地除建筑用地外，其余大部分作为菜地转租给私人耕种，实行平分土地将给城市建设带来不便。9 万亩私地中，地主、富农占一半，绝大多数是水田和菜地，主要为供应城市需要而生产，不便于平分土地。

最后，沈阳市郊保留公有地和没收土地，同时征收富农土地 60 408 亩归政府所有，其中，旱田 48 808 亩、水田 10 823 亩、果园 777 亩。这些土地由市政府转租和拨给使用土地的农民和其他经营者，"建立国营农场 4797.3 亩，拨给机关生产 24 467.2 亩"[①]，其余转租给农民使用，大部分还保持着原有的进步生产方式，继续为城市服务。

旅大金县 12 个地区，通过土地调剂，"共没收和征收土地 387 283 亩，分配给 21 803 户贫农和 1 674 户雇农。调剂后，地主、富农人均占有土地 3.76 亩，中农仍保持原有的 5.6 亩，贫雇农增加到 3.78 亩。"实现了耕者有其田的最终目标[②]。

翻了身的广大农民，劳动热情空前高涨。1949 年，"辽宁地区的耕地面积 7 109 万亩，粮食总产量达到 405.5 万吨，是伪满 1943 年产量的 82.8%，占东北三省 1 442.1 万吨的 28.1%。1949 年大牲畜达到 188.2 万头，其中马 17.9 万头、骡子 17.1 万头、驴 80.8 万头、牛 72.4 万头。"[③]

二、积极恢复发展经济

东北是全国解放最早的大区，解放战争时期，东北解放区肩负着巩固政权，"发展生产，繁荣经济"，支持东北和全国解放战争的重任。1946 年，中共中央东北局提出"发展农村手工业及恢复必要的、条件可能的机器工业"。同时确定以恢复煤矿为重点，以军工和供给工矿的发电厂与机械厂为重点的方针政策。

1948 年 9 月 15 日，中共中央东北局提出《关于东北经济构成及东北经济建设基本方针的提纲（草案）》。这个《提纲》（草案）根据毛泽东主席在《论联合政

① 辽宁省地方志编纂委员会办公室主编《辽宁省志·农业志》，辽宁民族出版社，2003，第 40 页。
② 同上书，第 40 页。
③ 张福全：《辽宁近代经济史（1840—1949）》，中国财政经济出版社，1989，第 788 页。

府》报告中论述的新民主主义经济成分，明确了五种经济形态并存，即社会主义性质的国营经济、半社会主义的合作经济、公私合营的国家资本主义经济、私人资本主义经济和小商品生产的个体经济，并就此提出了党对经济建设的指导方针。这个《提纲》（草案）受到党中央的高度重视，在 11 月 6 日复文中说："你们发来的提纲很好，我们再加修改后分发全国各解放区，并做为各解放区经济任务。"

辽宁地区根据东北局确定的发展经济战略方针，在城市首先建立了国营经济。工业方面，在全部没收敌伪经营的工厂、矿山基础上，组成了国营工业企业 574 家。这些企业涵盖发电、煤矿、钢铁、有色金属、化工、机械、纺织、造纸、橡胶、陶瓷、卷烟、火柴等行业，包括一些涉及国计民生、决定国民经济命脉的近现代化大企业。

1949 年 1 月，沈阳市把日伪时期民族资本和日资合股，国民党时期变为官民合办的兴奉铁工厂、一新窑业、肇新窑业变为公私合营企业。这是辽宁全境解放后，最早发展的国家资本主义经济的工厂。除了合股制，以后发展的国家资本主义工业，还有出租制、加工制、订货制、代卖制等形式。但是，进一步促其发展，特别是恢复城市工业生产遇到了极大困难。主要是资金严重不足，器材极端缺乏。

在中国共产党的正确领导下，随着工矿企业中工人阶级觉悟的提高，以主人翁姿态积极响应民主政府提出的"不等待，不依靠，艰苦奋斗，克服困难"的号召，他们不但劳动热情空前高涨，而且积极献交器材。1948 年，东北行政委员会为恢复新区的工矿企业生产，向工业投资和贷款 3 560 亿元，折合高粱米 16 万吨。1949 年，投入工业的资金折合粮食 200 万吨。[1]

1949 年 1 月，东北财经委员会分别成立计划委员会和统计处，制定了 1949 年的东北工业部和各专业系统的详细工业生产与修建年度计划。为加强统一管理，东北工业部下设电业、煤矿、机械、有色金属、金矿、林业、纺织企业等管理局和鞍山钢铁、本溪煤铁两个公司。总计管辖 160 个工厂、74 所矿山及 26 个林区。[2] 到

321

---

[1] 张福全：《辽宁近代经济史（1840—1949）》，中国财政经济出版社，1989，第 790 页。

[2] 东北工业部：《东北工业概况》（1949 年 2 月），载《东北解放区财政经济史资料选编》第 2 辑，黑龙江人民出版社，1987，第 128 页。

1949 年 4 月，东北工业部所属 323 个厂矿，开工者 234 个。① 同年底，所属的 372 个厂矿，开工者增至 307 个②。到 1949 年底，全民所有制工业企业单位开工的达 765 家（包括国营和地方国营）。全省工业生产水平有了迅速的恢复。其中，鞍山修复炼铁炉 2 台、炼钢平炉 3 台，生产生铁 3.5 万吨，炼钢 4 万吨，轧成钢材 4.2 万吨。本溪生产生铁 2 万吨、特殊钢 2 000 吨。③ 1949 年，东北生铁产量 172 500 吨，完成 183.5%；电炉钢锭 6 684 吨，完成 157%；电铜 1 875 吨，完成 125%；水泥 218 791 吨，完成 109.4%，各项工业均超额完成了生产计划。④

至 1949 年 5 月，辽宁企业管理局下辖的哈市、本溪、辽阳小屯水泥工厂，月产总额 2 万吨。辽宁乃至整个东北的工业生产为解放战争胜利后全国工业建设提供了重要原料物资。⑤

图 6-5　1949 年 10 月恢复生产后的本溪一钢厂一号高炉⑥

中国共产党接管本溪后，将原满洲制铁会社本溪支社改称本溪煤铁总公司，并号召、动员广大员工积极复工，同心同德，迅速恢复生产，为解放区巩固和建设作出贡献。广大工人兴高采烈地参加了复工生产。首先修复第二发电厂的 1.4 万千瓦发电机，并开始发电。由于有了电，本溪机械厂也很快恢复生产。本溪煤矿工人一边清理旧坑道，一边采煤。1945 年 11 月出煤 7 000 吨，12 月出煤 11 000 吨。1946 年 1 月出煤 12 000

---

① 东北财政经济委员会：《厂矿开工状况统计总表》（1949 年 4 月），载《东北解放区财政经济史资料选编》第 2 辑，黑龙江人民出版社，1987，第 162 页。

② 东北工业部：《东北人民政府 1949 年下半年工作简要报告》，载东北解放区财政经济史编写组编《东北解放区财政经济史资料选编》第 2 辑，黑龙江人民出版社，1987，第 260 页。

③ 东北工业部：《东北工业概况》，载东北解放区财政经济史编写组编《东北解放区财政经济史资料选编》第 2 辑，黑龙江人民出版社，1987，第 121 页。

④ 参见东北行政委员会《东北国营工业 1949 年主要产品生产情况表》，1950。

⑤ 少琦：《东北水泥工业一瞥》，《东北日报》1949 年 5 月 29 日。

⑥ 盖成立等主编《本溪记忆》，中国摄影出版社，2009。

吨，2 月出煤 9 000 吨，3 月猛增至 21 400 吨。1946 年 3 月，宫原（工源）硫酸厂修复生产，日产稀硫酸 4~5 吨。

1945 年 10 月—1947 年 10 月，军工部在东北地区建立 14 个兵工厂，其中，辽东兵工部辖 3 个厂和 1 个修械所，辽北省军区辖 2 个厂，冀热辽军工部辖 4 个厂，大连新建公司有 3 个厂①。1948 年，东北军事工业发展快速，生产规模不断扩大，机器设备增至 5 085 台，职工人数增至 20 640 人。到 1949 年，军事工业职工人数已达到 43 687 人②。同时，军工部将各军区的小型修械所进行合并迁厂，将解放区分散的工厂全部统一领导，并整顿了军工生产③。

1946—1948 年，解放区工人为了支援解放战争，克服困难，努力生产。1947 年 3 月，中国共产党领导的东北行政委员会发出《关于发展纺织工业的指示》，要求解放区大力扶助和恢复中小纺织厂，发展民间纺织，逐步做到人民穿衣用布自给自足。1948 年 11 月，辽宁全境解放后，棉花和棉纱生产得到恢复和发展。1949 年，棉纱产量 10.4 万件④。

安东纺织厂在人民政府接管期间，生产棉纱 13 600 余件、棉布 212 613 匹。1947 年国民党当局出版的《中国经济年鉴》记载了安东纺织厂的生产情况："就纺织机的效率而论，这个厂每天应当出 900 匹布。可是在伪满时期，织出的布还不到 300 匹。八路军管理时代，生产效率就大大提高了，织布机虽然只开 200 台，但每日可出布 850 匹。棉纱除自用外，还可供 12 家民营织布厂。"⑤ 辽宁全境解放后，丝绸工业和丝绸商业逐步恢复和发展。1949 年，辽宁地区有丝绸企业 10 个，年生产柞蚕丝 57 吨、丝绸品 96 万米⑥。

1948 年东北全境解放后，辽宁地区橡胶工业在原有 6 家小工厂生产胶鞋的基础上很快发展。1949 年，沈阳新生橡胶厂、铁岭橡胶厂建立，生产胶鞋。以后又有沈

323

---

① 刘明逵、唐玉良主编《中国近代工人阶级和工人运动》第 14 册，中共中央党校出版社，2002，第 4 页。

② 同上。

③ 陈佳秀：《解放战争时期党接管辽宁工业工作研究》，硕士学位论文，沈阳师范大学，2019，第 17 页。

④ 辽宁省地方志编纂委员会办公室主编《辽宁省志·商业志》，辽宁人民出版社，2001，第 35 页。

⑤ 辽宁省地方志编纂委员会办公室主编《辽宁省志·纺织工业志》，辽宁民族出版社，2001，第 45 页。

⑥ 同④书，第 47 页。

阳胶鞋厂以及抚顺、安东、本溪、营口、鞍山等胶鞋厂建成投产。其中沈阳胶鞋厂和安东、抚顺、铁岭、沈阳新生胶鞋厂5个骨干厂的年产量达800万双以上。[①]

1948年11月沈阳解放后，满洲曹达株式会社奉天工厂被接收后，改名为沈阳化工厂，生产硝酸、硫酸、盐酸。辽宁地区开始从外地调入小苏打供应市场。沈阳解放后，辽宁地区抚顺石油一厂、二厂和大连石油七厂开始炼油产蜡。1949年，国内首建国营沈阳、大连油漆厂，列为化工部直属企业，当年生产油漆5 900吨。[②] 沈阳解放后，染料生产迅速恢复。1949年，辽宁地区生产低档合成染料200吨。[③]

1948年，安东省人民政府为奖励农村特产，保证工业原料，支援解放战争，照顾群众需要，对烟草实行专卖。收购价格以实物为标准，分等折粮，规定每斤烟草折合粗粮：一等8斤、二等7斤、三等5斤、四等4斤、五等2.5斤、六等1斤（均为市斤）。辽宁解放后，人民政府对烟草仍然实行专卖。建立沈阳卷烟厂和营口卷烟厂，生产的卷烟行销国内外。[④]

表6-2　1949年辽宁地区主要工业产品产量

工业产品	单位	1949年产量	为1943年产量的百分比
原煤	万吨	539.6	49.1%
原油	万吨	5.0	19.5%
发电量	亿千瓦时	8.1	29.6%
钢	万吨	11.4	12.9%
生铁	万吨	14.7	8.6%
钢材	万吨	9.2	16.3%
硫酸	万吨	1.4	12.3%
纯碱	万吨	3.0	50.8%

[①]　辽宁省地方志编纂委员会办公室主编《辽宁省志·商业志》，辽宁人民出版社，2001，第23页。

[②]　同上书，第91页。

[③]　同上书，第93页。

[④]　同上书，第99页。

表6-2(续)

工业产品	单位	1949年产量	为1943年产量的百分比
烧碱	万吨	0.2	33.3%
水泥	万吨	26.4	22.8%
棉纱	万件	10.2	6.6%
棉布	亿匹	1.2	11.5%
麻袋	万条	289.0	82.0%
机制纸	万吨	2.3	75.9%
原　盐	万吨	107.3	63.7%

资料来源：张福全《辽宁近代经济史（1840—1949）》，中国财政经济出版社，1989，第791页。

虽然是在战时环境中，但以辽宁为首的东北解放区在党的领导下，工业建设还是稳步向上发展的，对支援东北解放战争胜利起到了很大作用。1946—1948年，工业产量稳步提升，如煤以1946年为100，则1947年为317，1948年为378；电以1947年为100，则1948年为236；橡胶以1946年为100，则1947年为565，1948年为22520。[1]

东北解放后，中共中央东北局在《关于全东北解放后的形势与任务的决议》中指出："一切为了支援与争取全国战争的胜利，乃是东北党的斗争口号。"[2] 辽宁地区企业较多，为了支援关内解放战争，大部分企业都承担了军工生产任务，除少量供应地方部队外，绝大部分支援了入关部队和关内人民解放军。[3] 其较为发达的军事工业，尤其是武器弹药生产对于支援全国解放战争具有举足轻重的作用[4]。这一

---

[1] 东北工业部：《"八一五"至东北全部解放时期东北国营工业概况（1946年至1948年）》，载东北解放区财政经济史编写组《东北解放区财政经济史资料选编》第2辑，黑龙江人民出版社，1987，第175-179页。

[2] 中共辽宁省委党史研究室：《中国共产党辽宁史》第1卷 1919—1949，辽海出版社，2001，第628页。

[3] 同上书，第629页。

[4] 陈佳秀：《解放战争时期党接管辽宁工业工作研究》，硕士学位论文，沈阳师范大学，2019，第17页。

时期，辽宁生产迫击炮 1700 余门，修理火炮 1000 余门，生产枪械共 36 万余支（挺），爆破筒 2 万余支，山炮、野炮和步兵炮弹 13 万发，迫击炮弹 100 余万发，手榴弹、掷弹筒 440 余万发和大批子弹，还试制生产了一些反坦克燃烧瓶、步兵炮、简易战车及各种通信器材，全部支援了战争前线①。还制造和复制了各种子弹 16 467 053 发，手榴弹 798 601 枚，各种前膛炮弹 1 418 910 颗，爆破筒 9 710 根，各种后膛炮弹 301 661 颗，制造各种枪支 16 546 支，制造火炮 1244 门，修理枪支 23 399 支。②

1945 年抗战胜利后，中国共产党在辽南、辽东、辽北（包括辽西）根据地开展商业活动，发展民族贸易。1947 年 6 月，辽东省第三贸易分局在新宾县成立一个门市部，经销食盐、布匹、日用百货，收购土副产品。1949 年 5 月，沈阳市成立朝鲜族人民消费合作社，抚顺成立供应少数民族商品供销合作社。11 月，沈阳市成立回民消费合作社。

日本投降后，中朝边境贸易重新开放。1946 年初，中国共产党领导下的安东贸易局在新义州开设恒茂商店，从朝鲜进口牛皮，从安东出口食盐；朝鲜商人也可到安东直接采购所需的各种商品。1947 年 6 月安东解放后，辽东省人民政府同朝鲜签订《中朝地方贸易合同》，从安东向朝鲜出口粮食，从朝鲜进口钢材、水泥、化肥等。1948 年 9 月 30 日，朝鲜同中国东北解放区签订为期一年的《经济协定》，边境贸易有所发展。

1948 年 11 月至 1949 年，"沈阳有私营商号 2.13 万户，有国营批发网点 32 个、零售网点 47 个、消费合作社和供销合作社 275 个。社会商品零售额 1.074 亿元，其中，国营商业占 11.97%，合作社商业占 12.78%，私营商业占 75.12%，农村贸易占 0.13%。"③

中街商业区以吉顺丝房、吉顺洪丝房等大商号为中心，形成一个以经营呢绒、绸缎、布匹、服装、日用百货等高中档商品为主的零售网，内金生鞋店、润记帽

---

① 东北军工部：《军事工业三年来主要工作》（1950 年 10 月），载《东北解放区财政经济史资料选编》第 2 辑，黑龙江人民出版社，1987，第 330-339 页。

② 同上。

③ 辽宁省地方志编纂委员会办公室主编《辽宁省志·商业志》，辽宁人民出版社，2001，第 211 页。

店、郑源云镜店、胡魁章毛笔店、老久华洗染店、亨得利钟表眼镜行等专业商店都开始营业。太原街相继成立沈阳市联营公司、第一百货公司、和平副食品商店、太原食品店、和平商场等十几家国营大中型商店。

1948 年 2 月，鞍山解放。鞍山市人民政府迅速建立和发展国营、合作社商业，同时，鼓励和保护私营商业的合法经营。辽南贸易局组建了鞍山贸易公司，负责恢复钢铁生产和职工、市民所需商品的采购供应。1949 年 7 月，"登记的私营商业有 1 624 户，已开业的 12 个行业 795 户。"① 市内有谷物、五金、家畜、禽蛋和鲜果等 19 个交易市场。

1949 年 11 月，鞍山市工商科与贸易公司合并，成立工商管理局，统一领导全市工商业。同时，又设立百货、粮食、煤建 3 个专业公司。1949 年末，"鞍山市区共有商业网点 3 488 个，其中国营商业 11 个、合作商业 35 个、私营商业 3 442 个。"②

1948 年 11 月 2 日，中国人民解放军组建抚顺市军事管制委员会，下辖市政府及市政府贸易管理局。该局成立后，首先解决市民的吃饭问题。先后派人到新宾、清原、安东农村去征购粮食，通过火车、马车向抚顺市内大批发运。在解放后半个月内，发给每个职工 10 斤大米、20 万元东北币，并以低于市场价格售给市民粮食 10 万余斤③。

327

11 月 17 日，市政府颁发秘字第五号布告，对市场进行整顿，保护和发展了有证商号的合法经营。到 12 月末全地区私营商饮服网点（含小贩，下同）已恢复到 2 300 多个，比国民党统治末期增加 64.3%。④ 这些商业网点多集中在欢乐园、东西四路、西五路和抚顺城。

1949 年 1 月，抚顺市人民政府将敌伪在抚顺市区开设的 21 家商业店铺或供应站没收归公有。3 月，向市场抛售大量粮食和其他商品。4 月，颁发了《抚顺市工商业管理暂行条例》。5 月，市贸易管理局宣布成立副食品服务部，代替果菜代理店。7 月，成立抚顺市百货公司、粮食公司。9 月，成立煤矿职工合作社和煤业建

---

① 辽宁省地方志编纂委员会办公室主编《辽宁省志·商业志》，辽宁人民出版社，2001，第 235 页。

② 同上书，第 235 页。

③ 佟明宽主编《抚顺市商业志（1840—1985）》，辽沈书社，1993，第 9 页。

④ 同上。

筑器材公司。10月，在原公营商业的基础上，建立起抚顺市社会主义的国营商业。同时，在原解放区合作社和矿区合作社的基础上，建立起社会主义合作社商。至此，抚顺市场上出现了国营、合作社、民族资本、个体和国家资本主义商业齐发展的新形势。到1949年底，抚顺地区共有商饮服务业网点5 175个，从业人员8 047名，仅合作、个体商业就实现商品零售额2957亿元（东北币）①。当年市区社会商品零售额295.74万元。②

1948年10月本溪市解放后，本溪市人民政府组建本溪贸易局，实行"政企合一"管理体制，主要经营粮食、油盐、布匹等。这是本溪市最早的国营商业。同时，鼓励私营商户恢复营业，使市场购销迅速复兴兴旺。

1945年11月，安东成立民主政府。同时建立东北商店安东分店。1946年，安东分店改组为安东省贸易公司。当时市场有私营商业1 344户，市场仍处于萧条状态。1946年10月，国民党军队占领安东，开始在市场大量倾销美国的战争剩余物资，再加上国民党的苛捐杂税，市场一片萧条。1947年6月，中国人民解放军第二次解放安东。

1948年初，安东市民主政府提出"公私兼顾、劳资两利"的扶持和发展民族工商业政策，并为安东商业恢复和发展提供贷款。1948年7月，成立安东市贸易公司。9月，成立安东市百货公司。当时东北解放战争正在进行，沈阳、长春、梅河口尚未解放，安东成为南满和北满物资交流必经之地，也是南满和北满对外贸易的门户。当时安东有代理店105户，行商发展到276户。沈阳解放后，东北商品流通渠道发生变化，安东商品流通量大为减少。"1949年，全年国营商业商品销售额为4 203.1亿元，占当年社会销售总额的17.8%。"③

1948年，锦州解放。锦州贸易管理局和锦州市工商管理局先后成立。随后成立泰华百货公司、泰华皮毛公司、泰华盐业公司、泰华转运公司等经营机构，锦州市工商管理局着手对私营工商业进行清理登记。1948年底，市内私营工商企业有

---

① 佟明宽主编《抚顺市商业志（1840—1985）》，辽沈书社，1993，第9页。
② 辽宁省地方志编纂委员会办公室主编《辽宁省志·商业志》，辽宁人民出版社，2001，第241页。
③ 同上书，第256页。

图 6-6　锦州解放初期的企业登记证①

1 802 户。

1949 年 2—3 月，全国发生第一次物价波动，锦州市一些私营投机商囤积居奇、哄抬物价。为打击不法商人的投机活动，国营商业调进大批粮食、棉布等物资，投放市场、平抑物价，并建立批发和零售网点。建立起城市供销合作社 26 个，建立锦州市百货等国营专业公司 4 个。

图 6-7　解放初期的锦州食品
联营商店②

1948 年 2 月，营口解放。人民政府着手建立国营和合作社商业。6 月末，共有商业网点 1 542 个，其中国营 2 户、合作社 3 户、私营 1 537 户。1949 年 3 月，对私营商业进行登记整顿，"年末共有商业网点 5 034 户，从业人员 9 273 人。其中私营坐商 2 250 户 5 521 人，行商 1 230 户，摊贩 1 523 户，国营商业 11 户 499 人，合作社商业 20 户 500 人。同年，国、合商业，国内纯购进 1 300 万元，纯销售 1 250 万元。"③

1948 年 10 月，辽阳解放。人民政府着手恢复和发展国营、合作社商业，鼓励和保护私营商业的合法经营。1949 年末，"境内商饮服务网点 4 250 多个（商业 3 267 个、饮食业 584 个、服务业 399 个），其中国营商业 4 个、合作社商业 140

① 陈少平主编《图说辽西·锦州遗韵》，2006，第 50 页。

② 同上书，第 51 页。

③ 辽宁省地方志编纂委员会办公室主编《辽宁省志·商业志》，辽宁人民出版社，2001，第 270-271 页。

个、私商 4 106 个。"①

1948 年 10 月，铁岭解放。10 月底，成立铁岭县贸易公司。不久成立全民所有制大华商店。当时，"城内有私商 37 个行业 1977 户，资本总额 2.6 亿元（东北地方币）。1949 年，市场暂时呈现呆滞，部分私商申请歇业，到 7 月末减为 1 234 户。年末，国营商业有 5 家，消费合作社有 5 处。"②

1947 年，朝阳全境解放。同年，成立泰华贸易支公司，下设贸易货栈、农副产品收购站、百货门市部、油坊，有职工 80 人。1948 年秋，泰华贸易支公司撤销，建立县贸易公司，下设土产、粮食、百货 3 个部；同时对私营商业进行登记恢复工作。到 1949 年，"有私营商业 331 户，从业人员 398 人；私营饮服业 158 户，从业人员 479 人。这些商户的资本金 6.65 万元，销售额 110.9 万元。"③

1948 年 2 月，盘山解放。中共盘山县委、县人民政府建立和发展地方公营、国营和合作社商业，在没收官僚资本的基础上，建立起芦席生产合作社、盘山裕兴公司、田庄台双兴代理店等地方公营贸易企业。1949 年 1 月，第一个社会主义企业盘山县贸易公司成立。9 月，贸易公司改组为百货商店、土产皮毛庄和粮栈。"10 月，对全县工商业进行普查登记，符合登记发证的私营商业有 1 657 户，总资本 321.8 亿元，其中，坐商 694 户，资金 286 亿元。"④

三、东北银行总行设立和发展

辽宁地区的人民金融机构，是指在中国共产党领导下的人民政权组建的金融机构，包括抗日战争胜利后组建的各解放区银行和新中国成立后组建的各专业银行、保险公司及其他金融机构。

东北全境解放后，辽宁解放区人民政府为了稳定金融、恢复生产，支援人民解

---

① 辽宁省地方志编纂委员会办公室主编《辽宁省志·商业志》，辽宁人民出版社，2001，第 278 页。
② 同上书，第 286 页。
③ 同上书，第 290 页。
④ 同上书，第 294 页。

放战争，在各解放区设立了一些地方银行，如东北银行总行、辽东东北银行、辽北省银行、关东银行、长城银行锦州分行等。1948 年 11 月沈阳解放后，所有地方银行逐个并入东北银行，统一归属东北银行总行领导。

东北银行总行在 5 年半的时间里，为支援东北地区解放战争、民主政权建设、经济建设和发展人民金融事业作出了重要贡献。该总行从在沈阳成立到迁至通化、转移到哈尔滨、最后迁回沈阳为止，大体上经历了 3 个发展阶段。

创建转移阶段（1945 年 10 月—1947 年 7 月）。东北光复之初，金融市场混乱。苏联红军票到处使用，日本侵华银行的钞票仍在少数城市流通，但从关内挺进东北的八路军、新四军和党政干部带入的关内各根据地银行发行的钞票在东北地区却不能流通，形势迫切需要建立人民自己的银行发行货币，解决部队供给和地方财政资金。因此，中共中央东北局决定，于 1945 年 10 月在沈阳成立东北银行，行址设在沈阳市和平区十纬路东北博物馆院内。其任务是集中解决部队供给和行政经费等急需用款。当时确定以东北银行币 5 亿元的物资为资本金，主要办理发行货币（东北地方法币和地方流通券）、代理国库、各种存款和放款、汇兑等业务。

1945 年 11 月 26 日，国民党军队进犯东北解放区，东北银行总行奉命撤出沈阳，转移到抚顺。1946 年 1 月，又转移到通化，组建东北银行通化总分行，又组建西安分行（后改为辽北省分行）和海龙分行。

为了照顾群众利益，将东北地方流通券与伪满票的比值由暂定 1∶10 改为 1∶1 等价流通[1]。1946 年 4 月 30 日，东北银行总行从通化分两路北上，一路去长春接收伪满中央银行物资；另一路去哈尔滨接收日伪银行，并组建东北银行北满总分行。

1946 年 5 月下旬，总行迁至佳木斯。6 月，成立印钞厂，举办东北银行第一期干部训练班，并先后在北安组建黑龙江省分行，在佳木斯组建合江省分行，在密山

图 6-8　东北银行地方流通券

---

[1]　辽宁省地方志编纂委员会办公室主编《辽宁省志·金融志》，辽宁科学技术出版社，1996，第 75 页。

组建东安分行，在齐齐哈尔组建嫩江省分行。同年 9 月 2 日，东北银行在哈尔滨设立营业部，并对外营业，主要办理总行货币发行业务。1947 年初，增设发行处，从而保证了战时货币发行，有力地支援了东北解放战争。

发展统一阶级（1947 年 8 月—1948 年 10 月）。1947 年 1 月，东北行政委员会在哈尔滨召开北满各省财经会议，确定了"长期打算，发展生产，增进贸易，厉行节约，保障供给，支援战争"的财政工作方针，同时提出了"统一发行，稳定金融"的要求。3 月，将嫩江银行并入东北银行嫩江省分行。8 月，东北局在哈尔滨召开第二次财经工作会议，再次强调"统一发行""实现金融统一"的方针。当月，辽北省银行并入东北银行，改组为辽北省分行。10 月，吉林省银行并入东北银行，改组为吉林省分行，并停止发行"辽西券""吉林券"，改为统一发行东北银行地方流通券。11 月，将辽东东北银行改名为东北银行辽东总分行。1948 年 9 月，撤销辽东总分行，将辽宁、安东两省分行改归东北银行总行直接领导。与此同时，先后将吉林省银行印刷厂、嫩江省银行印刷厂和辽东银行印刷局 3 个地方印刷厂并入东北银行工业处，扩大了货币印刷生产能力，成为东北解放区印刷钞票的中心，有力地支援了解放战争。

职能转变阶段（1948 年 11 月—1951 年 3 月）。1948 年 11 月 2 日沈阳解放，东北银行负责人率队进入沈阳，在接收国民党当局设在沈阳的"四行二局一库"机构和沈阳造币厂的同时，组建了东北银行沈阳分行和城内直属支行，严禁国民党当局发行的货币流通。为照顾持币群众的利益，限 7 天内按比价收兑东北九省流通券和金圆券，过期作废，从而稳定了金融市场秩序，保证了东北银行地方流通券发行，为恢复和发展沈阳经济创造了条件。

1948 年 12 月 30 日，东北银行总行机关随中共中央东北局、东北行政委员会和东北财政经济委员会从哈尔滨迁回沈阳市，在城内大北门里原东三省官银号旧址办公。在此期间，东北银行的工作重心已从支援解放战争转向支援经济建设。

图 6-9　中国人民银行发行的纸币
（1949 年）

1949 年 1 月 22 日，东北行政委员会任命申玉洁为东北银行总行副经理。4 月，为解决关内外过境旅客货币兑换和办理关内外汇兑差价清算事宜，东北银行总行和中国人民银行总行决定成立山海关联合办事处，以沈阳、锦州和天津、唐山的物价为准，确定东北币与人民币的比价并开展业务。

1949 年，东北银行货币发行累计金额比 1948 年增加 1.7 倍，货币流通量增加 1.6 倍，同期物价指数增加 75.8%，年末各项存款余额较年初增加 6 倍多，放款余额较年初增加 44 倍。全面开展汇兑业务，收汇金额和付款金额都较上年增长 2.3 倍。① 适应了经济发展需要，促进了工农业生产和商品流通。

四、解放战争时期解放区的财政收支

解放战争时期，辽宁各解放区的财政支出主要用于支援前线解放战争。1946 年，各解放区用于经济建设的经费占财政支出的 2.5%，其中辽吉行省支出 1 694 万元，占行署财政支出的 2.9%；辽宁省用于生产、建设资金 3 815 万元，占省财政支出 11.6%；大连市用于城市公用事业支出折新人民币 19 万元，占财政支出的 9.3%。

1947 年，"解放区经济建设费支出增加，辽宁省财政补助费 1.5 亿元，比 1946 年增加 2.9 倍；辽北省经济建设投资 4 亿元，占财政支出的 6.5%；安东省修建费 2 263 万元，占财政支出的 1%；辽南行署经济建设费支出 1.5 亿元，占财政支出的 2.3%；大连市用于基建和城市公用事业支出折新人民币 253 万元，占财政支出的 15.4%。"②

1948 年，"解放区合计经济建设费支出占财政支出的 8.3%。其中辽宁省支出 14.3 亿元，占财政支出的 1.3%；安东省支出 171.4 亿元，占财政支出的 11.4%；辽南行署支出 39.7 亿元，占财政支出的 14.3%；辽北省支出 96 亿元，占财政支出的 14.8%；大连市支出折新人民币 1 387 万元，占财政支出的 43.7%。"③

---

① 辽宁省地方志编纂委员会办公室主编《辽宁省志·金融志》，辽宁科学技术出版社，1999，第 76 页。

② 辽宁省地方志编纂委员会办公室主编《辽宁省志·财政志》，辽宁人民出版社，2000，第 199 页。

③ 同上。

1948 年，"安东省教育费支出 602 629 万元，占财政支出的 4%。关东公署文教卫生费支出折新人民币 508 万元，比 1947 年增加 64.9%；辽宁省教育费支出 47 154 万元。"①

1948 年，辽宁省政府颁发《中小学校办公杂支临时供给标准》，规定文具费（包括所有办公用品、用具）：中学每班每月粗粮 6 千克、完全小学的高级班 2 千克、初级班 2 千克；纸张费（包括办公学习用纸及零星印刷）：中学每班每月粗粮 5 千克、完小高级班 3.5 千克、初级班 2.5 千克；灯油费：中学每班每月粗粮 4.5 千克、完小高级班 0.5 千克、初级班 0.5 千克。

日本投降后，辽宁境内解放区各省、专署区多为游击区，财政困难。当时每解放一个地区，财政工作的主要任务是清查敌伪财产、仓库；整理各种捐税台账和财政计划档案；筹划地方合理财源，废除敌伪的苛捐杂税、禁止摊派，设立税务局；开征民主政府所定的捐税；建立财政制度，试行财政统一，尽可能调剂市县之间的财政平衡。

1945 年 11—12 月，"安东省财政收入 1 070 万元，其中没收敌产收入占 50.6%、企业收入占 27.3%、税收仅占 17.3%。支出 964 万元，其中军费占 60.1%、行政费占 37.7%。结余 106 万元。"② 1946 年，辽吉行署区的财政收支决算是，"经常收入 15 492 万元，临时收入 6 419 万元，总计 21 911 万元。经常收入中主要是公粮和柴草代金、税款、公营事业收入，临时支出中包括清算敌伪资财 3 003 万元、上级补助 2 703 万元等。经常支出 50 020 万元，临时支出 8 864 万元，总计 58 884 万元。"③

1946 年，安东省财政分散自给，不足的由省酌情补助。"当年全财政收入 13.88 亿元，除了接收敌伪物资与税收外，公营收入占 45.5%，银行发行弥补赤字部分占 40.7%。支出为 13.33 亿元。"④ "1946 年，辽宁省财政收入 33 334 万元。其中主要是税收和贸易收入，分别占 36%、36.6%；支出 32 923 万元，结余 411 万元。"⑤

---

① 辽宁省地方志编纂委员会办公室主编《辽宁省志·财政志》，辽宁人民出版社，2000，第 200 页。

② 同上书，第 209 页。

③ 同上。

④ 同上。

⑤ 同上。

1947 年 2 月，中共中央东北局发出《关于紧缩财政开支的决定》指出，过去财政开支主要是靠没收敌伪资财和银行发行，今后财政必须依靠生产自给。1947 年 8 月，东北财政会议决定实行统一财政，"公粮全部、税收全部、国营企业的盈余"列为国家性收入；地方公营企业的收入及地方机关、部队、农工业自给生产收入、司法收入为地方收入。公粮由东北财政委员会统一掌握支配。关税和内地税都归东北财政委员会，各省经费不足的，酌情予以补助。地方军用费、地方党政民机关经费、地方建设费及文化教育经费、一定比例的被服自给，由地方财政负担。要求统一编制、统一预决算制、统一粮票制，建立金库，税款、粮食不许地方支配。

1947 年，"安东省财政收入 26.1 亿元，其中上级拨款 4 336 万元、公营收入 3.6 亿元、税收 17.8 亿元；支出 22.4 亿元；结余 3.7 亿元。"① 1947 年，"辽宁省财政收入 61.1 亿元，其中税收 5.5 亿元、贸易收入 4 亿元、企业收入 8.3 亿元、军区和民政机关自给收入 5.7 亿元、各专县自给收入 12.5 亿元、辽东办事处补助 20.5 亿元；支出 58.3 亿元；结余 2.8 亿元。"②

1947 年 1 月，辽吉专署区并入辽北省。1—11 月，"辽北省财政收入 595 341 万元，支出 607 955 万元，收支相抵，赤字 12 614 万元。"③ 1946 年 11 月—1947 年 12 月，"辽南行署区收入总数 80.5 亿元。其中贸易利润、公营收入 48.9 亿元，占 60.8%；支出 67.4 亿元，结余 13.1 亿元。"④

随着解放区的不断扩大，各省、区开始不断恢复和发展生产。为开辟财源，党政军干部节衣缩食，过着低标准生活。与此同时，"东北财政部供给辽宁省实物油 14.9 万公斤、盐 12.7 万公斤、粮食 207 万公斤、办公纸 31.5 万张、现款 126 亿元。同时，批给临时经费指标 132.9 亿元、服装费 100 亿元、粮秣费 77 亿元、残废金 15 亿元。年终决算收入 1 204 亿元。其中，税收收入 196 亿元，占 16.5%；公营收入 148.8 亿元，占 12.5%；上级拨款 766 亿元，占 64.3%。支出 1 061 亿元。结余 143 亿元。"⑤

"1948 年，安东省接收东北财政部经费 284.3 亿元，粮食 1 688.5 万公斤。1948

---

① 辽宁省地方志编纂委员会办公室主编《辽宁省志·财政志》，辽宁人民出版社，2000，第 209 页。

② 同上书，第 210 页。

③ 同上书。

④ 同上书。

⑤ 同上书。

年，安东决算收入1 544.2亿元。其中上级拨款732亿元，税收收入572亿元，支出1 507.9亿元，结存款36.3亿元。"① 1948年1—6月，"辽南行署区财政收入287.1亿元，支出278.7亿元，结余8.4亿元。1947年12月1日—1948年11月30日，辽北省财政总收入803亿元，财政总支出648.7亿元，结余154.3亿元。"

1948年，东北全境解放。同年12月后，东北财政完全统一。1949年，辽宁省财政收入折合新人民币2 619万元，加上国税分成收入、中央预算补助和上年结余，共为8 050万元，支出7 109万元，结余941万元。②

五、旅大地区经济恢复发展

图6-10　建新公司宏昌工厂生产车间③

1947年，在中共旅大地委具体组织下，利用旅大原有工业基础，汇集解放区派来的干部，创建了我党领导下的第一个大型兵工生产联合企业——建新工业股份有限公司（简称"建新公司"）。其中包括原满洲化学工厂、大华炼钢厂、进和厂、制罐厂、裕华工厂、宏昌工厂。此后，又相继兼并了模范工厂、振东工厂、五一工厂等一些小厂。

其中大连化学工厂根据当时生产需要和原材料供应条件，仅对第一硝酸装置按日产5吨的能力进行了改建，1947年底正式投产。硝酸生产需要氨，但当时工厂还没有恢复氨的生产，只得利用从朝鲜进口的硝铵进行分解。职工们集思广益，增设了硝铵分解设备，日产纯氨1.1吨，保证了硝酸的生产。紧接着，在硝酸制造中，又研制用氧化钴做触媒，代替氨氧化时使用的铂金网，使氧化率达到88%。接触法

---

① 辽宁省地方志编纂委员会办公室主编《辽宁省志·财政志》，辽宁人民出版社，2000，第210页。

② 同上书，第212页。

③ 姜晔编《图说近代大连》，文物出版社，2018，第98页。

硫酸工场按日产 10~15 吨的能力重新设计改建，1947 年 11 月末投产。同时，工厂创建了乙醚工场，日产纯度 98% 的乙醚 350 千克。1948 年初，浓硝酸设备改建完成，日产 98% 的浓硝酸 6 吨。还新建了发烟硫酸设备。同年 10 月，又将 1 台酒精蒸馏塔改装为乙醚蒸馏塔，扩大了生产，实现了酒精连续蒸馏新工艺，日产乙醚增至 700 千克。在这期间，还修复和新建了二苯胺、特屈儿、盐酸、水玻璃等工场①。

从 1947 年底到 1950 年 5 月，大连化学工厂共生产硝酸 305 吨、浓硝酸 1 885 吨、浓硫酸 5 483 吨、乙醚 222 吨。这些产品除保证本厂无烟火药生产外，其余运出，供给华东、东北解放区的火药厂，有力地支援了兄弟单位的兵工生产。②

1947 年，新建的硝化棉生产工场和无烟火药工场设在金家屯（现金家街），分别称四、五分场，合称为新厂。新厂创建工作是在极其艰苦的条件下进行的。当时一无厂房，二无现成的设备，工人们发扬艰苦创业的精神，在兄弟单位的帮助下，没有厂房自己盖，没有机器设备自己造。到 1947 年 11 月底，一条简陋的无烟火药生产线终于建成。

1948 年 1 月，一次试车成功，当月生产出"一号药"（即"四一"式山炮炮弹发射药）262 千克。到 5 月份，月产量已达 5 吨。随着形势发展，全国解放战争转入战略反攻，各战场向兵工厂提出了更高的要求。大连化学工厂根据上级指示，从 6 月份开始增建生产设备，使月产量猛增到 8 吨③。

为使无烟火药由单基向双基发展，1949 年 3 月，大连化学工厂在金家屯分场建成月生产能力为 3 吨的硝化甘油工场，6 个月生产硝化甘油 15.28 吨。1949 年春天，贺龙在东北军工部部长何长工的陪同下，视察了大连化学工厂。视察中，贺龙对干部和工人们说："人民解放军要过长江，需要你们每个月生产出 20 吨火药，准备过江用。"职工们很受鼓舞，在"一切为了前线"的号召下，不分昼夜，仅 3 个月就生产出各种火药 80 吨。

在此期间，大连化学工厂利用硝化甘油成功研制五号双基药（即六〇迫击炮弹药）、四号药（即九二步兵炮发射药）以及代替美式山炮管状药的六号药。其中六

---

① 《大化志》编纂委员会编《大化志（1933—1985）》，大连化学工业公司，1988，第 6 页。

② 同上书，第 6 页。

③ 同上。

图 6-11　建新公司生产的一二四炮弹

图 6-12　1948 年建新公司生产的
武器弹药运往前线[2]

号药研制，在技术上已达到当时世界火药生产的先进水平。1949 年 9 月 25 日，工厂不幸发生硝化甘油爆炸事故，有 6 位同志牺牲，2 人重伤，硝化甘油生产被迫停止。

从 1948 年至无烟火药工厂搬迁，大连化学工厂共生产出各种型号的火药 452.61 吨，其中一号药 333.61[1] 吨、二号药 13.51 吨、长条药 2.37 吨、四号药 37.90 吨、五号药 32.66 吨、六号药 32.56 吨。这些不同型号的火药除直接运到建新公司所属的裕华厂（原大连五二三厂）装炮弹和子弹外，还装箱密封运往全国各战场[3]。

1947 年下半年，中共中央从延安和华东派遣一批从事经济工作的干部，带来部分资金，到大连开办企业。在苏方默许下，这些干部创建了关东实业公司，接收了日本人遗留的部分工厂和私营企业。在发展生产过程中，公司留用了一批日本技术人员，招聘了一批旧企业的管理职员，学习了苏联企业的成本核算和计划管理经验，并在工人中开展增产立功运动，使企业得到了迅速发展。1948 年，关东实业公司已经拥有造船、纺织、化工、煤炭、皮革、酒精、粮食加工、火柴、汽车修理等行业的 37 个企业，生产轮船 6 艘、纺织机器零件 28 万件、纺纱 8 600 余吨、织布 70 余万匹、氯酸钾 40 万吨、火柴 16 000 箱、胶鞋 9 万双、煤 2 万吨、纸烟 19 409 万支。公司通过订货加工带动了一批私营企业，为造船厂加工的铁工厂就有 100 多家。公司还为这些私营企业推销产品，这些收益尚未计算在内。关东实业公司为华东解放区提供了丰富的物资和资金，有力地支持了解放

① 姜晔编《图说近代大连》，文物出版社，2008，第 291 页。
② 同上书，第 292 页。
③ 《大化志》编纂委员会编《大化志（1933—1985）》，大连化学工业公司，1988，第 8 页。

战争。

大连解放后，同年 11 月，各级人民政府成立，相继接收了几久屋、中华百货等日伪企业，先后成立新华公司和辽东、民生、滨友、关东等公营贸易公司。为解决军需物资供应，华东、华北和东北等解放区也先后在大连开办大华公司（后并入华顺）、同利公司、福泉号、东顺昌、裕大号、华顺商行、兴隆商行和亿中行等较大的公营企业。到 1948 年末，这些公司有的撤走，有的并入同利公司。

1946 年下半年，大连市政府采取一系列优惠政策，大力兴办集体所有制各类消费合作社。同时，对市场进行全面整顿。到 1948 年末，"市内共有商业网点 5 400 个，其中国营、集体网点各 200 个，私营网点 5 000 个，另有个体摊贩 3 000 个。"

1948 年，在解放战争节节胜利的形势下，旅大地区的工厂逐渐恢复生产，出口贸易开始上升。

"1948 年出口额为 1 750 499 万元，1949 年出口额为 1 531 448 万元，分别占 1946—1949 年 4 年出口总值的 36% 和 32%。"[1] 1946—1949 年出口 4 827 119 万元，其中纺织品出口额为 1 685 021 万元，占 4 年出口总额的 34.9%；化工产品出口额为 1 429 402 万元，占比 29.6%；五金矿产品占比 14.6%，食品占比 11.7%，机械占比 3.1%，粮油占比 2.4%，轻工品占比 1.7%，土产品及其他产品占比 2%[2]。

---

[1]　辽宁省地方志编纂委员会办公室主编《辽宁省志·对外经济贸易志》，辽宁民族出版社，2003，第 22 页。

[2]　同上。

第七章

近代辽宁工商
人物志

第一节
旅大地区工商人物

1. 周文贵

周文贵（1876—1928），字义亭，大连旅顺人，近代东北民族工业之父，东北最大的民族企业——顺兴铁工厂的创办人。顺兴铁工厂是东北铁工业的开山鼻祖。周文贵幼年失学，其兄周文富早年在旅顺船坞机器厂当钳工。光绪三十三年（1907），两人从旅顺移居大连，在西岗大龙街开设周家炉，这是他们创办民族工业的开始。周氏兄弟是近代辽宁的爱国民族工业家。

图 7-1　周文贵①
（左一）兄弟

宣统二年（1910），周家炉改名为顺兴铁工厂，主要生产油坊业所用机械。当时，日资开设的三泰油坊以蒸汽机为动力，使用机器榨油，生产效率极高，中国民族油坊业因此遭受打击。

周文贵和技师蒋辑五借维修三泰油坊机器之机，抄录了机器设计图纸，不久便制造出人力螺旋式榨油机和机械动力的火油机、冷气榨，大大提高了榨油生产效率，深受油坊业的欢迎。其后，又研制出新式油辗、油围等油坊业的成套设备，推动了中国油坊业的长足发展。当时东北和山东等地，凡是油坊业主都竞相订购，打破了日本油坊资本家的垄断地位。

① 王胜利等主编《大连近百年史人物·周文贵》，辽宁人民出版社，1999，第182-185页。

1912 年，周文贵集资 20 万大洋在哈尔滨创建振兴机器厂，任蒋辑五为经理，制造江轮和油坊机器，以及进行机器检修等。顺兴铁工厂逐渐发展成为大规模的机器制造企业，有各种机床设备 130 台，拥有技师、工匠、徒工 1 300 余人。鼎盛时期，与日资沙河口铁道工场（今大连机车车辆厂）、川崎造船厂（今大连造船厂）并称为大连三大工厂。

1919 年，周文贵以 10 多万大洋从俄商手中赎回复州五湖嘴煤矿开采权。从此，周文贵从机器制造和维修业转向矿山开采业。同时，又在大连"三春町"（今三春街）购置土地 3.6 万平方米，修建厂房 1.5 万平方米，进一步经营汽车和轮船制造业。1924 年，周文贵买下抚顺金沟煤矿，配备机械，使用近代技术采煤，每天采煤达 200 余吨。1926 年，周文贵又买下复州陶土矿权进行开采。又投资瓦房店裕兴煤矿，购置设备，大力经营。到 1927 年，已拥有固定资产 300 万元。

顺兴铁工厂在与日本企业的竞争中，其原料来源、技术设备、产品销售、资金贷款等都处于劣势。"一战"爆发后，周文贵在大连建造钢铁冶炼厂，购买矿石铁砂，自己冶炼钢铁，并因此遭到日本殖民当局的嫉恨。日方凭借着殖民强权统治，对该厂实行限制、摧残和迫害。"满铁"拒绝运销金沟的煤炭，不准修铁路、船坞，不准该厂全部迁入，不发给轮船、汽车制造业许可证，又不准日轮到该厂进行修理，致使该厂的发展计划不能实现。

在日本殖民当局的种种排挤下，顺兴铁工厂负债累累，陷入绝境。1928 年周文贵船翻身亡，1929 年工厂宣布倒闭。1931 年，周文富病故。顺兴铁工厂经营期间培养技术人员近 3 000 名，这些人对于发展大连和东北的地方近代机器工业起到了推动作用。这是周家兄弟对地方民族工业的最大贡献。

2. 郭精义[1]

郭精义（1876—1922），大连傅家庄人。幼因家贫，辍学进商店当学徒。擅长交往，办事能力较强，为刘肇亿所赏识，成为其得力助手。

光绪三十一年（1905），郭精义独资开设福顺成代理店。其后，又开设油坊、钱庄。到宣统三年（1911），其财产已经仅次于刘肇亿。刘肇亿担任大连公议会总理时，郭精义为常务协理。1914 年，公议会改选，郭精义当选为会长。他在会议上提出，公议会要冠以"华商"两字，以表示与日商的区别。这种具有民族情感的称

---

[1] 王胜利等主编《大连近百年史人物·郭精义》，辽宁人民出版社，1999，第 207-209 页。

号，赢得了华商和市民的赞赏。1918年，北洋政府委任郭精义为中央农商部咨议。

1921年4月，"关东厅"长官突然下令，在年末以前，"关东州"内的中国工商业者和中国居民，要把手中的银元兑换成朝鲜银行的钞票，1元银元只兑换朝鲜票7角，违者以犯罪论处，银元没收。广大华商和中国居民群起反对和抵制。华商请求郭精义主持公道。他奔走于奉天和北京之间。回到大连后，日本当局派警察软禁了他。

其后，郭精义在日商帮助下，组建以他为团长的赴日请愿团，在日本停留了四十余天，无果返回大连。由于长期奔波劳累，1922年11月13日，郭精义因病去世，终年46岁。

3. 丁文涛[①]

丁文涛（1901—1931），字松山，又名丁涛，大连市甘井子区人，矿业工程专家。

1919年，丁文涛从南满中学毕业，考入旅顺工科大学。1923年，从旅顺工科大学毕业后，他到沈阳就读于东北大学。学业未满即担任张学良私人秘书、东北大学教授兼管东三省矿业。丁文涛才华横溢、精明干练、通晓英、俄、日三种外语，尤其擅长矿业工程，是张学良的得力助手，深受张学良的赏识和器重。他曾上书张作霖，提出东北经济发展的具体可行建议，得到张作霖的赞赏，为之书写"少年英俊，前途无可限量"相赠。1929年，丁文涛与张学良的三妹结为伉俪。

1930年，中东铁路理事会欲恢复扎赉诺尔煤矿生产。同年9月，委派俄国人捷久凯维奇为该矿矿长，丁文涛任副矿长。该矿地处满洲里东南，煤藏量丰富，按每年采掘40万吨计，可供开采120年。1930年春，丁文涛受张学良指派前往矿区，只身亲临监督恢复工作。当时，俄方虽同意恢复该矿生产，但态度暧昧，不给予充分款项，并且主张扎矿煤的开采量供中东铁路所需半数为限，其余由俄煤矿供给。

丁文涛与俄方据理力争，主张应当允许扎矿充分开采，除供中东铁路之用外，余者亦可外销，且能照顾失业的华人矿工。当时扎矿工人对丁文涛的评价是："丁副厂长自到扎矿赴任以来，将及一载，对于矿务之进行，可谓竭尽全力，上为国家挽回权力，下为困苦工人维持生计，雨露之恩普及全市工商各界，莫不爱戴。"

经过丁文涛的不懈努力，仅用一年零三个月时间，煤矿恢复生产的工作即准备就绪。为了全力投身于煤矿生产，1931年5月，丁文涛与妻子定居在扎矿。1931

343

---

① 王胜利等主编《大连近百年史人物·丁文涛》，辽宁人民出版社，1999，第1-2页。

年 7 月 27 日，丁文涛到河南岸查看矿井情况，不幸途中翻船，溺水身亡，时年仅 31 岁。

4. 王贵臣①

王贵臣（1871—1943），字天相，山东海阳人。近代大连辽东银行创办人，近代普兰店商务会原会长。

清光绪年间，王贵臣随父迁居旅顺。因体格健壮，光绪十三年（1887），经人推荐在旅顺道台衙门任差役，任职期间工作勤奋。他在建筑营房中与民间的建筑行业承包人熟识。光绪二十三年（1897），王贵臣退伍从商，在旅顺承办民间建筑。光绪二十四年（1898），沙俄将东三省铁路南满支线延长至旅顺、大连。王贵臣经知情者向俄方推荐，由他募集熟练工人，承接俄方从瓦房店、普兰店至金州之间铁路桥梁任务。三年后，经俄方验收，认为质量合格。此后，王贵臣脱离建筑行业，到普兰店定居，投资经营商业。

光绪二十七年（1901）冬，王贵臣在普兰店火车站附近开设较具规模的金台客栈和金台杂货店，后又增设代理客货的运输商行。由于曾为俄方建造铁路桥梁工程，与俄方铁路车站关系较熟，所以他所经营的商业颇有效益，数年之间就成为普兰店的工商业大户，在工商界的声望也随之提高。其后，王贵臣与日商合资创办实业公司，经营石场、水田和建筑工程，营业收入相当可观。

王贵臣个性忠厚豪爽，一贯为各商户义务办事，排忧解难，助人为乐，举办各种公益事业。因此，赢得了普兰店商界和居民的信任。1912 年，普兰店筹备成立普兰店商务会时，王贵臣任顾问。1913 年，商务会正式成立，他被选为会长。在以后商务会的历届改选中，他都连选连任。

20 世纪 20 年代初，普兰店工商业发展迅速，而工商企业之间金融调资机构尚未建立，王贵臣努力奔走，集资创办了辽东银行，自任经理。这对于促进普兰店经济发展、繁荣市场贸易起到了很大作用。1943 年，王贵臣因病去世。

5. 徐敬之

徐敬之（1894—1971），又名徐源久，出生于山东威海南虎口村。因家贫，幼

---

① 王胜利等主编《大连近百年史人物·王贵臣》，辽宁人民出版社，1999，第 33-35 页。

年只读三四年书便辍学务农。

1912 年，徐敬之来大连，在日商开办的三大利油坊做学徒、当职员，后又到三井物产株式会社当植物油料采购员。因为每天和大豆打交道，他凭眼、手、口便能断定大豆的品种、质量、水分和含油率，成为大连的大豆行家，油脂业成为他一生发家致富的主业。

图 7-2 徐敬之①

1926 年，徐敬之与人合股开设东和长油坊，相继解决了从东北各地廉价购进的火烧豆、水豆、冻豆的榨油技术，获得高额利润。因不满日本殖民当局的经济统制和繁多的苛捐杂税，1937 年他将大量资金转移到关里。

1945 年大连解放后，徐敬之从烟台回到大连。1946 年，他在沙河口区经营解放前置办的 70 亩果树园。1950 年，徐敬之出任公私合营联合油脂厂副厂长，亲自设计和改造了干蒸机，试验成功一种新的榨油法，使每百斤大豆出油由 9 斤左右提高到 14 斤左右，创造大连市大豆出油率新业绩。1971 年，徐敬之因病在大连逝世，终年 77 岁。

345

6. 李子明

李子明（1878—1927），山东福山人。父亲李梦臣是当时烟台的富商，长期担任烟台市商会会长。李子明自幼聪颖，17 岁开始，在烟台顺泰洋行学习商业和外语。

光绪二十六年（1900），他离开烟台顺泰洋行，进入海参崴俄国商务速成学馆学习。光绪三十年（1904），李子明学成回国，仍在烟台顺泰洋行工作。不久升任协理。光绪三十四年（1908）春，李子明调任顺泰洋行大连分行行长，在大连华人工商业中崭露头角。1913 年，奉天（今沈阳）裕恒德杂货代理店特聘他为业务总经理。李子明就职两年后，裕恒德号业务蒸蒸日上，他在奉天工商界也有了名气。

图 7-3 李子明②

其后，他回到大连接手顺泰洋行，并改名为源成泰杂货

① 大连市工商联：《爱国的民族工商业者徐敬之》，载《辽宁文史资料·第 26 辑 工商专辑》，辽宁人民出版社，1989，第 314-324 页。

② 王胜利等主编《大连近百年史人物·李子明》，辽宁人民出版社，1999，第 111-114 页。

代理店，独资经营面粉、砂糖、麻袋等商品。源成泰杂货店开业一年，盈利成倍，闻名全市，远及外埠辽沈和胶东地区。1918 年，英美烟草公司聘他为该公司驻大连全权代理商。经源成泰号代销后，营业额猛增。从此，英美烟草公司的产品销路从大连渗入辽南。

1920 年，源成泰代理店已成为华商中有名的大户，李子明的声望也迅速提高，在华商商会中由董事升为常任董事。1914 年，大连公议会（商会）改称为大连华商公议会，李子明在会上当选为第一副会长（协理）。华商公议会冠以"华商"两字，是李子明与新任会长郭精义共同提出的，有利于增强民族意识、团结合作，获得大会通过。但遭到殖民当局的疑忌与不满。日本大商人田中末雄，在大连创办地方商业性的"龙口银行"，特聘李子明为总办。李子明接任后，大显身手，成为银行业中的大户。

1921 年，日本殖民当局悍然下令实行所谓"金建值"。华商公议会为了维护华商利益，义不容辞地与殖民当局交涉。李子明认为日本欺人太甚，激于民族义愤，在反"金建值"斗争中，率先组织商民举行部分罢市，在取引所（交易所）中与日商展开"不买不卖"的休场抗争。殖民当局下令将李子明驱逐出境。在广大华商掩护下，李子明到营口避难。

1923 年初，"金建值"风潮完全平息后，经龙口银行大股东田中向殖民当局疏通，李子明回到大连，仍任华商公议会副会长。不久，会长郭精义突患牙疾不治去世。在广大华商一致拥护下，李子明当选华商公议会第二任会长。上任后，他更加积极为商民办事，对殖民当局不合理做法，一如既往给予抵制。殖民者对他旧恨新怨一起发作，处处给李子明找麻烦，唆使张本政与李子明公开不合作，致使李子明的会长一职徒有虚名。李子明性情刚烈难以忍受，在悲愤交加中抑郁成疾，1927 年夏饮恨长逝。

7. 袁保龄

袁保龄（1841—1889），字子文，又字陆龛，河南项城人。同治元年举人，官内阁中书侍读，以道员身份主持旅顺海防工程局。其父袁甲三为道光时期漕运总督，袁世凯为其亲侄。

光绪六年（1880），清廷筹办海防，李鸿章调袁保龄到北洋各海口实地勘测。

他认为，旅顺口是天然良港，建立海军基地的条件优于其他各海口，旋受命主持旅顺海防工程局工作。他费时十年（1880—1890），建成旅顺海防工程。

他主持的海防工程共耗用银 70 余万两，奠定了旅顺港坞的基础，工程技术除借用英国、德国的专家外，其余均由中国工程人员自己实施完成。袁保龄在施工中用力最多、贡献最大，终因操劳过度，身染重病不治，于光绪十五年（1889）七月死于任上，终年 48 岁。清政府为表彰其功德，特在国史馆为他立传。

图 7-4　袁保龄①

8. 徐瑞兰②

徐瑞兰（1881—?），字香圃，大连金州人。徐瑞兰幼年读私塾，天资聪慧，品学兼优。结业后，徐瑞兰在金州城内天育堂药房当伙计。他工作认真，很得经理的器重。大连开港建市后，徐瑞兰前往大连西岗子开设"天一堂"药房，自任经理，出售中药。

光绪三十四年（1908），西岗子华商公议会成立，徐瑞兰被选为董事，出任西岗子第四区区长。宣统三年（1911），为振兴西岗子市面、繁荣经济、活跃市民文娱生活，徐瑞兰在大龙街创建同乐茶园。1914 年 5 月，西岗子华商公议会改选，原会长、副会长杜寿山、苏贵卿因年老告退，新选牛作舟、徐瑞兰为会长、副会长。至 1926 年，徐瑞兰连选连任三届副会长，接着又连任两届顾问。

1915 年，徐瑞兰开设天和药房，又出任大连华商公议会评议员。1919 年，他当选为华东信托株式会社社长。1921 年，徐瑞兰开设香泉堂。1922 年，北京政府农商部鉴于徐瑞兰在大连工商界的卓越贡献，颁授其三等奖章。1925 年，他被选为西岗子北区区长、北区纳税组合长。翌年，出任大连华商药业组合长、汉医自治研究会会长。

徐瑞兰为人耿直爽朗，热心公益事业，在西岗子华商公议会任职的 20 年间，为发展西岗子工商业做了许多有益的事情。为解决商家货物堆场不足的问题，经"满铁"同意，将小岗子客站改为货物站，增建大片库房，方便了厂家，增加了盈

---

①　王胜利等主编《大连近百年史人物·袁保龄》，辽宁人民出版社，1999，第 210-212 页。

②　王胜利等主编《大连近百年史人物·徐瑞兰》，辽宁人民出版社，1999，第 224-226 页。

利。又集资建设大连华人最繁荣的商业街——新开大街。因此，他在商民中享有崇高的威望，是华商中不可多得的人才。同时他在经营中药方面有一套成功的经验，是一位中药专家。

9. 曹正礼①

曹正礼（1890—1951），山西交城人。幼年随祖父移居大连，先在金州落户，后移居貔子窝。10 岁时，在俄籍、英籍工程技术人员和日本商人家当童工，很快学会了俄语、英语和日语。

光绪三十一年（1905），15 岁的曹正礼被井上商店老板赏识，到该店当学徒。20 岁时，曹正礼实际上已成为井上商店的经营负责人。曹正礼的姐夫薛宝亭在金州城中开设"万和号"，劝说曹正礼退出井上商店与他合伙创业。1913 年，曹正礼在小岗子（今西岗区）大龙街开设"万和号"。

"万和号"开业后，曹正礼将原在井上商店建立的业务关系全部包揽过来。因营业发展很快，20 世纪 20 年代初，"万和号"成为全市第一大肉商，资产已超过百万。曹正礼本人跻身华商 16 家小富商之列。

曹正礼拥有庞大资金实力后，合伙人薛宝亭独立创业，"万和号"由曹正礼独资经营，更名为万和洋行。他进一步招聘人才、添置设备、改进技术、增加熟肉品种，使万和洋行独占全市肉食市场。为了招徕顾客，市内有八家同业打着"万和洋行支店"名义经销其产品。随着业务日益扩大，原店址不敷应用，又在现中山区昆明街、华畅街之间新建厂房和营业店堂，在今中山区人民路世纪街口开设当时一流的亚细亚餐馆（新中国成立后改名新亚酒店）。

曹正礼致富后，在今中山区明泽湖边桂林街道一带建筑房屋千余间，又在农村开办养牛场并购置大批土地（南关岭），成为 20 世纪 30 年代全市最大的房产商和资本家兼大地主。日本殖民当局有意委任他为大连华商公议会议员，他婉言拒绝。其长子曹长福回忆："父亲与俄国人、日本人相处时间长，知之甚明。他说他们都是利用中国人，没有真心实意，他们的日子不会太长。"曹正礼晚年从事慈善事业，尤其是新中国成立后购买建国公债甚多，率先交出农村土地，被评为"开明绅士"。

---

① 王胜利等主编《大连近百年史人物·曹正礼》，辽宁人民出版社，1999，第 240-242 页。

第二节
沈抚地区工商人物

1. 王承尧①

王承尧（1865—1930），河北省易县人。近代抚顺煤矿创办者，近代抚顺城市奠基人。大商人家庭出身，其父王炳臣，晚清商人，经营煤炭、钢材、棉纱、染料等业务，在北京、天津、唐山政界与商界享有很高的声望。王承尧师从著名晋商乔致庸，精通山西"票号"独门绝技和经商知识，打下了经营实业的基础。

光绪二十一年（1895），王炳臣不幸病故，时年30岁的王承尧继承父业。光绪二十五年（1899），王承尧变卖所有家产，举家迁往奉天（今辽宁沈阳），从事钱票汇兑和金银首饰生意。他把家安置在奉天城内，自己则游商于奉天、大连、营口、抚顺等地。为方便做生意，他还捐款获得候选知府之职位。

清朝末年，由于国运衰败，财政困难，外有沙俄等列强的逼迫，内有民族资产阶级的呼声，抚顺开发煤矿已势在必行。在这种情况下，光绪二十七年（1901）春，先后有候选知县翁寿、候选直隶州州判颜之乐、候选府经历王承尧等人禀请，提出招商集股开采抚顺千台山等处煤矿，并自愿各出报效银1万两以充饷需。不久，奉天当局颁发"试掘许可书"，批准以杨柏堡之南北小河为界，河以东归翁寿开采，河以西归王承尧开采。

王承尧根据军督部堂批准其在抚顺杨柏堡河以西开采煤矿的札文，当即设立公司。他先后集资华友股本沈平银10万两，嗣后又添入华俄道胜银行股本沈平银6万两，共集资股本银16万两。煤矿公司定名为华兴利煤矿公司，公司设在千金

---

① 王渤光：《王承尧与华兴利公司》，载《抚顺文史资料选辑》第6辑，1989，第212-214页。

寨。翁寿公司取名为抚顺煤矿公司，公司设在老虎台。

翁寿创办的抚顺煤矿公司和王承尧创办的华兴利煤矿公司成立后，都面对着如何对待沙俄势力渗透的问题，王承尧坚持自主办矿，始终掌握煤矿的自主权，表现出一个民族资产者的气节。而翁寿却不惜出让自主权，引狼入室。他先是接受俄籍华人纪风台的 1.3 万两股金，不久又聘请俄军退役参将陆宾诺夫为矿师，并接受了他的 1.7 万两股金。

翁寿还派人强占了王承尧的千金寨卢沿二井，不顾王承尧多次据理催还。王承尧在忍无可忍的情况下，告状到盛京将军增祺案下。由于沙俄势力的介入，增祺十分为难。他既怕得罪沙俄，又恐理亏受责，在明知王承尧有理的情况下，将此案推给了奉天交涉总局。最后王承尧胜诉，使沙俄利用翁寿挤垮华兴利公司的阴谋破灭。日俄战争结束后，抚顺煤矿被日本当局无理强占。王承尧屡次上书清廷，要求归还煤矿，都得不到回应。无奈，王承尧悲愤地离开抚顺。1930 年，王承尧病逝于北京，终年 65 岁。

2. 张志良

图 7-5　张志良①

张志良（1878—1947），字惠霖，别号惠临，奉天虎石台人。沈阳现代民族工业奠基人。在 1921—1923 年间，张惠霖牵头合资创办了惠临火柴股份有限公司、八王寺汽水啤酒酱油股份有限公司、肇新窑业股份有限公司等民族工业企业。

张惠霖祖籍山东泰安，幼时学习优良，写得一手好字。光绪二十一年（1895），张惠霖到省城，在沈阳县衙当文书。后在张作霖手下做事，是张作霖的贴身秘书。

1916 年，张作霖任奉天（今辽宁）督军兼奉天省长，张惠霖任督军府监印官。1917 年 4 月，奉天储蓄总会成立，张惠霖任总会长。这个奉天储蓄总会是当时东北地区最早成立、规模最大的官商合办银行。张惠霖还兼任东北最大的官办银行即东三省官银号总稽查。这一时期，由于政绩卓著，张惠霖荣获了中华民国北洋政府颁发的三等嘉禾勋章。

在为官的同时，张惠霖也积极创办实业。当时奉天地区火柴全依赖从日本进口，每年几万箱。1921 年，他创办惠临火柴股份有限公司，集资奉钞 18 万元，张

---

① 刘廷耀、张镜：《奉天现代民族工业奠基人》，辽海出版社，2017。

惠霖任总董事（即董事长）。由于国货成本低，价格廉，人们都爱买，因而公司迅速扩张，很快兼并日本火柴企业奉天磷寸株式会社。公司扩大后，产品占领了全东北的火柴市场，以实际行动实现了抵制日货、振兴民族工业的夙愿。

1922 年，张惠霖和朱晓斋、金恩祺等人创立八王寺汽水啤酒酱油股份有限公司，公司租用大北关八王寺（大法寺）前香火地 52 亩，先后筹集资金 30 余万元，张惠霖任董事长。该公司年产汽水、啤酒各 10 万箱（每箱 48 瓶）。采用"金铎"为汽水和啤酒的商标，寓意深远，如警钟常鸣，时刻不忘列强对民族工业的遏制。该厂在省内外都很有名气。

1923 年，杜重远从日本留学归来，欲办实业。杜重远拜会了张惠霖，请求帮助筹措资金。张惠霖为其筹集 8 万奉洋，兴办了肇新窑业股份有限公司。这是中国用机器制造陶瓷的第一家工厂。因张惠霖在奉天工商界德高望重，杜重远请张惠霖担任公司的第一届董事长，杜自任总经理。

1926 年 6 月，在张惠霖的筹划下，由张惠霖的次子、时年 20 岁的张其先发起集资，成立奉天汇华银行，有资本金 120 万大洋，这是当时民族金融业的翘楚。这一时期，张惠霖还独资创办了一些其他企业，如"四先贸易公司""四先建筑公司""保兴估衣庄""四恒当铺"等。20 世纪 30 年代省城的首富陈楚才兴建东兴染织公司时，张惠霖也为其筹集资金 5 万大洋，鼎力相助。

从 1924 年起，他相继被选举为奉天商会会长和东三省商会联合会会长。张惠霖任奉天商会会长期间，首先进行了体制改革，并新建了办公大楼，创办商会月刊，还编撰了《奉天省城商工名录》，对全市 6600 多户工商企业简况进行了详细记载，为后代留下了有价值的历史资料。1924 年 9 月，建立商工夜校。1925 年春，又举办贸易补习班，为国际贸易培养研究和实际人才。

1924 年秋，张作霖打败了直系军阀，控制了北洋政府。1925 年，张惠霖被选为全国商会联合会会长。1927 年冬，奉海铁路竣工，这是东北第一条由自己集资建设的铁路，张惠霖担任奉海铁路公司总办（总经理）。任奉海铁路公司总办职务刚三个月，遵照张作霖的指示，又改任筹济局局长，负责为张作霖筹措军需物资。任筹济局局长三个月，皇姑屯事件爆发，张作霖被日本关东军炸死，筹济局被撤销。1929 年，他又重新担任沈海铁路公司总经理。1931 年 8 月起，张惠霖担任东三省盐运使。

1931 年九一八事变后，张惠霖绝不为日本鬼子做事，到大连郊外的黑石礁屯买地建了一幢楼房，并且带有花园，取名为"张松叟花园"，养花卖花，一住就是十四年。1945 年抗战胜利后，他才回到位于沈阳"乌拉巴胡同"（今沈阳市沈河区大南街慈恩寺附近）的居所，也没有为国民党做事。1947 年 1 月，张惠霖因病逝世，享年 69 岁。

3. 陈楚材①

陈楚材（1893—1992），字荫棠，原名陈维则，后改名陈楚材，奉天辽中县人。1917 年，陈楚材考取奉天省官费赴日留学，在日本东京高等工业学校学习，同杜重远是同学，专业为色染纺织。

1923 年，陈楚材从日本回国。当时，奉天省都是老式纺织工厂，而且大多是手工作坊，而色染工艺却是当时一种新型工艺技术。陈楚材虽然学有所成，但依然报国无门。

不久，陈楚材与同窗杜重远重逢。陈楚材向杜重远表示，希望能够用专业技术报效祖国。杜重远认为，只有开设新式工厂，才能让陈楚材学有所用。杜重远通过在肇新窑业的任职经历，十分了解张志良的为人。凡是有利于振兴辽宁经济、挽回利权之事，他都不遗余力地支持和赞助。

不久，杜重远和陈楚材前去拜会张志良。张志良大力支持陈楚材的创业设想，承诺投资 5 万奉大洋，议定成立奉天东兴色染纺织股份有限公司，让陈楚材先行筹备试办，在奉天省城小东边门外购地建厂②。

1924 年 9 月，奉天东兴色染股份有限公司成立。其后，公司发展很快，成为当时奉天色染行业的标志性企业。此后，陈楚材在辽宁各地办了许多实业，如在营口创办纺纱厂、缸窑厂，在海城创办大新窑业公司，在奉天开办实业银行。1931 年，肇新窑业公司总经理杜重远入关从事抗日救国工作，陈楚材接任总经理职务。接着，又在北京创办大华窑业和陶瓷厂③。

1945 年日本投降后，陈楚材积极支持东北民主联军进驻沈阳，曾任我党领导下的辽宁商工总会主席、中苏友好协会副主席。1948 年 11 月 2 日，沈阳解放。陈楚材在北京致函沈阳市政府，请求将在沈阳各企业的个人投资 150 万元全部献给国

---

① 沈阳商会志编纂委员会编《沈阳商会志（1862—1995）·陈楚材》，白山出版社，1998，第 194-195 页。

② 沈阳市文史研究馆：《沈阳历史人物传略·陈楚材传》，2004，第 694 页。

③ 刘廷耀、张镜：《奉天现代民族工业的奠基人》，辽海出版社，2017，第 134 页。

家，但根据民族工商业政策，政府未予接受。新中国成立后，陈楚材被选为北京市工商联执行委员、顾问。1992 年，陈楚材在北京逝世，享年 99 岁。

4. 杜重远

杜重远（1897—1943），名乾学，革命烈士，吉林怀德（今公主岭）人。中国实业家，知名抗日爱国人士，《新生周刊》主办人。出生于贫苦农民家庭。

光绪三十一年（1905），杜重远入当地私塾读书，学习刻苦。宣统三年（1911），考入省立两级师范附属中学。1917 年，考取官费留学日本，入东京高等工业学校陶瓷制造专业学习。1923 年春他学成回国，在奉天市北门外创办我国第一个机器制陶工厂——肇新窑业公司。1927 年，杜重远把砖厂改建为瓷器厂，逐渐发展成中国民族资本经营规模最大

图 7-6 杜重远[1]

的一家窑业工厂。1929 年，他当选为奉天省总商会副会长，成为东北工商界知名人士。同年，兼任张学良东北边防军司令长官公署秘书，襄助处理对日外交问题[2]。与此同时，还与友人组织成立东北国民外交协会，促进了东北各地的抗日运动。1930 年，参加上海全国国货展览会，倡导支持国货，抵制日货。

1931 年九一八事变后，他因遭日本关东军通缉而被迫移居北平。同年 9 月 27 日，参加阎宝航、高崇民、王化一发起组织的东北民众抗日救国会，被推选为常务理事兼政治部副部长。不久，到上海，结识沈钧儒、邹韬奋、胡愈之等爱国人士。同时，在上海主持中华国货产销合作协会，提倡并发展"国货工业，作经济上的实际抗日"。1943 年，在新疆被军阀盛世才秘密杀害。

5. 金恩祺[3]

金恩祺（1894—1948），字哲忱，辽宁抚顺人。民国商界领袖，奉天工商会会长、商会主席。1922 年，与著名爱国民族实业家张惠霖创建了著名的奉天八王寺汽

---

① 沈阳市民建、工商联：《杜重远传略》，载《辽宁文史资料·第 26 辑 工商专辑》，辽宁人民出版社，1989，第 304-307 页。

② 沈阳市文史研究馆：《沈阳历史人物传略·杜重远传》，2004，第 723 页。

③ 沈阳市文史研究馆：《沈阳历史人物传略·金恩祺传》，2004，第 1089-1090 页。

水厂，后任奉天八王寺汽水啤酒酱油股份有限公司董事长。曾参加奉天反抗日本临江设领外交后援会，发动沈阳数万市民举行示威游行，并发起成立辽宁国民外交协会，参与组建东北民众抗日救国团，积极开展抗日救国活动。

1922 年，金恩祺与张惠霖等人，联合数十人集资 66 万奉大洋，在八王寺门前租用 30 亩地，扩建了奉天八王寺汽水厂，并增建啤酒生产楼，购进德式啤酒机，聘用德国啤酒技师，建立了奉天八王寺汽水啤酒酱油股份有限公司。该公司作为民族饮料工业的代表，在洋货倾销中国市场之际，恰逢其时地推出了物美价廉的八王寺"金铎"牌汽水，备受国人与市民青睐，为抵制洋货、倡导国货做出了卓越贡献。政府在"抵制洋货，倡导国货"的风潮中，做出了"准许汽水公司三年不缴纳税金"的决定。公司抓住这一契机薄利多销，扩大生产。1928 年，啤酒年产 10 万箱（每箱 18 瓶装）、汽水 6 万大箱（每箱 48 瓶装），产品远销至天津、上海等地，创造了建厂初期的传奇。1948 年，金恩祺因病辞去沈阳商会主席职务，不久去世，终年 55 岁。

6. 刘凯平

图 7-7　刘凯平①

刘凯平（1890—1932），锦州义县高台子镇人，辽宁近代著名企业"同昌行"的创办人。宣统二年（1910），刘凯平在当地杂货店做学徒 3 年。1913 年，他来到奉天市（今沈阳市），以卖咸菜为生。列强在辽宁肆意进行经济和军事侵略，使刘凯平产生强烈的爱国反帝思想。为表达对列强卡中国人脖子的愤懑和不满，刘凯平曾为自己取别名"刘鲠如"。

当时，日本每年向辽宁抛售牙粉 10 万打。刘凯平决心研制出中国人自己的牙粉。他潜心钻研工艺，学习牙粉制造方法，终于研制成功。刘凯平将试制品送经当时奉天省城警察厅化验，并获得生产许可。1914 年，刘凯平借款奉票 200 元正式建厂投产牙粉，产品取名为"地球"牌牙粉。② 由于当时抵制日货的社会风潮，加上国货稀少，所以销路很好。

为了扩大再生产，1921 年，刘凯平在城内贾记胡同租了 6 间房，将工厂迁入。

---

① 沈阳商会志编纂委员会编《沈阳商会志（1862—1995）·刘凯平》，白山出版社，1998，第 195-197 页。

② 沈阳市民建、工商联：《刘凯平传略》，载《辽宁文史资料·第 26 辑　工商专辑》，辽宁人民出版社，1989，第 308-310 页。

为了纪念家乡，他为企业取名为"同昌行"（历史上"同昌"曾经是义县的一个地名），可见他对家乡的赤子情怀①。同时，刘凯平又开发出牙粉新产品，取名"老火车头"牌牙粉。

"老火车头"牌牙粉在质量和包装上都比"地球"牌牙粉有所提高，很快畅销全省，成为沈阳最早的名牌国货，开创了中国牙粉工业的新纪元。同昌行是在提倡国货、抵制日货运动中发展起来的。刘凯平以比日货价廉一半的"老火车头"牌牙粉大量销售辽宁各地，日本牙粉则成为冷货，给日商以打击。因此，日商对刘凯平恨之入骨，千方百计地想置同昌行于死地。伪满时期，"老火车头"牌牙粉的商标虽然把"青天白日"图案去掉了，但坚持不印伪满洲国旗，原有"沈阳"二字始终保留，坚持不改为"奉天"。

1932年初，刘凯平参加东北国民义勇军，担任高等顾问，并和中共地下党保持联系。1932年2月21日清晨，因参与抗日活动，刘凯平被日本宪兵逮捕，当年6月6日英勇就义，年仅42岁。1987年6月25日，经国家民政部门批准，刘凯平被追认为革命烈士。

刘凯平牺牲后，同昌行几经风雨。沈阳公司由其二弟刘兴治经营。其长弟刘自新在天津、成都等地开办了公司。其中，沈阳、天津两地的公司都坚持到了解放后的公私合营。天津的同昌行就是今天著名的蓝天集团股份有限公司的前身。

7. 陈子和

陈子和（1906—1993），字睦宗，山东掖县（今莱州市）人，沈阳近代著名企业"太阳"烟草公司创办人。新中国成立后，陈子和先后担任沈阳市工商联第四、六、七、八届副主任委员，辽宁省工商联副主任委员，全国工商联第四、五届执行委员，第六届咨议，沈阳市人大代表，沈阳市政协第四、五、六、七届常委，省政协常委，并在沈阳市政协七届二中会议上当选为市政协副主席②。

1920年，陈子和随长兄陈孟元闯关东③。起初，陈氏兄

图 7-8 陈子和

---

① 沈阳市文史研究馆：《沈阳历史人物传略·刘凯平传》，2004，第 669 页。

② 沈阳市文史研究馆：《沈阳历史人物传略·陈子和传》，2004，第 1171-1172 页。

③ 沈阳商会志编纂委员会编《沈阳商会志（1862—1995）·陈子和》，白山出版社，1998，第 203 页。

弟在黑龙江北岸（当时属中国领土）的华资商店做学徒。1922年，他们回到黑河镇，先后在"全兴瑞"和"新盛东"两家商店当店员。不久，在哈尔滨崭露头角并站稳脚跟。陈孟元开设经营卷烟、纸牌及其他杂品批发业务的"聚丰福"商号。随着资本积累的雄厚，又到沈阳开办聚丰福胶版印刷厂。由于注重产品质量，不久便享誉辽沈地区。1928年，陈子和在其兄陈孟元影响下也来到沈阳，出任南满制酒公司经理。

当时，以美英为首的西方烟草垄断集团和日本烟草输出组织纷纷在中国各地开公司、办工厂，销售烟草制品。一些有胆识、有头脑、有实力的中国商人不甘心外国列强的掠夺，开始自己筹建工厂，以抵抗外来企业。其中，陈氏兄弟见辽沈地区卷烟业久被外商垄断，竟无一家中国人开办的烟厂，民族自尊心受到极大伤害，遂下决心：纵有天大困难，也要办卷烟厂！

1930年6月，陈子和、徐香九等人合伙在沈阳市和平区同泽街一号成立了太阳烟厂。"太阳"意喻工厂犹如初升的太阳冉冉升起。太阳烟厂初创时资金有限，规模较小，但营业状况尚佳。陈氏兄弟亲自调试烟叶配方，生产适合当地人口味的"白马"牌、"足球"牌卷烟，投放市场后深受烟民欢迎，十分畅销。由于陈氏兄弟治厂有方，太阳卷烟厂规模日益扩大。

九一八事变后，日资东亚烟草株式会社接管了亚细亚烟草株式会社，强制推行烟草专卖统制，加大对英美烟草的排斥力度，对中国人开办的卷烟厂则从原材料供应、产品销售等方面加以限制。面对这种情况，陈子和认为，如果不扩大烟厂规模，将很快被日资吞并。1936年7月25日，陈子和依照法人股份组织，将工厂更名为太阳烟草股份有限公司，集资350万元，先后配置了美式卷烟机33台、切烟机十余台、干燥机2台，有建筑厂房130间、仓库90间、职员宿舍四五十间，并扩招工人。当时工厂仅男工就有1400人。产品牌号主要有"三光""风扇""大极""仙鹤""足球""太阳""美女"等，销往东北各省及华北地区[①]。

然而，在日本帝国主义殖民统治下，发展民族工业谈何容易。1934年，陈孟元被迫到青岛又创办一家企业，沈阳的太阳烟草公司交由陈子和独自经营。1943年，太阳烟草股份有限公司被迫改名为"太阳烟草株式会社"。1944年，资金达360万元，终于成为远近闻名的大卷烟企业。

---

① 宁日春：《沈阳民族卷烟工业的支柱——太阳卷烟厂》，《东方烟草报》2004年12月10日。

抗战胜利后，陈子和认为大展宏图的时候到了。1946年2月16日，太阳烟草股份有限公司遵照经济部之令，调查了工厂全部财产，经重新估价，总额为东北流通券6.1亿元。3月16日，太阳烟厂又增资加股9000万元。至此，太阳烟草股份有限公司总资产为东北流通券7亿元[①]。

1946年6月苏军撤出沈阳，太阳烟厂再一次重新组合，扩大生产。公司通过了太阳烟草股份有限公司章程，选举徐香九为董事长，陈子和为总经理。此时太阳烟草股份有限公司占地50810平方米，建筑面积17219平方米，有卷烟机36台、切烟机26台，工人千余人，生产牌号20余种，卷烟产品质量好、销路广，进入鼎盛时期，其规模在沈阳乃至整个东北都是首屈一指。

新中国成立后，国家实行烟草专卖制度，但太阳烟厂被保留下来，并被列入国家计划管理。1953年，国家对私营工商业实行社会主义改造，太阳烟厂实行公私合营，改名为公私合营沈阳市太阳卷烟厂。1958年，太阳卷烟厂与国营沈阳卷烟厂合并。鉴于太阳卷烟厂的主要生产牌号如"白猫""秋菊""香花""百花""雪花""大兴工""绿洲"等曾在广大消费者中享有过良好声誉，合并后沈阳卷烟厂便将这些牌号完整地保留下来，作为主要牌号继续生产了相当长一段时间。1993年1月18日，陈子和先生以86岁高龄因病去世。

8. 王正黼

王正黼（1890—1951），字子文，浙江宁波人，中国采矿专家。宣统二年（1910），毕业于北洋大学矿冶系。1912年，获美国哥伦比亚大学硕士学位。

1917—1921年，王正黼任辽宁本溪湖煤铁公司总工程师兼制铁部部长。1921—1931年，任东北矿务局总办，创办、扩建和改建了阜新煤矿、八道壕煤矿等，兴建了八道壕发电厂，还创建了本溪湖林场、大石桥滑石矿、五湖嘴砖厂和瓷窑，勘察了世界上储量最大的大石桥菱镁矿。1932年，组建冀北金矿公司，开采凌源、平泉等四县金矿。后创办北京门

图7-9　王正黼

① 宁日春：《沈阳民族卷烟工业的支柱——太阳卷烟厂》，《东方烟草报》2004年12月10日。

头沟平兴煤矿[①]。1951 年病逝于美国，终年 61 岁。

9. 李宜春

李宜春，字润轩，辽宁沈阳人，生卒年不详。1915 年，李宜春与张学良、周大文、胡若愚、高胜岳等结拜为兄弟。1919 年，与张学良、高胜岳一同进入东北讲武堂第一期学习，李宜春与张学良学炮兵科。1920 年，从讲武堂毕业后，任第八混成旅第一团一营二连连长。1922 年 6 月，升为该旅第一团团副，军衔为炮兵中校。

1922 年 10 月，张作霖为发展军事在北大营成立修械司，制造迫击炮，聘用英国人沙敦为负责人，李宜春协助。1926 年 6 月，张作霖将修械司改成奉天迫击炮厂（中国近代唯一专业制造迫击炮的工厂），任命李宜春为少将厂长，生产迫击炮和炮弹。

1928 年，张学良主政东北后，李宜春向张学良提出制造载重汽车、"化兵为工"的建议，得到张学良的赞赏和支持。李宜春在迫击炮厂附设民生工厂，负责载重汽车研发和生产。经过两年多的不懈努力，1931 年 5 月 31 日，国产第一辆汽车"民生牌"75 型载货汽车终于问世。为了庆祝第一辆国产汽车问世，辽宁迫击炮厂举行了隆重的庆祝大会。九一八事变后，李宜春事迹不详。

10. 徐庆钊[②]

徐庆钊，字景康，辽宁金州人，生卒年不详。1912 年，毕业于大连南满铁路工业专科学校，就业于大连铁路工厂。后又到山东淄川煤矿机械厂、奉天东北大学校办工厂任技师。徐庆钊交友广泛，结识不少军政要人。为发挥专长，他想独立创办企业。

1928 年春，徐庆钊辞去东北大学校办工厂的职务，带领堂弟徐庆钰以及孙荫檀、宫锡珍等 3 人，创办兴奉铁工厂。之所以取名"兴奉"，是因为当时沈阳一些大型工厂都是日本人投资兴办的。徐庆钊认为，中国人应该办自己的大企业，以振兴奉天（今沈阳）之意。

工厂开始经营时，主要产品有锅炉管道接头、暖气片、阀门等，也曾承揽生产

---

① 沈阳市文史研究馆：《沈阳历史人物传略·王正黼传》，2004，第 670 页。

② 于长金、李成海：《兴奉铁工厂史略》，载《辽宁文史资料·第 14 辑》，辽宁人民出版社，1986，第 123–129 页。

沈海铁路机车用零件汽门、铜瓦等。大股东霍西年同时担任东记印刷所经理，专印东三省官银号奉票，因此兴奉铁工厂就制作印刷机，还制作染色机、卷机等。

1928 年秋，工厂开始生产两根柱和四根柱的暖气片，继而生产家庭用温水锅炉，产品销路很广，利润很大。随着工厂日渐发展，设备增加，现有条件满足不了生产需要，急需扩建。1934 年，徐庆钊在南市场小南岗购买土地 0.8 公顷建厂，厂房面积约 2 500 平方米，设立木型、铸造、铸铜、机械、钳工、锻造、铆焊等车间，还有变电所、仓库等。铸造车间设有 3 吨化铁炉 2 台，机械车间有各种车床约 40 台、载重汽车 1 台，职工约 350 人。1938 年，又新建一栋机械车间，约 900 平方米。在路南购地 7 000 平方米，并兴建镀锌车间。1939 年，又在铁西区励工街购买土地 2 万平方米，没建成工厂，只有部分铆焊工人在露天作业。

徐庆钊经营企业有方，特别注重技术，到处网罗人才。1939 年，徐庆钊先后从铁路方面聘请有丰富管理经验和有技术专长的张警绅（沈阳工科学校毕业）、马秉符、于长金、赵尔恭等人来厂工作。

1946 年 1 月，沈阳生产管理局接管兴奉铁工厂。当年 10 月，成立兴奉铁工厂股份有限公司，以于景陶为董事长，徐景康等为董事，于长金为厂长。1948 年 11 月 2 日，沈阳解放。1949 年 2 月，沈阳市人民政府轻工局派林高同志来厂清产核资，林高被任为厂长，于长金为副厂长。工厂边生产边清理民股。1952 年，将全部民股资金还清，从此工厂变成了辽宁国营企业。

11. 李成海

李成海（1907—?），辽宁旅顺人，近代沈阳成发铁工厂创办人。新中国成立后，先后被选为辽宁省第三届人民代表大会代表、省人民委员会委员、辽宁省第五届人民代表大会代表、沈阳市第四届人民代表大会代表、市人民委员会委员、沈阳市铁西区第二届人民代表大会代表、辽宁省政协第四届委员会常委、沈阳市政协第一届委员会委员、沈阳市铁西区政协第一届委员会常委、全国工商联第五届执委会委员、辽宁省工商联第四届副主委、沈阳市工商联第五至七届副主委、民建辽宁省委员会委员、辽宁省国际信托投资公司董事、辽宁儿童福利基金会理事等。

图 7-10 李成海①

李成海幼年家境贫寒，随父迁到大连谋生。1920 年 8 月，在大连株式会社川崎造船所做学徒当车工。1929 年，在大连盛发铁工厂当学徒。出徒后，在大连机械制作所工作。

1925 年 11 月，奉天大冶铁工厂到大连招工，他随之来到奉天，在该厂当车工。1928 年 6 月，李成海到奉天兴奉铁工厂当车工，不久被提升为车间主任。徐庆钊的经营工厂精神影响了李成海。1935 年 4 月，李成海集资 3 000 元在沈阳开办了成发铁工厂，自任经理。他三胞兄李成君任副经理，主持日常工作。1937 年，李成海辞去了在兴奉铁工厂担任的职务，专心经营成发铁工厂。此时的李成海在企业界已摔打了 17 个年头，从徒工到厂长，李成海在生产、技术、管理领域都有丰富的实践经验。

到 1944 年，成发铁工厂厂房总面积已达 7 000 多平方米，有各种机械设备 110 台、手动倒链吊车 5 台，变电所 1 处，职工达 400 人，资本金增至 75 万元。其实力可与日本企业相竞争，在当时奉天的 2 000 家民族工业企业中已属上乘。李成海认为，要想在激烈的市场竞争中取胜，产品质量至关重要，为此他十分重视创名牌。他亲自组织设计人员、工艺人员，经过反复实验，研制出名牌产品——"手表牌"铜水汽门和各种"成发牌"阀门及地下铁水门、瓦斯闸阀等。

沈阳解放后，沈阳市市长朱其文曾到成发铁工厂视察，刘宝田市长也曾来厂视察。为扩大成发铁工厂的社会知名度，人民政府还安排成发铁工厂接待外宾，李成海先后接待过法国前总理富尔及其夫人、日本青年社会党青年部代表团、朝鲜青年代表团、摩洛哥代表团和印度代表团等。

为充分发挥李成海的企业管理和技术才能，公私合营后，政府任命他继续担任厂长，还于 1963 年提升他为总工程师。李成海没有辜负党的信任和关怀，他把全部心血都投入到祖国的社会主义革命和建设上，工作认认真真、兢兢业业。

1958 年 9 月，在李成海的技术主导下，成发铁工厂研制出填补国家空白的最大规格的 3 米口径电动楔式瓦斯闸阀。李成海与工人以"蚂蚁啃骨头"的精神，仅用 75 天就制造出这台大闸阀。这台大闸阀重 45 吨，最大工件阀体重 15 吨、高 12.72 米，经国家有关技术部门鉴定，质量完全达到设计要求。1959 年，这台大闸阀在北

360

---

① 沈阳商会志编纂委员会编《沈阳商会志（1862—1995）·李成海》，白山出版社，1998，第 216-217 页。

京工业展览馆展出。

12. 徐铁珊

徐铁珊（1895—1989），原籍山东省黄县，近代沈阳"兴太号"集团创办人。徐铁珊先后被选为沈阳市人大代表，第五、六两届市人民委员会委员，辽宁省人大代表。1958—1980年，被选为沈阳市工商联第五届至第九届副主任委员。

徐铁珊幼年家贫，只读了6年私塾，14岁闯关东到营口谋生，在源成东批发店担任保管员、售货员。1918年，徐铁珊到奉天"信仁号"当柜伙。该商号倒闭时，他与另外4名柜伙分得红利7 000元奉票。他们用这笔资金创办了"兴太号"批发店，他负责供销工作。自此，徐铁珊走上了独立经商之路。

因其经营有方，企业发展很快，实力逐年提高。1927年，徐铁珊又开设了东源布庄，兼营批发零售业务。九一八事变前夕，"兴太号"已拥有4万匹细布的资本，在沈阳同行中属佼佼者。1934年，"兴太号"出资创办东源染厂。到1937年，"兴太号"已拥有10万多匹细布的资产。1938年，"兴太号"又买下营口东亚油坊。1939年，"兴太号"出资在天津新建天津染织厂。另外，"兴太号"还向沈阳30多家企业投资。此时的徐铁珊已成为沈阳工商界名副其实的大实业家。

然而，在日伪黑暗统治下，徐铁珊整天为自身的安危担心。太平洋战争爆发后，日伪变本加厉地掠夺民脂民膏。1942年，"兴太号"及其所属的东源布庄被迫倒闭。仅剩的东源染厂惨淡经营，企望日后转机，但也终因原料来源断绝而被逼停产。

1945年日本投降后，徐铁珊满以为这下可以干一番事业了，不成想国民党接管沈阳后，电力奇缺，火车不通，通货膨胀，东源染厂非但不能得到振兴，反倒被迫停产。新中国成立前夕，曾有人劝他到台湾去，他坚定地拒绝说："不，我不能再上贼船了。"

新中国成立后，他见社会安定、人民幸福，便于1949年10月1日正式复工生产。在徐铁珊的精心管理下，工厂获得快速发展。1954年，徐铁珊向有关部门申请，愿把工厂改制为公私合营。东源染厂公私合营后，徐铁珊被任命为厂长。徐铁

361

---

① 沈阳商会志编纂委员会编《沈阳商会志（1862—1995）·徐铁珊》，白山出版社，1998，第212页。

珊为人正直，办事认真，洁身自爱，对子女要求严格。他生活俭朴，却乐于赞助公益事业。公私合营后，按国家规定他应得到 3 万元定息，但他只靠工资生活，而把这 3 万元定息赞助给民办中学和家属工厂。1989 年，徐铁珊以 94 岁高龄辞世。

13. 孟著圃

孟著圃（1899—1989），曾用名孟繁春，沈阳苏家屯人，近代沈阳纺织行业技术权威。他曾任沈阳市人民代表，第一、二届市人民委员会委员，市政协第三届至第八届委员会常委。

1914 年，他入小学读书，因家贫勉强读完小学。1917 年，到亲属吴玉馨办的兴盛织布厂当学徒。吴玉馨精通五色提花织品的染织技术，孟著圃跟吴玉馨学会了很难掌握的染织技术。两年后，孟著圃被提升为技师。当时该厂生产线毯、台毯和褥面等各种花纹布。所有设计、制图、扎花版制作均由孟著圃一人负责，他成为工厂举足轻重的人物。

图 7-12　孟著圃①

民国初期，奉天纺织业空前发展，孟著圃供职的兴盛织布厂名列前茅。九一八事变后，兴盛织布厂购入 20 台电动织布机，孟著圃又开始钻研这些先进机器操作和维修技术。通过与同行切磋技艺，他学到了许多新的技术理论和工艺设计知识，结合他自己丰富的实践经验，使他在染织技术方面造诣很深。然而，由于日伪当局的黑暗统治，民族工业遭到虐杀。1943 年，兴盛织布厂被迫停业。1944 年，孟著圃来到宝丰丝织厂，出任厂长。1945 年，他又办起三友分厂，担任经理。抗战胜利后，沈阳纺织企业猛增到 400 多家。孟著圃与人合资创办了春和永织布厂并担任经理。后因时局动荡，电源不足，工厂经常被迫停产，他的远大抱负无法实现。

孟著圃在纺织行业中一直被人们尊崇为技术权威人士。他为人正直，坚持真理，获得同行们的拥戴。1951 年 3 月，沈阳市纺织工业同业公会进行改组，孟著圃被选为同业公会理事长。1989 年 12 月 16 日，孟著圃病逝，享年 90 岁。

---

① 沈阳商会志编纂委员会编《沈阳商会志（1862—1995）·孟著圃》，白山出版社，1998，第 210-211 页。

14. 刘尚清

刘尚清（1868—1945），字海泉，清同治七年（1868）生于奉天铁岭县镇西堡乡果子园村一个农家。兄弟三人，刘尚清居长。其弟皆务农，独刘尚清读书走仕途路。

刘尚清曾任东三省官银号总办、东北大学校长、中东路督办、奉天省省长、东北政务委员会委员、内政部部长、国民政府委员、中央政治会议委员、安徽省主席、监察院副院长。获颁一等景星勋章、胜利勋章。

图 7-13 刘尚清①

刘尚清幼入私塾启蒙，稍长诵读"四书五经"。他勤奋好学，20 岁时已博学多闻，学识优异居全县数十名附生（秀才）之首。

1913 年，刘尚清就职于奉天财政司，升任科长。1914 年春，被派赴东三省官银号工作，不久升任东三省官银号总办。1916 年 4 月，张作霖执掌奉天军政大权，刘尚清继续留任东三省官银号总办。

1917 年 11 月，刘尚清制定了以小洋为基础，规定十二角作大洋一元，名曰"一二大洋汇兑券"改革计划。1917 年，该计划呈准，对于平抑奉票挤兑风潮、缓和金融危机起到不小作用。张作霖主政奉天以后，为维持奉票和中票、交票稳定采取了诸多措施，物价基本上保持稳定。刘尚清出力很大，深得张作霖的信任，这为他宦海平步青云铺平了道路。1945 年，刘尚清病逝于美国。

15. 王永江

王永江（1871—1927），字岷源，号铁龛，大连金州人。王永江是奉系军阀内部著名的理财干吏，为近代辽宁经济发展作出了卓越的贡献。

王家自其祖父时起由农转商，为小康之家。王永江与弟王永潮自幼入私塾读书，勤奋好学，闻名乡里，同以县学生补廪贡。

1903 年，王永江在旅顺口开设采真堂药房，后药房在日俄战争中被焚毁。1907 年，王永江应友人辽阳地方团总袁金恺之请，任辽阳警务学堂教习。1908 年，任辽

① 陈志新：《刘尚清的一生》，载《铁岭文史资料》第 5 辑，1989，第 6-18 页。

图 7-14　王永江①

阳巡警总局局长，后辞职归里。1909 年，新任知州洪汝冲请王永江襄办警政，被保举为候补知县，调到总督府民政司民政科参划机要。

1912 年，王永江任奉天都督府民政司使。1915 年，袁世凯下令各省保举人才，王永江为袁金恺所举，以内务部道尹记名，归省任职，历任辽海等地税捐局长②。

1916 年，王永江以"将相之才"而被张作霖重用，被委任奉天警务处处长、警察厅厅长。1917 年 5 月，王永江任奉天省财政厅厅长。当时的奉天省，金融财政混乱，开支窘困至极，全靠外债维持。经过调查，王永江采取了一系列除弊图新举措，主要为：发展生产、保护商业、广开税源、节制开支、整顿吏治、稳定金融、控制货币等。至 1920 年，奉天省财政情况有了根本好转，不仅偿还了 1000 余万元外债，弥补了每年二三百万元赤字，而且有 1000 余万元节余，奉天省出现了"金融稳、仓廪足、治安宁"的局面。王永江在任职期间，还主持修建奉海铁路，创办了奉天纺织厂，成立了东北大学，极大地增强了近代辽宁的经济发展底蕴。

1926 年，他向张作霖提出辞呈。此后，张作霖多次派人前往大连金州劝其出山，王永江皆以"政见不改，碍难相助"而拒绝。1927 年，王永江病逝于金州故里，终年 56 岁。

16. 彭贤

彭贤（1884—1959），字相亭，别号香庭，奉天新民人。曾任东三省官银号会办、总稽核、总办，张氏边业银行总裁。

少年时代，彭贤在私塾读过五六年书。后因父亲去世，家境清贫，无力继续攻读，托人关照，到县城里信和粮店当学徒。

清末，张作霖任巡防营管带，率部驻防新民县城，他本人住在信和粮店，就此

---

① 王胜利等主编《大连近百年史人物·王永江传》，辽宁人民出版社，1999，第25-27 页。

② 沈阳市文史研究馆：《沈阳历史人物传略·王永江传》，2004，第 557 页。

认识彭贤。张作霖升任二十七师师长后，就把彭贤带到奉天。由于彭贤能写会算，被安置在军需处。初任少校军需官，后升任中校军需官，并受委托在张作霖私人开设的"三畲栈"担任监理。其后，任东三省官银号会办兼总商。总办刘尚清离职后，彭贤升任总办。

彭贤出身商界，心思缜密，对于商业经营有一套经验与管理办法。在东三省官银号十几年之久，每到年终结账，净利润多达现大洋几百万元。这对于奉天省财政和张作霖个人出力很大，因而越发得到张作霖的信赖。

图 7-15　彭贤①

1928 年张学良执政后，彭贤主动退出东三省官银号，其后被张学良邀请加入边业银行，担任总裁。彭贤为人乐善好施。1921 年，他在家乡创办"相亭学校"（小学、中学），至九一八事变前夕停办，为辽宁培养了一大批人才。民国初年，家乡遭遇水灾，他又设立粥厂，解救了无数百姓②。

与此同时，他还有不屈不挠的民族气节。1931—1945 年，他始终洁身自好，保持民族气节。伪满初年，日伪当局百般利诱，邀请他担任伪满中央银行行长和伪满兴业银行行长。他坚决不当汉奸，被迫逃亡北平。后来，北平日伪当局邀请他担任财务总署署长兼伪联银总裁，他又被迫返回沈阳。抗战胜利后，彭贤受张学良委托任"三畲堂财产清理委员会"副主任委员，清理张家在东北的财产。1959 年，彭贤在北京逝世，享年 75 岁。

17. 王兴垣

王兴垣（1894—1956），奉天绥中人，沈阳著名老字号鹿鸣春饭店创办人③。1912 年，王兴垣来到奉天，在当时奉天著名的洞庭春饭店做杂工。他为人正派，工作勤勉负责且善于应酬，因此，得到老板吉谦阶的赏识，不久便当上了洞庭春堂头

---

① 吴景勋：《东三省官银号总办彭相亭》，载《辽宁文史资料》第 14 辑，辽宁人民出版社，1986，第 71-77 页。

② 沈阳市文史研究馆：《沈阳历史人物传略·彭贤传》，2004，第 631 页。

③ 沈阳市和平区人民政府地方志编纂办公室编《和平区志》，沈阳出版社，1989，第 308 页。

（相当于现在饭店的大堂经理）①。

图 7-16　王兴垣

1929 年，王兴垣在洞庭春饭店老板吉谦阶等人的支持下，投资现洋 42 000 元，在奉天市商埠地（今沈阳南市场，和平区十一纬路 40 号）租下资本家左叙伦的一幢楼，开办了鹿鸣春饭店②。饭店采取股份制经营。王兴垣将资金分成 420 股，每股 100 元，股东有齐齐哈尔商会会长冯子和、营口商会会长郝相臣以及王纪文等人，其中冯子和的股权最大。作为回报，吉老板也成了鹿鸣春的股东之一。

鹿鸣春饭店的名称是洞庭春的老板吉谦阶给起的。吉谦阶（清末曾在翰林院供职，古人称吉翰林）当时不但是洞庭春的老板，而且是一个才子。王兴垣求请吉谦阶起店名，吉谦阶说："前有二春，不如再添一春。三春争艳，浓郁芳菲，岂不甚好。就叫'鹿鸣春'吧！"

"鹿鸣春"三个字取曹操的著名诗章《短歌行》："呦呦鹿鸣，食野之苹，我有嘉宾，鼓瑟吹笙"。鹿，善良温顺，喜群好客，每当独觅美味，从不贪食独吞，总要鸣群邀众，同食共尝。唐代多称酒为春，"鹿鸣春"借此得名。鹿鸣春和当时沈阳市的两家高级饭店"洞庭春""明湖春"齐名。"三春"鼎立，名贯东北，威震全国。1956 年，王兴垣因病去世。

18. 周锡纯

周锡纯，生卒年不详，奉天亨得利钟表眼镜行创始人。"亨得利"始建于 1920 年，当时是上海民族资本亨得利钟表眼镜总行在奉天的一个分店，是奉天城最负盛名的老字号，距今已有 100 余年的历史。

20 世纪初，奉天只有 4 家钟表店，且店铺不大。1920 年初夏，上海总行派遣浙江商人周锡纯来奉天，在大西门里开设奉天亨得利钟表眼镜行，专门经营钟表眼镜，附设钟表修理、验目配镜业务。当时营业规模小，只有两间平房门市，7 名店员，资本总额 5 000 元。

1930 年，"亨得利"先后设立 5 个连锁网点，声誉开始驰名各地。1931 年初，

---

① 黄卫东：《呦呦鹿鸣春》，《党史纵横》2010 年第 7 期。

② 同上。

张学良将军准备向内蒙古一些知名文化人士馈赠一批手表，派人跑了很多家，都不满意。周锡纯闻讯后，派协理携带 100 只金表送往帅府，张学良看后十分满意，马上吩咐下人如数交款。抗战期间，由于战争和市场秩序的混乱，"亨得利"不得不暂时关闭。1948 年，"亨得利"开始恢复营业。现在仍然是沈阳市著名的老字号企业。

19. 祝玉堂①

祝玉堂，河北抚宁县人，生卒年不详，萃华金店首任经理。萃华金店的创始人是关锡龄，姓瓜尔佳氏，大清镶黄旗锡伯族人，清末民初官至东边道道尹。关氏后来弃官从商，在奉天城内四平街（今沈阳中街）铜行胡同的出颖胡同（又称银楼街路北）选址，辟祖遗产投资开金店，名为"萃华新首饰楼"。关氏聘请多年从事银楼买卖的祝玉堂为经理，以经营首饰为主，兼营金银条宝、珠石钻翠。

由于祝玉堂很善经营，加之萃华雇佣了多被称作"关里帮"、技艺精湛的金银匠，极讲究质量和信誉，萃华新首饰楼很快便在奉天的金银业中占据一席之地，还走上了"连锁"之路。1912—1921 年，萃华金店陆续在哈尔滨道外三首街、五道街，安东市（今丹东市）中富街，奉天市南满站（今沈阳站）各设分号。而"萃华新首饰楼"改称"萃华金店总号"，"萃华金店"之名从此在民间扩散开来。

1914—1930 年，萃华金店经历了它的第一个黄金期。萃华的库存黄金经常保持在 3 000 两以上，白银达 400 万两，资本积累相当于最初投资的 10 倍，成为当时沈阳金银首饰业中公认的"龙头老大"。1930 年，祝玉堂因病辞去经理职务，由王恒安接任，直到 1943 年，萃华被迫关门。此后，相当长一段时间里，萃华金店淡出沈阳人的视野。直到"文革"后期，周恩来总理考虑国家的实际状况，打算利用产品出口来兑换外汇，以此筹集资金，加快国家经济建设。萃华金店作为百年老店，深知责任重大。那时萃华金店所生产的金银首饰和工业品几乎都出口到日本及欧美等西方国家，为国家创汇作出了巨大贡献。

---

① 赵瑞馥：《闻名东北的萃华金店》，载《辽宁文史资料·第 26 辑 工商专辑》，辽宁人民出版社，1989，第 195—201 页。

20. 武步元

图 7-17　武步元①

图 7-18　沈阳天益堂

武步元（1908—1988），山西太谷南席村人。1926 年，毕业于太谷甲种商业学校，随后入奉天万亿恒银号任职。1929 年 2 月，任沈阳永和久银号会计主任。1932 年 1 月，承祖业，担任沈阳武氏天益堂药店和济民制油米厂监理，兼东三省山西同乡会会长。

清道光四年（1824），山西人武学畴在中街正式创办天益堂。到武步元这一辈为第四代。凭借着雄厚的资本，优越的地理位置和货真价廉、薄利多销的经营方法，天益堂战胜上百家对手，到 1900 年，进入奉天四大名药店（广生堂、宝和堂、万育堂、天益堂）的行列。1936 年，武步元接管沈阳天益堂后，又进行了一系列改革，使得天益堂成为沈阳著名老字号企业。

1949 年 7 月，武步元任北京大华药业公司副总经理，并加入中国民主建国会。新中国成立后，武步元向大华公司投资 4 000 两黄金。抗美援朝期间，积极捐献并购买公债 9 万元。1952 年，武步元任国光制药厂经理，使一个 20 多人的小厂发展成为 500 余人的中型企业。1955 年，主动申请国光制药厂实行公私合营，任第一副厂长。1958 年，主动放弃其全部股息，自定月薪 88 元。1959 年任北京市制药二厂第一副厂长。1964 年任北京制药厂副厂长。1988 年，武步元因病在北京去世。

---

① 张志民：《回忆天益堂药店》，载《辽宁文史资料·第 26 辑　工商专辑》，辽宁人民出版社，1989，第 202-218 页。

21. 姚锡三①

姚锡三，河北抚宁人，生卒年不详，沈阳老字号润记帽业总经理。1892年，姚锡三步行一个月到奉天，投奔其兄姚殿奎经营的庆丰润帽店学做生意。1904年日俄战争爆发，奉天城兵荒马乱，帽店无法经营，人员纷纷散去，姚锡三便组织了20多人，让庆丰润帽业继续营业。经过姚锡三数年苦心经营，帽店有了很大发展。1919—1920年，庆丰润帽店达到最兴盛时期，有所谓"头顶庆丰润，脚踩内金生"的佳话，成为当时东北地区的名牌。1945年，姚锡三年迈，庆丰润改由董益三任总经理。1956年，沈阳市政府委托董益三重组润记帽业。为此，将原润记、内金生有技术、有管理经验的老职工调回。1957年，在中街路北再度开业，将原"润记帽店"更名为"内金生鞋帽店"。

22. 孟昭才

孟昭才，山东人，生卒年不详。1928年，从山东来奉天，落脚在大西城门西顺城墙根，支起一盘炉打造剪子。因为他打造的剪子质量好，行商都争着购买，剪子上砸"孟"字，因而"孟"字剪子出名。1944年，孟昭才被锦州市庆顺久五金行邀请去锦州生产"孟"字剪子。孟昭才在锦州饶阳街开设烘炉，打造剪子仍取"孟"字，在淬火工艺上坚持"三清"：火清、水清、钢清。剪刀硬度均匀适度，使用不崩不卷，在辽西、热河一带享有盛誉。孟昭才的侄子孟宪江继续留在沈阳，经营"孟"字剪子。

第三节
其他地区工商人物

一、营口工商人物

1. 李恒春

李恒春（1868—1932），字序园，名恒春，山东黄县（今山东龙口市）人，营口近代工商产业奠基人。光绪十一年（1885），李恒春来到营口投奔本家亲友谋生。1886 年，西义顺油坊开业，李恒春为商号财东。若干年后，李恒春兑下了该油坊，独立经营。

伴随着营口"过炉银"金融体制产生，1884 年，李恒春创设义顺魁银炉。除此之外，李氏家族还先后在营口、开源、哈尔滨等地开设分号等 20 余家。到清末民初时，西义顺商号已占营口商业之大部分，居全市商号首位。加之其在周边城市也拥有大量产业，同时拥有多家银炉供资金周转使用，所以在当时大有左右营口市面的力量，可谓势倾一时①。

由于放出的"银码"过巨，1919 年 1 月 2 日，卯期结账，众多商户同时挤兑，

---

① 纪秋颖：《1919 年西义顺倒闭事件与营口炉银业的信用危机》，硕士学位论文，辽宁大学，2017，第 15 页。

导致西义顺各银炉无法兑现，随之宣告停业。在辽沈道尹荣厚的策划下以七成还债、三成十年内付清，从而平稳地渡过了这一难关。

宣统元年（1909），李恒春决定集款 100 万元创办肇兴轮船公司。此举开营口航运业之先河，是近代营口经济史上的一大亮点。李恒春在创办肇兴轮船公司之后，又为营口商民做了一件有益的事。

图 7-19　李恒春①

1915 年 2 月，美国旧金山巴拿马万国博览会开幕。作为营口西义顺机器油坊号东的李恒春，将"该油坊榨油机器模型送赴美洲巴拿马赛会，特蒙农商部颁给四等奖章"。这也是营口有史以来第一件参加世博会的展品，为营口也为中国赢得了一份荣誉。

1907 年 6 月 10 日，潘达球被选为营口商务总会总理，李恒春为协理。李恒春从此走上了长达十余年商会负责人的事业生涯，为营口商业振兴作出了卓越的贡献。1912 年 9 月，李恒春当选营口商务总会总理，并连任八年，这一时期也是营口经济发展最快时期。1916 年，按上峰指示，各地商务总会改称总商会，李恒春转任营口总商会会长，郭渔笙为副会长。

1919 年 4 月，李恒春辞去营口总商会会长一职，全心投入到肇兴轮船公司的事业中。1922 年 4 月 16 日，李恒春发起创办营口甡甡火柴股份有限公司。股本为奉票 20 万元，分作 4 000 股，成为营口火柴工业的先驱。1928 年 3 月，由李恒春、李子初、唐筱泉等发起组建肇泰水火保险公司，注册资本 100 万元。公司起初设在营口，次年迁往上海，在营口、天津、青岛、龙口、沈阳等地设立分公司及代理处。

1930 年，李恒春又参与了营口纺织厂筹建工作。资本 200 万元，初交二分之一，定名为辽营纺纱厂。这是营口纺织工业的发端。在此期间，肇兴公司拥有四处码头。公司陆续购进轮船 12 艘，实力跃居北方港口第二位，仅次于大连政记公司。1932 年 8 月，李恒春逝世，终年 64 岁。

---

① 崔艳茹等：《营口历史人物·李恒春》，中央文献出版社，2007，第 94 页。

2. 潘达球①

潘达球（1863—1936），字玉田，广东南海县（今海南省）人。清光绪十三年（1887），在营口的广东人共集资60万两银子创办东永茂油坊，潘达球为股东代表。

东永茂在营口率先改人力榨油为机器榨油，进而改为更先进的蒸汽榨油，日产52斤的大豆饼3 000~4 000片。从营口市场购买大豆改为在秋收季节到开原、昌图、梨树等大豆产地低价大量收购，来年春季通过辽河水路运到营口，除自用外还高价出售。油、饼、豆除销往广东、香港、汕头外，还远销南洋以及日本和欧美等国。东永茂油坊先后在大连、长春、公主岭、开原设立分号，除经营油坊外，还经营慎恒棉织厂、永茂号银炉和批发代理业的大屋子。1934年，东永茂的原香港广茂泰财东因故撤走资本后，潘达球重新改组东永茂，继续营业。1907年，潘达球被营口商务总会选为总理，清政府赏他为三品封典花翎同知衔。1924年，他被选为营口总商会会长，同时任维持地方治安的武装组织——商团团长。

东永茂发迹之后，在全国各地设有分号13处，在本地开设永茂号专做代理业，使得当时买卖互换用款炉银不需到外家兑换；在大连投股"三泰油坊"专办油坊业务和出口货物，与营口慎恒棉织厂联手在长春、公主岭、开原设分号，在上海设"永茂泰分号"，还与厦门、广东、香港等地商号有经济联系。

1936年，东永茂股东潘达球病逝于香港，由其子潘杰臣接替股东代表。潘杰臣上任后油坊除制作豆饼和榨油外，又兼办南北商客货物进出口事宜和报关转运，还直接把货运往南方出售。1937年后东永茂经营渐衰，被迫为日本三井洋行加工豆油、豆饼。1948年1月，东永茂停业，前前后后历经60余年。

3. 吕士适②

吕士适，山东掖县（今山东莱州市）人，生卒年不详，营口、辽阳"顺字号"商号创办人。咸丰九年（1859），兄弟五人先后漂泊过海，来到营口。经过几年的奋发努力，在后河沿原老爷庙与西大庙之间买了几块当时并不值钱的"地号"。吕士适凭借拥有"地号"的有利条件，在后河沿先后开设鸿顺东、源兴成、仁记号货栈，经营代理业务，还买进南方各港来的南货（如竹子、茶叶、丝绸、布匹、棉

---

① 崔艳茹等：《营口历史人物·潘达球》，中央文献出版社，2007，第94页。

② 吕平一、顾晓泉：《辽阳"顺子号"的兴衰》，载《辽宁文史资料·第26辑 工商专辑》，辽宁人民出版社，1989，第276-287页。

纱、纸张、桐油），卖出东北三省的大豆、高粱、豆油、豆饼等，做起内外批发生意来，买卖做得一帆风顺，资本也愈积愈多。吕士适还在营口创办东记银号钱庄，对外发行票子，控制了营口金融；又成立海昌轮船公司，拥有"海昌号""东宁号"两艘货轮，航运于营口、上海、宁波、龙口之间，成为营口有名的豪商巨贾。

二、本溪工商人物

郭枫林[1]

郭枫林（约1911—?），本溪人，本溪近代老字号"二合顺"经理。1918年，"二合顺"在本溪湖街里开张。最初是两户人家合股的买卖。起初卖青菜和酱油、醋等，后来改做大酱、酱油、醋等，成为一家酱园。买卖开张不久，就有一家撤出股份，于是"二合顺"成了郭姓一家独资经营的企业。但字号没有更换，一直延续下来，成为本溪有名的老字号。

373

"二合顺"创始人是郭氏兄弟之父，真正发展起来是在郭枫林手中。郭枫林从14岁就随父学习经营酱园，20世纪20年代中期父亲去世后，酱园方传给郭氏兄弟。本溪解放前，"二合顺"酱园与其他民族资本企业一样，受伪满统治和战乱影响，经营不甚景气，仅能维持生计。1948年本溪解放时，由于原料缺乏，企业处于奄奄一息境地。1956年，"二合顺"与七家小酱园合并，组成公私合营二"合顺酱"菜厂，成为本溪较大的合营企业。1984年，又并入国营本溪市酿造厂。

---

[1] 本溪市工商联：《本溪"二合顺"的变迁》，载《辽宁文史资料·第26辑 工商专辑》，辽宁人民出版社，1989，第300-303页。

三、铁岭工商人物

张子玺[①]

张子玺（1884—1952），山东掖县（今山东莱州市）人，近代铁岭著名商号"德盛号"创办人。1899 年，张子玺远赴海参崴投奔远方亲戚，在亲戚开的商店当学徒。他为人聪颖、勤奋好学、谦虚谨慎、办事可靠，因此，得到商店负责人的信任，一步步被提拔为商店经理。

日俄战争期间，看到祖国被蹂躏，他一怒之下离开海参崴，到哈尔滨怡和洋行任职；但他不甘心寄人篱下为外国人打工，遂决定自己创业。宣统二年（1910），他在中东铁路沿线建立系列商号，由于资金不足，先后倒闭，最后只保留铁岭德盛洋行一处。张子玺苦心经营，很快，德盛洋行以门面新、摆设新、商品新、人员新而成为铁岭商界的代表，被称为铁岭的小"吉顺丝房"。其后，经历了民国的发展和日伪时期的残酷统治，到抗战胜利前夕，德盛洋行濒于倒闭。

新中国成立后，"德盛号"获得新生。1952 年，张子玺病逝于铁岭。1954 年，"德盛号"参加了公私合营。

四、丹东工商人物

1. 孙荣明

孙荣明（1888—1936），字朗轩，山东长岛人。光绪三十年（1904），随乡亲渡海到安东后聚宝街福隆祥学做生意。由于他为人忠厚老成，殷勤诚实，因此逐步得到提拔重用。后来福隆祥内部改组，更名为恒盛泰，迁往迎江街太古洋行北邻，经

---

① 郭兆岩、张效云：《铁岭德盛号兴衰始末》，载《辽宁文史资料·第 26 辑 工商专辑》，辽宁人民出版社，1989，第 256-271 页。

营粮业、木业、蚕茧、油坊等货栈业务。1921年，孙荣明成为恒盛泰副经理。1924年，当选为安东总商会常务董事。1926年，当选安东总商会副会长。1928年，当选为会长，连选连任到1936年。

孙荣明在任会长期间，先后兼任奉天省委员、省财政厅顾问、热河省财政顾问、东三省商会联合会副会长、实业局局长，以及安东政记轮船公司、东边实业银行、大安汽船公司和木会的董事、奉天花纱公司董事。在筹建与日本抗衡的电灯公司时，孙荣明是发起人之一，担任董事。

孙荣明出身贫寒，为人正直，富有民族精神。在日伪统治时期，他被日伪当局视为"不驯服的'支那人'"。他在安东总商会秘密组建抗日组织，筹款支援抗日武装队伍。1936年，孙荣明被日伪当局逮捕杀害。

2. 罗坤祥①

义泰祥创始人罗坤祥（1880—1942），浙江上虞人，系我国早期民族资产阶级人士，早在20世纪20年代末30年代初，就已经成为我国江浙一带比较有名的工商资本家。他先后在上海、山东、河南等地开设了几处缫丝、织绸工厂。

1921年，他从山东取道大连来到安东，经多方考察和了解，认为安东建厂确实可行。1925年，他投资10万银元购买240台缫丝机和100台织绸机，在安东八道沟建起丝绸厂，取名"义泰祥"。他从在山东省昌邑县疃庄早期开办的义泰祥缫丝厂里选出事业心强的韩心田为经理，掌管经营业务；聘任韩月焦为副经理，掌管技术和成品质量；选韩先贤为核心人物，掌管财务，掌握义泰祥的经济命脉。

安东"义泰祥"迅速发展，每年缫丝近40吨、织绸140多万米，销往国内市场，并出口印度、瑞士、德国、英国、法国、意大利等国家。1930年，"义泰祥"在九道沟建立分厂，丝、绸产量逐年增长，销路很好，在国际市场声誉很高，尤其受到欧美国家客户的欢迎。

东北沦陷后，日本侵略者令义泰祥改成符合日本经济体系的"义泰祥株式会社"。罗坤祥得知此消息，很是气愤，但是无可奈何。1942年，罗坤祥病故。其子罗剑华来安东，通过·年多的合法斗争，将过去被敌伪所命之名改为"义泰祥绸厂股份有限公司"。

1946年10月，罗剑华毅然参加革命，随我军撤离安东。安东第二次解放后，

---

① 罗越：《近代安东蚕丝产业研究》，硕士学位论文，东北师范大学，2011，第17页。

罗剑华又返回安东，任义泰祥总经理，继续任安东省工商联合会副会长。1954 年 7 月至 1956 年 8 月，义泰祥改称公私合营义泰祥丝织厂。1956 年，义泰祥合并为地方国营辽宁柞公司丝绸六厂。1956 年 10 月至 1962 年 4 月改称地方国营安东丝绸二厂。1956 年随安东市名之改变而改为丹东丝绸二厂。

3. 姚子扬①

姚子扬（1887—1950），奉天安东（今丹东市）人，近代丹东瀛西药房创办人。光绪三十二年（1906），开始学医。1925 年，经人介绍到卫生医院当见习医生。经过长期摸索和实践，他研制出治疗伤风感冒的"平热散"和治疗蛔虫症的"一粒丹"。1918 年冬，姚子扬与他人合作在安东兴隆街东段开设瀛西药房，他任主治医生。1922 年春，又研制成功治疗胃病的"清顺散"和治疗肠炎病的"保肠丸"，临床效果良好。姚子扬先后在烟台、营口、哈尔滨、天津、北平、太原、西安、大连、连云港等地建立 10 多家瀛西药房分店，在济南、绥远、辑安等地开办代销业务。姚子扬对药房及医院的经营管理很严格，他规定所有员工不准嫖娼、赌博及吸食鸦片，不准营私舞弊。在福利方面极为关心职工，制定薪资、婚育、请假、医疗、抚恤、养老等待遇，并设有劳动保险性质的酬劳、实劳、终力功劳、退职慰劳等奖励基金。在凤城县汤山城建筑"瀛西村"，安排退休老职工居住养老，并分给菜地。

1935 年以后，大连的汉奸刘祝三公开盗用"瀛西药房""一粒丹""平热散"商标，生产假冒药品坑害患者，牟取暴利。姚子扬据理对其依法起诉，但是，日伪司法机关有意袒护刘祝三，使案子压了 5 年。虽然最后胜诉，但他受尽欺凌和刁难。他长期积劳成疾，身染重病。1950 年病逝，终年 63 岁。

---

① 王云峰：《姚子扬与瀛西药房》，载《辽宁文史资料 第 26 辑 工商专辑》，辽宁人民出版社，1989，第 343-349 页。

五、鞍山工商人物

曲桂林[①]

曲桂林，辽阳人，生卒年不详，近代鞍山曲铁工厂创办人。曲桂林幼年在辽阳市秦铁匠炉做学徒。1920年，出徒后从辽阳来到孟家沟（今鞍山太平村地区），开设曲铁匠炉。1921年，搬迁到八卦沟南桥口（今鞍山市中心广场南），买了三间平房，以姓取名定为"曲铁工厂"。到1938年，曲铁工厂已经发展成为设备比较先进、管理制度比较健全、能为各煤矿生产小矿车和皮带输送机等主要产品的工厂，成长为近代鞍山民族机械工业的佼佼者。新中国成立后，经过公私合营，先改为建华铁工厂，后改为鞍山市第二机床厂，有职工3000余人，主要生产国家定型产品——铸塑机。

---

① 闵兴亚等：《曲铁工厂今昔》，载《辽宁文史资料·第26辑 工商专辑》，辽宁人民出版社，1989，第288-292页。

参考文献

一、典籍·笔记·史料集

[1] 班固.汉书[M].北京:中华书局,1999.

[2] 宋濂.元史[M].北京:中华书局,1999.

[3] 乾隆官修.清朝文献通考:第12卷[M].北京:商务印书馆,1935.

[4] 乾隆官修.清朝通典:第3卷 食货三·田制·官田[M].北京:商务印书馆,1935.

[5] 佚名.盛京奏议[M].北京:黑龙江教育出版社,2014.

[6] 东北物资调节委员会研究组.东北经济小丛书:贸易篇[M].沈阳:[出版者不详],1948.

[7] 东北物资调节委员会研究组.东北经济小丛书:化学工业 下[M].沈阳:[出版者不详],1948.

[8] 东北物资调节委员会研究组.东北经济小丛书9 钢铁[M].沈阳:[出版者不详],1948.许道夫.中国近代农业生产及贸易统计资料[M].上海:上海人民出版社,1983.

[9] 中国史学会.中国近代史资料丛刊:中日战争 第7卷[M].上海:上海人民出版社,1956.

[10] 辽宁省机械工业军工史志办.辽宁军工史料选编:第2辑 近代兵器工业[M].沈阳:[出版者不详],1988.

[11] 高品卿.辽宁工业百年史料[M].沈阳:[出版者不详],2003.

[12] 中国银行总管理处.东三省经济调查录[M].台北:文海出版社,1987.

[13] 张穆.蒙古游牧记[M].台北:南天书局,1981.

[14] 徐世昌.东三省政略[M].长春:吉林文史出版社,1989.

[15] 彭泽益.中国近代手工业史资料 1840—1949:第2卷[M].北京:生活·读书·新知三联书店,1957.

[16] 徐敬之.解放前大连民族工商业见闻[M]//中国人民政治协商会议辽宁省大连市委员会文史资料委员会.大连文史资料:第6辑.大连:[出版者不详],1989.

[17] 辽宁省文史资料研究委员会.辽宁文史资料:第26辑[M].沈阳:辽宁人民出版社,1989.

[18] 辽宁省文史资料研究委员会.辽宁文史资料:第17辑[M].沈阳:辽宁人民出版社,1986.

[19]　辽宁省文史资料研究委员会.辽宁文史资料:第 8 辑[M].沈阳:辽宁人民出版社,
　　　 1984.

[20]　辽宁省文史资料研究委员会.辽宁文史资料:第 5 辑[M].沈阳:辽宁人民出版社,
　　　 1965.

[21]　辽宁省文史资料研究委员会.辽宁文史资料:第 12 辑[M].沈阳:辽宁人民出版社,
　　　 1985.

[22]　辽宁省文史资料研究委员会.辽宁文史资料:第 14 辑[M].沈阳:辽宁人民出社,
　　　 1986.

[23]　陈真.中国近代工业史资料:第 3 辑[M].北京:生活·读书·新知三联书店,1961.

[24]　《文史资料选辑》编辑部.文史资料选辑合订本:第 7 册[M].北京:中国文史出版
　　　 社,1986.

[25]　全国政协文史委.文史资料选辑:第 25 辑[M].北京:中华书局,1962.

[26]　中国第二历史档案馆.中华民国史档案资料汇编:第 3 辑 金融[M].南京:江苏古籍
　　　 出版社,1991.

[27]　谢学诗.满铁史资料:第 4 卷 煤铁篇 第 1 分册[M].北京:中华书局,1987.

[28]　解学诗.满铁史资料:第 4 卷 煤铁篇 第 3 分册[M].北京:中华书局,1987.

[29]　东北解放区财政经济史编写组.东北解放区财政经济史资料选编:第 2 辑[M].哈
　　　 尔滨:黑龙江人民出版社,1987.

[30]　刘明逵,唐玉良.中国近代工人阶级和工人运动:第 14 册[M].北京:中共中央党校
　　　 出版社,2002.

[31]　政协辽宁铁岭文史委.铁岭文史资料:第 5 辑[M].铁岭:[出版者不详],1989.

[32]　抚顺市社科院.抚顺文史资料[M].[出版地不详]:[出版者不详],1989.

二、地方志·档案·报纸

[33]　辽宁省地方志编纂委员会办公室.辽宁省志:地理志[M].沈阳:辽宁民族出版社,
　　　 1993.

[34]　辽宁省地方志编纂委员会办公室.辽宁省志:农业志[M].沈阳:辽宁民族出版社,
　　　 2003.

[35]　辽宁省地方志编纂委员会办公室.辽宁省志:人口志[M].沈阳:辽宁民族出版社,
　　　 2005.

[36]　宋则行,刘长新.中国人口:辽宁分册[M].北京:中国财政经济出版社,1987.

[37]　辽宁省地方志编纂委员会办公室.辽宁省志:纺织工业志[M].沈阳:辽宁民族出版
　　　 社,2001.

[38]　辽宁省地方志编纂委员会办公室.辽宁省志:机械工业志[M].沈阳:辽宁民族出版

社,2004.

[39] 辽宁省地方志编纂委员会办公室.辽宁省志:手工业志[M].沈阳:辽宁民族出版社,2005.

[40] 辽宁省地方志编纂委员会办公室.辽宁省志:对外经济贸易志[M].沈阳:辽宁民族出版社,2003.

[41] 辽宁省地方志编纂委员会办公室.辽宁省志:海关志[M].沈阳:辽宁人民出版社,2002.

[42] 辽宁省地方志编纂委员会办公室.辽宁省志:电力工业志[M].沈阳:辽宁科学技术出版社,1996.

[43] 辽宁省地方志编纂委员会办公室.辽宁省志:金融志[M].沈阳:辽宁科学技术出版社,1996.

[44] 辽宁省地方志编纂委员会办公室.辽宁省志:财政志[M].沈阳:辽宁人民出版社,2000.

[45] 辽宁省地方志编纂委员会办公室.辽宁省志:商业志[M].沈阳:辽宁人民出版社,2001.

[46] 辽宁省地方志编纂委员会办公室.辽宁省志:煤炭志[M].沈阳:辽宁民族出版社,1999.

[47] 辽宁省地方志编纂委员会办公室.辽宁省志:黄金工业志[M].沈阳:辽宁民族出版社,2001.

[48] 辽宁省地方志编纂委员会办公室.辽宁省志:水产志[M].沈阳:辽宁民族出版社,2001.

[49] 东北文化社年鉴编印处.东北年鉴[M].[出版地不详]:[出版者不详],1931.

[50] 黄锡,赵岐明.辽宁人民生活与物价百年史料[M].沈阳:沈阳出版社,2005.

[51] 《中国矿床发现史·辽宁卷》编委会.中国矿床发现史·辽宁卷[M].北京:地质出版社,1996.

[52] 营口市史志办公室.营口百年图志:第1册[M].沈阳:辽海出版社,2009.

[53] 营口市地方志编纂委员会办公室.营口市志:第4卷[M].沈阳:辽宁民族出版社,2000.

[54] 沈阳市人民政府地方志编纂办公室.沈阳市志:机械工业志[M].沈阳:沈阳出版社,2000.

[55] 沈阳市人民政府地方志编纂办公室.沈阳市志:轻工业志[M].沈阳:沈阳出版社,1994.

[56] 沈阳市人民政府地方志编纂办公室.沈阳市志:商业[M].沈阳:沈阳出版社,1999.

[57]　沈阳市人民政府地方志编纂办公室.沈阳市志:军事工业[M].沈阳:沈阳出版社,1991.

[58]　辽阳市商业志编纂委员会.辽阳市商业志[M].辽阳:[出版者不详],1994.

[59]　佟明宽.抚顺市商业志[M].沈阳:辽沈书社,1993.

[60]　鞍山市人民政府地方志办公室.鞍山市志:商业卷[M].沈阳:沈阳出版社,1997.

[61]　丹东市地方志办公室.丹东市志:1876—1985[M].沈阳:沈阳出版社,1996.

[62]　沈阳市人民政府地方志办公室.沈阳图志[M].沈阳:沈阳出版社,2013.

[63]　东北电业志编纂委员会.辽宁省电力工业志[M].沈阳:辽宁大学出版社,1993.

[64]　杨晋源.营口县志[M].沈阳:辽宁民族出版社,1999.

[65]　铁岭县地方志编纂委员会.铁岭县志[M].沈阳:辽沈书社,1993.

[66]　北票市志编委会.北票市志[M].沈阳:国际商务出版社,2003.

[67]　阜新矿务局志编纂委员会.阜新矿务局志[M].沈阳:辽宁画报出版社,1995.

[68]　沈阳商会志编纂委员会.沈阳商会志:1862—1995[M].沈阳:白山出版社,1998.

[69]　大连机车车辆工厂厂志编纂委员会.铁道部大连机车车辆厂工厂志:1899—1987[M].大连:大连出版社,1993.

[70]　王公介,于云峰.安东县志[M].台北:文海出版社,1931.

[71]　王树楠,吴延燮,金毓黻.奉天通志[M].沈阳:辽沈书社,1985.

[72]　张监唐.锦西县志:卷2 人事[M].铅印本.[出版地不详]:[出版者不详],1929.

[73]　孙绍宗.海城县志[M].铅印版.[出版地不详]:[出版者不详],1924.

[74]　章启槐.开原县志[M].民国六年续修本.[出版地不详]:[出版者不详],1917.

[75]　雷飞鹏.西安县志略[M].([出版地不详]:[出版者不详],1911.

[76]　盖成立.本溪记忆[M].北京:中国摄影出版社,2009.

[77]　辽宁省档案馆.奉系军阀档案史料汇编:第10辑[M].南京:江苏古籍出版社,1990.

[78]　辽宁省档案馆.满铁调查报告:第3辑[M].桂林:广西师范大学出版社,2008.

[79]　沈阳市和平区人民政府地方志编纂办公室.和平区志[M].沈阳:沈阳出版社,1989.

[80]　沈阳方志办.沈阳地区工厂沿革资料[M].沈阳:[出版者不详],1985.

[81]　宁日春.沈阳民族卷烟工业的支柱:太阳卷烟厂[N].东方烟草报,2004-12-10.

三、期刊·论文集

[82]　孙福海,王金玲.晚清营口民族商业资本与油坊业、银炉业关系研究[J].辽宁师专学报(社会科学版),2000(5):123-127.

[83]　刘选民.清代东三省移民与开垦[J].史学年报,1938(5):67-120.

[84]　卢伯雄.大清银行始末[J].收藏,2020(3):139-140.

[85]　省档案馆.中国银行奉天分行[J].兰台世界,2014(8):2.

[86] 汪敬虞.1895—1927 年外国在华银行势力的扩张[J].中国经济史研究,1995(4):3 -36.

[87] 冷绣锦.大连近代华商油坊业的初步考察[J].辽宁大学学报(哲学社会科学版), 2010(2):95-100.

[88] 刘凤华.东北油坊业与豆油输出:1905—1931[J].中国经济史研究,2012(1):130- 139.

[89] 迟青峰.国际需求与东北油坊业发展研究:1900—1931[J].农业考古,2018(3):91- 97.

[90] 郭静.沈阳早期的商贸场所:行与市[J].兰台世界,2011(31):50-51.

[91] 王云鹏.张学良与八道壕煤矿[J].辽宁大学学报(哲学社会科学版),1994(1):79- 81.

[92] 闫振民,王莉,武丽娜.“关东军造兵厂”调查与研究[J].渤海大学学报(哲学社会 科学版),2017(4):19-23.

[93] 黄卫东.呦呦鹿鸣春[J].党史纵横,2010(7):62-64.

[94] 张洪军.陈先舟与《反攻》半月刊[J].兰台世界,2010(23):12-13.

[95] 东北三省中国经济史学会.东北经济史论文集[C].[出版地不详]:[出版者不详], 1984.

四、今人著作

[96] 葛剑雄.西汉人口地理[M].北京:商务印书馆,2014.

[97] 陈采章.中国历代人口变迁之研究[M].北京:商务印书馆,1946.

[98] 张博泉,苏金源,董玉瑛.东北历代疆域史[M].长春:吉林人民出版社,1981.

[99] 梁方仲.中国历代户口、田地、田赋统计[M].北京:中华书局,2008.

[100] 孔经纬.东北经济史[M].成都:四川人民出版社,1986.

[101] 孔经纬.清代东北地区经济史[M].哈尔滨:黑龙江人民出版社,1990.

[102] 孔经纬.新编中国东北地区经济史[M].长春:吉林教育出版社,1994.

[103] 李有升.营口地方史研究[M].沈阳:辽宁民族出版社,1995.

[104] 张秉宽.营口近代史纲[M].沈阳:辽宁民族出版社,2002.

[105] 李洪彦.营口简史[M].沈阳:辽宁教育出版社,1997.

[106] 高宝玉.营口港史[M].北京:人民交通出版社,1995.

[107] 张福全.辽宁近代经济史:1840—1949[M].北京:中国财政经济出版社,1989.

[108] 胡玉海,里蓉.奉系军阀大事记[M].长春:辽宁民族出版社,2005.

[109] 杨余练,王革生,张玉兴,等.清代东北史[M].沈阳:辽宁教育出版社,1991.

[110] 刁书仁,衣兴国.东北近三百年土地开发史[M].长春:吉林文史出版社,1994.

[111] 田雨.清代辽宁全史[M].沈阳:东北大学出版社,2019.

[112] 马安平.近代东北移民研究[M].济南:齐鲁书社,2009.

[113] 张世尊.清代东北移民与社会变迁:1644—1911[M].长春:吉林人民出版社,2003.

[114] 常城.东北近现代史纲[M].长春:东北师范大学出版社,1987.

[115] 徐寄庼.最近上海金融史:下[M].上海:银行周报社,1932.

[116] 祁守华,钟晓钟.中国地方志煤炭史料选辑[M].北京:煤炭工业出版社,1990.

[117] 东北三省中国经济史学会,抚顺市社会科学研究所.东北地区资本主义发展史研究[M].哈尔滨:黑龙江人民出版社,1987.

[118] 《近代中国分省人文地理影像采集与研究》编委会.近代中国分省人文地理影像采集与研究[M].太原:山西人民出版社,2019.

[119] 张志强.沈阳通史[M].沈阳:沈阳出版社,2014.

[120] 张其卓.志海求艺[M].沈阳:辽宁人民出版社,1991.

[121] 姜晔.图说近代大连[M].北京:文物出版社,2018.

[122] 顾明义,张德良,杨洪范,等.日本侵占旅大四十年史[M].沈阳:辽宁人民出版社,1991.

[123] 解学诗,张克良.鞍钢史:1909—1948[M].北京:冶金工业出版社,1984.

[124] 鞍钢史志编纂委员会.鞍钢志[M].北京:人民出版社,1993.

[125] 杨乃坤,曹延洵.近代东北经济问题研究[M].沈阳:辽宁大学出版社,2005.

[126] 马尚斌.奉系经济[M].沈阳:辽海出版社,2000.

[127] 苏崇民.满铁史[M].北京:中华书局,1990.

[128] 《本钢史》编写组.本钢史:1905—1980[M].沈阳:辽宁大学出版社,1984.

[129] 赵光庆,曹德全.抚顺通史[M].沈阳:辽宁民族出版社,1995.

[130] 朱诚如.辽宁通史[M].大连:大连海事大学出版社,1997.

[131] 《锦州通史》编纂委员会.锦州通史[M].沈阳:辽宁人民出版社,2010.

[132] 张志强.沈阳城市史[M].大连:东北财经大学出版社,1993.

[133] 鲍振东,李向平.辽宁工业经济史[M].北京:社会科学文献出版社,2014.

[134] 中共辽宁省委党史研究室.中国共产党辽宁史 第1卷 1919—1949[M].沈阳:辽海出版社,2001.

[135] 解学诗.伪满洲国史新编[M].北京:人民出版社,2015.

[136] 史丁.日本关东军侵华罪恶史[M].北京:社会科学文献出版社,2005.

[137] 猪木正道.吉田茂传[M].吴杰,等译.上海:上海译文出版社,1983.

[138] 张学良暨东北军史研究会.张学良暨东北军新论[M].北京:华文出版社,1993.

[139] 崔艳茹,孙璇,董万军,等.营口历史人物[M].北京:中央文献出版社,2007.

[140] 王胜利.大连近百年史人物[M].沈阳:辽宁人民出版社,1999.

[141] 刘廷耀,张镜.奉天现代民族工业奠基人[M].沈阳:辽海出版社,2017.

[142] 李元奇.大连旧影[M].北京:人民美术出版社,1999.

[143] 铁岭市档案馆.铁岭老照片档案[M].沈阳:辽海出版社,2016.

[144] 满史会.满洲开发四十年:下卷[M].东北沦陷十四年史辽宁编写组译.北京:新华出版社,1987.

[145] 东北三省中国经济史学会,抚顺市社会科学研究所.东北地区资本主义发展史研究[M].哈尔滨:黑龙江省人民出版社,1987.

[146] 《大化志》编纂委员会.大化志:1933—1985[M].大连:[出版者不详],1988.

[147] 南满洲铁道株式会社.南满洲铁道株式会社十年史[M].[出版地不详]:满洲日日新闻社,1919.

[148] 侯树彤.东三省金融概论[M].[出版地不详]:[出版者不详],1931.

[149] 陈少平.图说辽西:锦州遗韵[M].锦州:[出版者不详],2006.

[150] 《辽宁造纸工业史略》编委会.辽宁造纸工业史略[M].沈阳:[出版者不详],1994.

[151] 沈阳市文史研究馆.沈阳历史人物传略[M].沈阳:[出版者不详],2004.

[152] 魏尔特.关税纪实[M].[出版地不详]:[出版者不详],1936.

五、硕士·博士论文

[153] 张志勇.安东港的兴盛及其原因探析:1907—1931[D].沈阳:辽宁大学,2012.

[154] 魏琳娜.自开商埠与丹东城市近代化研究:1903—1931[D].长春:东北师范大学,2007.

[155] 辛爽.华俄道胜银行在华经营活动[D].长春:东北师范大学,2008.

[156] 具庆瑞.论满铁对抚顺煤炭资源的掠夺[D].锦州:渤海大学,2015.

[157] 王广军.近代日本对阜新煤炭资源的掠夺:1908—1945[D].长春:东北师范大学,2006.

[158] 焦楠.沈阳北市场沿革研究:1920—1949[D].沈阳:辽宁大学,2017.

[159] 王海宁.东三省兵工厂研究:1921—1931[D].沈阳:辽宁大学,2015.

[160] 陈佳秀.解放战争时期党接管辽宁工业工作研究[D].沈阳:沈阳师范大学,2019.

[161] 李雨桐.日本对中国东北矿产资源的调查与掠夺:1905—1931[D].长春:东北师范大学,2015.

[162] 张丽.近代日本对鞍山钢铁资源的掠夺:1909—1945[D].长春:东北师范大学,2007.

[163] 罗越.近代安东蚕丝产业研究[D].长春:东北师范大学,2011.

[164] 纪秋颖.1919年西义顺倒闭事件与营口炉银业的信用危机[D].沈阳:辽宁大学,2017.